初中数学跨学科主题学习15例

鲍聪晓　杨丽　编著

CHUZHONG SHUXUE
KUA XUEKE ZHUTI XUEXI 15 LI

中原出版传媒集团
中原传媒股份公司

大象出版社
·郑州·

图书在版编目（CIP）数据

初中数学跨学科主题学习15例 / 鲍聪晓，杨丽编著.
郑州：大象出版社，2025. 3. -- ISBN 978-7-5711
-2385-7

Ⅰ. G633. 603

中国国家版本馆CIP数据核字第2024GE5981号

初中数学跨学科主题学习15例

鲍聪晓　杨　丽　编著

出 版 人　汪林中
责任编辑　王世栋　杨玉生　李伟东　庞保军
责任校对　代亚丽　乔　瑞　张英方
美术编辑　付锬锬
特邀设计　刘　民

出版发行　大象出版社（郑州市郑东新区祥盛街27号　邮政编码450016）
发行科　0371-63863551　总编室　0371-65597936
网　　址　www.daxiang.cn
印　　刷　河南龙华印务有限公司
经　　销　各地新华书店经销
开　　本　787 mm×1092 mm　1/16
印　　张　26.5
字　　数　496千字
版　　次　2025年3月第1版　2025年3月第1次印刷
定　　价　89.00元

若发现印、装质量问题，影响阅读，请与承印厂联系调换。
印厂地址　河南省获嘉县亢村镇纬七路4号
邮政编码　453822　　　　电话　0373-6308296

让每个孩子都能成为全面发展的人

（代前言）

一、数据调查，反映综合与实践的开展现状

2014 年 6 月，本着对综合与实践教学的热爱，我和我的团队以“初中数学活动课教学模式与实施策略的研究”为主题开展综合与实践教学研究，并在三门峡全市范围内开展了“你知道什么是初中数学综合与实践吗？”“你喜欢上数学综合与实践课吗？”“你认为开展综合与实践活动最能发展哪方面的学习能力？”等问题的问卷调查。调查数据显示：99% 的学生不知道什么是综合与实践，也从来没有开展过综合与实践活动。

2018 年 10 月，我们有幸参加了在北京教育学院举办的全国骨干教研员和一线教师培训会。其间，义务教育数学课程标准修订组组长曹一鸣教授的报告引发了我对“综合与实践”板块的深入思考。我们向曹教授请教了长期困扰我们的问题：课程标准设置“综合与实践”板块的目的是什么？为什么教材中的这部分内容多数教师在教学中直接跳过？

在征得曹教授的同意后，我们对参加培训的 54 位教研员和 37 位一线教师进行了现场调查。结果显示，能在考试命题中融入综合与实践内容的教研员不足三分之一，在日常教学中能完整地开展教材中的综合与实践教学的教师寥寥无几。这些数据表明，截至 2018 年年底，全国范围内综合与实践教学的开展情况并不理想。

二、专家释疑，明确综合与实践的实施困难

曹教授对这一调查结果进行了解释。自 2001 年版课标实验稿起，“实践与综合应用”

就被纳入课程，旨在帮助学生综合运用已有的知识和经验，解决与生活经验密切相关的、具有挑战性和综合性的问题，从而发展其解决问题的能力，并加深对其他领域内容的理解。尽管这一阶段的课程标准已在一定程度上反映了综合实践的理念，但对综合实践的内涵及其意义的认识仍不够清晰，相关要求也较为笼统，导致实际教学中的实施存在较大难度。《义务教育数学课程标准（2011 年版）》继续保留了数学课程的四个领域，并将“实践与综合应用”更名为“综合与实践”，明确指出这是一种以问题为载体、以学生自主参与为主的学习活动。尽管相比 2001 年版课标实验稿更为具体和有指向性，但在实际教学中，关于综合与实践活动的原则、程序、能力标准等问题仍缺乏明确的说明。此外，由于缺乏对这部分内容的评价说明和教学建议，许多教师不知道如何进行教学和评价，再加上考试评价的影响，综合与实践教学在具体实施方面仍面临挑战。

曹教授提出，未来社会需要的是综合型和创新型人才，加强课程的综合性和实践性，注重学科间的关联，是落实党的教育方针、培育全面发展人才的必由之路。他鼓励广大教师积极尝试综合与实践教学，以培养适应社会发展的时代新人。

三、教学实践，做课程改革的先行者

从 2018 年年末至 2022 年年初，在河南省基础教育教学研究室（现为河南省基础教育课程与教学发展中心）的指导下，三门峡市率先开展了综合与实践教学研究，以教材中的“数学活动”“课题学习”“实验与探究”“阅读与思考”等学习内容为切入点开发主题，或结合当地文化、社会热点、学生需求等自主开发主题，通过优质课评选、展示观摩、研课磨课、市际交流等活动，探索了综合与实践有效的实施路径与教学模型，并取得了显著成果。

随着研究的深入，综合与实践由最初的“三环六步”教学模式到项目式学习的“$1+3+x$”模型，教师的角色发生了变化，他们不仅是知识的传授者，还是学生项目活动的设计者、指导者、参与者、评价者和激励者。学生经历真实情境下综合运用多学科知识解决问题的整个过程，学会了合作，学会了学习。

四、国家意志，为跨学科主题学习保驾护航

2022 年 4 月，教育部印发了义务教育课程方案和课程标准（2022 年版）。课程方案强调：“加强课程内容与学生经验、社会生活的联系，强化学科内知识整合，统筹设计综合课程和跨学科主题学习。”“各门课程应用不少于 10% 的课时设计跨学科主题学习。”2022

年版课标明确了综合与实践以培养学生综合运用所学知识和方法解决实际问题的能力为目标，根据不同学段学生特点，以跨学科主题学习为主，适当采用主题式学习和项目式学习的方式，设计情境真实、较为复杂的问题，引导学生综合运用数学学科和跨学科的知识和方法解决问题。

初中阶段综合与实践领域，可采用项目式学习的方式，以问题解决为导向，整合数学与其他学科的知识和思想方法，让学生从数学的角度观察与分析、思考与表达、解决与阐释社会生活以及科学技术中遇到的现实问题，感受数学与科学、技术、经济、金融、地理、艺术等学科领域的融合，积累数学活动经验，体会数学的科学价值，提高发现与提出问题、分析与解决问题的能力，发展应用意识、创新意识和实践能力。

课程方案和课程标准的颁布，对综合与实践“是什么”“为什么教”“教什么”“教到什么程度”做了清晰的说明，标志着数学课程在“全面育人”“培养全人”目标上的进一步发展。

五、创新实践，形成可借鉴的研究成果

2023 年 5 月，教育部办公厅印发了《基础教育课程教学改革深化行动方案》，指出：要“聚焦核心素养导向的教学设计、学科实践（实验教学）、跨学科主题学习、作业设计、考试命题、综合素质评价等教学改革重点难点问题，探索不同发展水平地区和学校有效推进教学改革的实践模式”，“总结发现一批教学方式改革成果显著、有效落实育人要求的教育教学案例”，“遴选一批适用于中西部地区的教学改革成果，加大推广应用力度，促进成果‘本土化’落地”。

河南省基础教育课程与教学发展中心积极响应教育部号召，将一线教师和教研员 5 年来在综合与实践领域的教学实践汇编成《初中数学跨学科主题学习 15 例》，以丰富的本土案例，让一线教师真正理解什么是跨学科主题学习，以及如何在自己的教育教学实践中尝试、摸索、践行跨学科主题教学。

《初中数学跨学科主题学习 15 例》分为两部分：第一部分为跨学科主题学习案例，每个案例包括“主题说明”“学习目标”“学科关联”“活动策略”“成果形式及公开方式”“主题实施”和“反思及点评”七个部分。第二部分展示了案例实施过程中对应的学生创新成果（产品），这些成果有绘制的平面图、3D 打印的作品、手工制作的模型和乐器等，也有实验报告、研究报告、方案设计、汇报 PPT、倡议书、小论文、宣传单等。成果是对案例的补充，反映了学生活动过程的真实性和有效性。

15 个案例涵盖社会养老、交通安全、时差计算、方案设计、位置确定、模型制作、传统

文化等多个主题，并融合了道德与法治、地理、历史、物理、信息科技、艺术等学科知识。这些案例以解决实际问题为目标，以真实问题为载体，以主要任务为引导，让学生经历观察、猜想、实验、计算、推理、验证、数据分析、直观想象等过程，提高发现与提出问题、分析与解决问题的能力，获得数学的基本活动经验，形成积极的情感、态度和价值观，从而逐步培养核心素养。

六、全面育人，是跨学科主题学习的初衷和愿景

《初中数学跨学科主题学习 15 例》是对跨学科主题学习实施路径的有益探索，代表了河南省基础教育课程与教学发展中心在初中数学跨学科主题学习领域的最新研究成果。每个案例主题鲜明，框架清晰，既有详细的实施步骤，也有对困难点的分析和解决策略，更有指向学生活动的全程评价。教后反思和名师点评可以让读者提前预测主题实施过程中可能出现的问题，进而因地制宜、科学借鉴。

在开展主题式学习的过程中，学生的活动过程是开放的，活动结果是未知的。这种不确定性，促使学生积极探索，在合作中学习，能够直面困难、勇于承担责任。在综合运用多学科知识和思想方法解决问题的过程中，学会用数学的眼光、数学的思维、数学的语言去观察、思考和表达。可以这样说，10% 的综合性、实践性、探究性跨学科主题学习，是发展应用意识、创新意识和实践能力，全面落实立德树人根本任务最直接、最有效的方法和路径。它打破了学科之间的壁垒，建立了不同学科知识之间的有效关联，提升了学生综合运用所学知识解决实际问题的能力，落实了新课标倡导的“做中学”“用中学”“创中学”的学习理念。

由于参与学校包括城市和农村学校，背景多样，水平层次不一，书中可能存在表达不够精准之处。编者诚邀读者在阅读过程中提出宝贵意见和建议。我们希望《初中数学跨学科主题学习 15 例》这本书能为您开展综合与实践教学打开一扇窗，帮助您找到跨学科主题学习有效的研究路径和方法，使跨学科主题学习从优秀教师的自觉行为转变为每位教师的常规活动。

鲍聪晓　杨　丽

目 录

第一部分 跨学科主题学习案例

第二部分 跨学科主题学习学生创新成果

第一部分

跨学科主题学习案例

◆ 导读 ◆

《初中数学跨学科主题学习 15 例》案例的设计与实施框架解读

《初中数学跨学科主题学习 15 例》中的每个案例都由“主题说明”“学习目标”“学科关联”“活动策略”“成果形式及公开方式”“主题实施”和“反思及点评”七个部分构成，完整地展现了主题学习从设计到实施的全过程。

一、主题说明

1. 主题分析：对完成主题活动所需要的数学和其他学科的知识和思想方法，实施过程中学生的学习方式，以及学生通过主题活动在核心素养方面的达成等进行简单概述，对整个活动起到提纲挈领的作用。

例如，《日历中的奥秘——融合整式加减运算的教学实践》主题学习案例，教师首先对学生的学习基础，即具备的学科知识和活动经验两个方面分析，考查学生是否具备完成任务的条件。接下来，从“日历知多少”“探究日历中的数学规律”“创意日历巧设计”三个方面开展研究，引导学生从数学的角度探究干支纪年法、二十四节气和数九中存在的规律，体会学科融合的意义，形成积极的情感、态度和价值观。

◆ ◆ ◆

以“《日历中的奥秘——融合整式加减运算的教学实践》主题学习案例分析”为例

【主题分析】主题学习活动是在学生认知年月日，并会用字母表示数及整式加减运算的基础上实施的。学生具备一定的语文、历史、地理、信息科技、艺术等其他学科知识，能够进行观察、操作、猜想，也具有一定的探究精神和合作意识。

主题学习以“日历知多少”“探究日历中的数学规律”“创意日历巧设计”等一系列活动为基本载体，引导学生在跨学科背景下，感受数学的魅力，享受数学学习的乐趣，让学生们体验“学数学，其乐无穷；用数学，无处不在；爱数学，受益终身”，让学生们感悟数学之美，尝试用数学思维去思考、发现、创造。

主题学习中主题的选择要依据课标，承载本学科的核心内容，联结多学科的知识结构；要紧密联系社会生活，考虑学生的兴趣、需要和接受程度以及可操作性等。既满足跨学科主题学习的深度和广度，又能够满足学生的全面发展需求。

2. 任务情境：在开展主题活动前，提供一个与学生日常生活紧密相关的真实任务情境，可以有效激发学生的学习兴趣和好奇心。鼓励学生主动参与学习，积极探索新知识，并积极寻找解决问题的方法。

例如，《探秘刹车距离与车速的关系——融合函数主题的教学实践》主题学习案例，以“校园门口车辆多，车速快，学生出行存在安全隐患”作为任务情境，引发学生对安全问题的思考，很自然地想到减少交通安全隐患较好的办法就是降低车速，进而引出研究的主题——刹车距离与车速关系的探究。

这样的情境是进行生命教育的极佳素材，同时也是落实核心素养、实现立德树人目标的有效载体。

又如《时差中的数学奥秘——融合有理数加减运算的教学实践》主题学习案例，以“2024年夏季奥运会在法国巴黎举行，为在直播时能准时目睹这一体育盛宴，需要了解北京和巴黎的时间差异”作为任务情境，引导学生探究北京和巴黎的时差，探究时差产生的原因，建立数学和地理的联系，形成跨学科研究问题的意识。

这样的情境在形成人的理性思维、科学精神和促进个人智力发展中发挥着不可替代的作用。

基于真实情境的问题通常能让学生感受到问题与“我”息息相关，从而使学生产生强烈的认同感和积极的问题解决态度。

3. 驱动性问题：项目式学习中的驱动性问题具有深远的意义，它们不仅是项目的起点和核心，也是推动学生深入学习、主动探究的关键动力。对于激发学生的学习兴趣、促进深度学习、培养跨学科整合能力、提升问题解决能力、培养终身学习的态度以及加强学习与实际应用的联系等方面都发挥着至关重要的作用。

例如《探秘刹车距离与车速的关系——融合函数主题的教学实践》主题学习案例，将“如何通过控制车速来改变刹车距离，进而提高安全系数”作为驱动性问题，在家长的帮助下开展“车速和刹车距离”的真实实验，获取实验数据，拟合函数，求出参数，得到刹车距离与行车速度的函数关系，再结合物理学知识检验模型，发展数据分析和建模能力，培养科学的探究精神。

又如《如何选择采光好的楼层——融合锐角三角函数的教学实践》主题学习案例，将“选择多少层以上的房子才能享受到全年充足的阳光？”作为驱动性问题，引导学生探究冬至日太阳高度角对楼房采光的影响，建立锐角三角函数模型，帮助老师确定采光好的楼层，发展模型观念和应用意识。

驱动性问题的设置应避免过于复杂，以免超出学生的能力范围；问题应保持开放性，鼓励学生从不同角度进行探究和解答；在项目实施过程中，应根据学生的学习进度和活动完成情况，适时调整和完善驱动性问题，以促进学生更有效地学习。

二、学习目标

学习目标的制定遵循聚焦学生核心素养，解决驱动性问题，确保“目标—内容—评价”的一致性原则，既包含主体学科的核心知识和核心素养目标，又包含了所跨学科的素养目标。本书案例中的学习目标主要包含两个方面：

一是在“驱动性问题”的引领下完成整个主题学习活动需要达成的总体目标。

例如案例《美丽的黄金分割——融合几何图形、一元二次方程和相似的教学实践》中，主题学习活动的总体目标制定如下：

1. 通过阅读课本“黄金分割数”选学材料、上网查阅黄金分割的发展史、讨论解决阅读中的疑惑，初步感知黄金分割的数学原理以及数学与生活的联系，进而丰富数学阅读与思考经验，激发探究兴趣；经历黄金比的探索过程，掌握计算黄金比的方法，培养数学建模意识和推理能力；通过动手制作正五角星和黄金矩形并进行相关数据测量，加深对黄金分割相关概念的理解，提升动手能力。

2. 通过探索线段黄金分割点的作法，培养推理能力和作图能力；通过探究黄金分割在几何图形中的应用过程，建立数学知识之间的联系，完善知识体系。

3. 通过收集黄金分割应用的例子、解释其中的数学原理、自选深度探究主题、应用原理创作等环节，探索黄金分割在艺术、生物学、地理等学科中的应用，培养审美意识，发展跨学科素养，提升创新能力和动手能力，体会黄金分割的应用价值和美学价值。

二是依据各个任务的活动要求来确定，拆分成各个阶段和任务的解决过程需要达成的目标。

例如案例《美丽的黄金分割——融合几何图形、一元二次方程和相似的教学实践》第 1 课时“遇见黄金分割（发现美）”学习目标如下：

1. 通过自学课本内容，结合网上查阅、微课学习等了解黄金分割的相关概念、发展简史及应用，拓宽知识面，提升信息提取、梳理、归纳能力，丰富阅读思考经验，激发探究兴趣。

2. 通过“交流答疑”活动，实现阅读、思考、交流的同频共振，促进深度学习的发生；经历探究黄金比的过程，加深对相关概念的理解，提升思维能力和表达能力。

3. 通过动手制作正五角星和黄金矩形并进行相关数据测量，将前后数学知识有效整合，体会黄金分割与几何的联系，培养学生的动手能力和审美意识。

三、学科关联

在跨学科主题学习中，数学学科占有主导地位，即聚焦的是数学学科的跨学科主题学习。因此，其他学科的加入应是在解决问题的过程中自然地嵌入，不应出现喧宾夺主为融合而融合的现象。

如何在融合的背景下良好地体现数学学科的主体地位呢？一是在内容呈现的过程中，关注复杂综合情境中的数学元素与数学问题。二是要用数学的知识和思想方法解决问题。跨学科主题学习中的跨学科不是为了“跨”而“跨”，而是需要从任务本身的需求出发，考虑需要用到哪些学科的知识。

本书中跨学科主题学习的学科关联有多种形式，可以是围绕某一主题，从多学科的角度出发建立与该主题的联系，设计教学活动，师生深入探讨单一事件所呈现的多面性。

例如案例《日历中的奥秘——融合整式加减运算的教学实践》，就以日历为大主题，探究了日历中存在的数学规律，日历中的年月日、干支纪年法（历史）、二十四节气（地理）、数九、中国传统节日（语文的文学常识）等不同学科的内容。

跨学科主题学习也可以扎根于主体学科，借鉴其他学科视角、方法、原理，对现实问题进行整合性处理，从而在“大主题”或者“驱动性问题”的引领下，构筑一条具有进阶性和逻辑性的学习课程序列。

例如案例《探秘音乐之声——融合函数和视图的教学实践》中，以“乐器的设计与制作”为驱动性问题，在解决问题的几个阶段，如探究发声原理（数学、物理、艺术）、函数图象的生成与计算（数学、信息科技）、设计乐器模型（数学、艺术）中顺势联结各学科的核心知识，共同为解决现实问题所服务。

在本书的案例设计中以“综述 + 思维导图”的形式详细展示了主体学科和所跨学科的核心概念和素养。

四、活动策略

本书案例通过思维导图的方式展示该主题的实施路径、任务活动以及课时计划等。案例采取“1+3+x”的活动策略，“1”指的是从真实情境中凝练出具有现实性、挑战性、复杂性的主题；“3”指的是实施活动中的 3 个环节（比如项目实施的前期、中期、后期 3 个环节，或者主题实施的课前、课中、课后 3 个环节等）；“x”指的是围绕活动主题，整合多学科的知识设计的 x 个任务。该活动策略具有概括性、简约性、联系性和直观性，为主题活动提供可视化的实施路径。

例如，《彩陶模型的制作——融合图形变化和视图的教学实践》项目式学习案例，围绕彩陶模型的制作这一主题以及驱动性问题“数学视域下，如何设计和制作庙底沟彩陶模型”，设计 3 个阶段的实施任务，前期：项目启动，收集资料；中期：梳理知识，设计方案；后期：制作模型，成果展示。每一个任务下设计相应的子任务，每一个子任务对应相应的师生活动。引导学生在活动中整合数学与其他学科的知识，完成跨学科实践活动，感悟数学与其他学科的关联，发展学习能力、实践能力和创新意识。

◆ ◆ ◆

以“《彩陶模型的制作——融合图形变化和视图的教学实践》活动策略”为例

【活动策略】该项目实施经历前期、中期、后期三个阶段，共 3 个课时 9 个子任务，通过参观庙底沟博物馆、查阅资料、设计和制作庙底沟彩陶等，引导学生在真实情境中经历完整解决问题的过程，弘扬中华民族的优秀传统文化。

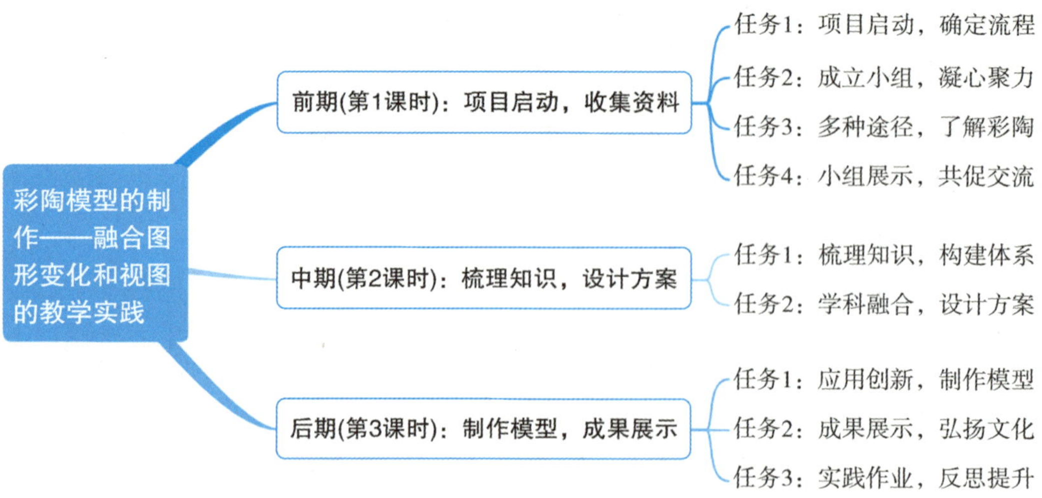

五、成果形式及公开方式

项目式学习不同于其他探究类学习方式的一个重要特点就是项目式学习的最终结果会以成果和产品的形式呈现。它是在主题学习过程中产生的作品、报告等，它具有真实性，是学生学习的外在表现，是主题学习的现实价值体现，是对学生在活动中综合运用多学科知识解决问题的能力的体现，更是主题学习中发展“三会”数学核心素养的关键评价要素。

1. 成果形式：本书中 15 个案例的成果，既有小组合作共同完成的成果，也有个人成果，均指向项目目标的达成和核心问题的解决。分为以下几种类型：

实物展示类：例如《从校园平面示意图到立体模型的搭建——融合平面直角坐标系和三视图的教学实践》案例中的校园建筑物立体模型；《彩陶模型的制作——融合图形变化和视图的教学实践》中的彩陶模型、手工购物袋；《日历中的奥秘——融合整式加减运算的教学实践》中的手抄报；等等。这类成果通过具体的实物或文档来展示学生的学习成果，有助于学生将理论知识应用到实际中，并通过制作过程加深对知识的理解。

口头表达类：例如《关注人口老龄化——融合数据的收集与整理的教学实践》中的中秋国庆公益汇演；《“滴水之漏”中的函数奥秘——融合一次函数的教学实践》中的节水歌谣小视频；《地砖铺设与平面镶嵌——融合多边形内角和的教学实践》的成果推介会；等等。这类成果要求学生通过口头表达来呈现学习成果，有助于提高学生的沟通表达能力和自信心。

数字产品类：例如《穿越北京中轴线——融合用平面直角坐标系表示地理位置的教学实践》中的“西域风情——青甘大环线”旅游攻略视频；《关注人口老龄化——融合数据的收集与整理的教学实践》中关于人口老龄化现状设计的电子问卷等；《地砖铺设与平面镶嵌——

融合多边形内角和的教学实践》中的数字功能室模型；等等。

在信息科技相关的项目中，学生可以通过开发数字产品来展示学习成果，这有助于培养学生的编程能力和创新思维。

学生在完成成果（产品）的过程中，促进了知识的理解与应用、提高了实践和应用能力、加强了沟通与协作意识、激发了兴趣和学习的动力。

2. 公开方式：在项目式学习中，成果公开是一个重要的环节，它不仅是对学生学习成果的展示，也是促进学生之间、师生之间交流和学习的机会。成果公开的形式可以是口头汇报、书面报告、实物展示等。

例如，在《关注人口老龄化——融合数据的收集与整理的教学实践》这一主题学习活动中，学生通过大量的数据调查，了解我国人口老龄化现状，通过制作倡议书、宣传海报，举办摄影展、公益汇演，开展国旗下讲话活动，在校内外发放宣传单等，让大家了解中国老龄化的现状，呼吁全社会关爱老人，为构建老年人友好社会而努力。学生在给政府提交提案的过程中，树立社会责任意识，形成正确的价值观。

又如《地砖铺设与平面镶嵌——融合多边形内角和的教学实践》主题活动，学生设计“地砖铺设样式调查分析表”“平面镶嵌探究表”“实地测量记录表”“地砖铺设样式设计表”等，并张贴在教室外面的走廊上，让学生观赏、学习、交流，展示阶段性研究成果。学生小组合作利用硬纸板、泡沫板、雪弗板等材料搭建“数学功能室模型”，举办公开成果展览会，邀请专业人士、学校领导、家长、其他学科老师、学生等参观与评价，向参观者介绍产品的制作原理等，提高语言表达能力，增强成就感和参与感等。

六、主题实施

与传统的“教师教、学生学”的教学方式相比，跨学科主题学习是一种新的教学形式。在跨学科主题学习活动中，教师要大胆地将学习的主动权放手给学生，鼓励学生发现和提出问题，并通过自主学习和合作探究最终解决问题。

本书中的案例在主题实施环节重点关注了以下几个问题：

1. 主题学习课时化：就是将主题学习过程有效地分解成多个实施阶段和过程，在不同的实施阶段和过程去完成一定的目标与任务，层层深入，循序渐进，从而完成主题学习目标。课时的划分和设置可以不受时间和空间的限制，可以是课上，也可以是课下，可以在教室内，也可以在教室外；可以采用多种不同的教学策略或方法，如自主探究、合作探究、展示与分享等。同时，每个课时的驱动性问题要明确，要围绕主题学习进行设置。

例如《日历中的奥秘——融合整式加减运算的教学实践》案例中，将主题学习划分为“日历知多少”“探究日历中的数学规律”“创意日历巧设计”三个小的主题，用 3 个课时完成，每个课时围绕主题活动分别提出不同的驱动性问题，并细化学习目标，引导学生通过查阅资料了解日历中的年月日、干支纪年法、二十四节气和数九、中国传统节日等知识，感悟中国悠久的历史和农耕文明。在探究日历中相邻 2 个数、相邻 3 个数之间存在的规律，3×3 方框中 9 个数与中间的数之间存在的规律中发展逻辑推理和抽象能力。通过制作 2025 年某月的月历或者 2025 年的年历，掌握月历或者年历的一般制作方法，提高动手能力和审美能力。

又如《穿越北京中轴线——融合用平面直角坐标系表示地理位置的教学实践》案例中，学习活动以“用平面直角坐标系表示地理位置”为核心，分为“北京中轴线相关研究”及“自选目的地项目研究”两个阶段，共设计了 6 个课时，融合语文、历史、地理、信息科技、艺术等学科知识，采用课内 + 课外，校内 + 校外，集中 + 分散，组内 + 组间等学习方式，通过绘制地图，制作介绍课件和旅游攻略视频，引导学生在真实情境中经历完整的解决问题的过程，进行有目的、有规划、有步骤的深度学习，在合作交流和反思的过程中，培养应用意识和综合能力。

2. 课时设计任务化：是指在学生活动过程中，教师围绕每个课时的特定主题设置的若干子任务。在进行子任务的设置时，紧紧围绕课时的驱动性问题，让跨学科主题学习“学什么”“怎么学”的问题得到落实，促使学生主动探究、认真思考，从而达到预期的学习效果。

例如《杆秤中的数学——融合一元一次方程的教学实践》第 1 课时“杆秤中的文化”这一主题活动中，通过三个任务“创设情境，呈现研究项目”“精彩演讲，感知杆秤历史”“手绘杆秤，了解杆秤构造”，让学生了解杆秤的发展历史，以及杆秤所蕴含的传统文化，并通过手绘杆秤的活动，体会精益求精的工匠精神。

3. 任务完成活动化：是指为了完成每个课时设置的任务而设置相应的活动。在进行活动设计时，明确学生要完成的任务，并为学生提供一些具体的建议和指导，引导学生自主、合作、探究学习，在活动中深入理解数学知识及其应用，同时提高学生分析问题和解决问题的能力，发展学生的核心素养。

例如《探秘音乐之声——融合函数和视图的教学实践》第 3 课时任务 2“选择材料，制作乐器”中，通过三个活动“活动 1：通过网购或者利用身边废弃材料，选择合适的材料和工具制作乐器”“活动 2：根据课上的探究过程，选择合适的发声材料（如琴弦、竹筒、铁片等），并完成自制乐器调音实验报告，建立数学函数模型测算并制作出发出不同音阶的发声材料”“活动 3：小组合作，完成乐器的组装，发挥想象力和创造力，完成自制乐器的装饰美化工作”，完成乐器的选材、设计、调试与制作过程，将数学函数思想与物理的声传播完美融合。

以“任务 + 活动”的方式实施主题活动，是《初中数学跨学科主题学习 15 例》设计的创新点。

4. 学习支架适切化： 学习支架是指在跨学科主题学习过程中，教师分析学情，根据学生的需要，在适当的时机设计的能够帮助学生有意义地解决问题或有效完成任务的各类支持或帮助。在一定的学习情境、学生全程参与基础上，确定相应需求后为其提供学习支架，才能更有效地发挥学习支架的作用。根据功能不同，将学习支架分为情境创设支架、任务驱动支架、资源路径支架、思维优化支架、学习评价支架和交流共享支架等。

①情境创设支架： 在驱动性问题提出时，为学生提供一个来源于真实生活或者设计一个具有现实意义的学习情境，如一个故事、一段背景素材（在其中蕴含着要解决的驱动性问题）。其目的是帮助学生更好地结合现实理解驱动性问题，明确问题探究的方向，引导学生通过新旧知识的联系促进学习迁移和提升解决问题的能力。

例如《时差中的数学奥秘——融合有理数加减运算的教学实践》案例，以“2024 年 WTT 沙特大满贯女单决赛于沙特时间 5 月 11 日 14：00 由孙颖莎对阵陈梦，CCTV-5 将全程直播，家住三门峡的小明作为孙颖莎的球迷，于 5 月 11 日 14 时准时打开 CCTV-5，却没有看到直播，他很纳闷，你能告诉他应该几点看直播吗？”作为问题情境，引出研究的主题“时差中的数学奥秘”，激发学生探究的欲望。

②任务驱动支架： 教师（引导学生）对学习任务进行分解，以形成可以实践的阶段性任务的一种有效支持方式。其目的是帮助学生明晰思路，明确解决问题所需完成的子任务以及先后顺序，引导学生思考要解决问题（完成任务）需要哪些知识、开展哪些合作、进行哪些探究、形成什么作品等。

例如《关注人口老龄化——融合数据的收集与整理的教学实践》案例中，学生通过观看视频了解我国人口老龄化的现状，以及人口老龄化带来的社会问题，教师提出三个问题：“（1）什么是人口老龄化？（2）我国人口老龄化的原因、特点、影响以及目前的应对措施？（3）三门峡市区现在的人口老龄化情况如何？有什么影响？有什么应对措施？”引导学生带着任务查阅资料，发现并提出问题，增强社会责任意识。

③资源路径支架：是指为学生提供各种支持学习的相关资源，以及资源获取的途径、方法和工具等，以便当学生面对海量学习资源时能够有效提取所需信息。其目的是给学生提供资源支持，扩宽学生视野、延展学生思维。学生可以从资源支架中找到项目的灵感或思路，也可相互提供资源或由教师提供。资源可以是网址、视频、电影片段、辅助阅读材料、新技术工具等。

例如《地砖铺设与平面镶嵌——融合多边形内角和的教学实践》案例中，教师提前沟通好要调查的装修公司、地砖店，之后带领学生到装修公司了解无缝铺贴和有缝铺贴的知识，观察地砖的打磨效果，到地砖店了解地砖的计算方法，学习利用计算机软件设计装修效果图等，为学生开展主题活动提供资源保障。

④思维优化支架：是指为学生自主学习提供实验、程序、范例、训练等多种策略指导，帮助学生顺利执行学习任务，快速达成学习目标，达到最优的学习成效。常见的支架有实验、调查、分析、对比、图表、问题、建议、角色扮演和教学解释等。如图表支架可以直观展现事物之间的关联，系统把握复杂问题的脉络，展示思维过程的全局，将知识网络化、思维可视化，尤其适合支持学生的高阶思维活动。流程图、关系图、进度表、鱼骨图、知识图谱等各式图表支架在项目学习中运用广泛。问题支架设置一个或多个环环相扣的问题，引发学生层层深入地思考和探究，有助于学生了解问题解决的过程和方法，掌握问题解决策略，培养高阶思维，促进深度学习。

例如《“滴水之漏”中的函数奥秘——融合一次函数的教学实践》案例中，学生根据实验数据在平面直角坐标系中描点，发现这些点近似在一条直线上，如何求函数解析式，学生遇到困难，此时，邀请信息科技老师教给学生利用 Excel 拟合离散点趋势线的方法，帮助学生打开思维空间，获得解决问题的办法。

⑤学习评价支架：是指教师要为学生的过程性表现和成果质量提供评价支架，如量规、成长记录袋、测试等。教师在确定学习任务和学习活动时，就要思考学习表现的评价维度，和学生一起制定表现性评价量规，通过自评、互评、师评等方式开展。考查学生课前准备、课上独立思考、小组讨论、口头汇报、作业等全过程学习中的积极参与、组织协调、提出建议、善于反思、时间管理等表现。其目的是检验学生学习的成效，促进学习者进行学习反思和改进。

例如《设计跑道——融合弧长和圆心角计算的教学实践》案例，在第 1 课时设计如下评价量表，从小组分工、合作交流、提出问题、问题解决、语言表达等五个维度进行评价，体现评价方式的多样性、评价主体的多元性等特点，以评促学、以评促教。

“了解跑道相关知识”评价表

班级：________　姓名：________　小组：______　评价标准：优秀（★★★）良好（★★）及格（★）

评价方式 评价内容	自我评价	同伴互评	教师评价	星级汇总
分工明确				
善于合作				
问题全面				
答案准确				
表达清晰				

⑥交流共享支架：是为教师和学生、学生之间、学生与其他人员交流提供的支持，如信息交流和共享的平台等。其目的是促进相互之间的资源分享、思想碰撞和成果共享。

例如《关注人口老龄化——融合数据的收集与整理的教学实践》案例中，在入户调查前，聘请了礼仪讲师为同学们讲解人际沟通的艺术。家中有老人的学生，通过和自己的爷爷奶奶进行交流，感受老人的心理需求。将这些心得在班级和其他同学交流，甚至通过角色扮演等方式，掌握与不同年龄、性格的老人沟通的技巧，为入户调查做准备。在这个过程中，也培养了学生的孝心和爱心。

又如《穿越北京中轴线——融合用平面直角坐标系表示地理位置的教学实践》案例，学生制作小视频或 PPT 在全班交流，让其他同学跟着视频或美图一起欣赏祖国的大好河山、风土人情和美食文化等，既扩大了学生的视野，又锻炼了语言表达能力。学生在搜索、筛选、整合、分享信息的过程中，数学的眼光、数学的思维、数学的语言得到很好的发展。

特别注意的是，在进行学习支架的搭建时，要注意以下几个原则：一是适时性，在学习过程中什么时机提供支架或撤除支架，都需精心设计。二是适度性，支架搭建要基于学生的最近发展区，让学生通过支架“跳一跳”够得着。支架不宜太烦琐，要让学生能理解，好操作。三是个性化，学生的学习习惯和基础不同，支架搭建也要努力做到因人而异。四是渐消性，“教是为了不教”，学习支架是辅助性的，在学生获得相应的知识和能力后需要撤除，学生也要学会自己建立学习支架。

5. 学习困难可视化：在主题学习活动中，常常会出现一些困难点，这些困难点主要集中在目标与任务的明确性、学生知识的获取与理解、项目与课程目标的覆盖、教师的经验与实践、学习共同体的组建、项目的有效管理，以及评价和反馈等方面。教师关注学生的活动过程，及时总结困难点并分析产生的原因，给学生提供合适的支架，让困难点可视化，更好地实施主题学习，促进学生的全面发展。

例如《设计跑道——融合弧长和圆心角计算的教学实践》第 1 课时“了解跑道相关知识”活动中，学生缺乏设计经验，对于要收集的跑道知识没有预见性，有些盲目或会偏离主题，如关注到跑道的颜色、铺设跑道的材质、路面是否平整等问题，教师引导学生，数学学科的学习应当抛开图形的物理属性，研究其形状、大小和位置关系。在第 3 课时“实践应用，探究成果”活动中，让学生应用所学的知识验证学校 200 米跑道起跑点的位置是否准确，并为学校新修建的 400 米标准跑道确定起跑点的位置。学生在测量过程中，会遇到很多和标准数据不符的情况，教师引导学生多次测量，反复对比，大胆提出疑问，寻求解决方法；在绘制标准跑道时，有些学生比例尺选择不合适、作图工具使用不规范、绘图不标准等，教师要及时鼓励，在构图和比例选取方面给学生适时指导。

七、反思及点评

教学反思和教学点评在教育教学过程中具有极其重要的意义。它们不仅有助于教师提升个人的教学能力和专业素养，还能够优化学生的学习体验，提高教学质量。

1. 教学反思： 从学生参与动机、学习过程与体验、合作与交流能力、批判性思维与创新、自我管理与自主学习、学习成果与评估、情感态度与价值观、教学支持与反馈等方面对本次主题式学习进行反思。比如，学生对项目内容是否感兴趣，是否能够保持积极态度；学生在探索问题、收集资料、实践操作和反思学习过程中的表现如何；学生是否能够有效地沟通、协作，能否提出独到见解、创造性地解决问题；是否能够将新知识与已有知识相结合，形成更深层次的理解；学生通过本次主题式学习所获得的成果如何；等等。

2. 名师点评： 基于教师角色的转变、活动设计对学生学习的体验，以及主题学习的效果等多维度对教师的教学进行评价，并提出合理的改进建议，促进对主题学习的深度思考。

①角色的转变： 是否从讲授者转变为引导者。在主题学习中，教师不再是单一的讲授者，而是学生的引导者和支持者。教师需要设计任务情境、提供学习资源、指导学生实践，并在学生遇到问题时给予及时的帮助和指导。是否从评价者转变为参与者。在主题学习中，教师不仅是学生的评价者，更是他们学习过程中的参与者。教师需要与学生共同讨论、探索、实践，并在过程中给予及时反馈和建议，帮助学生不断完善和提升自己的学习成果。

②学习的体验：项目式学习通过真实的任务情境，激发学生对知识的兴趣和探索欲望。在这种学习方式下，教师是否能够通过引导和激励，让学生主动参与到学习过程中，提高学习的主动性和积极性。与传统的讲授式教学相比，项目式学习更强调学生的实践和应用。教师在此过程中通过设计具有挑战性的任务，引导学生进行深入思考和探索，从而促进学生深度学习的发生。

③教学效果的提升：通过项目式学习，是否能够促进学生更加深入地理解和掌握所学知识，并在实践中进行应用和巩固。项目式学习注重对学生的实践能力和创新精神的培养，通过完成真实的任务情境，是否能够锻炼自己的团队协作、沟通能力、解决问题的能力等综合素质。

鲍聪晓　杨　丽

◆ 案例 1 ◆

日历中的奥秘

——融合整式加减运算的教学实践

本主题学习活动以“如何制作一本准确、精美的 2025 年日历”为背景，围绕“一本小小日历上的数之间及数对应的干支纪年法、二十四节气、数九等内容存在怎样的数学规律呢”这一驱动性问题，开展“日历知多少”“探究日历中的数学规律”“创意日历巧设计”等一系列活动，引导学生在探寻历史足迹的过程中，用数学思维去观察、思考、创造，感悟数学之美，弘扬传统文化，落实立德树人根本任务。本主题活动在七年级进行开展，共需 3 个课时，涉及数学、语文、历史、地理、道德与法治、艺术、信息科技等学科。

一、主题说明

1. 主题分析：主题学习活动是在学生认知年月日，会用字母表示数及整式加减运算的基础上实施的。学生具备一定的语文、历史、地理、信息科技、艺术等其他学科知识，能够进行观察、操作、猜想，也具有一定的探究精神和合作意识。

主题学习以“日历知多少”“探究日历中的数学规律”“创意日历巧设计”等一系列活动为基本载体，引导学生在跨学科背景下，感受数学的魅力，享受数学学习的乐趣，让学生们体验“学数学，其乐无穷；用数学，无处不在；爱数学，受益终身”，让学生们感悟数学之美，尝试用数学思维去思考、发现、创造。

2. 任务情境：制作一本 2025 年的专属日历。

3. 驱动性问题：一本小小日历上的数之间及数对应的干支纪年法、二十四节气、数九等内容存在怎样的数学规律呢？

二、学习目标

主题学习活动以发展学生核心素养为导向，提升学生综合实践能力为目标，探究日历中的奥秘为载体，充分发挥学生主动性，培养学生创新实践意识与能力。具体目标如下：

1. 经历从数学的角度观察日历，发现日历中存在的数学规律，并会用字母表示数之间的关系，进一步体会用字母表示数的意义，激发学生学数学、用数学的兴趣。

2. 经历从数学的角度探究干支纪年法、二十四节气和数九中存在的规律，感受数学与生活的密切联系，发展观察、判断、推理能力，提升知识归纳整合能力，形成应用意识。

3. 通过“数学 +”，在“日历知多少”“探究日历中的数学规律”“创意日历巧设计”等活动中，感受数学与其他学科之间的密切联系，提高收集、整理、分析信息的能力，提升交流讨论、资料共享的合作意识。

4. 经历自选探究主题，制作手抄报和精美的年历或月历，培养学生的创新意识，提高学生的动手实践能力和艺术审美能力，发展学生综合运用多学科知识解决问题的能力。

三、学科关联

在本次跨学科主题活动中，同学们将借助信息技术查阅并了解日历中的年月日、干支纪年法（历史）、二十四节气（地理）、数九、中国传统节日（语文的文学常识）等内容，制作精美的手抄报（艺术），探究日历中存在的数学规律，引导学生探寻历史的足迹，感受历史的意义和价值，传承中华优秀传统文化，落实立德树人根本任务（道德与法治）。

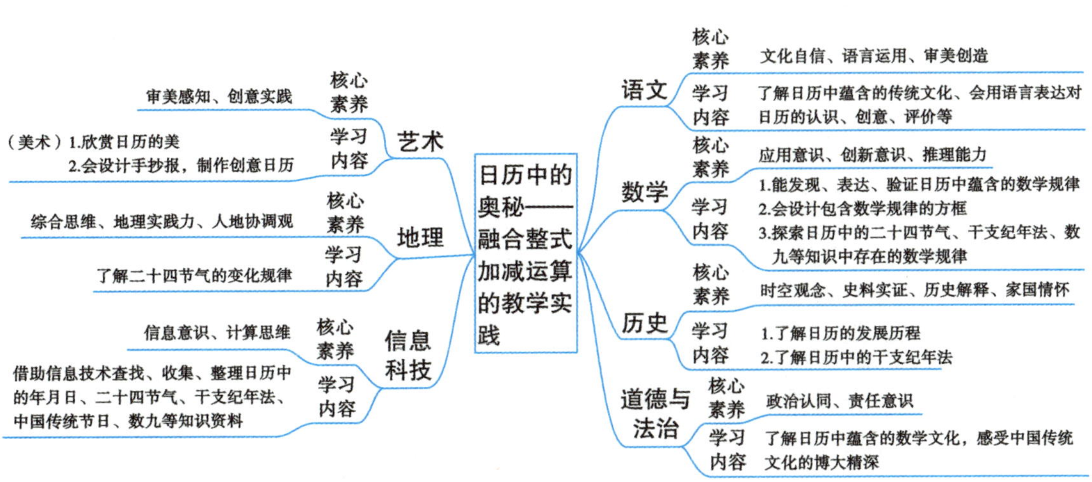

四、活动策略

- 日历中的奥秘
  - 日历知多少（第1课时）
    - 任务1：创设真实情境，明确研究主题
    - 任务2：查阅收集资料，拓宽知识视野
    - 任务3：成果展示交流，提高表达能力
  - 探究日历中的数学规律（第2课时）
    - 任务1：设定数的区域，探究数学规律
    - 任务2：拓展思维模式，培养创新能力
    - 任务3：探究数九学问，发展逻辑推理
    - 任务4：融合多学科知识，发展跨学科素养
  - 创意日历巧设计（第3课时）
    - 任务1：制作创意日历，发展应用意识
    - 任务2：展示交流分享，提高审美能力
    - 任务3：丰富评价方式，促进反思提升

该学习活动围绕“日历中的奥秘”这一核心问题，开展了“日历知多少”“探究日历中的数学规律”“创意日历巧设计”三个主题活动，共设计了 10 个子任务，融合语文、道德与法治、信息科技、地理、历史、艺术等学科知识，采用课内 + 课外，校内 + 校外，集中 + 分散等学习方式，引导学生有目的、有规划、有步骤地开展深度学习，在合作、交流、反思的过程中，解决核心问题，培养应用意识。

五、成果形式及公开方式

手抄报、图案设计、创意日历。

六、主题实施

第 1 课时　日历知多少

（一）驱动性问题

日历给我们的生活带来了方便，你了解生活中的日历吗？

（二）学习目标

1. 通过查找资料，认识日历，了解中国传统文化，引导学生进一步感悟和了解日历中的

年月日、干支纪年法、二十四节气、数九和中国传统节日等知识，传承中国传统文化，感悟中国悠久的历史和农耕文明，培养家国情怀，增强民族自豪感。

2. 通过绘制手抄报，培养学生的美育意识，提高学生的动手能力和艺术审美能力。

（三）课时任务

任务 1：创设真实情境，明确研究主题

学生猜谜语，明确探究主题；观看视频，了解日历的发展历程。

任务 2：查阅收集资料，拓宽知识视野

上网检索日历中的年月日、干支纪年法、二十四节气、数九、中国传统节日等内容。

任务 3：成果展示交流，提高表达能力

学生选择小组代表，展示分享交流制作的手抄报。

（四）学习支架

情境创设支架	教师为学生播放视频《日历的由来》，帮助学生了解日历的发展历程。
资源路径支架	教给学生上网检索的方式、检索内容的范围和资料收集的办法，丰富对日历中与数相关知识的了解。
交流共享支架	学生在教室对制作的手抄报进行展示和内容讲解，促进小组合作，提高表达能力。

（五）教学过程

任务 1：创设真实情境，明确研究主题

活动 1：猜谜语

教师出示谜语：一件东西大无边，能装三百多个天，还装月亮十二个，它换衣服过新年。（学生回答：日历）

活动 2：师生共同观看视频《日历的由来》

【设计意图】通过猜谜语，揭示探究主题，活跃课堂气氛，激发学生学习积极性。通过观看视频《日历的由来》，学生了解日历的发展历程，激发学生的探索欲和求知欲。

任务 2：查阅收集资料，拓宽知识视野

学生 6 人为一组，寻找并观察生活中的日历，然后自选主题，收集整理资料，最后以手抄报的形式记录对日历的了解。

【设计意图】

1. 学生通过不同的方式收集资料，发现生活中各式各样的日历，感受生活中的美。

2. 学生动手制作手抄报，落实美育教育，培养学生的创新意识，提高动手能力。

任务 3：成果展示交流，提高表达能力

活动：学生以小组为单位，选择小组代表，在教室展示分享制作的手抄报

【设计意图】在分享交流的过程中，调动已有的生活经验，回顾和整理自己对日历已有的认识，增强学生的语言表达能力和自信心。

（六）项目评价

“日历知多少”，采用“多元多维”的评价方式对学生学习成效进行评价。评价表包含 5 个评价维度，自己、同学、教师 3 种评价主体，强调表现性评价，充分发挥评价的导向作用。评价量表如下：

“日历知多少”手抄报评价表

班级：________ 姓名：________ 小组：______ 评价标准：优秀（★★★）良好（★★）及格（★）

评价方式 评价内容	自我评价	同伴互评	教师评价	星级汇总
分工明确				
善于合作				
设计精美				
内容翔实				
分享完美				

（七）困难点及对策

【困难点】学生上网检索信息时，不能正确选择搜索方式，不能很好地将检索的内容下载下来，查阅资料受阻。

【对策】对学生提前进行信息技术培训，提高学生的信息技术水平。

第 2 课时 探究日历中的数学规律

（一）驱动性问题

你知道日历上的数之间及数对应的干支纪年法、二十四节气、数九等内容存在怎样的数学规律吗？

（二）学习目标

1. 通过发现日历中相邻 2 个数，相邻 3 个数之间存在的规律，3×3 方框中 9 个数与中间的数之间存在的规律，尝试用字母进行表示和验证，激发学生的探究热情和学数学、用数学的兴趣。

2. 通过设计包含数的规律的方框，如“‘回’字型”“‘T’型”“‘工’字型”“‘H’型”“风车型”“‘W’型”，培养学生的创新意识和应用意识。

3. 通过探究干支纪年法中“六十甲子”的含义、二十四节气中每两个节气之间间隔多少天和数九中每两九之间间隔多少天等数学规律，感受数学与生活的密切联系，发展观察、判断、推理能力和知识归纳整合能力，形成应用意识。

（三）课时任务

任务 1：设定数的区域，探究数学规律

探究日历中相邻 2 个数，相邻 3 个数之间存在的规律，3×3 方框中 9 个数与中间的数之间存在的规律。

任务 2：拓展思维模式，培养创新能力

设计其他形状包含数的规律的数框，并用字母表示和验证规律。

任务 3：探究数九学问，发展逻辑推理

学生从数学的角度上探究数九之间的规律。

任务 4：融合多学科知识，发展跨学科素养

探究干支纪年法中“六十甲子”的含义、二十四节气中每两个节气之间间隔多少天等数学规律。

（四）学习支架

思维优化支架	引导学生探究日历中相邻 2 个数，相邻 3 个数，以及 3×3 方框中 9 个数之间的规律，为学生创新设计其他形状包含数的规律的数框提供思路。
学习评价支架	为学生提供评价量表，通过自评和互评完成对学习过程和结果的评价。

（五）教学过程

任务 1：设定数的区域，探究数学规律

1. 创设情境，导入新课

2024 年 7 月份日历表

星期日	星期一	星期二	星期三	星期四	星期五	星期六
	1	2	3	4	5	6
7	8	9	10	11	12	13
14	15	16	17	18	19	20
21	22	23	24	25	26	27
28	29	30	31			

师：同学们，我们一起玩个小游戏——猜数。这里有一张日历，你们任意圈出横排相邻 3 个数，将这 3 个数的和告诉老师，我就能够猜出你们圈的是哪三个数。现在我们来试一试。

师生活动：学生在日历中圈出相邻 3 个数，并计算其和，由教师猜出这 3 个数分别是多少。

【设计意图】创设情境，活跃课堂气氛，激发学生学习兴趣。

2. 层层深入，探究规律

活动 1：初步探究

2024 年 7 月份日历表

星期日	星期一	星期二	星期三	星期四	星期五	星期六
	1	2	3	4	5	6
7	8	9	10	11	12	13
14	15	16	17	18	19	20
21	22	23	24	25	26	27
28	29	30	31			

师：观察这张日历，探究：

相邻 2 个数之间有什么规律？你能用字母表示这一规律吗？

学生活动：学生认真观察，思考并回答上述问题。

【设计意图】让学生课堂初体验，增强自信心，为后续探究打下坚实的基础。

活动 2：深入探究

师：观察这张日历，探究：

1. 横行相邻 3 个数之间的规律是什么呢？

2. 竖列相邻 3 个数的规律是什么呢？

3. 左下右上或左上右下对角线上 3 个相邻数呢？

2024 年 7 月份日历表

星期日	星期一	星期二	星期三	星期四	星期五	星期六
	1	2	3	4	5	6
7	8	9	10	11	12	13
14	15	16	17	18	19	20
21	22	23	24	25	26	27
28	29	30	31			

2024 年 7 月份日历表

星期日	星期一	星期二	星期三	星期四	星期五	星期六
	1	2	3	4	5	6
7	8	9	10	11	12	13
14	15	16	17	18	19	20
21	22	23	24	25	26	27
28	29	30	31			

2024 年 7 月份日历表

星期日	星期一	星期二	星期三	星期四	星期五	星期六
	1	2	3	4	5	6
7	8	9	10	11	12	13
14	15	16	17	18	19	20
21	22	23	24	25	26	27
28	29	30	31			

师生活动：教师引导学生认真观察，发现并尝试用字母表示相邻 3 个数之间的规律。

师：相邻 3 个数之和与中间的数的关系是什么呢？

学生活动：学生发现规律，并利用整式的加减进行计算验证规律。

【设计意图】让学生经历发现、表示、验证规律的过程，体会从特殊到一般的数学思想，理解用字母表示数的意义。

活动 3：拓展探究

师：（1）在 3×3 方框内，9 个数之和与方框正中心的数之间有什么关系？

（2）不改变方框的大小，将方框上下或左右移动几个位置，上述结论还成立吗？

（3）能用字母表示并验证这一规律吗？

2024 年 7 月份日历表

星期日	星期一	星期二	星期三	星期四	星期五	星期六
	1	2	3	4	5	6
7	8	9	10	11	12	13
14	15	16	17	18	19	20
21	22	23	24	25	26	27
28	29	30	31			

学生活动：学生 6 人一组，合作交流，讨论分析，发现、表示、验证规律，在 3×3 方框内，9 个数之和是正中心的数的 9 倍。

【设计意图】把课堂还给学生，发挥团结协作精神，提高学生解决问题的能力，发展学生的应用意识。

任务 2：拓展思维模式，培养创新能力

学生活动：学生 6 人一组，团结协作，共同设计其他形状包含数的规律的数框，并用字

母表示和验证规律。

学生设计的图案如下：

2024 年 7 月份日历表

星期日	星期一	星期二	星期三	星期四	星期五	星期六
	1	2	3	4	5	6
7	8	**9**	**10**	**11**	12	13
14	15	**16**	17	**18**	19	20
21	22	**23**	**24**	**25**	26	27
28	29	30	31			

“回”字型

2024 年 7 月份日历表

星期日	星期一	星期二	星期三	星期四	星期五	星期六
	1	2	**3**	4	5	6
7	8	9	**10**	11	12	13
14	**15**	**16**	**17**	**18**	**19**	20
21	22	23	**24**	25	26	27
28	29	30	**31**			

“十”字型

2024 年 7 月份日历表

星期日	星期一	星期二	星期三	星期四	星期五	星期六
	1	2	3	4	5	6
7	8	9	10	11	12	**13**
14	**15**	16	**17**	18	**19**	20
21	22	**23**	24	**25**	26	27
28	29	30	31			

“W”型

2024 年 7 月份日历表

星期日	星期一	星期二	星期三	星期四	星期五	星期六
	1	2	3	4	5	6
7	**8**	**9**	**10**	11	12	13
14	15	**16**	17	18	19	20
21	**22**	**23**	**24**	25	26	27
28	29	30	31			

“工”字型

2024 年 7 月份日历表

星期日	星期一	星期二	星期三	星期四	星期五	星期六
	1	2	3	4	5	6
7	**8**	9	**10**	11	12	13
14	**15**	**16**	**17**	18	19	20
21	**22**	23	**24**	25	26	27
28	29	30	31			

“H”型

2024 年 7 月份日历表

星期日	星期一	星期二	星期三	星期四	星期五	星期六
	1	2	3	4	5	6
7	**8**	9	**10**	11	12	13
14	15	**16**	17	18	19	20
21	**22**	23	**24**	25	26	27
28	29	30	31			

“X”型

【设计意图】鼓励学生积极探索、大胆设计，将所得结论进一步推广，锻炼学生思考问题的能力，培养学生的创新意识。

任务 3：探究数九学问，发展逻辑推理

师：“数九”有多少个“九”？共有多少天呢？

学生 1：“数九”有 9 个“九”，每 9 天组成一个“九”，共九九八十一天。

师：2024 年的 12 月 21 日是冬至，星期六，是“一九”的第一天。请问：

（1）“二九”的第一天是哪一天？是星期几？

（2）“三九”“四九”的第一天又分别是哪一天呢？分别是星期几？

（3）你是怎么推断出来的呢？

学生 2：“二九”的第一天是 2024 年 12 月 30 日，是星期一。

学生 3：“三九”的第一天是 2025 年 1 月 8 日，是星期三；“四九”的第一天是 2025 年 1 月 17 日，是星期五。

【设计意图】引导学生进行回答，探究数九之间存在的规律，指导学生依次写出“二九”“三九”“四九”第一天对应的时间节点。融合语文和数学知识，培养学生的应用意识和逻辑推理能力。

任务 4：融合多学科知识，发展跨学科素养

师生活动：教师设置问题串，呈现探究问题。学生在前面探究和应用规律的基础上，合作探究以下两个问题。

问题 1：二十四节气之间存在的数学规律

①一年有多少个节气？

②查找 2024 年日历，完成下表：

节气	日期	间隔几天	节气	日期	间隔几天	节气	日期	间隔几天
立春			芒种			寒露		
雨水			夏至			霜降		
惊蛰			小暑			立冬		
春分			大暑			小雪		
清明			立秋			大雪		
谷雨			处暑			冬至		
立夏			白露			小寒		
小满			秋分			大寒		

③二十四节气之间存在什么样的规律呢？

④你还能用其他的方式呈现出二十四节气示意图吗？

【设计意图】感受数学与地理之间的联系，增长知识、享受快乐。

问题 2：干支纪年法的纪年规律

①天干地支是如何组合的？有哪几种组合？请列举。

②你知道“六十甲子”是什么意思吗?

③ 1984 年是甲子年，下一次的甲子年是什么时候呢?

④你能写出从 1984 年开始的“六十甲子图”吗?

【设计意图】巧妙地将数学与历史知识进行融合，让学生对中国传统纪年方法有了进一步的了解，传承中国优秀文化，激发学生的民族自豪感。

（六）项目评价

“探究日历中的数学规律”，根据活动情况，将评价标准具体化为 5 个维度来对学生进行全面评价，同时，将每个维度划分为三个等级，每个维度与等级有相应的评价标准，具体评价量表如下：

“探究日历中的数学规律”评价表

班级：________ 姓名：________ 小组：______ 评价标准：优秀（★★★）良好（★★）及格（★）

评价方式 评价内容	自我评价	同伴互评	教师评价	星级汇总
积极合作				
设计新颖				
表达流畅				
高效完成				
课堂表现				

（七）困难点及对策

【困难点】学生在探究二十四节气中存在的数学规律时，对部分节气之间间隔的天数不一致产生疑惑。

【对策】课后找地理老师进行解释说明，消除疑惑。

第 3 课时 创意日历巧设计

（一）驱动性问题

你能制作出 2025 年的日历吗?

（二）学习目标

通过制作 2025 年某月的月历或者 2025 年的年历，掌握月历或者年历的一般制作方法和注意点，提高动手设计制作的能力，培养学生的创新意识。

（三）课时任务

任务1：制作创意日历，发展应用意识

学生明确分工，共同制作一个2025年某月的月历或者2025年的年历。

任务2：展示交流分享，提高审美能力

学生参观欣赏制作的创意日历和手抄报，为自己喜欢的作品贴上“点赞”贴纸，评选出最受欢迎的作品。

任务3：丰富评价方式，促进反思提升

学生回顾整个活动过程，自我总结并反思，撰写数学小论文，完成评价手册。

（四）学习支架

任务驱动支架	制作2025年的创意日历，在创作中应用新知、发展思维、提高审美能力。
交流共享支架	组织创意日历作品展，组织学生参观和点赞，促进合作与共享。

（五）教学过程

任务1：制作创意日历，发展应用意识

活动：学生利用课后时间，小组分工协作，制作2025年的创意日历

【设计意图】让学生在制作日历的过程中回顾并交流本次活动学到的知识，培养学生的创新意识，提高学生的动手操作能力，让学生能够学以致用。

任务2：展示交流分享，提高审美能力

师：教师组织学生张贴学生制作的日历、手抄报，组织学生参观点赞。

生：学生参观主题学习过程中学生制作的作品，并点赞。

【设计意图】培养学生的审美意识，提高学生的评价水平。

任务3：丰富评价方式，促进反思提升

师生活动：教师组织学生完成本次跨学科主题活动的评价手册，并让学生完成与本次跨学科主题学习相关的数学小论文，字数不限

【设计意图】能够及时对学生进行评价，促使学生进行反思总结，提升学生的综合素质，

发展学生的核心素养。

（六）项目评价

“创意日历巧设计”采用“评价维度多元化、评价主体多样化”的评价方式，进行专家评、教师评、家长评和同伴互评四种主体不同的评价。具体评价量表如下：

“创意日历巧设计”评价表

班级：________ 姓名：________ 小组：______ 评价标准：优秀（★★★）良好（★★）及格（★）

评价方式 评价内容	专家评价	教师评价	家长评价	同伴互评	星级汇总
分工明确					
按时完成					
总结反思					
制作精美					
创意新颖					

（七）困难点及对策

【困难点】学生在制作创意日历时，缺乏一定的审美能力，可能导致作品不完美。

【对策】邀请美术老师对学生进行色彩搭配等方面的指导，提高学生的审美能力。

七、反思及点评

（一）教学反思

该主题学习以“核心问题为主线、教师为主导、学生为主体”的教学方式呈现，共设置了三个主题活动，每个主题活动又根据各个阶段所要解决的驱动性问题、所要达到的学习目标，分别设置了紧扣主题、丰富多样的具体学习任务，环环相扣，层层深入，引导学生在活动中学到了知识，积累了经验，应用了所学，开展了创作，最终指向学生多学科素养的提升。

同时，在主题活动实施过程中，也存在一定的不足。

第一，评价方式不够丰富。虽然每个主题学习都设计的有相应的评价，但是评价方式单一，也疏于对评价结果进行总结和表彰。所以，在成果展示环节，可事先组织好学生评委组和教师评委组，保证评价主体和评价方式的多元化，实时对展示小组进行评价和指导，评选出一、二、三等奖，对学生进行鼓励，激发学习的积极性。

第二，任务落实不够扎实。要求学生写出有关本次跨学科主题学习活动的数学小论文，但未在教室进行展示分享。所以，在活动过程中，应合理安排时间，组织学生对本次跨学科主题学习进行反思和总结，并组织学生分享撰写的数学小论文，促使思想交汇，让学生通过本次跨学科主题活动的学习，真正有所收获，真正爱上数学，在数学学习中得到快乐，在快乐中得到成长。

第三，学习支架不够具体。在设计任务时，要求学生上网检索干支纪年法、二十四节气、数九和中国传统节日等知识，个别学生不会检索，也有个别学生对检索到的内容不会整理，杂乱无章。小组合作制作手抄报和创意日历环节分工不明确，组员之间配合度不够。所以，在学生资料查找环节，教师事先组织学生分工明确，设计好调查表格，包含探究主题、探究内容等，并实时对学生进行指导和帮助，让学生目的性更强，提高效率。

（二）名师点评

《日历中的奥秘——融合整式加减运算的教学实践》是一节跨学科主题学习活动，以发展学生核心素养为导向，以提升学生综合实践能力为目标，以探究日历中的奥秘为载体，充分发挥学生的主动性，深层次培养学生创新实践能力。

1. 该主题学习基于课程标准，凸显学科特质，注重学科实践，设计了“日历知多少”“探究日历中的数学规律”“创意日历巧设计”三个主题活动，注重实践育人。

2. 该主题学习采用课内 + 课外，校内 + 校外，集中 + 分散的学习方式，融合了数学、信息科技、地理、历史、艺术等学科，助力学生深度学习。

3. 该跨学科主题学习活动，围绕主题，将涉及的学科进行有机结合，让学生综合运用多种学科知识，经历综合构建知识、运用知识、解决问题、创造价值的过程，让学生学会学习。

4. 主题式学习改变了传统的教学关系，充分给予学生成长空间，让学生与同伴、与教师、与自己、与真实问题情境对话。在主题式学习活动实施的过程中，让学生自主思考、合作探究、自主实践。从最后的公开成果来看，学生的成果是丰富多样的，学生能力也得到一定程度的提升。

设计与执教者：杨　丽

刘阳阳（三门峡市第二中学）

修改与点评者：鲍聪晓

◆ 案例 2 ◆

彩陶模型的制作

——融合图形变化和视图的教学实践

习近平总书记讲过：中华优秀传统文化是中华文明的智慧结晶和精华所在，是中华民族的根和魂，是我们在世界文化激荡中站稳脚跟的根基。在这样的时代背景下，基于《义务教育数学课程标准（2022 年版）》理念（关注数学学科发展前沿与数学文化，继承和弘扬中华优秀传统文化），结合本土文化“三门峡庙底沟彩陶文化”进行教学实践，从而促进学生关注社会，了解文化，激发学生的社会责任感。本主题学习活动在九年级下学期开展，共需 3 个课时，涉及艺术、历史、信息科技等学科。

一、主题说明

1. 主题分析：该项目通过了解庙底沟彩陶文化的相关知识，运用轴对称、平移、旋转、三视图等数学知识并结合多学科知识，经历设计和制作彩陶模型，体会古代劳动人民的智慧，增强民族自信心和自豪感，从而弘扬中华民族的优秀传统文化。

2. 任务情境：该项目通过了解庙底沟文化，制作庙底沟彩陶模型，让庙底沟文化走进校园、融入生活，传承和弘扬庙底沟彩陶文化。

3. 驱动性问题：数学视域下，如何设计和制作庙底沟彩陶模型？

二、学习目标

1. 以小组为单位收集整理庙底沟彩陶的相关资料，从数学、历史、艺术、信息科技的角度初步了解庙底沟彩陶的制作和设计等特点，鼓励学生发现和提出问题，弘扬中华传统文化，发展跨学科意识。

2. 经历从视图、图形变化的角度分析彩陶图案，通过设计、制作彩陶模型的过程，发展数学抽象、几何直观和空间观念等学科素养，提高分析和解决问题的能力。

3. 举办彩陶模型成果展示与宣传推广活动，尝试运用数学的语言进行表达，发展应用意识和创新实践能力。

三、学科关联

该项目学习的过程中，通过了解仰韶时期庙底沟彩陶文化（历史），应用计算机软件画三视图、利用 3D 打印机制作模型（信息科技），结合美术的构图法则、构图元素设计彩陶纹样和手工艺术品，并综合运用数学中图形变化等知识设计方案、制作模型，从而培养学生的综合与实践能力，感受中华民族文化的源远流长、博大精深，体会古代劳动人民的智慧。

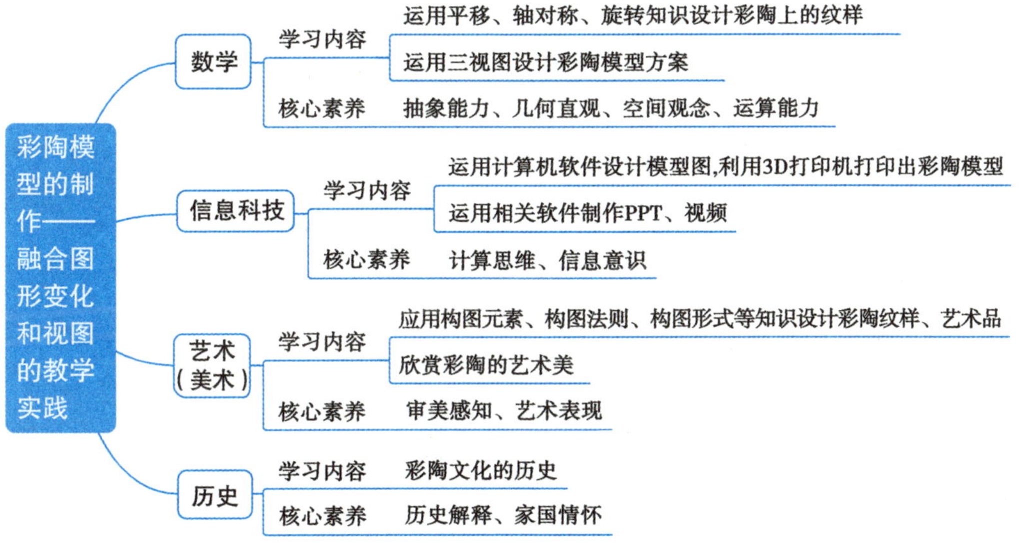

四、活动策略

该项目实施经历前期、中期、后期三个阶段，共 3 个课时 9 个子任务。通过参观庙底沟博物馆、查阅资料、设计和制作庙底沟彩陶等，引导学生在真实情境中经历完整解决问题的过程，弘扬中华民族的优秀传统文化。

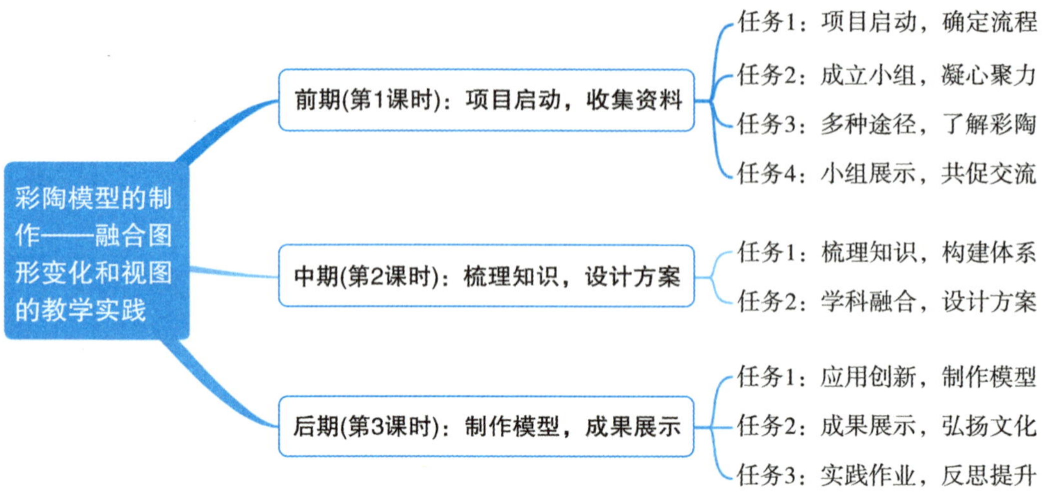

五、成果形式及公开方式

庙底沟彩陶模型、手绘知识树、反思小论文、评价手册、具有庙底沟元素的手工艺品。

六、主题实施

第 1 课时　项目启动，收集资料

（一）驱动性问题

三门峡文物元素“庙底沟彩陶花瓣纹”惊艳亮相2023年春节联欢晚会主舞台，关于庙底沟彩陶文化你了解多少呢？

（二）学习目标

1. 通过小组讨论，组间交流确定该项目——彩陶模型的设计与制作，从而让更多人了解庙底沟彩陶文化，传承和弘扬庙底沟彩陶文化，激发学生的社会责任感和文化自信。

2. 通过确定流程、组建小组，为项目的开展做好充分准备，引导学生像专家一样思考问题，从而增强小组的凝聚力，为项目活动做准备。

3. 通过查阅书籍、走进三门峡庙底沟博物馆、上网查询、请教老师等多种途径了解庙底沟彩陶文化，培养学生自主学习探究的能力。

（三）课时任务

任务 1：项目启动，确定流程

结合 2023 年春节联欢晚会主舞台的庙底沟文化元素和三门峡庙底沟博物馆花瓣纹彩陶盆，激发学生的社会责任感，引出并确定该项目的驱动性问题：如何设计和制作庙底沟彩陶模型？并通过小组讨论确定该项目的实施路径。

任务 2：成立小组，凝心聚力

通过自行组建小组，取组名、定口号等活动，增强小组的凝聚力，为后期小组合作打下良好的基础。

任务 3：多种途径，了解彩陶

学生可以通过走进三门峡庙底沟博物馆、上网查询、查看相关书籍、咨询老师等多种方式从不同角度了解庙底沟彩陶。

任务 4：小组展示，共促交流

小组将彩陶文化的起源、器型、大小、纹饰等内容整理成 PPT，并进行展示，其他组同学可进行提问交流，促进学生对庙底沟彩陶有一个全面的了解。

（四）学习支架

情境创设支架	教师为学生展示 2023 年春节联欢晚会主舞台和三门峡庙底沟博物馆花瓣纹彩陶盆的图片，以及播放三门峡庙底沟博物馆的视频，激发学生的社会责任感和文化自信。
任务驱动支架	通过完成彩陶文化研究活动清单，对庙底沟彩陶有了初步的了解。
资源路径支架	引导学生通过查阅书籍、走进三门峡庙底沟博物馆，以及上网查询、请教老师等多种途径了解庙底沟彩陶文化。
交流共享支架	学生通过制作 PPT 展示收集到的彩陶相关知识，促进学生间的交流，培养学生的表达能力。

（五）教学过程

任务 1：项目启动，确定流程

师生活动：观看 2023 年春节联欢晚会主舞台和三门峡庙底沟博物馆花瓣纹彩陶盆的图片，以及播放三门峡庙底沟博物馆的视频。

小组活动：作为新时代的青少年，肩负着中华民族历史文化传承的责任，你会用什么方式激发更多人去了解庙底沟彩陶文化，从而传承和弘扬庙底沟彩陶文化呢？

提出问题：要制作庙底沟彩陶模型，我们需要经历哪些过程？

【设计意图】在小组间相互讨论中，学生提到通过做宣传页、做彩陶、讲好庙底沟彩陶故事等方式让更多的人了解庙底沟彩陶文化，引出本次项目主题。同样，学生提到的方式也可以作为后续项目继续探究，从而激发学生持续探究的欲望。并提出问题：要制作庙底沟彩陶模型，我们需要经历哪些过程？鼓励学生像专家一样去思考问题和解决问题。通过交流、补充确定本次项目的实施路径，为学生以后开展同类型项目活动积累经验。

任务 2：成立小组，凝心聚力

学生活动：为完成项目，学生根据自身性格特点自行组建项目活动小组，并取组名、定口号。

【设计意图】通过自行组建活动小组、取组名、定口号等活动，增强小组的凝聚力，为后期小组合作打下良好的基础，也为以后开展更多的项目活动做好准备。

任务 3：多种途径，了解彩陶

学生活动：学生通过查阅书籍、走进三门峡庙底沟博物馆、上网查询、请教老师等多种途径了解庙底沟彩陶文化，并完成任务清单。

彩陶文化研究活动清单

活动时间：__________　　　　活动人员：__________

小组选择庙底沟彩陶的研究内容	
小组所选择的研究途径	
小组活动的具体分工	
小组的研究成果展示方式	
在活动中还有哪些疑惑	

【设计意图】学生参考任务清单，小组分工明确，引导学生善于发现问题和解决问题，从而培养学生在“做中学，用中学”。

任务 4：小组展示，共促交流

小组展示：小组对彩陶文化的起源、器型、大小、纹饰等内容进行展示，其他组同学可进行提问交流。

【设计意图】在此过程中，培养学生的批判性思维。项目前期活动结束后，从评价反思中可以看到学生对彩陶文化有了初步了解，体会到中国古代劳动人民的智慧，以及感受到小组合作的重要性等。

（六）项目评价

彩陶文化研究评价量表

姓名：__________　　组长：__________　　评价标准：优秀（★★★）良好（★★）及格（★）

评价方式 评价内容	自我评价	同伴互评
能够明确个人任务		
能认真倾听、遇到问题能和同伴沟通、交流		
能通过多种途径、方式查找资料		
能借助思维导图、表格、PPT 等方式进行归类整理资料		
能清楚地展示和表达自己所整理的材料		
活动反思		

（七）困难点及对策

【困难点】学生在任务 3 中，通过不同的方式了解到很多关于彩陶文化的知识，但是在进行 PPT 展示时却不能条理清晰地进行展示。

【对策】和信息科技老师沟通后，在信息科技课上对学生 PPT 制作进行讲解，从而帮助学生有条理地整理 PPT 里的相关内容；和语文老师沟通学生演讲展示方面的问题，从而对学生进行指导。

第 2 课时　梳理知识，设计方案

（一）驱动性问题

若要制作庙底沟彩陶模型，我们该如何设计方案呢？

（二）学习目标

1. 引导学生从数学的角度观察彩陶，梳理出关于彩陶的器型、大小、纹样等研究对象，并抽象出相关数学问题，最后用数学的知识、思想和方法来探究，从而培养学生用数学的眼光观察现实世界，用数学的思维思考现实世界。

2. 经历设计彩陶模型制作方案表并完成方案设计，发展学生的数学抽象、几何直观、空间观念、数学运算等素养，并体会将立体图形转化为平面图形的数学转化思想，整个活动过程中培养学生发现问题、提出问题、解决问题的能力。

（三）课时任务

任务 1：梳理知识，构建体系

引导学生观察彩陶，梳理出关于彩陶的器型、大小、纹样等研究对象，并抽象出相关数学问题，发展学生用数学的眼光观察现实世界。

任务 2：学科融合，设计方案

通过小组合作交流，相互补充，确定设计方案表；应用历史、信息科技及美术等知识设计方案，体会到各学科之间的融合。

（四）学习支架

任务驱动支架	学生观察彩陶，通过画出思维导图的方式梳理出彩陶上有关轴对称、平移、旋转的图形变化知识，为学生设计和制作彩陶做准备。
学习评价支架	通过多维度的评价量表，促进学生对彩陶设计方案的反思和改进。

（五）教学过程

任务 1：梳理知识，构建体系

提出问题：要制作彩陶模型，从数学的角度我们可以研究彩陶哪些方面的内容？

小组活动：引导学生从数学的角度出发进行观察思考，梳理出关于彩陶的器型、大小、纹样等研究对象，并抽象出相关数学问题，最后用数学的知识、思想和方法来探究。

学科融合：结合三门峡庙底沟博物馆对连续、对称、共用的艺术构图法则的介绍，邀请美术老师到课堂上讲解相关的美术知识。

【设计意图】让学生体会到同一个实际问题可以从不同的学科角度进行分析，培养学生的跨学科思维意识。使学生能梳理出彩陶上有关轴对称、平移、旋转的图形变化知识，发展学生用数学的眼光观察彩陶。小组合作画出知识树或思维导图，从而有利于培养学生整体把握数学知识并将知识结构化、系统化的能力。

任务 2：学科融合，设计方案

核心问题：如何设计“彩陶模型制作方案表”？

小组活动：

1. 小组合作设计彩陶模型制作方案表。通过组间交流，补充并确定方案表。

2. 小组讨论：①如何测量彩陶模型中圆的半径；②如何操作可以使测量的数据更精确。

3. 小组合作完成方案设计表。

彩陶模型制作方案表

方案设计者：__________ 时间：__________

彩陶模型名称	
所选彩陶的用途及相关介绍	
准备材料	
根据所选的彩陶画出三视图、标出相关数据、比例尺	
所选择的纹样或元素（基本图形）	
所选纹样涉及哪些图形变化	
彩陶模型上的图案设计稿	
设计方案中遇到的问题以及解决方法	

【设计意图】小组合作交流，相互补充，确定彩陶模型制作方案表；鼓励学生深入参与活动的各个环节，培养学生在项目学习中积极探索并解决问题的意识。学生通过用不同方法、工具进行测量并画出三视图，并运用艺术、历史等学科知识完成方案设计表，培养学生科学严谨的学习态度。最后，通过不同的评价主体对学生的设计方案进行评价。

（六）项目评价

彩陶模型制作方案评价量表

设计小组：____________ □教师评 □小组互评

评价维度	A	B	C	评价结果
呈现方式	通过图象、文字、数据等多种形式呈现，呈现方式清晰、具体，便于他人阅读和理解。	能够用图文结合的方式呈现，但比较简单，他人获得的信息量有限。	呈现方式单一，比如只有绘图没有文字说明，比较潦草。	
呈现内容	内容丰富，考虑周全，能从庙底沟文化背景出发，对模型的设想、材料、大小、颜色、分工等方面进行全方位、全角度呈现。	内容较为简单，没有全方位呈现模型设计的各个方面。	呈现内容过于简单，只考虑到模型设计的某个方面。	
可实现性	可实现性强，通过方案解读，能够将设计的模型付诸实践。	有一定的可实现性，但从方案里不能清晰体现。	可实现性差，方案里几乎看不出。	
组内总结：		组间建议：		

（七）困难点及对策

【困难点】学生在设计方案中，画三视图时作图不够准确。

【对策】引导学生回顾作三视图的方法和要点，并邀请部分学生讲解作图过程中遇到的问题及解决方法。

第 3 课时　制作模型，成果展示

（一）驱动性问题

如何制作庙底沟彩陶模型，并传承和弘扬庙底沟彩陶文化？

（二）学习目标

1. 通过制作模型的全过程，使学生体会到中国古代劳动人民的智慧，培养学生不畏艰难，勇于探索的精神，发展学生的数学运算、几何直观、空间观念等数学素养。

2. 通过成果展示活动，增强团队合作意识，提高沟通表达能力，从而传承和弘扬庙底沟彩陶文化，落实立德树人的育人目标。

（三）课时任务

任务 1：应用创新，制作模型

小组根据设计的方案，选择用不同的方式、材质进行模型制作。

任务 2：成果展示，弘扬文化

班长作为总指挥，组织策划开展彩陶模型展示交流会，并邀请相关的专家、老师、同学进行参观，每组推荐一名小小解说员为参观者讲解彩陶文化的相关知识，以及小组制作模型的感悟。

任务 3：实践作业，反思提升

把庙底沟彩陶文化和校园文化节相结合，学生通过创造性地使用身边已有材料，并应用数学中图形变化的知识制作出具有庙底沟彩陶文化特色的手工艺品，提高学生的综合与实践能力，传承和弘扬庙底沟彩陶文化。

（四）学习支架

资源路径支架	为学生制作模型提供所需的工具、材料、相关信息，培养学生动手操作能力。
交流共享支架	举办彩陶模型展示会，学生通过和专家、老师、同学交流，提升了沟通表达能力、丰富了学生的知识，增强了学生数学学习的信心，并弘扬了彩陶文化。

（五）教学过程

任务 1：应用创新，制作模型

小组活动：每个小组根据模型设计方案，选择合适的方式进行模型制作。

活动要求：

1. 能够根据方案准备材料，善于运用身边已有的材料或者进行材料改造。

2. 在制作模型中能多次进行优化，从而制作出接近设计方案的彩陶模型。

【设计意图】该任务采用开放式教学，每个小组通过选择用不同的方式进行模型制作，激发学生的创造性。在模型制作过程中，需要小组进行测量、计算，以确保所制作的模型符合设计的比例尺。很多学生会在模型制作过程中经历失败、反思、修改、再尝试，最终做出模型。在经历制作模型的过程中，学生体会到中国古代劳动人民的智慧，培养学生不畏艰难，勇于探索的精神，发展学生的数学运算、几何直观、空间观念等数学素养。

任务 2：成果展示，弘扬文化

小组活动：在班长的组织策划下开展彩陶模型的展示交流会

1. 分享彩陶模型的设计理念、思路、功能、优缺点。

2. 分享设计与制作过程中的困惑、问题及解决的方法。

3. 各小组成员谈项目活动中的感悟和收获。

【设计意图】通过成果展示活动，增强团队合作意识、沟通表达能力；学生把庙底沟彩陶文化带进校园，他们用自己的方式传承和弘扬庙底沟彩陶文化，从而落实立德树人的育人目标。

任务 3：实践作业，反思提升

活动 1：课后实践，迁移应用

三门峡市实验中学将于某月举行校园艺术文化节，请同学们根据本次项目化学习的过程，小组合作利用身边的材料为本次活动设计并制作一件具有庙底沟彩陶文化特色的手工艺品。

【设计意图】在活动中，学生可以感受到该项目融合了数学的图形变化之美，美术的艺术法则之美，历史的灿烂文化之美。培养学生用数学及多学科的语言表达世界，提高学生的综合与实践能力，传承和弘扬庙底沟彩陶文化。

活动 2：自我反思，总结提高

请同学们以小论文的方式总结在该项目活动中的收获以及反思。

【设计意图】活动后，学生通过写小论文对本次项目活动进行反思，从而形成新的活动经验。在整个项目过程中，学生深刻地感受到中华民族的文化源远流长，博大精深，更激发了学生的社会责任感。

（六）项目评价

彩陶模型展示交流会，可邀请学校其他班级同学、老师、家长、专家等参观并进行评价，多元评价激发学生的自信心和自我反思修正，并积累活动经验。

彩陶模型展示评价量表

模型制作小组：________________　　　　　时间：________________

评价者	□专家评　□教师评　□小组互评　□自评					
评价标准	优秀（★★★）　良好（★★）　及格（★）					
评价维度	小组 1	小组 2	小组 3	小组 4	小组 5	……
模型结构是否完整						
模型是否能够按照一定的比例尺进行制作						
模型能否按照庙底沟彩陶文化元素进行设计，并且整体比较协调						
模型的制作是否具有创造性						
小组讲解员是否能够清楚地对该组模型进行全方位的讲解						
活动建议 / 反思						

（七）困难点及对策

【困难点】学生选择制作模型的方式有很多，如前往陶艺馆使用拉坯机、采用卡纸折叠、利用橡皮泥塑形等。然而，在实际操作过程中，一些小组发现某些方式难以达到预期的设计效果。例如，使用橡皮泥塑形的小组发现，他们的作品美观性很差。

【对策】通过查资料，模仿古代制陶工艺，和泥、搓泥条、泥条盘筑、修整、装饰，最后制作出接近原型的彩陶模型。

七、反思及点评

（一）教学反思

该项目在实施过程中，突出了学生的主体地位，发展学生的数学核心素养。

首先，选择贴近学生生活的项目主题。该项目结合社会热点：2023 年春晚主舞台中的彩陶文物元素以及网红打卡地三门峡庙底沟博物馆，从我们身边的三门峡庙底沟博物馆，再到学生通过运用数学以及多学科的知识制作彩陶模型，这样的项目是真实的、具有挑战性的，极大地激发了学生探究项目的兴趣；该项目的选择是为了传承和弘扬庙底沟彩陶文化，在制作彩陶的过程中，学生体会到古代劳动人民的智慧，民族自豪感油然而生，该项目的实施落实了立德树人的育人目标。

其次，关注指向核心素养的项目成果。学生经历制作庙底沟彩陶模型，运用图形变化等知识制作彩陶模型和手工艺品，并通过项目成果展向同学、老师、专家讲解彩陶模型制作过程的相关知识，让学生感悟数学与现实世界的交流方式，能有意识地运用数学语言表达现实世界，形成跨学科的应用意识与实践能力。

再次，回头再看这个项目时，也有一些不足，比如在项目前期“多种途径，了解彩陶”的活动清单中，重点放在小组选择庙底沟彩陶的纹样、器型等内容，意在拓宽学生视野和培养兴趣，但是没有建立和数学的直接联系，导致学生不能从数学的角度发现问题、思考问题。

通过反思，将任务清单修正设计为“走进三门峡庙底沟博物馆”活动单，问题的设置重视突出数学的主体地位。

走进三门峡庙底沟博物馆

活动时间：____________ 活动人员：____________

参观三门峡庙底沟博物馆，你能发现哪些地方蕴含了数学知识（可附图片）		
请梳理出所蕴含的数学知识		
请梳理出相关学科和知识	相关学科	相关知识
通过参观博物馆，你想研究哪方面的问题		

最后，在本次跨学科主题学习活动中，我深刻地感受到：对于学生，每一次放手，每一点进步；对于教师，每一步挑战，每一点突破。在以后的教学中，我会以跨学科主题学习为载体，让教学映照真实世界，让实践渗透生活点滴。

（二）名师点评

该案例以发展学生核心素养为导向，以提升学生综合实践能力为目标，以庙底沟彩陶模型的设计与制作为载体，充分发挥学生的主体作用，引导学生经历完整的项目活动过程，从而促进学生综合素养的发展。

1. 凸显数学要素。在项目活动中，教师引导学生观察彩陶，从中抽象出数学图形，观察其形状、位置、大小等特征，从而梳理出平移、旋转、轴对称、三视图等相关数学问题。在设计“彩陶模型制作方案表”中，学生画出三视图，凸显出对学生计算能力的培养。整个项目活动凸显应用数学知识解决图形变化和视图问题，从而体现数学学科价值。

2. 教、学、评一致性，落实核心素养。在项目实施过程中有任务清单指导学生自主学习，任务后有针对学生活动过程的评价，且整个评价贯穿项目始终，评价主体和评价维度多元化，定性定量评价相结合从而促进学生的深度学习，实现教、学、评一致性。

3. 注重学科间融合。为完成该项目，学生需要综合运用艺术、历史、信息科技等相关学科的知识。该项目还邀请美术教师到课堂上进行相关知识的讲解，从而让学生体会到同一实际问题可以从不同的学科角度进行分析，进而发展学生的跨学科思维。

设计与执教者：郑楠楠（三门峡市实验中学）
杨　丽
修改与点评者：鲍聪晓

◆ 案例 3 ◆

美丽的黄金分割

——融合几何图形、一元二次方程和相似的教学实践

黄金分割与宇宙万物有着千丝万缕的联系，具有严格的比例性、艺术性、和谐性。本学习活动围绕“美丽的黄金分割”这一主题，通过开展“遇见黄金分割（发现美）”“探秘黄金分割（探索美）”“应用黄金分割（创造美）”等一系列活动，让学生经历发现美、探索美、创造美的过程，加深对黄金分割的认识，拓展知识面，培养阅读思考能力、推理能力、模型观念和审美意识，体会黄金分割的应用价值和美学价值。本主题活动在九年级开展，共需 3 个课时，涉及数学、生物学、艺术、地理、信息科技等学科。

一、主题说明

1. 主题分析：九年级学生已经学习了等腰三角形、矩形、一元二次方程和相似等相关数学知识，同时具备一定的生物学、艺术、地理、信息科技等关联学科知识，探究积极性高、合作意识强。学生虽已积累了一些数学活动经验，但综合运用多学科知识解决问题的能力较弱。

依据课标要求，基于教材和学情，本次跨学科主题学习活动将“人教版九年级上册第二十一章　阅读与思考——黄金分割数”作为研究切入口，整合人教版七年级上册教材（2024 年版）第六章　数学活动 2　绘制五角星、人教版八年级下册第十八章　数学活动 2　黄金矩形等内容，让学生通过阅读、查阅、讨论、操作等环节丰富数学阅读与思考经验；通过探究黄金分割与几何、艺术、生物学、地理等之间存在的美妙联系，引导学生用数学的眼光观察、用数学的思维思考，激发学生自主深度探秘的兴趣；通过“‘有理有据的美’创意制作展演”活动，让学生学会运用数学语言有理有据地表达黄金分割的美，并利用黄金分割动手创造美，

沉浸式体会黄金分割的应用价值和美学价值。

2. 任务情境：黄金分割具有严格的比例性、艺术性、和谐性，这一比值能够引起人的美感，让我们一起揭秘这背后的数学原理。

3. 驱动性问题：黄金分割与艺术、生物学、地理等学科知识之间存在怎样的美妙联系呢？

二、学习目标

跨学科主题学习具有综合性、实践性、探究性、开放性和操作性等特点，是培养学生综合素质的重要载体。为了更好地发挥学生主动性，提升学生的综合实践能力，发展跨学科素养，培养学生的创新意识与实践能力，结合学生实际设定以下学习目标：

1. 通过阅读课本“黄金分割数”选学材料、上网查阅黄金分割的发展史、讨论解决阅读中的疑惑，初步感知黄金分割的数学原理以及数学与生活的联系，进而丰富数学阅读与思考经验，激发探究兴趣；经历黄金比的探索过程，掌握计算黄金比的方法，培养数学模型观念和推理能力；通过动手制作正五角星和黄金矩形并进行相关数据测量，加深对黄金分割相关概念的理解，提升动手能力。

2. 通过探索线段黄金分割点的作法，培养推理能力和作图能力；通过探究黄金分割在几何图形中的应用过程，建立数学知识之间的联系，完善知识体系。

3. 通过收集黄金分割应用的例子、解释其中的数学原理、自选深度探究主题、应用原理创作等环节，探索黄金分割在艺术、生物学、地理等学科中的应用，培养审美意识，发展跨学科素养，提升创新能力和动手能力，体会黄金分割的应用价值和美学价值。

三、学科关联

黄金分割的应用非常广泛，除了涉及艺术、生物学、地理、信息科技，还涉及科学、金融、军事等领域，它与宇宙万物有着千丝万缕的联系，几乎渗透到我们生活的每一个角落，蕴藏着极其丰富的美学价值和应用价值。通过本次主题活动，让学生体会到现象背后的数学原理，用数学的眼光去观察、用数学的思维去思考、用数学的语言去表达。

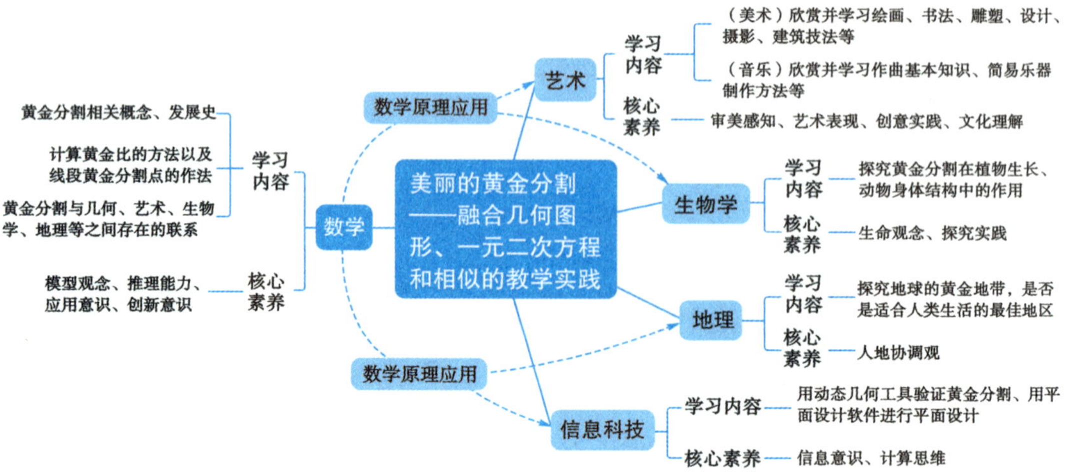

四、活动策略

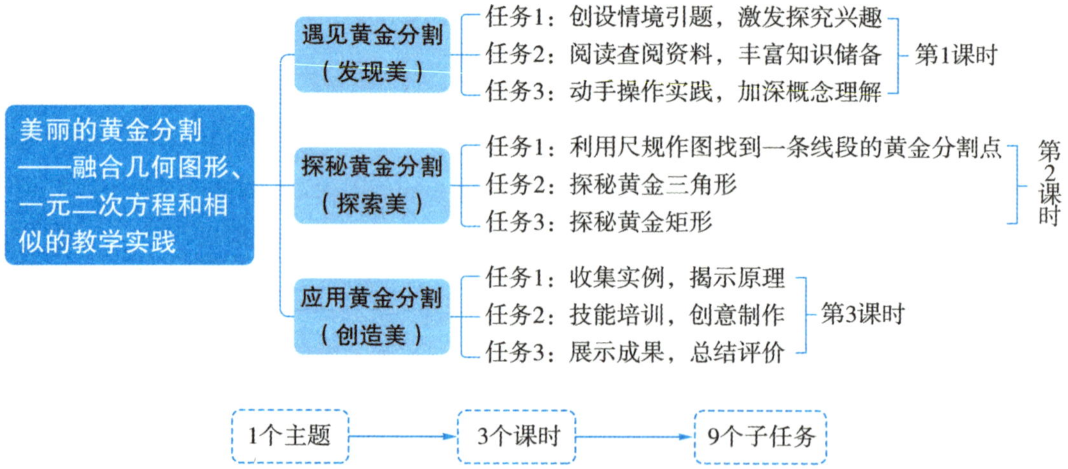

本次学习活动围绕“美丽的黄金分割——融合几何图形、一元二次方程和相似的教学实践”这一主题，设计了“遇见黄金分割（发现美）”“探秘黄金分割（探索美）”“应用黄金分割（创造美）”3个课时内容，包含9个子任务，融合生物学、艺术、地理、信息科技等学科知识，采用课内 + 课外、集中 + 分散相结合的方式开展，总结、反思、评价贯穿始终。

五、成果形式及公开方式

1. 解释说明类成果：研究报告、演讲汇报。

2. 制作表现类成果：《黄金分割——应用展示册》（包括：学生制作的黄金图形、绘画作品、书法作品、摄影照片、动植物标本、数学小论文、简易乐器模型等）。

六、主题实施

第 1 课时 遇见黄金分割（发现美）

（一）驱动性问题

黄金分割被认为是最能引起人美感的比例，在我们的生活中无处不在，有着神奇的魅力，你了解黄金分割吗?

（二）学习目标

1. 通过自学课本内容，结合网上查阅、微课学习等了解黄金分割的相关概念、发展简史及应用，拓宽知识面，提升信息提取、梳理、归纳能力，丰富阅读思考经验，激发探究兴趣。

2. 通过“交流答疑”活动，实现阅读、思考、交流的同频共振，促进深度学习的发生；经历探究黄金比的过程，加深对相关概念的理解，提升思维能力和表达能力。

3. 通过动手制作正五角星和黄金矩形并进行相关数据测量，将前后数学知识有效整合，体会黄金分割与几何的联系，培养学生的动手能力和审美意识。

（三）课时任务

任务 1：创设情境引题，激发探究兴趣

学生聆听歌曲，明确探究主题；观看数学电影，了解黄金分割的发展史及应用。

任务 2：阅读查阅资料，丰富知识储备

6 人为一个小组，组内集中阅读学习课本材料内容、分工上网查阅黄金分割的相关知识。

任务 3：动手操作实践，加深概念理解

动手制作正五角星及黄金矩形，建立数学知识间的联系，进一步理解黄金分割的相关概念。

（四）学习支架

情境创设支架	教师为学生播放数学电影短片《美之经典：黄金分割》，帮助学生了解黄金分割的相关概念、发展史及部分应用。
资源路径支架	数学教师提供课本资源，并利用动态几何工具验证正五角星中存在的黄金比，促进学生理解。学生自主阅读学习实践，并以小组为单位分工查阅，丰富对黄金分割相关知识的了解。

续表

交流共享支架	教师设计“交流答疑”活动，提升学生的信息提取、梳理、归纳能力和语言表达能力，探讨交流解决学生自学中的疑惑。
思维优化支架	引导学生经历黄金分割概念的建立过程，感受方程模型的应用，培养数学模型观念。
学习评价支架	学生完成前期准备阶段评价量表，增强自信，并能及时发现问题，取长补短，促进提升。

（五）教学过程

任务 1：创设情境引题，激发探究兴趣

活动：听曲观影，引题激趣

教师播放歌曲《黄金分割》，明确探究主题。

学生观看数学电影短片《美之经典：黄金分割》，了解黄金分割的发展史及应用。

教师提出问题：黄金分割是什么？黄金比是如何计算的？黄金分割与几何、艺术、自然等之间存在怎样的美妙联系呢？如何利用黄金分割创造美呢？

【设计意图】通过极具数学特色的歌曲和电影短片，引入探究主题，初步了解黄金分割，激发学生学习兴趣。之后，顺势提出问题，引发学生思考。

任务 2：阅读查阅资料，丰富知识储备

活动 1：阅读学习

课下，以小组为单位集中阅读、学习课本选学内容“人教版九年级上册第二十一章　阅读与思考——黄金分割数”，梳理归纳材料内容及疑惑点，组长组织成员针对疑惑点进行交流。

学生疑惑点预设：黄金比还有其他的计算方法吗？如何证明正五角星中存在黄金分割数？优选法具体是指什么？

活动 2：查阅整理

课下组内明确分工，针对阅读中的疑惑点或想要深入了解的问题进行查阅，并将阅读、查阅获取的资料进行汇总整理。

活动 3：交流答疑

课上师生交流，针对活动 2 中还未解决的疑惑点进行探讨，进一步加深对黄金分割相关知识的理解。

学生疑惑点 1： 有关黄金比的计算，除了教材中给出的设单位“1”列方程的方法，还有其他的方法吗？

解决过程：

教师出示问题： 在本章引言中有一个关于人体雕塑的问题，在设计人体雕像时，使雕像的上部（腰以上）与下部（腰以下）的高度比，等于下部与全部（全身）的高度比，可以增加视觉美感。这个高度比是多少？

【设计意图】 从生活中的实际问题入手，提出问题，激发学生学习兴趣。

学生活动： 学生将实际问题抽象为数学问题，找寻其他计算比值的方法。

已知：如图，点 C 在线段 AB 上（$BC > AC$），满足 $\frac{AC}{CB}=\frac{CB}{AB}$，求 $\frac{CB}{AB}$ 的值 .

学生思路：设线段 $AB=a$，$CB=x$，则 $AC=a-x$，代入 $\frac{AC}{CB}=\frac{CB}{AB}$，得到 $\frac{a-x}{x}=\frac{x}{a}$.

结合实际意义，解得 $x=\frac{\sqrt{5}-1}{2}a$，可以得到 $\frac{CB}{AB}$ 的值为 $\frac{\sqrt{5}-1}{2}$。

师： 引言中提到的高度比应为多少？

学生活动： 利用上面数学问题的解找到实际问题的解，解决教师提出的问题，得到高度比为 $\frac{\sqrt{5}-1}{2}$。

强化数学概念： 黄金分割是指把一条线段分为两部分，较大部分与全长的比值等于较小部分与较大部分的比，这个比值即为黄金比，其比值是 $\frac{\sqrt{5}-1}{2}$，也叫黄金分割数。这个分割点叫黄金分割点。

总结： 通过与教材中设单位“1”的方法对比，可以发现，当所求为比值时，设总量为单位“1”能够将问题简化，同时不失一般性，它是我们处理数学问题的一种常用方法。

【设计意图】 引导学生将实际问题抽象为数学问题，建立方程模型解决问题，培养数学模型观念；通过一题多解不同方法对比，发散思维，积累数学方法经验。

学生疑惑点 2： 如何证明正五角星中存在黄金分割数？

解决过程：

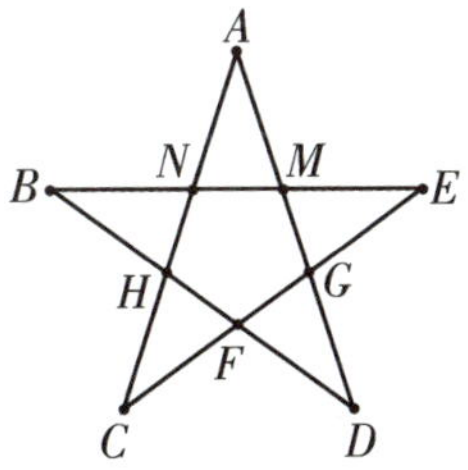

学生活动： 学生测量课本阅读材料正五角星中的线段 MN，BN，BM，BE 的长，计算 $\frac{MN}{BN}$，$\frac{BN}{BM}$，$\frac{BN}{NE}$，$\frac{NE}{BE}$ 的值（精确到 0.1），并回答下面的问题。

问题 1：N 是线段 BM 的黄金分割点吗？

问题 2：N 是线段 BE 的黄金分割点吗？

问题 3：还有其他被点 N 黄金分割的线段吗？

学生：计算得到 $\frac{MN}{BN}=\frac{BN}{BM}\approx 0.6$，$\frac{BN}{NE}=\frac{NE}{BE}\approx 0.6$，根据黄金分割点的概念，可以判断 N 是线段 BM 的黄金分割点，N 是线段 BE 的黄金分割点。同理，N 还是线段 AH，AC 的黄金分割点。

教师演示：教师利用动态几何工具准确测量阅读材料中正五角星的相关线段长，进一步感受这些线段的比约为 0.618。

NM=1.76 厘米　　BN=2.84 厘米

BN=2.84 厘米　　BM=4.60 厘米

$\frac{NM}{BN}\approx 0.618$　　$\frac{BN}{BM}\approx 0.618$

NE=4.60 厘米　　EB=7.44 厘米

$\frac{BN}{NE}\approx 0.618$　　$\frac{NE}{EB}\approx 0.618$

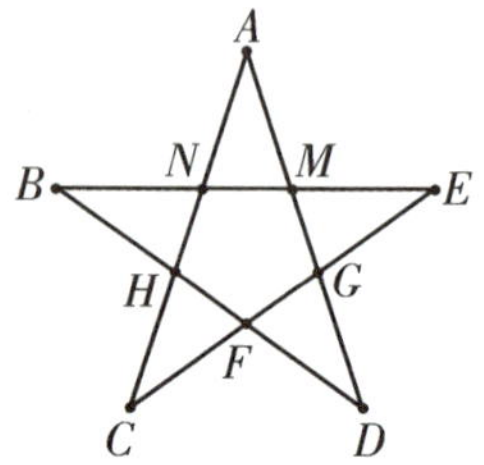

NH=1.76 厘米　　AH=4.60 厘米

AN=2.84 厘米

$\frac{AN}{AH}\approx 0.618$　　$\frac{NH}{AN}\approx 0.618$

CN=4.60 厘米　　AC=7.44 厘米

$\frac{CN}{AC}\approx 0.618$　　$\frac{AN}{CN}\approx 0.618$

问题 1：N 是线段 BM 的黄金分割点吗？

问题 2：N 是线段 BE 的黄金分割点吗？

问题 3：还有其他被点 N 黄金分割的线段吗？

问题 4：你能通过推理证明正五角星中存在黄金分割数吗？

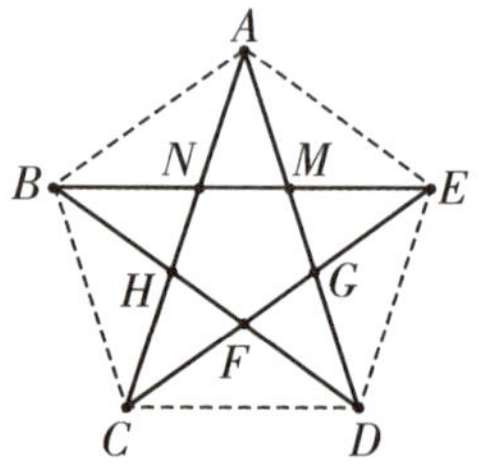

如右图，以小组为单位，探究证明在正五角星中存在黄金分割数，如 $\frac{MN}{BN}=\frac{BN}{BM}=\frac{\sqrt{5}-1}{2}$等。

学生：连接 AB，AE，BC，CD，DE。由已知可得五边形 $ABCDE$ 是正五边形。则 $\angle BAE=\frac{(5-2)\times 180°}{5}=108°$。所以 $\angle ABE=\angle AED=36°$。由五边形 $NHFGM$ 是正五边形得 $\angle NMG=\angle MNH=108°$。则 $\angle AMN=\angle ANM=72°$。从而 $\angle NAM=36°$。根据相似三角形的判定方法可得 $\triangle AMN\backsim\triangle BMA$。所以 $\frac{AM}{BM}=\frac{MN}{AM}$。进而可得 $\frac{BN}{BM}=\frac{MN}{BN}$。根据黄金分割的概念可以判断正五角星中存在黄金分割数，$\frac{MN}{BN}=\frac{BN}{BM}=\frac{\sqrt{5}-1}{2}$，$N$ 是线段 BM 的黄金分割点。

【设计意图】通过观察、测量、猜想、证明等过程，让学生感受到数学知识间的联系，培养数学思维，提升推理能力。

活动 4：学以致用

学生独立完成下列问题。

1. 黄金分割概念的理解

（1）通过测量、计算完成表格。

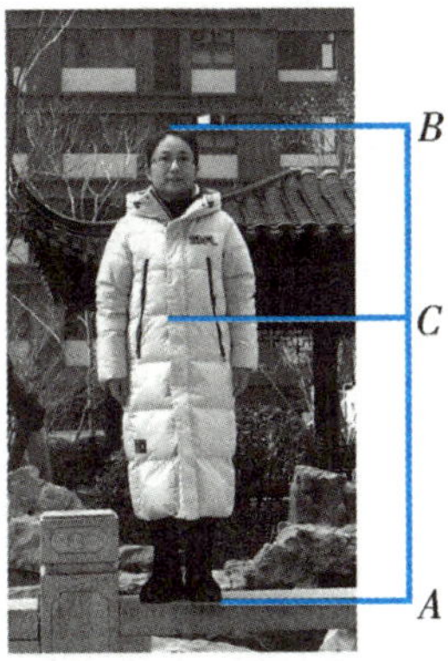

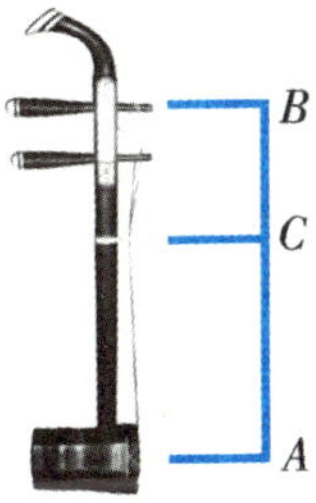

数据 对象	AC（cm）	BC（cm）	AB（cm）	$\frac{AC}{AB}$（精确到 0.001）	$\frac{BC}{AC}$（精确到 0.001）	C 是不是线段 AB 的黄金分割点
曹老师照片						
枫叶						
天鹅湖地标						
二胡						

（2）请思考，上述问题中，你判断 C 是不是线段 AB 的黄金分割点的依据是什么？

2. 黄金分割概念的应用

（1）一个人肚脐以下的长度和人的身高的比是黄金比时，人的形体具有最佳美感。以小组为单位，互相协作，测量一个人肚脐以下的长度和人的身高的比值，并对他（她）的形体情况作出判断，同时根据数据谈感受。

第____小组测量记录表

组员姓名						
肚脐以下的长度（cm）						
身高（cm）						
高度比（精确到 0.001）						

（2）帮助曹老师获得最佳美感。

通过上面活动 4 中的计算发现，曹老师的身体比例没有达到黄金比例，你能帮她获得最佳美感吗？曹老师的信息：身高 156 cm，肚脐以上的高度是 66 cm，肚脐以下的高度是 90 cm。若想获得最佳美感，则需穿高度约为多少厘米的高跟鞋（可借助计算器，结果取整数）？除了穿高跟鞋，还有别的方法吗？

【设计意图】巩固黄金分割的概念，体会数学知识在生活中的应用。

任务 3：动手操作实践，加深概念理解

活动：动手操作

1. 参照人教版七年级上册教材（2024 年版）第六章　数学活动 2，制作正五角星纸片。

2. 参照人教版八年级下册第十八章　数学活动 2，制作黄金矩形纸片。

3. 组内成员结合黄金分割的相关概念进行相关数据测量，检验同伴画出的正五角星中是否存在黄金分割点和黄金三角形，折出的矩形是不是黄金矩形。

【设计意图】让学生通过动手操作，在几何学习中建立前后知识的联系，更好地理解黄金分割的相关概念，激发探究兴趣，促进深度思考。

（六）项目评价

本环节的评价采取自评→组内互评→师评三个步骤，具体评价量表如下：

第____小组前期准备阶段评价量表

评价内容	自评星级	组内互评星级	师评星级
能认真阅读并查阅学习黄金分割相关内容	☆☆☆	☆☆☆	☆☆☆
能积极参与组内学习讨论活动	☆☆☆	☆☆☆	☆☆☆
能利用建模思想准确计算黄金比	☆☆☆	☆☆☆	☆☆☆
能证明正五角星中存在黄金分割数	☆☆☆	☆☆☆	☆☆☆
能按要求制作正五角星和黄金矩形	☆☆☆	☆☆☆	☆☆☆
测量、计算准确率高	☆☆☆	☆☆☆	☆☆☆
第____小组提出建议			
教师建议			

【设计意图】多维多元的评价，有助于学生更好地改进提升。

（七）困难点及对策

【困难点】在任务 3 的开展中，一部分学生在制作正五角星和黄金矩形时遇到了困难。

【对策】采取组内成员讲解和教师个别指导两种方式给困难学生提供帮助。

第 2 课时　探秘黄金分割（探索美）

（一）驱动性问题

黄金分割与几何图形之间存在怎样的美妙联系？其中蕴含怎样的数学原理？

（二）学习目标

1. 通过探索线段黄金分割点的作法，培养推理能力和作图能力。

2. 经历探究黄金分割在几何图形中的应用过程，建立数学知识之间的联系，完善知识体系。

（三）课时任务

任务 1：利用尺规作图找到一条线段的黄金分割点

任务 2：探秘黄金三角形

任务 3：探秘黄金矩形

（四）学习支架

任务驱动支架	讨论确定线段黄金分割点的方式，帮助学生找到尺规作图的方法。
思维优化支架	利用已知黄金分割点的线段作黄金三角形、黄金矩形。
学习评价支架	学生完成探秘黄金分割评价量表，增强自信，并能及时发现问题，取长补短，促进提升。

（五）教学过程

任务 1：利用尺规作图找到一条线段的黄金分割点

教师：每一条线段都存在黄金分割点吗？我们如何通过作图确定黄金分割点的位置？

问题：如图，请利用尺规作图画出线段 AB 的黄金分割点。

学生活动：学生先独立思考，再进行小组交流，寻找线段黄金分割点的画法并选代表讲解思路、展示画法。

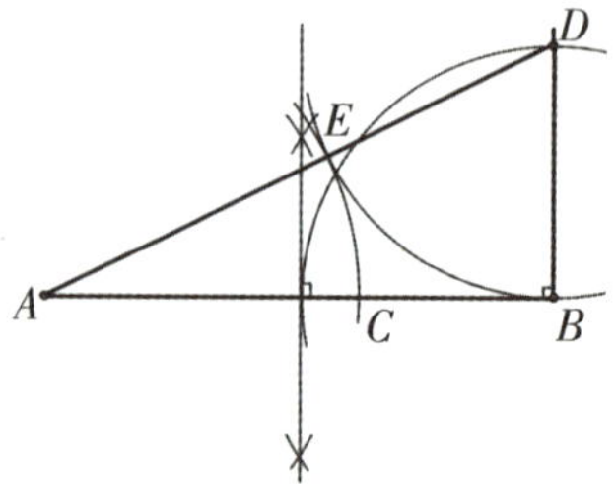

教师追问 1：线段 AB 的黄金分割点有几个？

学生回答：两个。

教师追问 2：线段 AB 的另一个黄金分割点在哪？如何画出？

学生回答：在线段 AB 上截取 $BC'=AE$，C' 为线段 AB 的另一个黄金分割点。

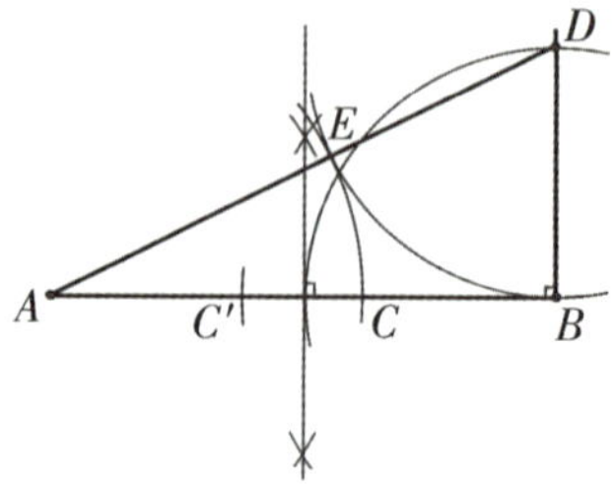

师生总结：一条线段有两个黄金分割点。

【设计意图】训练动手操作能力，培养几何直观素养。

任务 2：探秘黄金三角形

活动 1：学习黄金三角形的概念

教师：黄金三角形是一个等腰三角形，其有两种类型。一种是底与一腰的长度比为黄金比，另一种是一腰与底的比为黄金比。

活动 2：学生先独立思考下面的问题并依据黄金三角形的概念尝试作图，再小组交流作法，最后选派代表发言

（1）如图，C 是线段 AB 的一个黄金分割点，请利用图中的线段，用无刻度的直尺和圆规作一个黄金三角形。

学生方法 1：以线段 AC 的长为底，BC 的长为腰，作出的 $\triangle DEF$ 为黄金三角形。如下图：

学生方法 2：以线段 BC 的长为底，AB 的长为腰，作出的 $\triangle MNP$ 为黄金三角形。如下图：

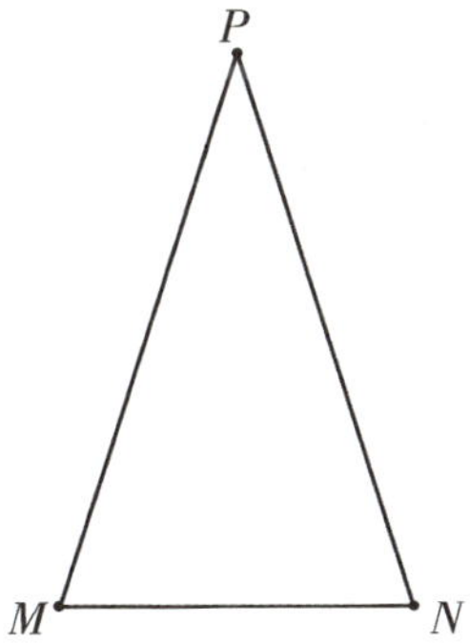

学生方法 3：以线段 BC 的长为底，AC 的长为腰，作出的 $\triangle HIJ$ 为黄金三角形。如下图：

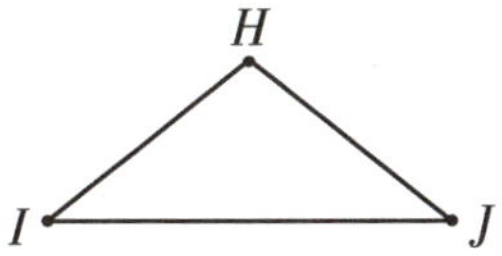

学生方法 4: 以线段 AB 的长为底，BC 的长为腰，作出的△KLQ 为黄金三角形。如下图:

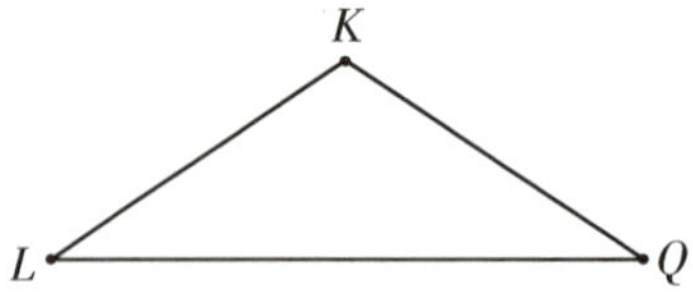

（2）请用尺规作图画出上面（1）中顶角为锐角的等腰三角形的一个底角的平分线，与另一腰交于点 G。图中还有新的黄金三角形吗？若有，请指出并说明理由。

学生活动： 按要求完成作图，判断图中是否有新的黄金三角形并说明理由。

学生展示回答：

根据相似的判定可得到△ EFG ∽△ DFE，可以判断△ EFG 是黄金三角形。根据 $\frac{EF}{DE}=\frac{\sqrt{5}-1}{2}$，$DG=GE=EF$，得到 $\frac{DG}{DE}=\frac{\sqrt{5}-1}{2}$，进而可得△ DEG 也是黄金三角形。

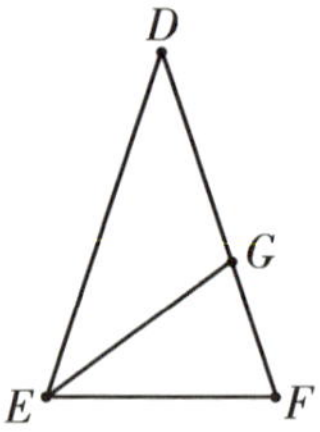

同理可得，另一种画法中，△ MNG，△ PMG 都为黄金三角形。

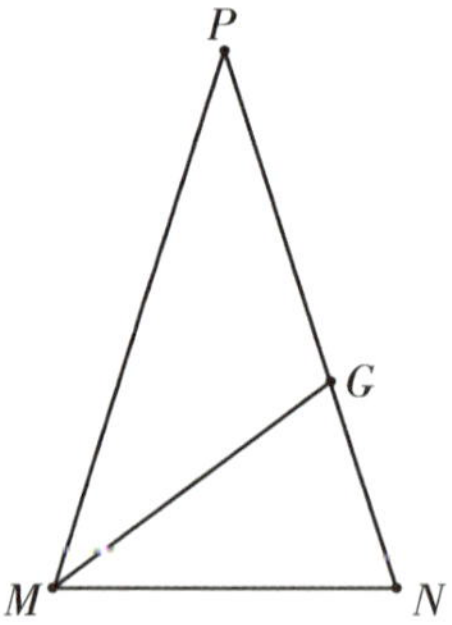

任务 3：探秘黄金矩形

活动 1：学习黄金矩形的概念

教师： 黄金矩形的短边与长边之比为黄金比 $\frac{\sqrt{5}-1}{2}$。

活动 2：独立思考，依据黄金矩形的概念完成作图并回答问题

（1）如图，C 是线段 AB 的一个黄金分割点，利用图中的线段，用无刻度的直尺和圆规

作一个黄金矩形。

学生方法 1： 以线段 AC 的长为宽，线段 BC 的长为长，作出的矩形 $DEFG$ 为黄金矩形。如下图：

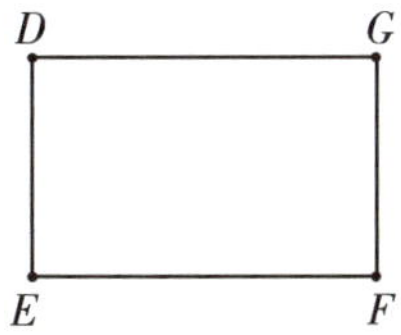

学生方法 2： 以线段 BC 的长为宽，线段 AB 的长为长，作出的矩形 $MNPQ$ 为黄金矩形。如下图：

（2）请在上面（1）中所作出的矩形内部作一个正方形，边长为矩形的宽。分别与原矩形的两条长边交于点 H，I。图中还有新的黄金矩形吗？若有，请指出并说明理由。

学生展示回答：

如图，矩形 $HIFG$ 是新增的黄金矩形。因为矩形 $DEFG$ 为黄金矩形，所以 $\frac{DE}{DG}=\frac{\sqrt{5}-1}{2}$。又因为四边形 $DEIH$ 是正方形，所以 $DE=DH=HI$。进而得到 $\frac{DH}{DG}=\frac{\sqrt{5}-1}{2}$。由此可判断 H 是线段 DG 的一个黄金分割点。根据黄金分割点的定义可知 $\frac{HG}{DH}=\frac{\sqrt{5}-1}{2}$。又因为 $DH=HI$，所以 $\frac{HG}{HI}=\frac{\sqrt{5}-1}{2}$。由此可得矩形 $HIFG$ 是黄金矩形。

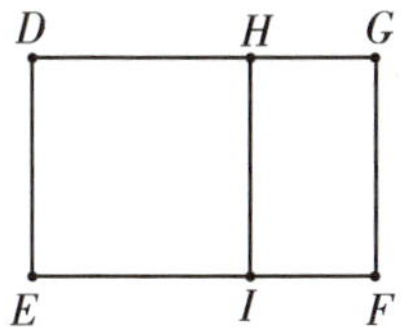

同理可得，另一种画法中，矩形 $HIPQ$ 为黄金矩形。

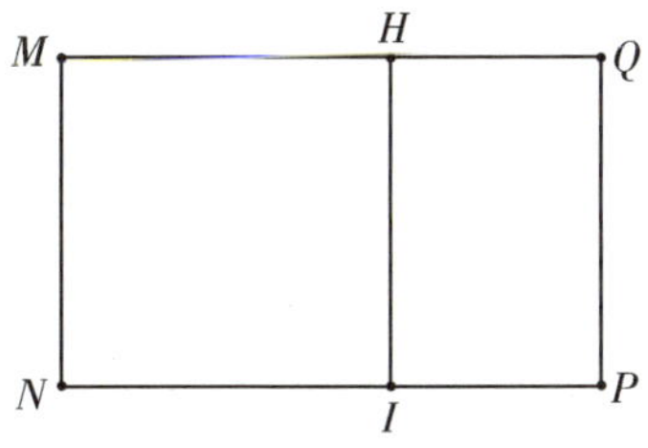

活动 3：作黄金螺线

将黄金矩形依次分割，会得到什么呢？、

学生活动：参照上面在矩形内部作正方形的方法，继续在新的小矩形中，以其宽为边长作一个正方形，以此循环下去，最后在所形成的每个正方形中画出四分之一圆，把圆弧线顺次连接。

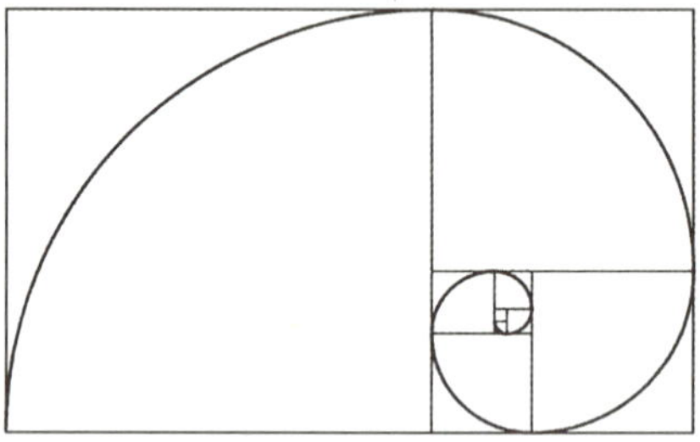

黄金螺线

总结：得到的这条弧线叫“黄金螺线”。黄金螺线在自然界和人类生活中的应用非常广泛。

如著名的油画《蒙娜丽莎》中就有黄金螺线的存在，这条螺线经过蒙娜丽莎的鼻孔、下巴、头顶和手等重要部位，使得整幅油画看起来非常和谐、完美。

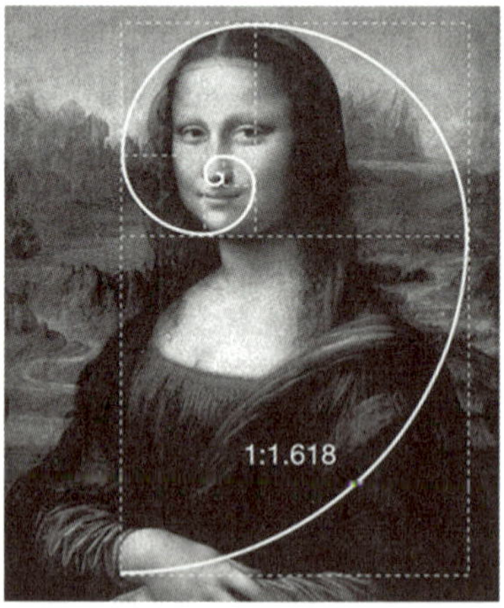

【设计意图】培养学生的动手操作能力、推理能力、应用能力以及探究能力，激发学生深度探究的兴趣。

活动 4：应用新知

学生活动：

1. 请动手量一量、算一算，我们使用的《基础训练》的封面是黄金矩形吗？

2. 打印时常用的 A4 纸的规格尺寸如下图所示，它是黄金矩形吗？若是，请说明理由。

若不是，请说一说不按黄金比设计的理由。

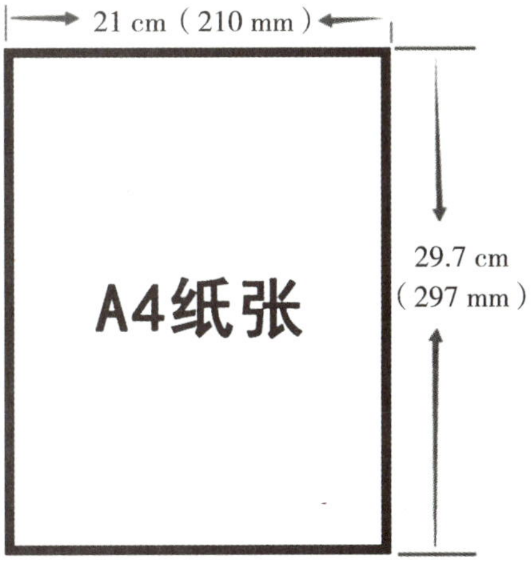

【**设计意图**】巩固黄金矩形的概念。

（六）项目评价

本课时评价量表如下：

“探秘黄金分割”评价量表

组别：__________ 姓名：__________

评价维度	自评星级	组内互评星级	师评星级
能积极参与小组讨论	☆☆☆	☆☆☆	☆☆☆
能够与组员默契配合	☆☆☆	☆☆☆	☆☆☆
能利用尺规作图画出一条线段的黄金分割点	☆☆☆	☆☆☆	☆☆☆
会画黄金三角形和黄金矩形并能判断是不是黄金三角形、黄金矩形	☆☆☆	☆☆☆	☆☆☆
会画黄金螺线	☆☆☆	☆☆☆	☆☆☆
谈谈你的收获和疑惑			

（七）困难点及对策

【**困难点 1**】学生在思考如何通过尺规作图找到线段黄金分割点的问题上遇到了困难。

【**对策**】小组探讨交流、教师适当引导，突破教学难点。

【**困难点 2**】学生在任务 2 和任务 3 中，判断所画图中是否还有新的黄金三角形、黄金矩形时，部分学生未找全。

【对策】小组探讨交流、教师适当引导，注意转化思想的运用。

第 3 课时 应用黄金分割（创造美）

（一）驱动性问题

黄金分割与艺术、生物学、地理等学科知识之间存在怎样的美妙联系呢？你能利用黄金分割完成一件作品制作吗？

（二）学习目标

1. 通过收集黄金分割应用的例子，深刻体会黄金分割的美学价值和应用价值。

2. 通过应用黄金分割进行创意制作，培养动手能力和创新意识。

（三）课时任务

任务 1：收集实例，揭示原理

以小组为单位，收集黄金分割的应用实例，讲述其中蕴含的数学原理。

任务 2：技能培训，创意制作

邀请美术、音乐、生物学、地理等任课教师给学生开展以下培训：黄金分割在绘画、摄影、平面设计构图方面应用的技巧培训；黄金分割在音乐演奏和音乐创作中的运用以及简易乐器制作方法培训；了解黄金分割与生物体的形态和结构，基因表达调控、生物进化等方面的联系以及制作动植物标本的方法；黄金分割在自然环境利用、自然灾害风险预测、人类宜居地带选择等方面的应用。学生自主选择，运用黄金分割的知识完成创意作品。

任务 3：展示成果，总结评价

在全年级举行成果展演活动，以小组为单位进行成果展示；师生针对整个活动进行全面总结评价。

（四）学习支架

任务驱动支架	收集生活中的部分典型实例并运用数学原理解释，深刻体会黄金分割与生活的联系；应用黄金分割进行创意制作或形成文字性探究成果，培养审美意识、提升应用能力和创新能力。
资源路径支架	邀请美术、音乐、生物学、地理等任课教师为学生讲授关联学科知识以及技法，为学生创意制作提供支持。

续表

交流共享支架	通过“‘有理有据的美’创意制作展演”活动，为学生搭建展示交流平台，取长补短、互相学习，提升自信以及表达能力。
学习评价支架	学生完成“应用黄金分割”评价量表，增强自信，并能及时发现问题，取长补短，促进提升。

（五）教学过程

任务 1：收集实例，揭示原理

活动 1：学生上网收集黄金分割的应用实例，以小组为单位进行展示并解释其中蕴含的数学原理

选取第二小组展示内容：

【黄金分割与生活】

1. 人的正常体温是 37℃左右，所以人在 22℃—24℃时感觉最舒适。

2. 一个昼夜是 24 小时，白昼和夜晚各 12 小时，成年人最理想的睡眠时间是 7—8 小时。

【黄金分割与生物】

3. 向日葵花盘上的果实按照 137.5° 或 222.5° 的发散角排列，果实饱满产量高。

向日葵花盘上果实的生长排列规律

【黄金分割与美术】

4. 黄金分割在美术中的应用非常广泛，它基于 1 ∶ 1.618 的比例，被视为一种美学原则。绘画、摄影、雕塑、建筑、平面设计、书法等都有涉及。

请同学们结合黄金分割的知识，从数学角度鉴赏下列图片。

《最后的晚餐》

黄金分割在摄影中的应用

建筑设计　东方明珠广播电视塔

黄金分割在平面设计中的应用

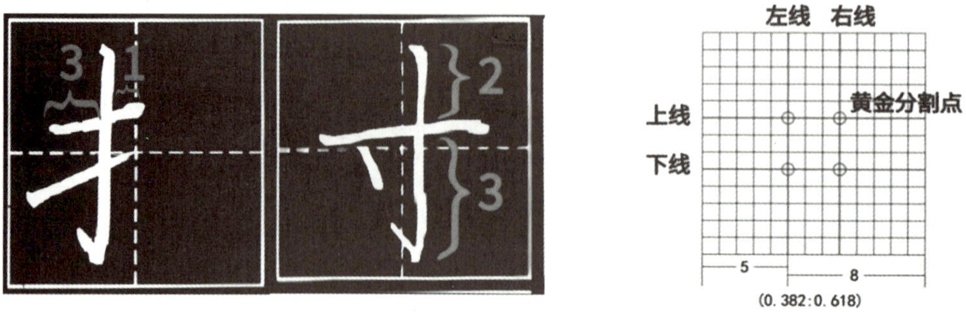

书写占位中的黄金分割

【黄金分割与乐器设计】

5. 古琴面板和底板黏合后构成两个共鸣箱，大的叫龙池，小的叫凤沼，它们实际是以两个雁足作为分界线的。在雁足下面有两块木头叫足池。一张好琴足池的位置就该在离琴尾较远的黄金分割点处。

请同学们算一算：一张好琴一般为三尺六寸五分（约为 122 cm），那足池约在琴尾的哪个位置？（保留一位小数）

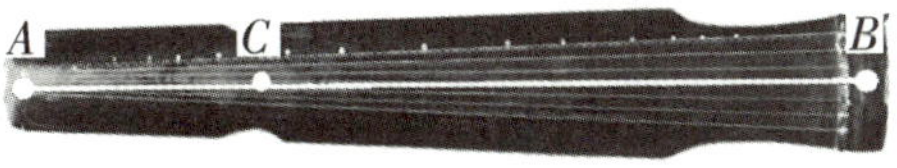

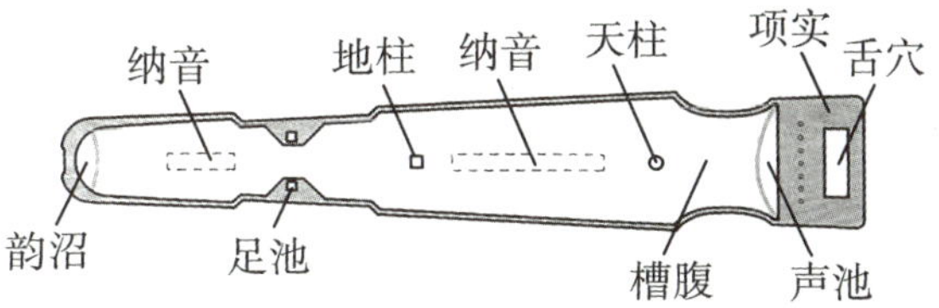

总结：黄金分割是一种美学语言，一种自然界和人类创造中普遍存在的和谐比例。它在艺术作品构图中创造平衡，在建筑设计中营造美感，在自然界中展示神奇的秩序。黄金分割还有很多奥秘等待我们去发现，希望同学们继续探索学习。

课后任务：请利用黄金分割比例原则，为妈妈拍摄一张构图和谐、美观的照片，并将其冲印出来送给妈妈。

【设计意图】给学生提供展示的平台，巩固知识的同时锻炼表达能力；让学生进一步感受黄金分割与宇宙万物的联系，揭示现象背后的数学原理，体会黄金分割的美学价值和应用价值，激发学生深度探究的欲望，促进学生主动地开展有深度的探究学习。

活动 2：计算歌曲的黄金分割点

学生活动：一首歌的总时长为 4 分 22 秒，计算这首歌靠近结束位置的黄金分割点，并在聆听后用数学原理解释编曲者的意图。

学生通过计算发现，满足要求的黄金分割点约为 2 分 42 秒，教师播放《骄傲的少年》2 分 42 秒处，正是第二段的高潮部分“奔跑吧，骄傲的少年，年轻的心里面是坚定的信念；燃烧吧，骄傲的热血，胜利的歌我要再唱一遍。”学生感受到了编曲者的意图，编曲者常常会利用黄金分割设计高潮点的位置，因为这样可以增加歌曲的美感、和谐性、感染力和表现力。

【设计意图】让学生感受到黄金分割在音乐中的应用，同时也借用歌词给九年级的同学加油鼓劲，希望他们能以更好的状态迎战中考。

任务 2：技能培训，创意制作

活动 1：开展关联学科相关知识和技法培训，为学生研究创作提供支持，最终形成数学小论文或应用黄金分割完成一件作品制作

师生活动：邀请美术教师系统讲授利用黄金分割构图的技巧；邀请音乐教师讲述音乐理论知识，举例说明黄金分割在音乐演奏和音乐创作中的运用以及简易乐器制作方法；邀请生物学教师讲授黄金分割与生物体的形态和结构，基因表达调控、生物进化等方面的联系以及制作动植物标本的方法；邀请地理教师讲授黄金分割在自然环境利用、自然灾害风险预测、人类宜居地带选择等方面的应用。讲解结束后，学生可就自己感兴趣的方面与相关学科教师进行交流探讨。

1. 美术教师主要讲授内容：

（1）黄金分割点的运用技巧——在全景构图中，多将表现对象、视觉中心放在黄金分割点的位置；在中、近景构图中，多将景物主要部位放在黄金分割点的位置。

（2）黄金分割线的运用技巧——在绘画、摄影中，多用于地平线、水平线、天际线。在书写中可用在偏旁部首和整个字的占位上，增加美感。

（3）黄金螺线的运用技巧——黄金螺线实际是人们在审视一幅平面画面（不是立体的自然实物）时眼睛注意点的移动路线。把画面中最精彩的部分，包络到这条曲线的卷曲之内，就会引起人们的格外注意，这是符合客观规律的。这种最极致的黄金分割构图法被运用到绘画、摄影、建筑设计中后，诞生了许多非常知名的作品。如达·芬奇的《蒙娜丽莎》、希腊的帕特农神庙就采用了这种构图形式。

2. 音乐教师主要讲授内容：

（1）如何用黄金分割确定音乐的节拍和节奏。

（2）如何用黄金分割指导音乐的旋律安排。

（3）部分乐器和音响设备的设计中的黄金分割原理。如：吉他、小提琴等乐器的弦长比例就遵循黄金分割的比例关系，这使得演奏出来的音乐更加悦耳动听。音响设备的设计运用黄金分割比例关系，可确保声音的传播效果最佳。

（4）简易乐器制作方法。

3. 生物学教师主要讲授内容：

（1）生物形态和结构中的黄金分割。动植物的形态、叶子的排列、花朵的开放等，这

些自然界的生物形态和结构往往遵循黄金分割原则。例如，科学家在研究中发现，大熊猫身体中的骨骼、肌肉、脂肪等遵循黄金分割率，从而确保了生物体的高效运作。

（2）基因表达调控中的黄金分割。细胞内 DNA 和蛋白质之间的相互作用受到黄金分割率的影响。通过分析 DNA 序列中的序列结构元件，可以发现其中的许多元素具有黄金分割率，从而对基因表达的调控起着重要的作用。

（3）生物进化中的黄金分割。在自然选择的过程中，生物体的某些特征可能会被保留下来，而其他特征可能会被淘汰。这种选择过程往往遵循着黄金分割率，使得生物体能够适应环境并得以生存。

（4）制作动植物标本的方法。

4. 地理教师主要讲授内容：

（1）秦岭淮河一线（大约北纬 32°—34°）的地理意义。

（2）北纬 34.38°—55.62° 这一地带是不是适合人类居住的最佳区域。

（3）如何利用黄金分割比来预测和评估潜在的自然灾害风险。

（4）如何利用黄金分割比来确定最佳的生物栖息地和活动区域，进而保护生物的多样性。

【设计意图】学习关联学科知识及创作技法，有利于学生更好地将数学知识与其他学科知识有机融合，创作出高质量的作品或撰写数学小论文。

活动 2：创意制作

学生活动：学生课下自主选择时间，完成创意作品。如：绘画、摄影、书法、平面设计作品，动植物标本，简易乐器模型，黄金分割应用的深度探究小论文等。

【设计意图】让学生在动手制作的过程中巩固知识、提升综合素养。

任务 3：展示成果，总结评价

活动 1：展示成果

师生活动：在全年级举行“‘有理有据的美’创意制作展演”活动，并邀请相关任课教师、学校领导和学生一起观看并评价。

要求：

1. 以小组为单位进行展示，展示内容包括主题、作品类型及名称、涉及学科、应用知识、作品亮点分析等，展示形式不限（可以是文字、图片、音频、微视频、实物模型演示等），每个小组展示时间为 6 分钟。

2. 分三类进行展示：一是字画拍摄类，二是标本模型类，三是其他。

3. 展示地点为实验楼一楼报告厅。

【设计意图】深刻体会数学与生活的联系，锻炼学生的表达能力，而且多主体评价能更全面地反映学生的综合表现，有利于学生树立自信获得进一步提升。

活动 2：总结评价

师生活动：对整个活动进行全面总结评价。先组内交流，再全体交流。每组选派 2 名发言人员，本组组长和 1 名小组代表。

【设计意图】帮助学生养成总结反思评价的习惯，也为以后开展数学活动积累经验。

（六）项目评价

本课时评价量表如下：

“应用黄金分割”评价量表

组别：__________ 姓名：____________

评价维度	自评星级	组内互评星级	师评星级
在小组收集展示活动中积极完成组长分配的任务	☆☆☆	☆☆☆	☆☆☆
技能培训知识和技法掌握较好	☆☆☆	☆☆☆	☆☆☆
能够正确应用黄金分割进行创作	☆☆☆	☆☆☆	☆☆☆
作品制作精美、有创意或数学小论文有深度	☆☆☆	☆☆☆	☆☆☆
展示交流大方得体，语言流畅	☆☆☆	☆☆☆	☆☆☆
能够及时、客观地进行自评、互评	☆☆☆	☆☆☆	☆☆☆
谈谈你的收获和疑惑			

（七）困难点及对策

【困难点】跨学科知识有些涉及的有点深，学生不容易理解。比如，和地理学科的融合，利用黄金分割比预测和评估潜在的自然灾害等。

【对策】增加地理教师和学生的交流时间，同时加大相关学习资源的分享。

七、反思及点评

（一）教学反思

回顾整个活动过程，在目标达成、内容讲解、方法运用、组织形式等方面都取得了较好的效果，但同时也存在一些不足，需要不断反思和改进。综合教学目标、实施过程、学生表现、实践应用等方面反思如下：

跨学科主题学习活动《美丽的黄金分割——融合几何图形、一元二次方程和相似的教学实践》旨在通过探究黄金分割在数学、艺术、自然等领域的应用，培养学生的审美意识、推理能力、创新思维和应用能力。一是教学目标方面，主要让学生掌握黄金分割的概念、计算方法以及用尺规作图作线段的黄金分割点，体会黄金分割与宇宙万物千丝万缕的联系，同时培养学生的审美意识和数学应用能力。二是实施过程方面，导入部分通过播放歌曲和数学电影短片，让学生初步了解黄金分割，激发学习欲望。探究部分，以小组为单位，通过阅读课本材料、查阅文献、网络搜索、动手制作等方式，了解黄金分割在各个领域的应用实例，并且引导学生发现这一规律在生活中的广泛应用。在教学中，采用引导、讲解、演示、互动问答、邀请其他学科教师参与教学等多种方法，有效地提高了学生的学习兴趣和参与度。并通过小组讨论、合作探究等方式，探寻黄金分割背后的科学原理及其在实际应用中的意义，分享探索成果。同时，非常注重学生的个体差异，根据学生的不同特点和需求进行有针对性的指导，使得每个学生都能在原有基础上得到提高。三是学生表现方面，在讨论环节中，大部分学生能够积极发言、互相交流，对黄金分割的概念和计算方法有了较好地掌握，共同探讨黄金分割的应用价值。但是，也有部分学生在小组讨论和合作中表现出不自信和缺乏主动性的情况。针对这些问题，在今后的教学中将更加注重培养学生的自信心和主动性，提供更多的机会让学生展示自己的能力和学习成果。四是实践应用，学生根据所学知识，自选一个应用领域深入探究，形成数学小论文或应用黄金分割创作一件作品并展示、分享创作过程和感受，培养学生的创新意识和动手能力。由于九年级学生正处于中考备考阶段，部分活动的时间安排上不够充裕，黄金分割在医学、金融、军事等领域的应用探究没有涉及。所以，在设计时要更加合理地规划时间，提升时间利用率；第 3 课时中，扩大小组探究选择领域并限定各小组间不重复，提升探究的广度。

整体来看，本次主题学习活动取得了较好的效果，在以后的教学中，可以继续尝试将更多的跨学科主题引入数学教学活动中，以激发学生的学习兴趣和创造力。

（二）名师点评

本次教学活动设计新颖，跨学科性强，符合当前教育改革的方向。教师通过引导学生探究黄金分割在数学、艺术、自然等领域的应用，巧妙地将多个学科融合在一起，创造了一个启发性的教学环境。学生通过小组合作、参与讨论、动手实验和实例分析，不仅掌握了黄金分割的基本原理和应用，巩固了数学知识，提升了跨学科思维能力，而且培养了审美意识、创新意识和问题解决能力，让学生充分体会到了黄金分割的美学价值和应用价值。同时，教师注重学生的实践操作，使学生能够将所学知识应用于实际，提高了学生的综合素质。建议教师在今后的教学中继续关注跨学科主题学习，加强与其他学科教师的合作与交流，共同推动学生的全面发展。这些对学生未来的学习和生活具有重要意义。总之，《美丽的黄金分割——融合几何图形、一元二次方程和相似的教学实践》教学是一次值得称赞的跨学科主题学习活动，为其他教师提供了宝贵的经验和启示。

设计与执教者：曹　婧（三门峡市外国语中学）

杨　丽

修改与点评者：鲍聪晓

◆ 案例 4 ◆

地砖铺设与平面镶嵌

——融合多边形内角和的教学实践

综合与实践课的开展能有效落实党中央、国务院关于“双减”政策要求，让每一名学生都能成为德智体美劳全面发展的社会主义接班人。为响应国家政策要求，积极推进课程改革，学校从这学期开始计划用 10% 的课时开展综合与实践教学，并为三个年级各准备了一个数学功能室作为活动场所。学校把未装修的数学功能室作为八年级的活动室，并准备对该数学功能室进行装修改造，主要包括地砖铺设工程及后期室内装饰。在这样的背景下，本次主题学习活动围绕学校数学功能室改造任务开展项目化学习活动。本主题学习活动在八年级上学期开展，共需 3 个课时，涉及艺术、信息科技、科学等学科。

一、主题说明

1. 主题分析：学生在经历地砖铺设方案设计的过程中，了解平面镶嵌的定义、掌握平面镶嵌的条件，综合运用平面图形的变化、图案绘制等知识，融合艺术、信息科技、科学等其他学科相关知识，为数学功能室设计地砖铺设方案，并制作数学功能室的模型，进行模拟地砖铺设和数学功能室装修。八年级学生具备小组合作的意识，在项目化学习方面有一定的研究基础，有利于项目的开展，但动手操作的能力有所欠缺。

2. 任务情境：为数学功能室设计地砖铺设方案，制作数学功能室的模型，并进行模拟地砖铺设和功能室装修。

3. 驱动性问题：如何设计出合理美观、实用性强、具有创新性的地板铺设样式，并制作出具有数学特色的数学功能室模型？

二、学习目标

1. 在经历地砖铺设样式设计的过程中，理解平面镶嵌的定义及条件，培养学生用数学的眼光观察世界，用数学的思维思考世界，发展几何直观、模型观念等。

2. 通过综合运用平面镶嵌、图形的变化等数学知识，经历模拟地砖铺设、制作数学功能室模型等活动，进一步体会数学与其他学科的融合，培养跨学科解决问题的思维，发展应用意识和创新意识。

3. 在实地测量、收集信息和小组交流、设计并修正方案的过程中，培养学生的问题意识，提高团队合作能力和解决问题的能力，在参与学校建设的过程中增强责任意识。

三、学科关联

该项目学习中，借助计算机软件（信息科技），探究平面镶嵌的条件，设计并绘制镶嵌图案；应用计算机软件制作数学功能室模型图，借助 3D 打印机制作数学功能室模型（信息科技）；通过测量、剪、裁、锯、粘等方式制作数学功能室模型（科学）；应用美术中色彩搭配、手工 DIY 制作等知识装饰数学功能室模型（艺术），培养学生的综合与实践能力。

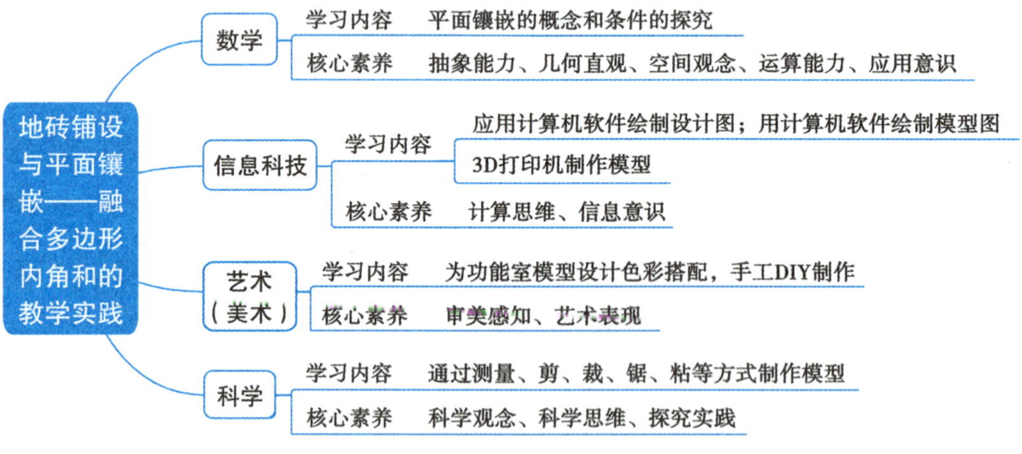

四、活动策略

该项目包含项目启动和项目实施两个部分。项目启动包含 3 个环节，有利于激发学生的探究欲望，为后期小组合作、解决问题等做充分准备。项目实施划分为 3 个课时 6 个子任务，引导学生在真实情境中经历完整解决问题的过程。

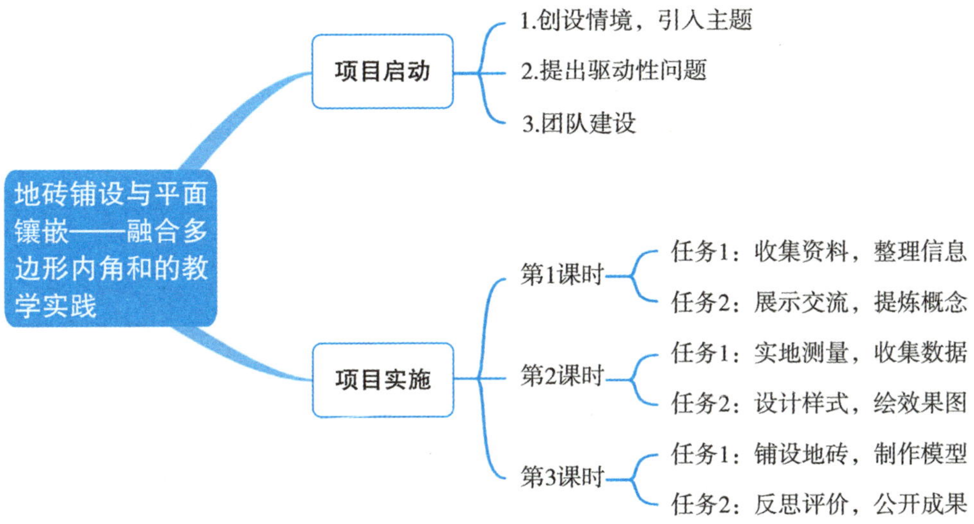

五、成果形式及公开方式

数学功能室模型、各任务阶段评价量表、方案设计表。

六、主题实施

项目启动

本阶段流程：1. 创设情境，引入主题；2. 提出驱动性问题；3. 团队建设。

1. 创设情境，引入主题：在启动项目时，授课教师带领学生回顾之前开展项目式学习的部分照片，并提出问题：经历这几次的项目式学习，你对开展综合与实践课有什么看法？你喜欢这样的数学课吗？

提出问题：如果大家想在今后的数学活动中拥有一个温馨、舒适的活动环境，那么就要自己进行设计，学校将会从我们设计的方案中选择优秀的设计方案作为装修时的设计样稿。同学们，既然学校把这项任务交给了我们班，那么我们就要努力把这项工作做好。

2. 提出驱动性问题：如何设计出合理美观、实用性强、具有创新性的地板铺设样式，并制作出具有数学特色的数学功能室模型？

【设计意图】结合现实问题，引导学生关注身边发生的事情，积极参与学校建设，增强学生的责任意识。提出设计美观、实用、创新的地板铺设样式，并制作出具有数学特色的数学功能室模型的驱动性问题，给整个项目的任务做了清晰的要求，问题具有指向性、真实性、综合性、挑战性和开放性。

3. 团队建设：学生根据学习共同体分组，每组 6 人，推选一名领导力强、责任心强的组长，根据组员特长进行职责分工。

团队建设

组长：__________

团队名称	
团队口号	
个人自我分析	（沟通能力、资料查阅整理能力、数据整理分析能力、信息技术操作能力、动手操作能力、团队协作能力、演讲表达能力……）
	团队成员职责
成员 1	
成员 2	
成员 3	
成员 4	
成员 5	

【设计意图】该项目让学生自行组建项目活动小组，每组 6 人，推选一名领导力强、责任心强的学生担任组长，根据组员特长进行职责分工，通过取团队名称、定团队口号以及项目的破冰仪式，增强小组的凝聚力，为后期小组合作打下良好的基础。

第 1 课时

（一）驱动性问题

生活中的地砖铺设有什么特点？平面镶嵌的概念和条件是什么？

（二）学习目标

1. 经历调查、观察生活中地砖铺设的特点，并抽象出数学图形的过程，体会数学和生活的联系。

2. 通过分析实际生活中的地砖样式，探究平面镶嵌的概念和条件。

（三）课时任务

任务 1：收集资料，整理信息

组内明确分工，通过生活中观察、网上查阅资料等方式，了解各种地砖铺设样式，并从数学的角度探析地砖铺设的条件。

任务 2：展示交流，提炼概念

以小组为单位，展示各组的地砖样式调查分析表，认识平面镶嵌、探究平面镶嵌的条件。

（四）学习支架

任务驱动支架	通过生活中观察、网上查阅等方式，从生活中了解各种地砖铺设样式，并完成地砖铺设样式调查分析表。
资源路径支架	可为学生提供上网检索方式，为学生提前沟通协调好要调查的地砖店、装修公司等，为学生的社会调查提供资源。
交流共享支架	学生通过 PPT 展示交流小组地砖铺设样式调查的结果；地砖铺设样式调查分析表公开展示，全班学生和其他班级学生参观学习、提出建议。

（五）教学过程

任务 1：收集资料，整理信息

学生活动： 组内进行分工，通过生活中观察、网上查阅等方式，从生活中了解各种地砖铺设样式。

地砖铺设样式调查分析表

小组分工				
调查方式			时间	
调查内容	地砖的几何形状			
	地砖的尺寸			
	地砖铺设效果图			
调查分析	画出效果图中每类地砖的几何图形			
	从几何图形的角度分析地砖铺设条件			
在调查中，你还有哪些发现？				

【设计意图】 学生从多方面进行地砖信息的调查和资料的收集，提出有意义的数学问题。

通过了解地砖铺设的不同样式，让学生从生活中了解地砖铺设的特点，体会数学和生活是息息相关的，并为之后探究任意一种多边形镶嵌和多种正多边形镶嵌奠定基础。培养学生从数学角度观察现实世界的意识和习惯，激发学生的好奇心和探索欲。

学生活动：学生完成地砖铺设样式调查分析表，并进行公开交流。

活动要求：各个小组的地砖铺设样式调查分析表做好之后，要公开粘贴在展示墙上，让全班学生和其他班级学生参观学习、提出建议。

【设计意图】学生在前期调查时，需要完成调查分析表。包含整理了解到的地砖铺设样式图和地砖的尺寸，从样式图中提炼出几何图形，能用文字和图形语言进行描述，会分析地砖铺设所满足的条件，以及调查中其他的发现等。养成能发现问题、会分析问题并及时总结的良好习惯。从中提升用数学的眼光观察现实世界的能力。

任务 2：展示交流，提炼概念

活动 1：认识平面镶嵌、探究平面镶嵌的条件

学生活动：以小组为单位，展示各组的地砖铺设样式调查分析表，其他同学可进行提问交流。展示交流后，小组进行交流反思，对地砖铺设样式调查分析表进行修正、优化。

教师活动：同学们，在生活中用地砖铺地，都要求砖与砖严丝合缝，不留空隙，把地面或墙面全部覆盖，从数学的角度来看就是平面镶嵌。

平面镶嵌定义：用一些不重叠摆放的多边形把平面的一部分完全覆盖。

提出问题：正方形为什么能镶嵌？正五边形能进行平面镶嵌吗？

活动 2：继续展示其他小组的调查结果，发现更多的地砖镶嵌方式，感受图案变化的多样性

问题 1：请同学们来说一说平面镶嵌的条件是什么。

师生总结：在一个拼接点处各角之和等于 360°，且拼接点处各边长相等。

问题 2：有哪些单一的正多边形能够镶嵌呢？请同学们继续探究。

师生总结：单一的正三角形、正四边形、正六边形可以进行镶嵌。

数学原理：单一正多边形镶嵌的条件：可以设一个正多边形的边数为 n，完成一处的平面镶嵌所需正多边形的个数为 k，则 $k\cdot\dfrac{(n-2)\cdot 180^\circ}{n}=360^\circ$，所以 $k=\dfrac{2n}{n-2}$。

因为只有当 $n=3$，4，6 时，k 为整数，所以只有正三角形、正四边形、正六边形才可以

单一镶嵌。

【设计意图】通过观察生活中的地砖铺设，引导学生用数学的眼光去观察和认识周围的事物，让学生亲身经历实际问题抽象成数学模型的过程，体会数学来源于生活。根据各个小组展示的地砖铺设样式，顺势引导学生从生活实例中提炼出平面镶嵌的概念，并探究单一正多边形镶嵌的条件，引导学生用数学的思维思考现实世界。让学生感受平面镶嵌设计的魅力，从而提高学生创新思维的设计灵感，提高学生审美情趣，为后续镶嵌图案的创作做铺垫。

活动 3：请同学们依据镶嵌的条件，设计出镶嵌图案，探究相关的数学结论，并以小组为单位，进行展示交流（可利用计算机软件设计电子稿）

平面镶嵌探究表

小组：________________　　时间：____________

序号	基本图形		设计镶嵌图案
	种类（一种、两种或两种以上）	几何图形（规则或者不规则）	
1			
2			
3			
4			
…			
通过探究，你能得到哪些结论？			

【设计意图】在学生理解镶嵌的定义、掌握了单一正多边形镶嵌的条件后，通过拼图、计算机作图的方式，尝试平面图形的镶嵌，深化对镶嵌概念的理解。学生通过动手操作和推理论证自主探究与平面镶嵌相关的数学结论，发现其内在规律，将感性认识上升为理性认识，在实践的过程中学会用数学的语言表达现实世界。

活动 4：以小组为单位，展示各组的“平面镶嵌探究表”，其他同学可进行提问交流

得出结论：

两种边长相等的正多边形镶嵌条件：设这两种正多边形的内角度数分别为 x，y，两个正多边形的个数分别为 m，n，由此可得 $mx+ny=360°$ 。

【设计意图】通过展示交流，学生了解到哪些图形能进行单一的平面镶嵌，哪几种图形可以组合进行平面镶嵌，并探索出这些图形镶嵌背后的数学原理，从而将感性认识上升为理性思维，在实践的过程中学会用数学的思维去思考，用数学的语言去表达。

（六）项目评价

地砖铺设样式调查评价量表

姓名：________________ 时间：____________

评价维度	A	B	C	等级
调查目标	对于调查的内容非常清楚。	对于调查的内容基本清楚。	几乎不明白调查的内容。	
地砖的几何形状	能够发现 5 种以上的地砖的形状。	能够发现 3—5 种地砖的几何形状。	能够发现 3 种以下地砖的几何形状。	
效果图	画出的效果图能很好地呈现地砖铺设效果。	画出的效果图大概能呈现地砖铺设效果。	画出的效果图不能很好地呈现地砖铺设效果。	
数学分析	能多角度地归纳出地砖铺设的特点和数学原理。	能够归纳出地砖铺设的部分特点和数学原理。	不能归纳出地砖铺设的特点和数学原理。	
在该任务中，说说你的收获和需要努力的方向：				

平面镶嵌探究评价量表

姓名：________________ 时间：____________

评价内容	自评	组长评
理解并掌握了平面镶嵌的概念和镶嵌条件	☆☆☆	☆☆☆
能够探究出多种平面镶嵌的图案	☆☆☆	☆☆☆
能够用数学知识证明平面镶嵌的原理	☆☆☆	☆☆☆
能够通过多种途径了解有关镶嵌的知识	☆☆☆	☆☆☆
在活动中能够反思和修正	☆☆☆	☆☆☆

（七）困难点及对策

【困难点】学生在填写“平面镶嵌探究表”时，需要抽象出几何图形的部分，个别组不能精准地画出正多边形，比如正多边形的角存在误差、各条边不相等的问题。

【对策】引导学生梳理出画正多边形的方法，利用直尺、圆规、量角器等作图工具绘制图形，并进行测量检验，从而培养学生科学严谨的学习态度。

第 2 课时

（一）驱动性问题

如何设计数学功能室模型的地砖样式和绘制效果图？

（二）学习目标

1. 学生经历用合适的测量工具进行实地测量并做记录，从而发展学生科学严谨的学习态度。

2. 经历计算地砖数量、利用信息技术设计铺设效果图等活动，培养学生发现、提出、分析和解决问题的能力。

（三）课时任务

任务 1：实地测量，收集数据

以小组为单位，选择合适的测量工具，对需改造的数学功能室进行实地测量，并记录收集的数据。

任务 2：设计样式，绘效果图

结合前期地砖铺设样式调查分析表，综合运用平面镶嵌相关知识，绘制地砖铺设效果图，并设计出美观度高、可操作性强、具有创新性的地砖铺设样式。

（四）学习支架

任务驱动支架	通过完成实地测量记录表、地砖铺设样式设计表，让学生清晰地完成两项任务。
学习评价支架	评价主体和评价维度多元化的评价量表，促进学生在项目学习过程中进行反思和改进。
资源路径支架	教师对学生使用计算机相关软件等进行指导，让学生体会在做中学、用中学、创中学。

（五）教学过程

任务 1：实地测量，收集数据

活动 1：请同学们以小组为单位，选择合适的测量工具，对需要改造的数学功能室进行测量，并记录数据

实地测量记录表

小组名称：	时间：
小组分工：	
测量工具：	
如何使测量数据更精确？	
测量的数据：	
根据测量画出示意图，并标注出相应的比例尺（也可以利用计算机软件进行画图）：	
在测量过程中小组遇到了哪些问题？你们是如何解决的？	

【设计意图】学生在测量过程中，了解和掌握工具的使用方法，从而培养应用意识以及科学严谨的态度，在画示意图的过程中培养抽象能力和几何直观。

活动 2：实地测量后，在功能室展示墙上展示出每个组的实地测量记录表；通过观察、对比各组记录表的内容，交流实地测量中的经验；小组可进行再次测量并对记录表进行反思修正

【设计意图】学生从测量中，了解测量工具和掌握工具的使用方法，从而培养应用意识以及科学严谨的态度，在画示意图的过程中培养抽象能力和几何直观。

任务 2：设计样式，绘效果图

活动：结合前期地砖铺设样式调查分析表，综合运用平面镶嵌的相关知识，以小组为单位，确定地砖铺设样式的风格、理念等，并通过自学、互学、请教专业老师、利用信息技术等多种方式，绘制地砖铺设效果图，并设计出尽可能多的地砖铺设样式

设计要求：美观度高、可操作性强、具有创新性。

地砖铺设样式设计表

设计者：	时间：
设计理念：	
设计风格：	
地砖形状（一种、两种或者两种以上）：	
地砖规格：	
计算地砖数量：	
请参考功能室的测量数据和地砖规格，按照比例尺设计并绘制地砖铺设效果图（手绘、计算机软件等方式进行绘制）：	
在设计中你遇到哪些问题？你是如何解决的？	

【设计意图】通过学生自主设计地砖铺设样式，让学生把所学的平面镶嵌的概念、条件应用到实际生活的地砖铺设中，让学生体会数学与生活的联系。学生可能会了解到地砖铺贴的方式有很多种（例如有菱形铺贴、“工”字铺贴、“人”字铺贴、鱼骨铺贴等），同样的地砖用不同的铺贴方式会呈现出不同的视觉效果，鼓励学生应用计算机软件制作地砖铺设效果图，培养学生的动手操作能力和创新意识。

（六）项目评价

实地测量评价量表

姓名：________________ 时间：____________

评价内容	自评	组长评
能够熟练地使用测量工具	☆☆☆	☆☆☆
能够用不同的方法使测量数据更精确	☆☆☆	☆☆☆
能够清楚地画出示意图	☆☆☆	☆☆☆
能够利用信息技术手段提高效率	☆☆☆	☆☆☆
在小组合作中，能够认真倾听他人的建议，并提出自己的建议	☆☆☆	☆☆☆

（七）困难点及对策

【困难点】学生不能熟练地使用计算机相关软件设计镶嵌图案。

【对策】邀请信息科技老师以及专业设计人员给学生做指导和培训。

第 3 课时

（一）驱动性问题

如何制作数学功能室模型？

（二）学习目标

1. 学生在经历制作数学功能室模型的过程中，加深对平面镶嵌的定义、条件的理解和应用，并综合运用其他数学知识完成模型的制作，培养学生的空间观念，提升学生的审美能力。

2. 通过成果展示活动，学生回顾整个项目的研究历程，在反思中凝练智慧，提升学生开展项目的研究能力。

（三）课时任务

任务 1：铺设地砖，制作模型

按比例进行数学功能室的模型搭建，选择合适的材料模拟地砖铺设，设计和装饰突出数学元素。

任务 2：反思评价，公开成果

反思整个项目的研究历程，在反思中凝练智慧，体验成功、收获经验、学会思考、学会学习。公开展示项目成果：项目研究历程表和数学功能室模型，并邀请专家、老师、同学进行参观。

（四）学习支架

资源路径支架	为学生制作模型提供相关工具。
交流共享支架	举办数学功能室模型展示会，培养学生用多学科的语言表达能力，增强学生的责任感。

（五）教学过程

任务 1：铺设地砖，制作模型

学生活动：以小组为单位，按比例进行数学功能室模型搭建，可以采用硬纸板、泡沫板等材料制作，选择合适的材料进行室内地砖模拟铺设，并设计和装饰模型。

【设计意图】学生在制作数学功能室模型的过程中加深对平面镶嵌的理解和应用，并综合运用其他数学知识完成模型的制作，培养学生的空间观念，提升学生的审美能力。

任务 2：反思评价，公开成果

活动 1：项目总结交流会

以小组为单位制作 PPT，结合数学功能室模型制作过程中所遇到的问题、解决办法、收获、感悟等，进行汇总交流。

【设计意图】学生回顾整个项目的研究历程，在反思中凝练智慧、体验成功、收获经验、学会思考、学会学习。

活动 2：项目成果展示

组织布置展示会场，邀请相关人员参观项目成果：项目研究历程表、数学功能室模型，颁发“最佳设计奖”“最佳团队奖”“最佳创意奖”等奖项。

地点：三门峡市实验中学数学功能室。

参观人员：专业人士、学校领导、教师、家长、学生等。

讲解员：各组所推荐的本组讲解员。

【设计意图】成果公开是项目化学习的一个重要元素，在展示与交流中激发学生的研究兴趣，让学生感受实践探索带来的满满的成就感和幸福感。

（六）项目评价

邀请老师、家长、专家、其他班级的同学参观并进行评价，评价主体和评价维度的多元化、评价方式的多样化，促进学生在活动过程中的自我反思和深度学习，从而实现教、学、评的一体化。

项目总结评价表

小组组名：__________

维度	内容	☆☆☆	☆☆	☆
知识技能	能够综合运用平面镶嵌等数学知识解决问题。			
表达能力	在与同伴、教师、社会人士交流过程中吐字清晰、肢体语言丰富、与倾听者有目光交流，并能清楚地表达自己的想法和建议。			
合作能力	在项目实施过程中，团队分工明确，彼此互助，能对问题提出有效的解决方案。			
数学态度	对身边与数学有关的事物产生兴趣，认识到生活中处处有数学。			
	发现学习过程中的错误并及时改正，增强学习数学的信心。			
	积极愉快地参与数学讨论、探索、合作、操作，对数学有求知欲。			
创新表现	在设计方案中有创新的理念和方法，并能对方案进行反思优化。			
项目作品	能准时、高效、具有创新性地完成整个项目中的任务。			
定性评价	自我评价			
	教师期望			
	家长寄语			
	专家寄望			

（七）困难点及对策

【困难点】学生在制作数学功能室模型时，因受材料质量的影响，切割时边缘不够平整，导致拼接时留有缝隙。

【对策】教师帮助学生选择合适的工具，尽可能使裁剪后的图形尺寸精确。

七、反思及点评

（一）教学反思

历时四个月的摸索实践，项目组以学校数学功能室的设计与改造为现实背景，以平面镶嵌这一数学知识为核心，综合运用多学科的知识共同解决了数学功能室模型的制作和地砖铺设问题，形成了一套较完整的活动路径“组建团队—收集资料—提炼知识—实地测量—设计样式—模型制作—评价反思”。

关于该项目的后续发展，如果在条件允许的情况下，项目组拟计划将项目活动从方案设计延伸至实际施工，综合考虑地砖材质、工程造价、人力、建设施工等因素，在真情境、真问题、真实践中让学生经历更完整、更真实的综合实践项目活动。

（二）名师点评

该项目做到了真情境、真问题、真探究，整个项目的实施过程有很多亮点：

1. 落实以核心素养为导向的学习目标。学生通过综合运用平面镶嵌、图形的变化等数学知识，经历模拟地砖铺设、制作数学功能室模型等活动，进一步体会数学与其他学科的融合，培养跨学科解决问题的思维，发展应用意识和创新意识。在实地测量、收集信息和小组交流、设计并修正方案的过程中，培养问题意识、团队合作能力和解决问题能力，通过参与学校建设培养学生的责任感。

2. 发挥评价的育人导向作用。以教学目标为依据设计评价，根据活动任务安排，采取自评、小组评、教师评、专家评、校领导评等方式，以评价量表的方式，对学生真实情境中问题的理解，学习过程、学习策略、完成任务的态度，数学语言表达问题的适切性，问题解决过程中的思考交流与创意表现，项目研究成果的质量等，进行恰当的评价，发挥评价的育人导向作用。

3. 综合多学科知识，发展跨学科素养。在该项目中，应用计算机相关软件绘制设计图、应用计算机软件制作模型图；运用美术的色彩搭配，手工 DIY 制作等提高设计的美感；通过测量、剪、裁、锯、粘等方式制作模型。综合运用数学与信息科技、艺术、科学等学科的知识解决真实问题，感受数学与其他学科的融合，积累数学活动经验，体会数学的科学价值，提高发现和提出问题、分析和解决问题的能力，发展跨学科素养。

4. 为学生终身学习打下良好的基础。学生在共同设计方案、探究知识、制作模型的过程中，学会了合作，提高了动手能力；在活动过程中发现错误并改进，培养了克服困难的勇气和意志力；小组分工合作，各司其职，各尽其责，树立了责任担当意识。这正是中国学生核心素养发展所需要的品质。

设计与执教者：杨　丽

郑楠楠（三门峡市实验中学）

修改与点评者：鲍聪晓

◆ 案例 5 ◆

穿越北京中轴线

——融合用平面直角坐标系表示地理位置的教学实践

本主题学习活动以“研究北京中轴线”为基础，围绕“如何制定合理的旅游路线及攻略”这一驱动性问题，开展了“绘制目的地地图”“制作目的地简介 PPT”“制作旅游攻略视频”等系列活动，引导学生在实践过程中掌握建立适当的平面直角坐标系描述地理位置的方法；探究关于坐标轴对称的点，与坐标轴平行的直线上的点的坐标特征；了解北京中轴线及自选目的地的地理位置、人文历史、建筑特征等知识，感受各学科知识在实际生活中的融合与应用；开阔视野，丰富见识，感受中国地大物博，培养学生的民族自豪感和爱国热情，落实立德树人根本任务。本主题活动在七年级开展，共需 6 个课时，涉及数学、语文、历史、地理、艺术、信息科技等学科。

一、主题说明

1. 主题分析：在学生学习了“有序数对”和“平面直角坐标系”的基础上，结合当下国家大力支持旅游业的热点内容，以“建立适当的平面直角坐标系描述地理位置”的数学教学内容为主线，综合语文、历史、地理、艺术、信息科技等学科，重新整合“用平面直角坐标系表示地理位置”的教学内容。

本主题学习活动主要以小组合作方式进行探究实践。从北京中轴线引出问题，以故宫部分建筑布局为小范围的切入点，引导学生阅读文本并绘图，建立不同的坐标系，用坐标表示地理位置并逐步解决问题，归纳建立平面直角坐标系的步骤；扩大视角到北京中轴线，完成关于坐标轴对称的点，与坐标轴平行的直线上的点的坐标特征的观察、归纳总结；再自选目的地，通过“绘制目的地手绘地图”“目的地介绍 PPT 制作及美化”“旅游攻略视频剪辑及配音”等系列活动，进一步感受坐标与点的一一对应关系和数形结合思想，体会平面直角坐标系在解决实际问题中的作用。

探究过程中提高学生信息筛选整合能力、逻辑思维能力、信息技术应用能力、表达能力，增强学生学习知识和技能的主动性及合作意识。渗透爱生活、会观察、会应用的理念，对学生进行美的教育，提高学生对美的感知与欣赏能力，让学生深刻体会知识来源于生活，又高于生活。

2. 任务情境：一方面国家需要通过推动地方旅游发展经济，另一方面人们对于外出旅游的意愿更加强烈，假期你想去哪里看看？

3. 驱动性问题：在北京中轴线的研究基础上，如何制定合理的旅游路线及攻略？

二、学习目标

1. 经历观察、思考、探索、交流、实践、归纳的数学活动过程，掌握建立适当的平面直角坐标系描述地理位置的方法。会选参照物、画坐标系，理解建立平面直角坐标系的多样性，分析不同结果出现的原因。通过描述地理位置解决实际问题，发展空间观念，认识用数学方法解决实际问题的科学性、合理性。培养学生动手操作、分析、解决实际问题的能力，培养学生优化意识和方法意识。

2. 学生能进一步观察关于坐标轴对称的点，与坐标轴平行的直线上的点的坐标特征，经历从特殊到一般再到特殊的认知过程，体会数形结合思想，培养学生推理能力和概括能力。

3. 了解北京中轴线建筑的相对位置和蕴含的人文价值；提高阅读能力，激发学习兴趣，培养爱国热情和民族自豪感；通过师生和小组交流，感受团队合作的创造性和高效性，培养合作意识和探索精神。

4. 通过手绘地图过程，培养学生动手操作能力；通过制作汇报课件过程，提高搜索和筛选信息能力，了解目的地的人文历史；通过制定旅游攻略，制作讲解视频过程，培养逻辑思维和信息技术应用能力，提升审美水平。

三、学科关联

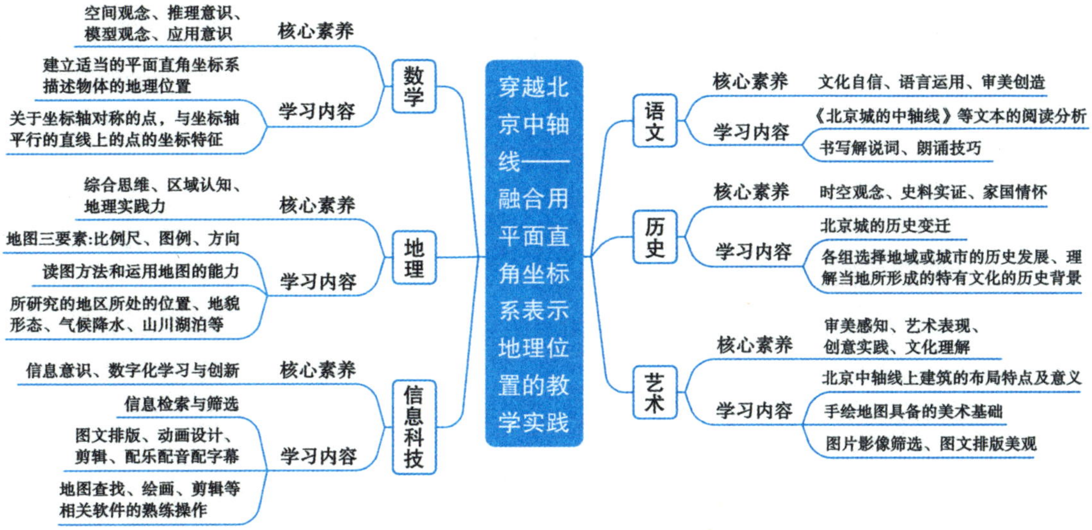

四、活动策略

该学习活动以“用平面直角坐标系表示地理位置”为核心，分为“北京中轴线相关研究”及“自选目的地项目研究”两个阶段，共设计了6个课时，13个子任务，融合语文、历史、地理、信息科技、艺术等学科知识，采用课内+课外，校内+校外，集中+分散，组内+组间等学习方式，通过绘制地图，制作介绍课件和旅游攻略视频，引导学生在真实情境中经历完整的解决问题的过程，进行有目的、有规划、有步骤的深度学习，在合作交流和反思的过程中，培养应用意识和综合能力。

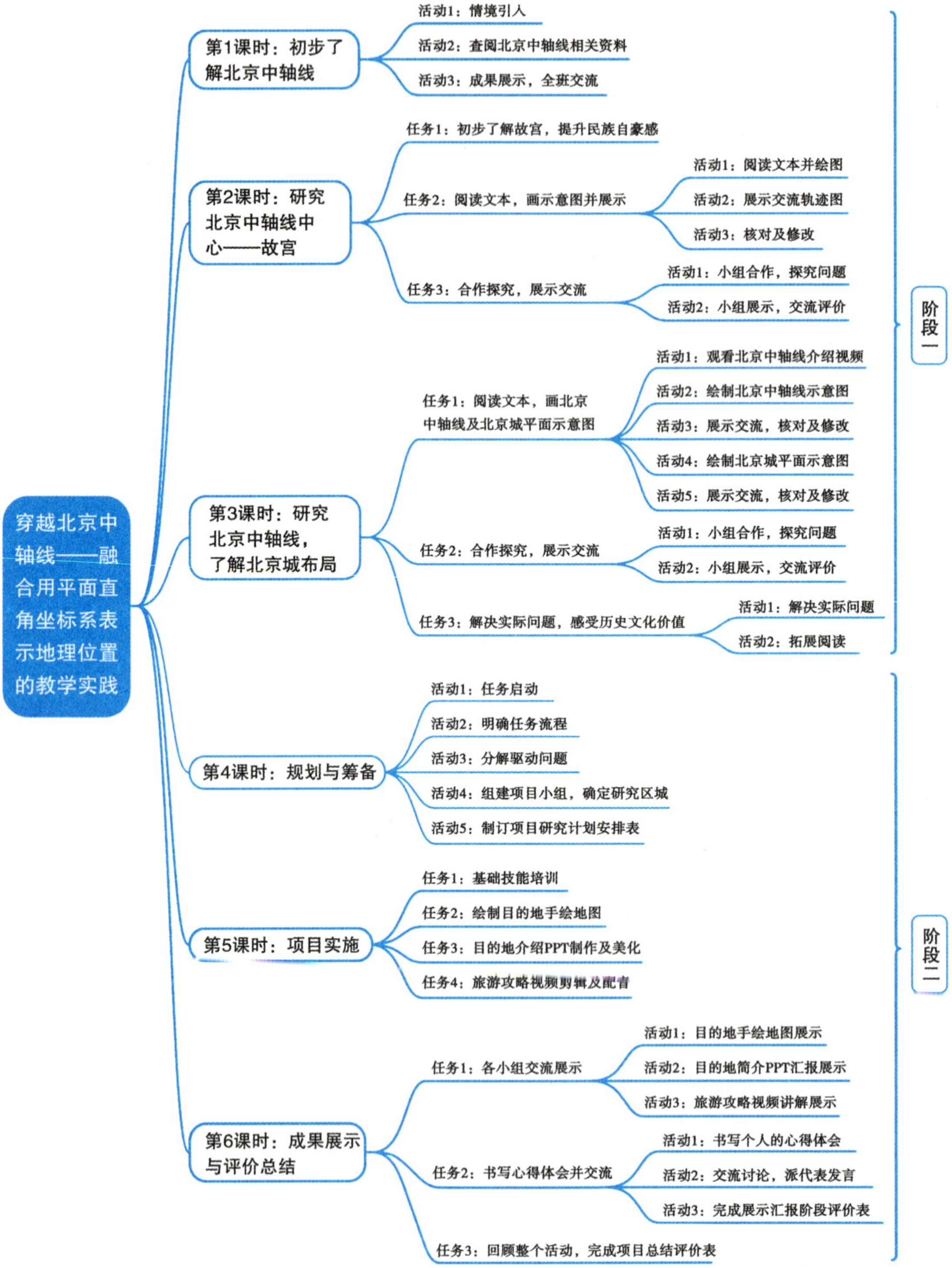

穿越北京中轴线——融合用平面直角坐标系表示地理位置的教学实践
第1课时：初步了解北京中轴线
活动1：情境引入
活动2：查阅北京中轴线相关资料
活动3：成果展示，全班交流
第2课时：研究北京中轴线中心——故宫
任务1：初步了解故宫，提升民族自豪感
任务2：阅读文本，画示意图并展示
活动1：阅读文本并绘图
活动2：展示交流轨迹图
活动3：核对及修改
任务3：合作探究，展示交流
活动1：小组合作，探究问题
活动2：小组展示，交流评价
第3课时：研究北京中轴线，了解北京城布局
任务1：阅读文本，画北京中轴线及北京城平面示意图
活动1：观看北京中轴线介绍视频
活动2：绘制北京中轴线示意图
活动3：展示交流，核对及修改
活动4：绘制北京城平面示意图
活动5：展示交流，核对及修改
任务2：合作探究，展示交流
活动1：小组合作，探究问题
活动2：小组展示，交流评价
任务3：解决实际问题，感受历史文化价值
活动1：解决实际问题
活动2：拓展阅读
阶段一
第4课时：规划与筹备
活动1：任务启动
活动2：明确任务流程
活动3：分解驱动问题
活动4：组建项目小组，确定研究区域
活动5：制订项目研究计划安排表
第5课时：项目实施
任务1：基础技能培训
任务2：绘制目的地手绘地图
任务3：目的地介绍PPT制作及美化
任务4：旅游攻略视频剪辑及配音
第6课时：成果展示与评价总结
任务1：各小组交流展示
活动1：目的地手绘地图展示
活动2：目的地简介PPT汇报展示
活动3：旅游攻略视频讲解展示
任务2：书写心得体会并交流
活动1：书写个人的心得体会
活动2：交流讨论，派代表发言
活动3：完成展示汇报阶段评价表
任务3：回顾整个活动，完成项目总结评价表
阶段二

五、成果形式及公开方式

1. 交流展示类成果：演讲汇报、心得体会。

2. 制作表现类成果：北京中轴线及北京城的示意图，小组所选目的地的手绘地图、旅游攻略汇报课件、景点讲解视频。

六、主题实施

第 1 课时 初步了解北京中轴线

（一）驱动性问题

2024 年 7 月 27 日，在印度新德里召开的联合国教科文组织第 46 届世界遗产大会上，中国的文化遗产申报项目“北京中轴线——中国理想都城秩序的杰作”成功列入《世界遗产名录》。你了解北京中轴线吗？

（二）学习目标

1. 通过查找资料，制作 PPT 并进行小组汇报交流，了解北京中轴线，增强信息意识，提高信息检索能力，培养学生信息技术应用能力。

2. 让学生感受北京城中轴线的魅力，激发学生的爱国热情和民族自豪感。

（三）课时任务

查阅资料，了解北京中轴线的起源、发展历程、布局特点、文化内涵、申遗计划和传承保护等。

（四）学习支架

情境创设支架	教师播放视频：2008 年北京奥运会开幕式中轴线“脚印”烟火表演，简要介绍中轴线基本情况、重要地位及研究价值。
资源路径支架	引导学生在历史、美术、地理等课本上或其他工具书中查找相关内容；教授学生网络检索方式，内容范围和资料收集办法，以及制作 PPT 的基本操作技巧。
任务驱动支架	学生要收集北京中轴线的背景、起源、布局、发展历程、对称特点、文化内涵、非正南正北的偏向之谜、相关申遗计划、数字藏品、传承保护等内容，以小组为单位制作 PPT。

续表

交流共享支架	教师用社交通信工具建立各小组交流群，讲解 PPT 时，组织学生在教室利用一体机进行展示交流。
学习评价支架	为学生提供评价量表，通过自评和互评完成对学习过程和结果的评价。

（五）教学过程

活动 1：情境引入

（1）播放视频：2008 年北京奥运会开幕式中轴线“脚印”烟火表演。

教师介绍：2008 年北京奥运会开幕式上，由焰火组成的巨大的脚印沿着北京中轴线抵达鸟巢的设计给世人留下了深刻的印象。北京中轴线始建于 1267 年，形成、完善于明清至近现代，历经 700 余年。让我们继续观看视频，初步了解北京中轴线的历史进程及部分地标建筑。

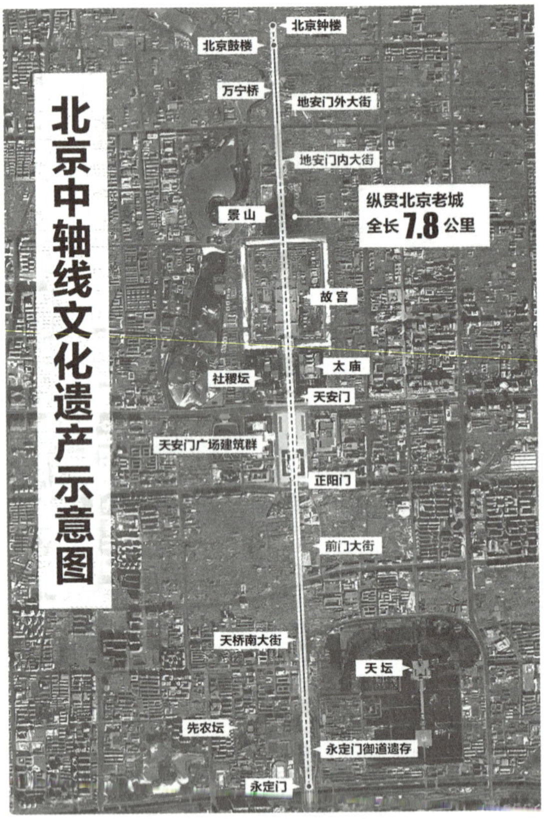

（2）播放视频：北京中轴线的历史进程及重要地标建筑介绍。

教师介绍：北京中轴线南起永定门，北至鼓楼、钟楼，纵贯北京老城，全长 7.8 公里。梁思成先生盛赞它是“全世界最长，最伟大的南北中轴线”。它见证了帝王的荣辱，也见证了中国的崛起。2012 年启动北京中轴线申遗工作，2022 年申遗名录文本完成，2023 年国家文物局正式提交申报文本，2024 年 7 月 27 日申遗成功。

让我们尝试用平面直角坐标系来确定北京中轴线上的建筑及其附近的重要建筑的地理位置，来一次北京中轴线的穿越之旅。

【设计意图】通过视频引出本课时研究内容，活跃课堂气氛，激发学生的好奇心，更加直观感受祖国的繁荣昌盛，激发学生的爱国热情和民族自豪感。

活动 2：查阅北京中轴线相关资料

学生 6 人一组，小组分工合作，通过不同方式查找资料，内容可包含：北京中轴线的背景、起源、布局、发展历程、对称特点、文化内涵、非正南正北的偏向之谜、相关申遗计划、数字藏品、传承保护等。组内汇总后结合图文、音频、视频等制作汇报 PPT。

【设计意图】通过学生自己收集相关资料，锻炼学生检索信息的能力；在小组合作中，让学生尝试不同的合作方式，体会合作的重要性；让学生从历史人文、地理位置等不同角度了解北京中轴线，为之后学习和绘图做准备。

活动 3：成果展示，全班交流

每小组学生代表结合本组 PPT 上台汇报前期查阅资料的成果，尽可能让每位组员都负责一部分内容的汇报，有一定的展示时间。（注意：相同部分不再赘述，补充不同视角和内容）每组汇报后，其他组学生或教师做简要点评。

【设计意图】通过汇报锻炼学生上台发言的胆量，有条理思考问题的能力；通过组间交流锻炼学生语言表达能力，能够发现和提出问题，表达想法，从不同视角分析问题，学习他人优点。

（六）项目评价

第____小组“了解北京中轴线”PPT 制作及展示汇报阶段评价表

评价内容	自评星级	互评星级	师评星级
1. 熟练运用检索技巧收集信息	☆☆☆	☆☆☆	☆☆☆
2. 组内交流合作顺畅且高效	☆☆☆	☆☆☆	☆☆☆
3.PPT 内容完整，展示方式多样	☆☆☆	☆☆☆	☆☆☆
4.PPT 制作精美，观感舒适	☆☆☆	☆☆☆	☆☆☆
5. 小组展示内容完整，语言表述流畅	☆☆☆	☆☆☆	☆☆☆
6. 汇报中有与众不同的亮点内容	☆☆☆	☆☆☆	☆☆☆
7. 能给其他组展示提出合理建议或意见	☆☆☆	☆☆☆	☆☆☆
小组成员建议			
教师建议			

（七）困难点及对策

【困难点 1】搜索资料时学生条理不清，逻辑欠缺。

【对策】教师提前引导学生从哪些方面着手，组织学生发散思维，提出不同的研究方向或内容。

【困难点 2】制作 PPT 及汇报时组员分工不够明确。

【对策】教师及时指导协助，让每位同学都能参与其中。

第 2 课时　研究北京中轴线中心——故宫

（一）驱动性问题

你了解北京中轴线上的标志性建筑——故宫吗？

（二）学习目标

1. 掌握建立适当的平面直角坐标系描述地理位置的方法。学会合理选择参照点，确定原点、正方向和单位长度，分析不同结果出现的原因，理解建立平面直角坐标系的多样性和择优性。

2. 了解故宫内各重要建筑的相对位置，锻炼学生阅读提取信息能力，动手绘图能力，发展学生空间观念，培养学生团队合作能力及探索精神。

3. 让学生感受中国古代建筑的艺术性和丰富性，认识建筑艺术与历史和文化的关系，感知美术对社会的独特贡献。

（三）课时任务

任务 1：初步了解故宫，提升民族自豪感

通过观看故宫图片、相关视频及教师讲解，了解故宫的建筑布局、特征和用途，理解故宫的历史地位和研究价值。

任务 2：阅读文本，画示意图并展示

学生根据行动轨迹画出示意图后进行展示，教师结合图片简要介绍重要建筑并引导学生对示意图进行核对和修改，提高阅读及作图能力。

任务 3：合作探究，展示交流

合作探究如何通过建立平面直角坐标系表示建筑的地理位置，总结建立平面直角坐标系的步骤，小组代表展示，全班交流，提高合作能力和语言表达能力。

（四）学习支架

情境创设支架	教师播放视频：故宫建筑一镜到底。教师展示图片：故宫建筑分布平面图。简要讲解各区域用途。

续表

资源路径支架	教师提供阅读文本和坐标纸，供学生提取信息，绘制路径图。教师需提前了解各地标建筑特征及相关历史，在讲解过程中为学生提供丰富的知识背景。
任务驱动支架	教师设置问题串，引导学生解决原点、正方向选取，已知位置标点坐标，已知点坐标找点，根据相对位置叙述确定点坐标等问题。
交流共享支架	学生以小组为单位进行合作及展示交流。
学习评价支架	为学生提供评价量表，通过自评和互评完成对学习过程和结果的评价。

（五）教学过程

任务 1：初步了解故宫，提升民族自豪感

师：古人对对称结构有深深的执念，不仅是北京中轴线，故宫紫禁城作为中轴线上的中心建筑，东西两侧也非常均衡对称，是古典建筑中轴对称结构的典型代表。这样的布局遵循尊卑有序、居中为王的儒家礼制思想。故宫作为世界文化遗产，是中华五千多年文明的承载者、中华优秀传统文化的汇聚地、多元文化交流融合的见证者。让我们跟随镜头去领略故宫建筑的雄伟精美。

播放视频：故宫一镜到底。

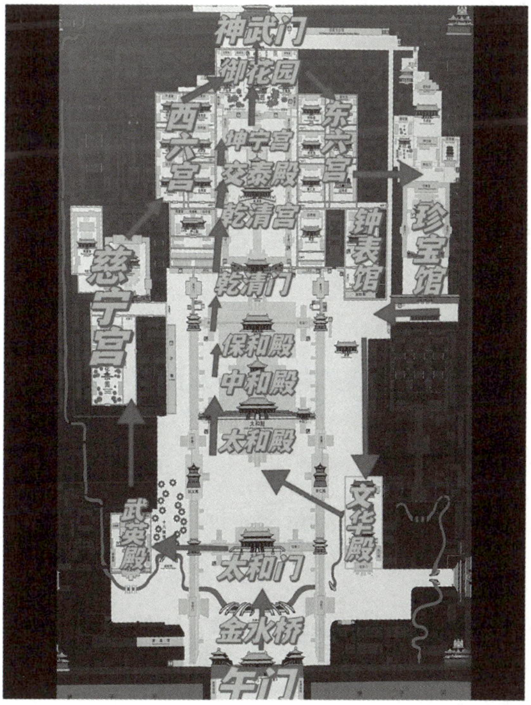

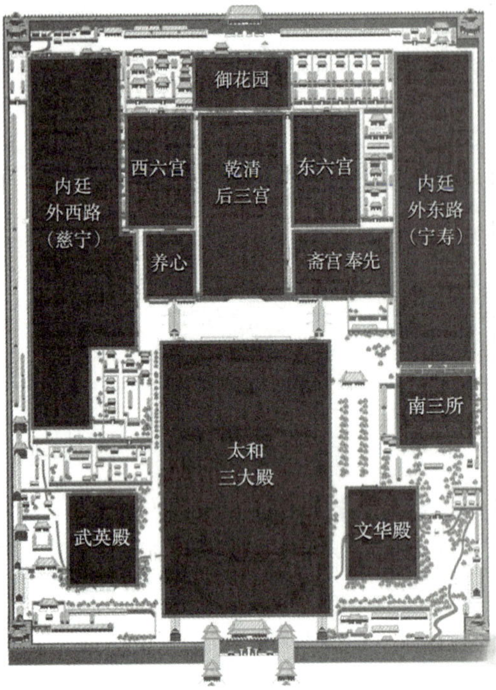

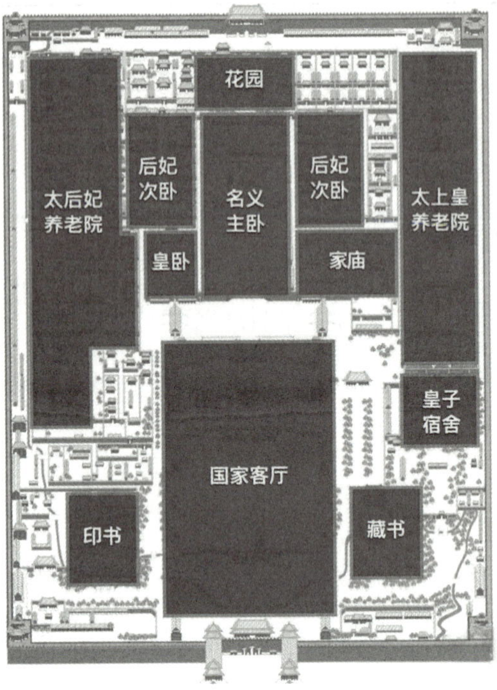

师：在视频中我们看到了很多宫殿，每个区域也都有各自的专属用途。故宫不仅是一个政治中心，也是一个集居住、宗教、文化、教育、医疗和旅游等多功能于一体的综合性建筑群。故宫是世界五大宫之首，是现存最大最完整的宫殿建筑群。它全面反映了我国古代建筑，特别是木结构建筑的杰出成就，具有极高的文物价值，是研究中华文明的重要机构所在地。

古代皇帝在此处理政务和居住，让我们阅读文本，一起看看皇帝一天的行程安排。

【设计意图】通过故宫从午门到神武门一镜到底的介绍视频，直观感受故宫建筑的气势恢宏，初步了解故宫中部分建筑所在方位及用途，感受故宫的历史价值、建筑价值、文物价值、旅游价值、文化价值和美学价值，提升学生民族自豪感，提高学生空间想象能力，为任务 2 做好准备。

任务 2：阅读文本，画示意图并展示

活动 1：阅读文本并绘图

学生根据皇帝一天的行动轨迹画一幅示意图，标出养心殿、慈宁宫、乾清宫、御花园、延禧宫的位置。

①皇帝居住在养心殿，早上五点起床洗漱更衣后，出门向南走 150 米，再向西走 100 米，到达慈宁宫向太后请安。

②请安后回养心殿进行早读，七点用早膳，九点出门向东走 100 米，再向北走 50 米，到达乾清宫上朝，十一点回到养心殿午休。

③下午两点半用完晚膳，出门向东走 50 米，向北走 200 米，再向东走 50 米，到达御花园进行娱乐活动。

④下午五点离开御花园，向南走 50 米，向东走 100 米，再向南走 75 米，向东走 100 米，到达延禧宫，晚上九点回到养心殿。

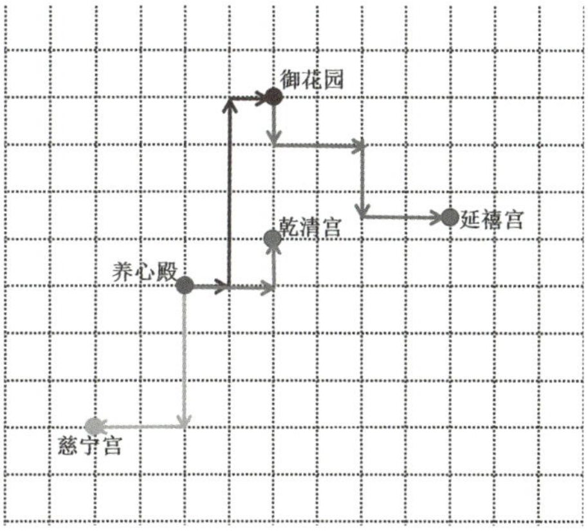

活动 2：展示交流轨迹图

活动 3：核对及修改

教师带领学生一起梳理轨迹图，展示正确的示意图让学生进行核对和修改，并结合图片简要介绍这些地点。

【设计意图】锻炼学生阅读和提取信息能力，动手绘图能力，发展学生空间观念，激发学生好奇心，为后续建立坐标系，描述地理位置，以及相关问题的研究做准备。

任务 3：合作探究，展示交流

活动 1：小组合作，探究问题

（1）如何建立适当的平面直角坐标系表示各地点位置？

选______所在的位置为原点，以正东方向为 x 轴 正方向，以正北方向为 y 轴 正方向建立平面直角坐标系。

（2）为什么选取这个位置作为原点建立平面直角坐标系呢？

（3）如何把实际距离转化为图上距离呢？

（4）标明慈宁宫、乾清宫、御花园、延禧宫的坐标。

例：养心殿（0，0），慈宁宫（–100，–150），乾清宫（100，50），御花园（100，200），延禧宫（300，75）。

（注意：学生选取不同的原点，取不同的单位长度，坐标表示不同）

（5）若以养心殿为原点，请描出以下建筑所在位置：

慈宁花园（–100，–300），长春宫（–50，100），漱芳斋（50，350），九龙壁（400，–200）。

（6）乾清宫和御花园的位置之间有什么关系？若奉先殿在慈宁宫东侧，它们的连线与 x 轴平行且直线距离为 450 米，请写出奉先殿的坐标并在图上标注。

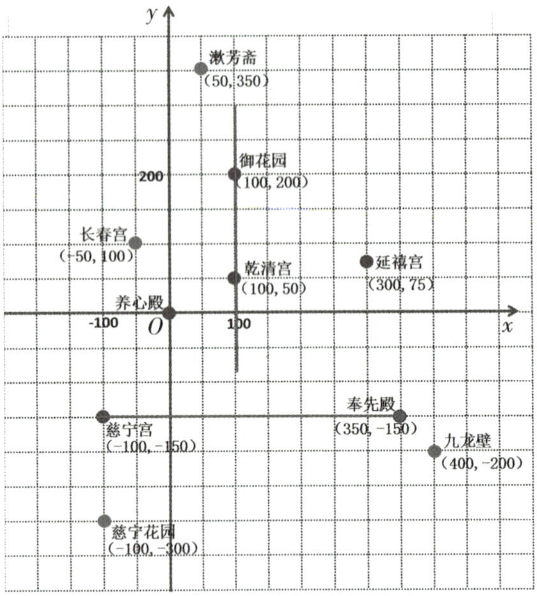

乾清宫和御花园横坐标相同，所在直线与 y 轴平行。因奉先殿与慈宁宫的连线与 x 轴平行，所以纵坐标相同，为 −150。因为奉先殿在慈宁宫东侧且相距 450 米，所以奉先殿的坐标为（350，−150）。

（7）利用平面直角坐标系表示地理位置的步骤有哪些？

（注意：建立平面直角坐标系要有原点、正方向、单位长度，画出点后标出坐标和名称）

【设计意图】以问题串形式让学生分组探究，经历将实际问题转化为数学问题的过程。体会平面直角坐标系的作用，体会数形结合思想，培养学生的识图能力、空间观念、合作探究能力和表达能力。

活动 2：小组展示，交流评价

【设计意图】给予学生展示机会，锻炼学生语言表达能力，鼓励学生提出不同的想法，勇于质疑和表达自己的观点，锻炼学生的辩证思维能力和合作解决问题的能力。

（六）项目评价

第____小组“故宫标志性建筑平面示意图”成果展示评价表

评价内容	自评星级	互评星级	师评星级
1. 轨迹图清晰准确	☆☆☆	☆☆☆	☆☆☆
2. 沟通表达能力强	☆☆☆	☆☆☆	☆☆☆
3. 确定原点原因合理	☆☆☆	☆☆☆	☆☆☆
4. 点与坐标准确对应	☆☆☆	☆☆☆	☆☆☆
5. 明确与坐标轴平行的直线上的点的坐标特征	☆☆☆	☆☆☆	☆☆☆
6. 归纳总结全面且准确	☆☆☆	☆☆☆	☆☆☆
小组成员建议			
教师建议			

（七）困难点及对策

【困难点】在任务 3 活动 1 小组合作探究问题时，不同学生选取不同建筑所在位置作为原点，建立平面直角坐标系各有不同，其他各建筑坐标的表示也都不相同，在后续问题研究中难以统一答案。

【对策】教师既要给学生机会，让学生充分说明自己建立平面直角坐标系的依据，对比不同的建立平面直角坐标系的方式，又需要统一一定的标准，方便后续问题的研究。教师可以在学生说出多种建立平面直角坐标系的方式后，根据实际情况进行引导安排，比如：让一半小组以“养心殿”为原点，另外一半小组以“乾清宫”为原点，既有对比组，让学生理解本质，体会用多种方式解决问题，又方便核对研究结果的正确性。

第 3 课时　研究北京中轴线，了解北京城布局

（一）驱动性问题

你能绘制出北京中轴线和北京城的平面示意图吗？

（二）学习目标

1. 根据文本中建筑或街道相对位置的叙述，绘制北京中轴线和北京城的平面示意图，掌握建立适当的平面直角坐标系描述地理位置的方法。

2. 进一步观察关于坐标轴对称的点，与坐标轴平行的直线上的点的坐标特征，经历从特殊到一般再到特殊的认知过程，体会数形结合思想，培养学生推理能力和概括能力。

3. 了解北京标志性建筑的位置和其蕴含的人文价值，激发学习兴趣，培养爱国热情和民族自豪感。通过师生和小组交流，感受团队合作的创造性和高效性，培养合作意识和探索精神。

（三）课时任务

任务 1：阅读文本，画北京中轴线及北京城平面示意图

观看北京中轴线介绍视频后阅读文本，画出北京中轴线及北京城的平面示意图，展示交流后及时核对修改。

任务 2：合作探究，展示交流

小组合作，结合所画示意图，探究点之间的对称关系和直线之间的平行关系，以及平行线上点的特征，并进行总结归纳。小组代表展示后教师评价。

任务 3：解决实际问题，感受历史文化价值

解决与北京城布局相关的实际问题，阅读拓展文本，了解北京中轴线在新时代的新发展，再次感受其历史文化价值，提升民族自豪感。

（四）学习支架

情境创设支架	教师播放视频：北京中轴线及北京城的介绍。
资源路径支架	教师提供阅读文本和坐标纸，供学生提取信息，绘制平面图。教师需提前熟悉北京中轴线上的建筑及北京其他各处的建筑的特征及相关历史，在讲解过程中为学生提供丰富的知识背景。
任务驱动支架	教师设置问题，引导学生绘制平面图并探究平面直角坐标系中点与点之间的关系特征问题。
交流共享支架	学生以小组为单位进行合作及展示交流。
学习评价支架	为学生提供评价量表，通过自评和互评完成对学习过程和结果的评价。

（五）教学过程

任务 1：阅读文本，画北京中轴线及北京城平面示意图

活动 1：观看北京中轴线介绍视频

师：接下来，我们放大视角，去看看北京中轴线上的建筑。北京中轴线是中华文明的独特见证。在这一宏大建筑群中，汇集了 13 世纪以来中国历史上最为重要的国家纪念性建筑、礼仪建筑和标志性建筑，展现了中华文明具有代表性的物质形态特征。

播放视频：北京中轴线（从永定门到钟楼）的详细介绍。

【设计意图】从故宫到中轴线，让学生扩大视角。通过图片和视频了解中轴线上的建筑，激发学生们的好奇心，提升他们的爱国热情和民族自豪感。通过了解各个建筑所在位置，使学生对中轴线更为熟悉，为后续小组研究问题做铺垫。

活动 2：绘制北京中轴线示意图

北京中轴线纵贯北京老城，南起永定门，北至钟楼，全长约 7.8 公里。

天街：永定门——天桥，总长约 1 公里。永定门北偏西 45° 方向，距其约 800 米是先农坛，它是祭祀先农、山川、诸神的场所。永定门北偏东 45° 方向，距其约 1.65 公里是天坛，明朝时叫天地坛，天地合祭。

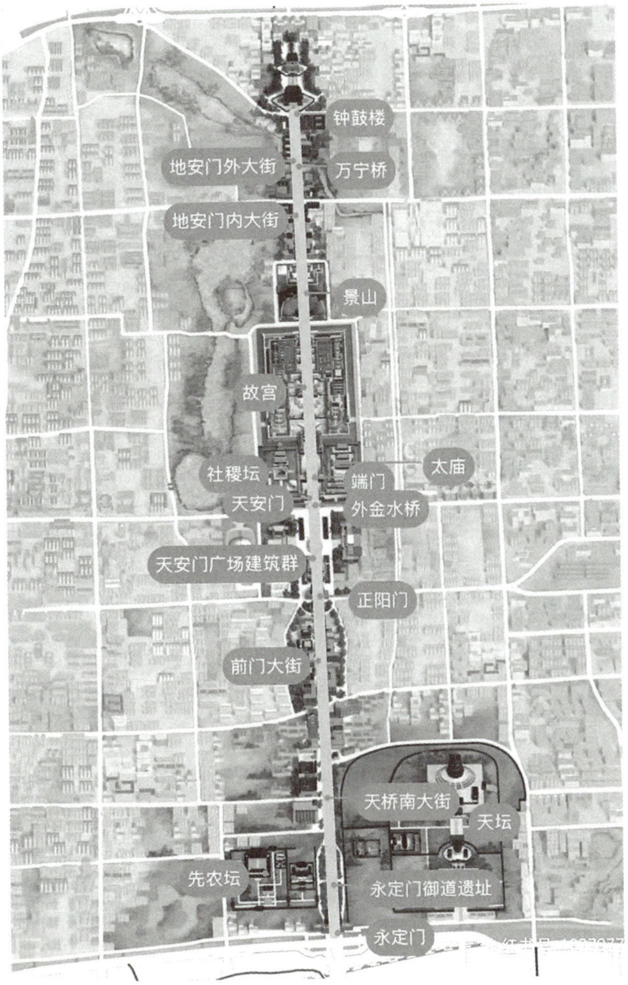

南城商街：天桥——天安门。天桥向北经过一条长 1 公里的大街到达珠市口，再向北约 1 公里到达正阳门，俗称前门。从正阳门楼到天安门总长约 1 公里，它们的中点处是人民英雄纪念碑。人民英雄纪念碑西侧约 250 米是人民大会堂，东侧约 250 米是中国国家博物馆，人民英雄纪念碑南侧约 250 米是毛主席纪念堂。

南皇城：天安门——端门，总长约 250 米。天安门是皇城的前导。端门西侧250米是中山公园里的社稷坛，祭祀土地神及五谷神，东侧 250 米是太庙，是明清两代皇家祖庙。

宫殿御园：端门——景山。从端门向北继续走 250 米到达午门。从午门开始一路向北，经过太和门，穿过中和殿、保和殿、乾清宫、坤宁宫、御花园，以神武门为终点，都属于故宫建筑群区。再向北 250 米，跨过护城河，到达景山。

北皇城：景山——地安门，总长约 1 公里。

北城商街：地安门——钟楼，总长约 1 公里。地安门以北 250 米是万宁桥，它是中国大运河北端的一个标志。向北 500 米是鼓楼，再向北 250 米是钟楼，北京中轴线便有计划地，也恰到好处地结束了。

这条中轴线连着四重城，即外城、内城、皇城和紫禁城，汇集了北京城古代建筑的精髓，好似北京城的脊梁，鲜明地突出了九重宫阙的位置，体现封建帝王居天下之中“唯我独尊”的思想。“建筑是凝固的音乐”，北京中轴线像一首雄伟的诗，像一首铿锵有力的歌。这样有气魄的建筑总布局，世界上没有第二个！

活动 3：展示交流，核对及修改

学生展示交流北京中轴线示意图，教师带领学生梳理文本内容，展示正确示意图让学生

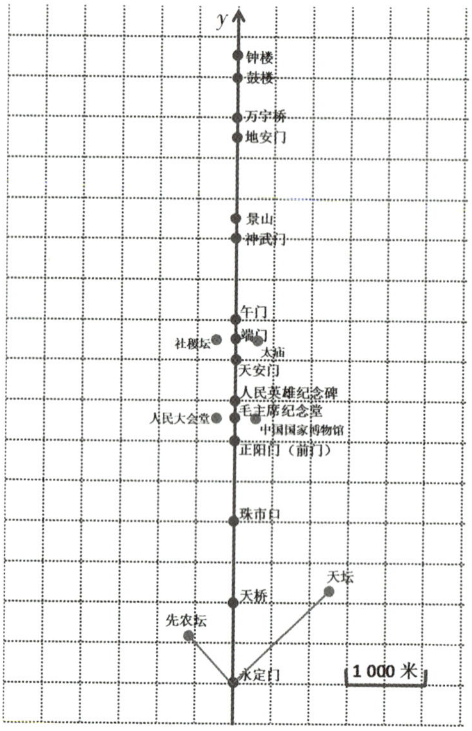

进行核对和修改，并结合图片简要介绍这些地点。

【设计意图】若直接让学生完成北京城的平面绘图，内容多，难度大。因此需要通过活动 2 和活动 3，让学生从北京中轴线入手，阅读文本快速提取有效信息，锻炼学生阅读分析能力和绘图能力。及时开展交流和修正，保证北京中轴线（y 轴）的正确性，为活动 4 和活动 5 绘制北京城平面示意图做准备。

活动 4：绘制北京城平面示意图

①前门大街：与中轴线垂直交于正阳门（前门），也是内城最南端，正阳门左右约 2 公里处分别是宣武门和崇文门；再分别向两端延伸约 2 公里，分别是西便门和东便门。

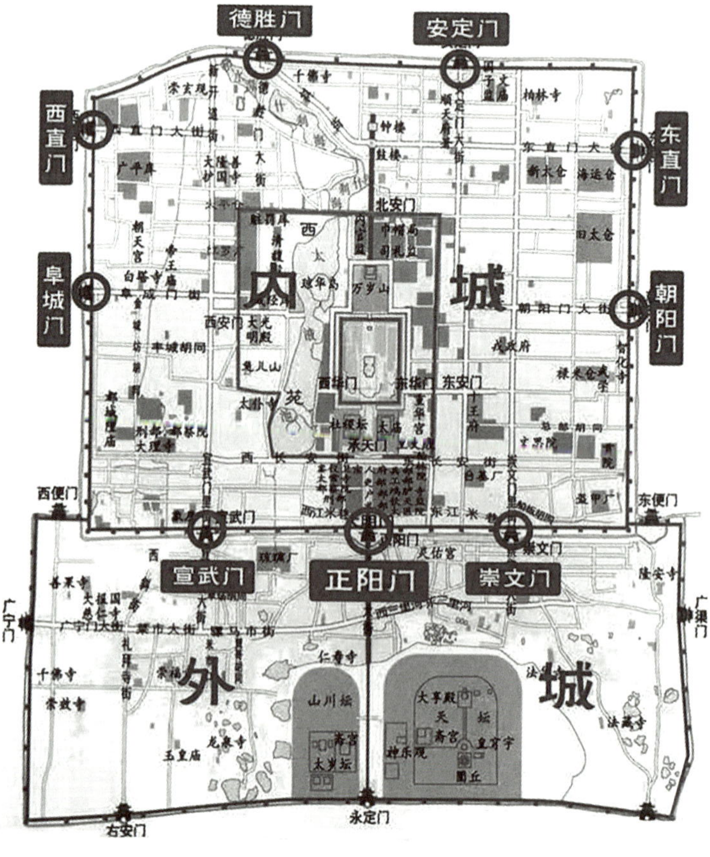

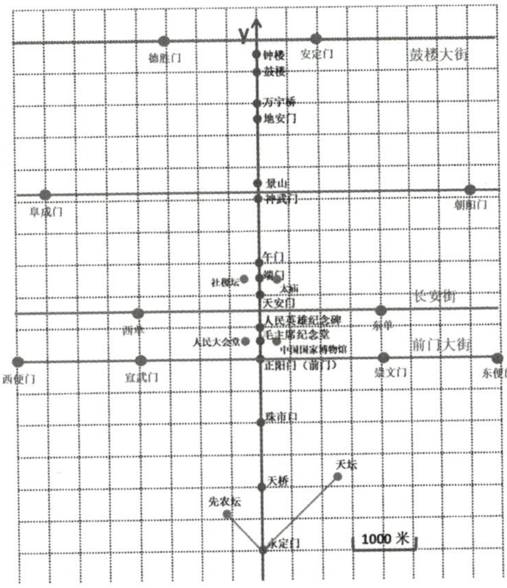

②长安街：与中轴线垂直交于人民英雄纪念碑以北约 250 米处，垂足左右约 2 公里分别是西单和东单。

③神武门和景山之间东西走向为护城河所在街道，左右约 3.5 公里分别是阜成门和朝阳门。

④鼓楼大街：与中轴线垂直交于钟楼以北约 350 米处，垂足西侧约 1.5 公里处为德胜门，东侧约 1 公里处为安定门。

活动 5：展示交流，核对及修改

学生展示北京城平面示意图并交流，教师带领学生梳理文本内容，展示正确示意图让学生进行核对和修改，并结合图片简要介绍这些地点的历史演变。

【设计意图】在第 2 课时对故宫的研究基础上，扩大研究范围到北京城，增加难度。从中轴线到北京城，由线到面，锻炼学生空间想象能力和方位感。学生体验研究过程中合作交流的高效性和重要性。

任务 2：合作探究，展示交流

活动 1：小组合作，探究问题

（1）以中轴线为 y 轴，选取原点和 x 轴，建立平面直角坐标系。用坐标表示 A 西单，B 东单，C 宣武门，D 崇文门四点的位置。

（2）研究 A，B，C，D 四个点之间的关系。

（3）研究长安街和前门大街的位置特征以及这两条线上点的特征。

（4）归纳总结平面直角坐标系中点和线的关系特征。

【设计意图】在第 2 课时的研究基础上，以问题串引导学生自主探究点之间的对称关系和线之间的平行关系，以及平行线上点的特征。让学生体会平面直角坐标系的作用，体会数形结合思想，培养学生识图能力、空间观念、合作意识、语言表达能力和归纳总结能力。

活动 2：小组展示，交流评价

注意：学生选取的原点和 x 轴不同，A，B，C，D 四点坐标也不同，但点之间的对称关系，线之间的平行关系和平行线上的点有共性特征。教师对学生的回答进行评价或修正，及时引导。

【设计意图】通过学生展示中的异同，让学生感受从特殊到一般的数学思维，以及解决问题的多种方式，有助于学生认识用数学方法解决实际问题的科学性、合理性，体会数形结合思想，培养学生的优化意识、方法意识、推理能力和概括能力。

任务 3：解决实际问题，感受历史文化价值

活动 1：解决实际问题

下图是北京旅游景点示意图，已知北京西站位置是（–4，–3），798 艺术区位置是（6，2）。

（1）建立平面直角坐标系，用坐标表示北大、清华，奥体中心，北京站的位置。

（2）在图中标出雍和宫（3，1.5），牡丹园（–1，3）的位置。

（3）写出故宫、天安门、天坛公园所在直线和坐标轴的关系。

（4）东直门和北京站关于 x 轴对称，北土城和牡丹园关于 y 轴对称，请在图上描出东直门和北土城的位置并写出坐标。

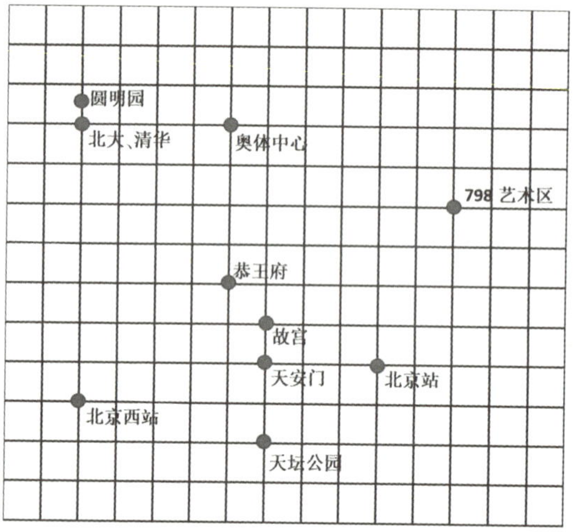

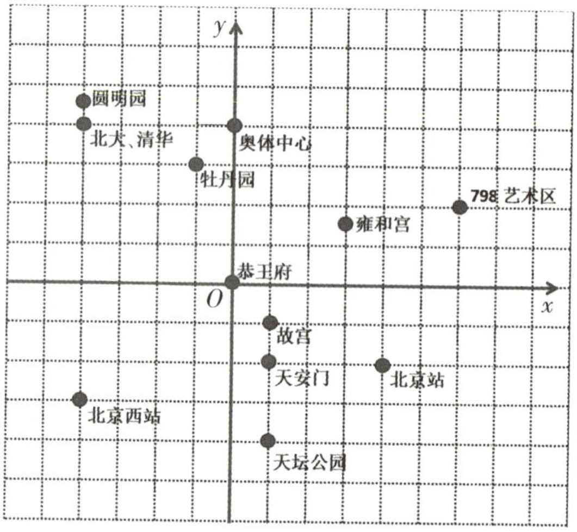

【设计意图】给坐标反推原点，训练学生的逆向思维能力，加深学生在建立坐标系的过程中对原点选取的认识。综合性强，检验本节课学习效果，学生做学生讲，培养学生自主解决问题的能力，将知识活学活用。

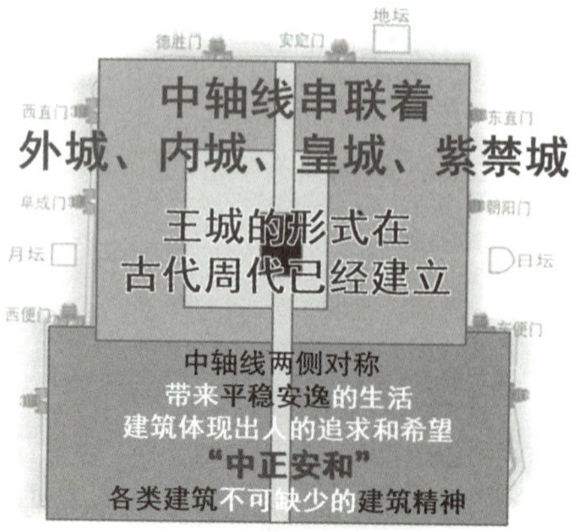

活动 2：拓展阅读

拓展阅读，再次了解北京中轴线的历史文化意义。很多与中轴线垂直的主干道都互相平行，构建

了北京城南北、东西走向的网格布局。中轴线附近有很多左右对称的建筑，体现了“皇权至上”“中正安和”的建城理念。

“建筑是凝固的音乐”，展示中轴线截面图，直观展示各建筑物高低起伏，体现“中正安和”主旋律。现代中轴线延伸至奥体中心，既是北京城市框架脊梁，又展现历史文化名城主线。

建筑是凝固的音乐

北京中轴线上的建筑物高低起伏宛如“中正安和”的主旋律

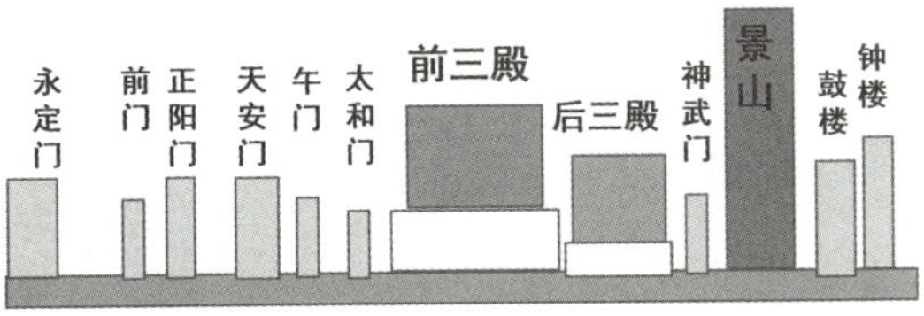

现代北京建设的“一线两翼”发展战略，也使中轴线自然成为“新北京、新奥运”的生长点。北京因举办奥运会而确立的奥运主中心区，即国家体育场已经使原有的北京中轴线再次延长至现在的 25 公里，使奥运场馆的建设与北京古城建筑的布局协调地融合在一起。

北京中轴线是北京城市框架的脊梁，是展现北京历史文化名城的主线，是独一无二的历史遗产。它是国家礼仪活动中心，是政治、文化中心，也是当代生活的重要载体，具备巨大的当代影响力。我们应该保护、传承、弘扬和创新北京中轴线承载的历史文化价值。

【设计意图】提供文本资料，让学生阅读，体会跨学科学习的魅力，扩大学生知识面。体会平面图与截面图的区别，感受古代建筑的艺术性和丰富性，认识建筑艺术与历史和文化的关系，感知美术对社会的独特贡献。从古至今，感受时代的快速发展，提升爱国热情和民族自豪感。

（六）项目评价

第____小组“北京中轴线及北京城平面图”成果展示评价表

评价内容	自评星级	互评星级	师评星级
1. 中轴线示意图清晰准确	☆☆☆	☆☆☆	☆☆☆
2. 北京城示意图清晰准确	☆☆☆	☆☆☆	☆☆☆
3. 语言表达能力强	☆☆☆	☆☆☆	☆☆☆
4. 确定原点及坐标轴原因合理	☆☆☆	☆☆☆	☆☆☆
5. 点的对称与线的平行研究准确无误	☆☆☆	☆☆☆	☆☆☆
6. 归纳总结全面且准确	☆☆☆	☆☆☆	☆☆☆
小组成员建议			
教师建议			

（七）困难点及对策

【困难点 1】在任务 1 活动 2 和活动 4 的文本中建筑和地标较多，部分学生阅读并找到相对位置有难度。

【对策】教师可根据实际情况，适当以一到两个自然段内容为例，为学生进行作图示范，尽量让学生通过小组合作，独立思考和完成。

【困难点 2】画示意图过程中，学生选择不同的比例尺，示意图的大小不同，比例尺过大或过小，会让图上的点太挤或整个全貌画不下。

【对策】教师需引导学生提前确定好比例尺，画图清晰，便于后续问题探究。

第 4 课时　规划与筹备

（一）驱动性问题

在北京中轴线的研究基础上选取一地制定合理的旅游攻略，如何做好前期规划与筹备工作？

（二）学习目标

能够选取合适的地点作为旅游目的地，提前进行规划筹备，提高逻辑思维能力和团队协作能力。

（三）课时任务

确定研究内容，分解驱动性问题，组建项目小组并确定研究区域，确定时间安排及分工。

（四）学习支架

思维优化支架	为学生提供前期规划与筹备的策略指导，帮助学生顺利组建研究小组，确定研究区域，合理安排时间及分工，为后期高效实施项目做准备。
交流共享支架	教师用社交通信工具建立各小组交流群。

（五）教学过程

活动 1：任务启动

提出问题：旅游业是一个多元且潜力巨大的行业，它涉及交通、餐饮、住宿、购物、娱乐等，可以刺激消费，促进就业，推动基础设施建设，扩大国际贸易等，对于促进经济发展具有重要的作用。

旅游有自驾游、背包游、半自助游、徒步、研学旅行等多种方式，以旅游景区为核心，也衍生了很多新兴产业链，如制定旅游攻略、手绘景点地图、线上智慧导览、非遗文创产品等。

一方面国家需要通过推动地方旅游发展经济，另一方面“文旅局长花式代言热”“大唐不夜城盛唐密盒”“淄博烧烤”“特种兵式旅游”等热词的火爆出圈，也证明着人们对外出旅游的意愿更加强烈。

我国地广物博，自然景观和人文景观极为丰富。假期你想去哪里看看？如何制定旅游攻略？

活动 2：明确任务流程

1. 以项目小组为单位，自选出行地点，建立合适的坐标系表示各景点的位置，设计一张手绘地图。

2. 将出发的位置、路上要经过的标志性建筑以及目的地标识出来。

3. 向大家介绍自己确定平面图的方法，以及这一地区著名旅游景点的历史文化，做好旅游攻略。

活动 3：分解驱动问题

1. 目的地所在位置？——手绘地图

如何确定整体范围？如何确定原点并建立平面直角坐标系？如何确定各景点间的相对位置？如何进行地图美化？

2. 目的地基本情况？——汇报课件

地貌气候？旅游资源？历史文化？美食特产？民间文化？文化遗产？

3. 目的地旅游攻略？——自制视频

适宜出行季节？出行注意事项？旅游日程及线路规划？交通、餐饮、住宿、娱乐推荐？景点介绍解说词？

活动 4：组建项目小组，确定研究区域

参与项目研究学生情况表

<table>
<tr><td>姓名</td><td></td><td>性别</td><td></td><td>年龄</td><td></td></tr>
<tr><td>想要研究的地区</td><td></td><td>原因</td><td colspan="3"></td></tr>
<tr><td colspan="2">外出远行旅游的频率</td><td colspan="4">经常□　一般□　较少□</td></tr>
<tr><td colspan="2">是否参加过类似研究活动</td><td colspan="4">是□　否□</td></tr>
</table>

续表

担任职务和主要负责工作	（没有参加过不填即可）
查阅资料、整合信息能力	较强□　一般□　较弱□
团队协作能力	较强□　一般□　较弱□
沟通表达能力	较强□　一般□　较弱□
绘画能力及审美水平	较强□　一般□　较弱□
计算机操作（PPT、视频制作）能力	较强□　一般□　较弱□
学习新知新技能能力	较强□　一般□　较弱□
克服困难的心态和能力	较强□　一般□　较弱□
已有技能和自身特长：	
希望在组内担任职务及主要负责的工作：	
希望通过此项目获得的技能或提高的能力：	

组别	组长	旅游目的地或区域
第 1 组	薛宇萱	西域风情——青甘大环线
第 2 组	李浩楠	度假海南——海滩休闲旅游区
第 3 组	朱思彤	河南三门峡——卢氏印象
第 4 组	贾贝奇	江苏南京——遇见金陵十三钗
第 5 组	梁家鑫	山东淄博——热情好客的烧烤胜地
第 6 组	徐郑炫	山城重庆——热辣的温泉火锅之都
第 7 组	王子怡	云南腾冲——极边天然氧吧

活动 5：制订项目研究计划安排表

项目研究计划安排表

组长：________　　　组员：________________________________　　　填表时间：________

<table>
<tr><td>研究区域</td><td colspan="3"></td></tr>
<tr><td>地标建筑</td><td colspan="3"></td></tr>
<tr><td>所需工具</td><td colspan="3"></td></tr>
<tr><td>资料收集</td><td colspan="3">1. 网络搜索□　2. 图书资料□　3. 实地走访□　4. 采访、访问□
5. 观看纪录片□　6. 向老师请教□　7. 其他：________</td></tr>
<tr><td colspan="3">活动步骤</td><td>活动时间</td></tr>
<tr><td colspan="3"></td><td></td></tr>
<tr><td colspan="3"></td><td></td></tr>
<tr><td colspan="3"></td><td></td></tr>
<tr><td colspan="3"></td><td></td></tr>
<tr><td colspan="4">成员分工</td></tr>
<tr><td>成员</td><td>分工</td><td>成员</td><td>分工</td></tr>
<tr><td></td><td></td><td></td><td></td></tr>
<tr><td></td><td></td><td></td><td></td></tr>
<tr><td></td><td></td><td></td><td></td></tr>
<tr><td colspan="2">可能会遇到的问题</td><td colspan="2">解决方法</td></tr>
<tr><td colspan="2"></td><td colspan="2"></td></tr>
<tr><td>成果展示形式</td><td colspan="3">1. 研究报告□　2. 演讲汇报□　3. 论文 / 心得□　4. 手抄报 / 黑板报□
5. 手绘地图□　6. 讲解视频□　7. 其他：________</td></tr>
</table>

【设计意图】通过小组交流，提高学生参与程度，注重学生在活动过程中所表现出来的思维方式，培养与同学合作交流的意识与能力。教师利用问题和计划安排表，给学生提供一定的方向和思路，让学生掌握基本的研究步骤，综合应用所学知识解决实际问题，获得研究问题的方法和经验，培养学生有计划解决问题的能力。

（六）项目评价

第____小组规划与筹备阶段评价表

评价内容	自评星级	互评星级	师评星级
1. 自选研究区域有代表性、独特性和可研究性	☆☆☆	☆☆☆	☆☆☆
2. 资料收集方式多样且具有可行性	☆☆☆	☆☆☆	☆☆☆
3. 活动步骤清晰，时间安排合理	☆☆☆	☆☆☆	☆☆☆
4. 成员分工明确，充分发挥各自特长	☆☆☆	☆☆☆	☆☆☆
5. 预设遇到问题较全面，解决方法有可行性	☆☆☆	☆☆☆	☆☆☆
6. 成果展示形式多样	☆☆☆	☆☆☆	☆☆☆
小组成员建议			
教师建议			

（七）困难点及对策

【困难点】合理的小组组建。

【对策】需要教师分配制定。在学生填写“参与项目研究学生情况表”后，教师了解学生情况和意愿，每组6人，均衡各组人数，综合考虑学生性格、各方面能力和已有技能，反复思考后确定各组组长和组员，让学生充分发挥自己的特长，互相带动和帮助，有融洽的小组合作氛围，后续研究工作才能高效开展。

第5课时　项目实施

（一）驱动性问题

如何绘制目的地的手绘地图？从哪些方面入手制作汇报课件？如何制作景点介绍和旅游攻略视频？

（二）学习目标

1. 根据各组所选择的地域或城市，查找当地的历史发展资料，了解历朝历代在该地区发生的历史大事件，理解现在当地所形成的特有文化的历史背景。向大家介绍所研究的区域特有的风土人情，美食美景等，写解说词，对宣传视频进行配音。

2. 了解所研究的地区所处的位置、地貌形态、气候降水、山川湖泊等相关地理知识，并在手绘地图的过程中，会应用比例尺将利用地图软件测得的实际距离等比例缩小在坐标纸上，利用方位和距离确定相关景点的具体位置并尽可能减少误差。

3. 学会检索关键词，高效筛选网上查询的各种资料的准确性；需要制作 PPT 进行展示汇报，对图文进行合理排版；制作视频，学习剪辑、配乐、配音、配字幕等；在手绘地图的过程中，合理使用地图软件进行查找和测量，利用相关软件在电脑或平板上进行手绘。提高学生对信息技术的应用能力。

（三）课时任务

任务 1：基础技能培训

由数学、语文、地理、历史、美术、信息科技教师和有相关特长的学生进行知识和技能的授课，为后续任务做准备。

任务 2：绘制目的地手绘地图

各小组对选定区域中的代表性建筑所在位置进行研究，利用坐标纸或电子绘图软件进行地图绘制。

任务 3：目的地介绍 PPT 制作及美化

各小组收集目的地的地理位置、历史变迁、名人故事、美景美食、旅游攻略等资料，制作汇报课件。

任务 4：旅游攻略视频剪辑及配音

各小组选取部分景点的视频进行重新剪辑，书写解说词并进行配音、配乐。

（四）学习支架

资源路径支架	教师提供大尺寸坐标纸、地图绘制方法的学习资料、易制地图操作视频、PPT 制作美化技巧学习资料、视频剪辑技巧学习资料、解说词范文及格式、配音朗诵注意事项等。
学习评价支架	为学生提供评价量表，通过自评和互评完成对学习过程和结果的评价。

（五）教学过程

任务 1：基础技能培训

培训内容	授课人
1. 如何确定整体范围，并等比例缩小在坐标纸上？如何确定原点并建立平面直角坐标系？如何确定各景点间相对位置？ 2. 信息检索方法（学习关键词选取，检索方式，注意高效性）	数学教师、学生
3.PPT 制作及美化 4. 地图软件的应用及用计算机制作平面直角坐标系的方法 5. 视频剪辑、配乐及配音等制作方法	信息科技教师、学生
6. 研究区域的地理位置、气温降水、山川河流等基本信息 7. 地图所需要素及标记方式	地理教师
8. 研究区域的人文历史	历史教师
9. 研究景点或地标的解说词及配音朗诵	语文教师
10. 手绘地图及 PPT 美化	美术教师、学生

【设计意图】在实施前学习培训必要技能有利于后续调查实施的顺利开展，让学生学习到书本以外的知识和技能，培养学生综合素养，让学生意识到知识技能是解决实际问题的基础，增强学生自主学习意识。

任务 2：绘制目的地手绘地图

工具准备：网格纸、作图尺、铅笔、橡皮、勾边笔、彩笔、平板。

步骤：（1）借助地理信息技术寻找底图，用铅笔勾勒底图轮廓；

（2）借助各景点建筑高清图片，进行各景点绘制，并调整完善细节；

（3）确定线稿后开始上色；

（4）标注图例，突出主题，统一色调。

【设计意图】让学生在手绘地图过程中，运用建立适当的平面直角坐标系描述地理位置的方法，培养学生动手操作能力；通过小组交流，感受团队合作的创造性和高效性，培养表达能力、合作意识和探索精神。

任务 3：目的地介绍 PPT 制作及美化

学生以小组为单位，合理分工制作目的地的介绍 PPT。

（PPT 应包含：地理位置、气候降水、山川河流特征；历史演变，关键时间及大事件；名人故事；美景、美食介绍；旅游攻略等内容）

【设计意图】此实践活动密切联系实际，让知识的学习因为兴趣延伸到课外。

综合语文、历史、地理、艺术、信息科技等学科内容跨学科学习，通过对目标地的研究，感受多学科融合解决问题的过程，提升学生多方面素养，让学生感受各地丰富的文化和历史，培养民族自豪感和爱国热情。让学生在学习知识的同时，渗透爱生活、会观察、会应用的理念，对学生进行美的教育，提高学生对美的感知与欣赏能力，让学生深刻体会知识来源于实际、又高于实际。

任务 4：旅游攻略视频剪辑及配音

学生收集网络视频或到景点进行现场拍摄，选取有效部分进行剪辑；配合画面内容及时长书写解说词，进行配音、配乐，并添加字幕，完成旅游攻略视频的制作。

【设计意图】让学生使用网络资源收集各类资料，使用旅游专用软件综合各类信息完成攻略规划。给学生表现机会，增强其合作意识，锻炼学生表达能力。让学生在实际操作中，熟练运用剪辑、配乐、配音、配字幕等技能，提升信息技术应用能力，提升学生学习兴趣。

（六）项目评价

第____小组项目实施阶段评价表

评价内容	自评星级	互评星级	师评星级
1. 基础技能基本掌握	☆☆☆	☆☆☆	☆☆☆
2. 至少熟练掌握一项信息技术技能	☆☆☆	☆☆☆	☆☆☆
3. 积极参与小组的各项活动	☆☆☆	☆☆☆	☆☆☆
4. 按时、高质量完成分配任务	☆☆☆	☆☆☆	☆☆☆
5. 沟通表达能力强	☆☆☆	☆☆☆	☆☆☆
6. 主动思考，提出合理化建议或意见	☆☆☆	☆☆☆	☆☆☆
7. 能虚心听取他人意见并积极改进	☆☆☆	☆☆☆	☆☆☆

续表

评价内容	自评星级	互评星级	师评星级
8. 手绘地图准确且精美	☆☆☆	☆☆☆	☆☆☆
9. 旅游攻略汇报 PPT 制作精美	☆☆☆	☆☆☆	☆☆☆
10. 视频清晰，制作精美，配音讲解准确	☆☆☆	☆☆☆	☆☆☆
小组成员建议			
教师建议			

（七）困难点及对策

【困难点 1】手绘地图过程中，所选区域范围过大且点分散时，测量和比例尺不对应的问题。

【对策】教师及时引导，先确定东西、南北的跨度，再根据坐标纸实际大小进行等比例缩放。

【困难点 2】PPT 制作中图文不对应或文字过多，制作逻辑不清晰、不明确，对展示重点的把控不到位。

【对策】在学生制作 PPT 之前，教师对 PPT 的制作框架和注意事项进行说明，尽量配有案例示范，引导学生汇报前组内演练，合作修改。

【困难点 3】旅游攻略的可行性考虑欠缺，制作视频的清晰度、连贯性以及配音和画面不对应等问题。

【对策】引导学生在前期做好内容规划，将重要地标或景点的深入研究分配给组员，然后集中在一起进行讨论，确定时间分配，路线规划。引导学生对视频中出现的问题要耐心多次修改。

第 6 课时　成果展示与评价总结

（一）驱动性问题

前期同学们选择自己喜欢的旅游城市或旅游景点，将当地的地理位置、地形地貌、名人故事、美景、美食、旅游攻略等，制作成精美的手绘地图、PPT 和微视频等，那么你能带着大家去你喜欢的地方做一次线上旅游吗？

（二）学习目标

1. 在交流展示过程中锻炼学生在公众场合发言的胆量和经验，提高语言表达能力。

2. 在听取各小组汇报展示过程中，了解多地地理、人文、历史、美食等相关知识，学会从不同视角分析问题。

3. 通过复盘总结，提升反思意识，积累活动经验。

（三）课时任务

任务 1：各小组交流展示

各小组依次对所选目的地的手绘地图、简介 PPT 和旅游攻略视频进行展示，全班交流讨论。

任务 2：书写心得体会并交流

每名学生书写参与此次主题学习活动的心得体会，总结遇到的问题和解决办法，反思需要改善的问题和需要提高的能力，全班交流。

任务 3：回顾整个活动，完成项目总结评价表

（四）学习支架

交流共享支架	教师用社交通信工具建立各小组交流群，讲解 PPT 时组织学生在教室利用一体机进行展示交流。
学习评价支架	为学生提供评价量表，通过自评和互评完成对学习过程和结果的评价。

（五）教学过程

任务 1：各小组交流展示

活动 1：目的地手绘地图展示

小组代表讲解绘图步骤，过程中遇到的问题及解决方案，介绍如何确定比例尺，选取原点和建立平面直角坐标系，以及各地标所处的位置（坐标及方位角的灵活运用）。

活动 2：目的地简介 PPT 汇报展示

小组代表结合图文和视频从地理、历史、人文、美景、美食等方面进行讲解。

汇报课件　第4组　江苏南京——遇见金陵十三钗

活动 3：旅游攻略视频讲解展示

展示总体要求：面向全体，讲解清晰，语言精准，姿态端庄，其他小组认真倾听。每个过程其他学生都可以提出问题或者意见和建议，进行交流讨论，后续再次完善。

任务 2：书写心得体会并交流

活动 1：书写个人的心得体会

每名学生书写个人的心得体会（思考个人知识、社交经验、经验能力等方面的收获）。

个人心得体会包含内容

1. 承担任务：
2. 完成任务的主动性：
3. 小组讨论中的发言情况：
4. 与组内同学的合作情况：
5. 提出积极的建议是：
6. 查阅相关的资料有：
7. 活动中遇到的困难及解决的方式：
8. 印象最深刻的事：
9. 最满意的事（收获最大的事）：
10. 组内活动组织如何，有哪些建议：
11. 组内最认真、贡献最大的人是：
12. 组长意见：

活动 2：交流讨论，派代表发言

组内交流讨论后，每组组长整合本组成员在项目实施过程中的收获，上台做总结性发言。每组选取一个代表进行发言，全班交流讨论。

主题学习心得体会

三门峡新时代精英学校　七（3）班　李浩楠

对于家乡三门峡我自认为已经无比熟悉了，但通过这次的项目式学习，我又对她有了更加全面、更加深刻的认知。

我在此次学习中负责制作三门峡的 PPT 以及三门峡的手绘地图。当我和小组成员们开始着手探究时，一场关于三门峡的视觉与知识文化的冲击盛宴开始了。

首先，最基本的必然是查阅三门峡的资料，在此过程中我知道了三门峡是一个拥有悠久且丰富的历史文化和独特的地理特点的城市。我了解了三门峡的仰韶文化、黄土地和红土地以及当年红军的传奇故事。我开始好奇还有哪些我不知道的事。

刚开始，我们各自为战，自己研究自己负责的内容，结果大家对如此多的资料和手绘地图都无从下手，视频剪辑和配音录制也不是特别熟练，对于 PPT 的制作和美观排版，我们也没有非常明确的方法，各自有各自的困难。因此我们召开了小组会议，交流问题，互相给出解决办法，并将我们自己还解决不了的问题梳理出来。老师听了我们的问题后，为我们进行了详细的指导和解释说明，老师给了我们一个 PPT 模板和大框架，然后老师手把手教我在 PPT 中进行插入图片和背景、切入视频、给 PPT 内容配动画和在电脑上画比例尺坐标系等，通过学习我才知道原来制作一个 PPT，远不仅仅只是打几个字后放一张图那么简单。

经过老师的教导，我们小组的成员分工合作。

我利用老师给的 PPT 框架，选定背景后，分了三门峡的概况、三门峡的文化、三门峡的特产、三门峡的美食几个部分来进行制作。我先将提前找好的资料打好，然后再后期配图，然而这是第一次自己制作 PPT，对我来说无疑是一场巨大的挑战。操作不熟练的我，做出来的 PPT 漏洞百出，试着播放了一下，要么动画放不出来，要么有的段落和别的段落卡在一起，要么是视频的资源加载有问题。于是，我向同学和老师寻求了帮助，我又快马加鞭地对其进行修改和完善。终于，苍天不负有心人，我终于做出了效果不错的 PPT，无论是动画还是段落都没有失误，我放置的图片，如：三门峡卢氏剪纸、三门峡木版年画、核桃等都能正常弹出。交给老师后，老师甚是满意。在认认真真、精益求精地对待每一项任务的过程中，我有了非常大的收获，也获得了理想的结果。

做完 PPT，我将它交给做剪辑视频和录音的同学后，我又开始着手进行手绘地图，为此我们又进行了一次小组讨论，我们组员之间互相商讨，有人说：“可以让一部分人画标志性景观和建筑，一部分人进行上色。”还有的人说：“可以通过比例尺对卢氏的地图进行划分，一个人负责一部分。”最后大家一致决定将两种方法相结合，由有特长的学生完成，其他人提供场外援助，同学们先在老师给的坐标纸上画出比例尺和坐标系，然后结合地图画出各地的标志性景观和建筑，为此我们将三门峡的整块地图都截了下来。制作初期总有比例尺、方位找不对的问题，但都被我们一一克服，最后画出了天鹅湖、白马寺、函谷关、曹靖华故居等众多景点。在此期间，令我印象最深的是，我们还因为如何画曹靖华故居争论了很长时间，有人觉得画房子，有人觉得画曹靖华，画改来改去，纸还差点破了，最后我们用了投票的方式解决，决定画房子，并写上“曹靖华故居”。在完成后，由专门负责的组员写词，对其进行了详细的介绍。

我认为无论在哪一个组中，贡献最大的人是后期做完善修改工作的技术支持人员，他们可能不引人注目，但任务的完成都与他们有很大联系。如果没有他们的帮助，我不可能将任务完成至此。我由衷地感谢他们。

通过本次项目式学习，我学会了如何制作 PPT，了解了许多关于家乡的历史、文化和其他知识，还学会了与他人相互配合，而不是孤军奋战，最重要的是这次学习我开阔了眼界，走出了课本，用自己的眼睛去观察世界，去丰富知识。

活动 3：完成展示汇报阶段评价表

第____小组展示汇报阶段评价表

评价内容	自评星级	互评星级	师评星级
1. 手绘地图图注完整，制作精美	☆☆☆	☆☆☆	☆☆☆
2. 手绘地图的展示表述完整，语言流畅	☆☆☆	☆☆☆	☆☆☆
3. 旅游攻略汇报 PPT 内容完整，制作精美	☆☆☆	☆☆☆	☆☆☆
4.PPT 展示表述完整，语言流畅	☆☆☆	☆☆☆	☆☆☆
5. 视频清晰，制作精美，配音讲解准确	☆☆☆	☆☆☆	☆☆☆
6. 小组心得体会内容完整，表述流畅	☆☆☆	☆☆☆	☆☆☆
7. 组员个人心得体会书写认真且完整	☆☆☆	☆☆☆	☆☆☆
8. 能给其他组的展示提出合理化建议	☆☆☆	☆☆☆	☆☆☆
小组成员建议			
教师建议			

任务 3：回顾整个活动，完成项目总结评价表

项目总结评价表

小组组别：____________

维度	内容	☆☆☆	☆☆	☆	评价主体
数学知识	采用合理的方法选取原点，建立平面直角坐标系。				学生（自评）
	利用坐标和方位角准确描述物体间相对位置。				
	对坐标系中点关于坐标对称，与坐标轴平行的直线上的点的特征掌握熟练。				
数学思考	结合实际情境，从便于表示的方向出发，选取不同原点，用多种方式描述物体相对位置。				
	经历探究全过程，初步建立平面及空间转化的想象能力，感受用坐标表示地理位置在生活中的作用。				

续表

维度	内容	☆☆☆	☆☆	☆	评价主体
数学观念	从现实生活中发现和提出数学问题。				教师
	综合运用数学知识解决问题。				
	对解决问题的过程进行反思，获得解决问题的经验。				
数学态度	对身边与数学有关的事物产生兴趣，认识到生活中处处有数学。				
	发现学习过程中的错误并及时改正，增强学习数学的信心。				
	积极愉快地参与数学讨论、探索、合作、操作，对数学有求知欲。				
项目规范	本项目操作流程的规范性、可操作性。				
	手绘地图的准确度，与实际情况的贴合度。				
	展示课件和讲解视频的完整性、丰富性、科学性。				
沟通表达	与各任课教师交流问题的逻辑性、科学性。				
	与小组成员之间交流的高效性。				
	展示汇报阶段表述准确、清晰且流畅。				
定性评价	自我评价				
	教师期望				
	家长寄语				

（六）困难点及对策

【困难点】学生展示时关注较多的是美食、气候和当地的风土人情，对于途经地的位置表述局限于平面直角坐标系的表示方法。

【对策】教师引导学生可以用多种方法表示地理位置，例如“方位角 + 距离”或者经纬度等，以拓展学生的知识面。

七、反思及点评

（一）教学反思

通过手绘地图，学生熟练掌握了利用平面直角坐标系描述地理位置的方法；在制作汇报课件和讲解视频的过程中，提高了信息筛选整合能力、逻辑思维能力、信息技术应用能力以及表达能力，提高了学习知识和技能的主动性。在实施过程中，学生灵活运用各种软件的能力有待进一步提高；时间充足的情况下，项目成果可以更加多样化，更加细致完整，相关内容可以进行更深入的挖掘；手绘地图可以更加美观，坐标的用途可以更加明显，可以继续探究电子地图的设计和旅游导览图的制作；旅游路线的设计不够有选择性，可从旅游主题的不同入手，设计天数不同的历史人文游、美景风情游等路线；选择景点较多，讲解视频较为笼统，不够细致，可以继续细化每个景点内的路线和涉及的故事。视频的清晰度、连贯性，配音的断句还有待提高。

（二）名师点评

教师结合跨学科项目式学习的课题研究和学生实际情况，挖掘生活素材，以数学教学内容为主线，综合语文、历史、地理、艺术、信息科技等学科，重新整合了本节课教学内容。

1. 教学思路清晰，设计合理有层次，在突破难点问题上采取一系列的问题串，任务设置有梯度，启发学生思考、感悟，让学生进行归纳总结，通过学生动手操作，合作探究等活动加深对知识的理解，突出重点难点，教学详略得当。

2. 整个过程注重开展学生的自主学习，小组合作，自主探究，发挥群体积极功能，给学生提供展示平台，培养了学生的研究精神，提高了学生解决问题的能力，又充分调动学生积极性。让学生感受团队合作的创造性和高效性，培养合作意识和探索精神。

3. 跨学科融合内容丰富，语文、历史、地理、艺术、信息科技等学科知识或内容均有所涉及。

4. 合理应用多媒体辅助教学直观呈现教学素材，激发学生学习兴趣，充分体现了信息技术在教学中的辅助作用和优势，完善了教学过程。

总之，该主题学习以“北京中轴线”为依托，将语文的说明文与数学的坐标表示地理位置完美结合，融合信息科技、地理、历史等学科的知识，在弘扬历史文化、旅游文化的同时，使得学生的创新意识和实践能力得到较好的发展。

设计与执教者：董昱洁（三门峡新时代精英学校）

修改与点评者：鲍聪晓

◆ 案例 6 ◆

探秘刹车距离与车速的关系

——融合函数主题的教学实践

本主题学习活动以“汽车数量激增下，怎样最大限度地保证校园周边及校园内学生安全”这一社会性问题为背景，围绕“刹车距离与车速存在怎样的关系”这一驱动性问题，开展了“开题——项目启动”“做题——项目实施”“结题——项目总结”系列活动，引导学生在关注社会及身边问题的过程中，以珍爱生命为思考起点，有“数”可据，有“理”可循，开展刹车距离与车速关系的研究，增强学生的理性思维与社会责任感，落实发展学生核心素养与立德树人的根本任务。本主题活动在九年级开展，共需 3 个课时，涉及数学、物理、信息科技等学科。

一、主题说明

1. 主题分析：本主题学习活动是在学生学习了二次函数的基础上实施的。九年级学生已经了解函数的基本研究路径，具备物体基本运动思想，明确电子表格分析数据的优越性，储备了一定的数学、物理、信息科技等学科知识，能够进行实验操作、收集数据、合理猜想等。同时相对于七、八年级的学生来说，九年级学生的心智更为成熟，有一定的创新意识和团队意识，对社会的关注度高，面对实际生活中真实的安全问题，学生有积极参与的愿望。

本主题学习开展了“开题——项目启动”“做题——项目实施”“结题——项目总结”系列活动，学生在增强安全意识的同时，也能深刻地体会到：数学来源于生活，服务于生活，数学与其他学科一起为我们的美好生活助力。

2. 任务情境：校园门口车辆多，车速快，学生出行存在安全隐患。

3. 驱动性问题：如何通过控制车速来改变刹车距离，进而提高安全系数?

二、学习目标

主题学习活动以实际问题为切入点，通过问题探究的方式，从安全问题视角出发建立数学模型，逐步分解与突破困难，最终解决问题。

具体目标如下：

1. 能够在实际问题中抽象出所研究的数学问题，积极思考，逐步优化，确定研究方法，发展数学抽象，提高发现问题和提出问题的能力。

2. 能够在同伴互助和家长的支持下，进行实验，收集、整理数据。

3. 能够利用电子表格技术处理实验数据，拟合函数，求出参数，得到刹车距离与行车速度的函数关系，再结合物理学知识检验模型，发展数据分析能力、数学建模能力以及科学探究精神。

4. 在合作交流、实践探索、批判反思的过程中，增强团队协作意识、交通安全意识。

三、学科关联

本次跨学科主题活动，鼓励学生运用多学科知识来解决实际问题。本主题涉及数学、物理、信息科技等学科。在实验中，需要运用数学知识来计算平均刹车距离，建立函数模型以及根据实验数据计算模型的参数；在数据分析中，需要运用统计学方法及信息技术手段对实验结果进行统计分析；在影响刹车距离的多因素分析中，要结合物理学中动能定理、牛顿第二定律等知识。

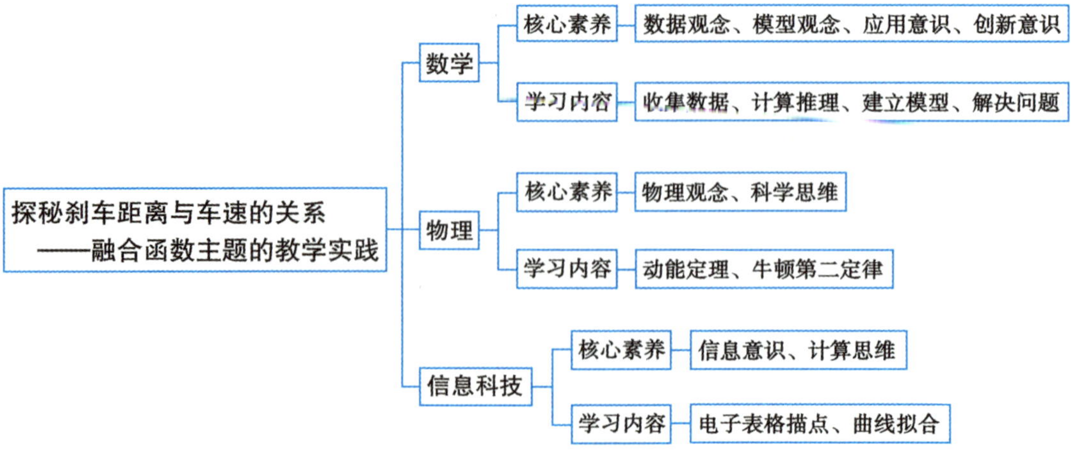

四、活动策略

本次跨学科主题活动，围绕“刹车距离与车速关系”这一核心问题，开展了“开题——项目启动”“做题——项目实施”“结题——项目总结”三项主题活动，共设计了3个课时6个子任务，融合信息科技、物理等学科知识，采用“课内＋课外”的课堂组织形式，在学生“思考现实世界→发现、提出问题→分析、解决问题→赋能现实世界”的闭环学习中，完成刹车距离与车速关系的探究。

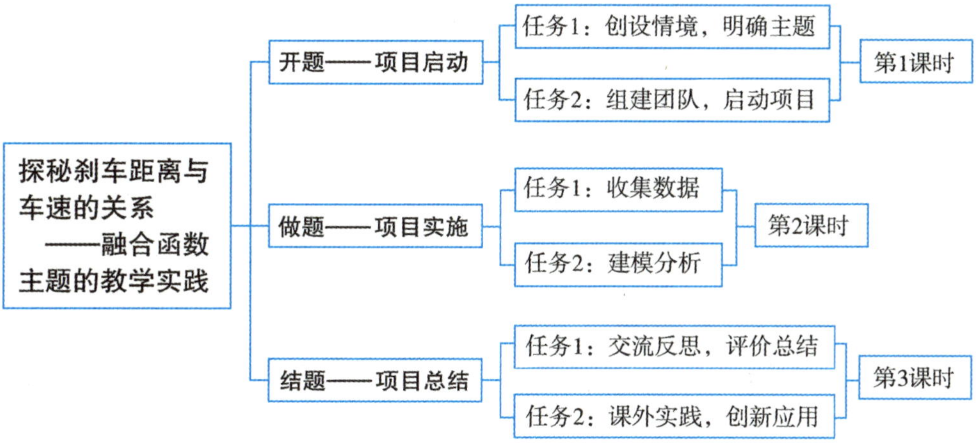

五、成果形式及公开方式

倡议书、小论文、宣传彩页、黑板报、手抄报。

六、主题实施

第1课时 开题——项目启动

（一）驱动性问题

现代社会下，汽车已经成为代步工具，进入了千家万户，作为学生，对交通安全知识了解多少呢？面对生活中真实的安全问题，我们可以确定怎样的主题，进而开展研究呢？

（二）学习目标

1. 学生通过观看因车速过快刹车不及时而导致的交通事故视频，感受生命的脆弱与珍贵，体会研究的必要性。

2. 学生通过同伴交流和教师必要的指导，感知研究实际问题的一般路径，并逐步优化思维，明确研究对象，制定开题报告单。

（三）课时任务

任务 1：创设情境，明确主题

观看视频，引发学生对交通安全问题的关注与思考，聚焦研究主题：刹车距离与车速之间的函数关系。

任务 2：组建团队，启动项目

合理分组，制定团队建设方案与开题报告单。

（四）学习支架

情境创设支架	教师为学生播放“安全教育平台”上“交通安全专题”视频，以及电影《流浪地球1》视频片段，引发学生思考。
资源路径支架	教师为学生提供必要的刹车距离等方面知识，为活动的顺利开展赋能。
交流共享支架	生生、师生交流，思维碰撞，提升学生提出问题的能力。

（五）教学过程

任务 1：创设情境，明确主题

活动 1：观看视频，引发思考

师生活动：师生共同观看“安全教育平台”上“交通安全专题”视频，以及电影《流浪地球 1》视频片段。教师通过视频引导学生思考交通安全这一社会性问题，使学生的关注视角聚焦到交通安全问题。

师：同学们，车祸猛于虎，交通安全事关每一个家庭的幸福安宁，特别对正处于成长阶段的你们而言，交通安全更是重要的课题。看了视频，你们对交通安全有哪些新的认识呢?

生：我看了视频，心情很沉重，感觉交通安全太重要了，不要存在侥幸心理。

师：是啊，遵守交规，文明出行，这是对生命的珍惜与敬畏。

【设计意图】通过观看视频，引发师生共情：交通事故危害大，每个人、每辆车都是交通参与者，我们都要尊重生命、珍惜生命，关注交通安全问题。

活动 2：交流讨论，聚焦研究主题

问题提出：十次车祸九次快，好多车祸都是因为车速太快刹不住车而导致的。根据生活经验，我们知道，车速越快，刹车距离就越长，但刹车距离具体是怎样随着车速的变化而变化的呢？

师生活动：根据提出的问题，分小组展开交流。教师巡视，给出建议。

师生总结：刹车距离和车速是两个变量，车速决定了刹车距离。

【设计意图】学生在交流中，感性认知向理性思考转化，即控制行车速度、保持适当车距是避免交通事故发生的重要措施，研究主题得以抽象与聚焦。

活动 3：问题指导，细化研究主题

（1）刹车距离、车速的概念界定。

问题提出：要研究刹车距离与车速的函数关系，首先要明确刹车距离和车速的概念。车速好理解，怎样定义刹车距离呢？

师生活动：学生交流自己对刹车距离的理解，教师走进小组，倾听、参与讨论。

师生总结：

刹车距离：从驾驶员决定刹车到完全停止这段时间内汽车行驶的距离称为刹车距离。

车速：驾驶员决定刹车时汽车行驶的速度称为车速。

（2）刹车距离的计算。

问题提出：由以上概念界定可以看出，刹车距离的计算有以下公式，刹车距离 = 反应距离＋制动距离。但反应距离由反应时间和车速决定，由于每个人的反应时间有快慢之分，情况复杂，怎样才能便于研究呢？

活动：师生共同讨论，对本研究中刹车距离的计算进行思考、质疑和内化。

生：为了便于研究，结合我们八年级生物学课学过的控制变量法，我们可以将本研究中的刹车距离近似等于制动距离，即刹车距离 = 制动距离。

师生总结：在对实际问题的研究中，通常通过减少变量，或寻找核心变量，使得研究便于实施。

【设计意图】当学生面对困难和挑战时，老师及时搭建学习支架，让学生在与同伴的交流和老师的必要指导下能够拾级而上。

任务 2：组建团队，启动项目

活动：学生交流后，形成研究共同体，每组五人，推选一名沟通能力及责任心强的学生担任组长，根据组员特点进行职责分工，并形成团队建设方案及开题报告单

团队建设方案及开题报告单

<table>
<tr><td>课题名称</td><td colspan="5">刹车距离与车速关系的研究</td></tr>
<tr><td>团队名称</td><td>速度队</td><td>团队口号</td><td>欲速不达　安全至上</td><td>团队负责人</td><td>小宸</td></tr>
<tr><td>团队成员</td><td colspan="5">小蕊、小仪、小恒、小刚</td></tr>
<tr><td>人员分工</td><td colspan="5">小蕊、小仪主要负责收集、整理数据；小恒、小刚主要负责描述、整理数据。</td></tr>
<tr><td>研究目的</td><td colspan="5">研究明确刹车距离和车速的关系，给出校园内和校园周边的限速建议。</td></tr>
<tr><td>研究方法和步骤</td><td colspan="5">1. 收集数据；2. 整理数据；3. 描述数据；4. 分析数据；5. 建模。</td></tr>
<tr><td>头脑风暴（尽可能多地列出感兴趣的问题或可能遇到的困难）</td><td colspan="5">实验场地该怎样选取？实验要收集哪些数据？进行多少 km/h 车速下的刹车距离与车速关系实验？怎样开展实验才能使得误差尽可能地小？</td></tr>
<tr><td>成果的呈现方式</td><td colspan="5">课上展示与课外推广相结合。</td></tr>
<tr><td>课外准备工作</td><td colspan="5">提前学习并掌握统计过程中需要用到的信息技术操作。</td></tr>
</table>

研究实际问题的一般路径如下：

观察现实世界，提出数学问题→做出合理假设，利用已有知识经验，制定方案→根据实验数据，用适当的数学模型定性或定量分析→多学科知识对模型进行检验或修正→解决问题，解释应用。

教师活动：教师巡视，帮助学生搭建思考的框架，调节学生的思维节奏，给予学生适当点拨。

【设计意图】学生自行组建团队并形成开题报告，使得本主题研究具备以下特点：在研究方法上——有路可循；在情感态度上——团队成员抱团成长，自信心增强，凝聚力提升。

（六）项目评价

主题一“开题——项目启动”的评价，采用“三类评价主体，十个评价维度”的评价量表。本量表遵循项目初期的“正向评价”原则，根据目标构建可评价的表现期望，注重体现学生的非智力因素在跨学科主题学习中的优势，有效调动学生的研究热情。评价量表如下：

“开题——项目启动”评价量表

姓名：______________　　评价标准：优秀（★★★）良好（★★）及格（★）

评价维度	自我评价	同伴互评	教师评价	星级汇总
参与程度				
合作交流意识				
善于倾听程度				
发现、提出、思考问题的能力				
能够用清晰的语言表达自己的想法				
面对困难的态度				
理解并掌握刹车距离和车速的概念				
能够通过多种途径理解刹车距离的计算方法				
明确研究实际问题的一般步骤				
在活动中能够不断反思和修正				

（七）困难点及对策

【困难点】在项目启动之初，学生对问题的理解还停留在感性阶段，并且刹车距离的影响因素多，对学生的研究形成了一定的困难和挑战。

【对策】教师通过具体恰当的问题指导，细化研究主题，引导学生明确研究对象和研究思路。

第 2 课时　做题——项目实施

（一）驱动性问题

实验数据的可靠性对研究问题很重要，怎样开展实验才能使得数据的误差尽可能小呢？刹车距离和车速之间具有怎样的函数关系呢？

（二）学习目标

1. 学生在探究刹车距离与车速关系的实验中，经历收集、整理、描述与分析的整个数据处理过程，发展数据观念。

2. 学生经历从实际问题中建立模型、求解模型、检验模型的过程，积累数学建模的活动经验，体会函数的应用价值，发展抽象能力、推理能力和运算能力。

3. 学生通过参与刹车距离与车速函数关系的实验以及数学建模分析，增强克服困难的意志品质，提升团队意识和合作精神。

（三）课时任务

任务 1：收集数据

师生与家长共同参与，进行多次实验，收集、整理刹车距离与车速关系的实验数据。

任务 2：建模分析

团队成员利用电子表格描述分析数据，建立函数模型，计算求出参数，并初步得出相关结论。

（四）学习支架

任务驱动支架	刹车距离和车速这两个变量之间有怎样的函数关系？
实验操作支架	选取安全的实验场地，开展“探秘刹车距离与车速的关系”的现场实验，让学生在真实的情境中理解刹车距离与车速的关系。
资源路径支架	家长提供车辆与驾驶员，教师提供笔记本电脑与电子表格操作微课视频，与学生一起全程参与实验。
交流共享支架	学生分工合作，共同收集、整理、描述、建模分析数据。

（五）教学过程

任务 1：收集数据

活动 1：刹车距离与车速关系实验数据的收集

同一台车、同一名驾驶员，在相同条件下，在同一个刹车点紧急制动，分别测量车速不同时的刹车距离。学生根据开题报告单中含有的实验方案，在家长的帮助下收集、整理数据，完成“探秘刹车距离与车速的关系”的实验，教师进行安全保障、帮助、指导。

活动步骤：学生选定 10km/h、15km/h、20km/h、30km/h、40km/h、50km/h 六个车速进行实验。为方便计算，首先将车速单位 km/h 换算为 m/s；为尽可能减小误差，每个车速测试三次。汇总数据，求出每种车速下的平均刹车距离。

（1）车速为 10km/h 时，三次实验，平均刹车距离约为 <u>0.5m</u>。

速度（km/h）	10	10	10
速度（m/s）	$\frac{25}{9}$	$\frac{25}{9}$	$\frac{25}{9}$
刹车距离（m）	0.5	0.6	0.5

（2）车速为 15km/h 时，三次实验，平均刹车距离约为 1.4m。

速度（km/h）	15	15	15
速度（m/s）	$\frac{25}{6}$	$\frac{25}{6}$	$\frac{25}{6}$
刹车距离（m）	1.5	1.4	1.2

（3）车速为 20km/h 时，三次实验，平均刹车距离约为 2.5m。

速度（km/h）	20	20	20
速度（m/s）	$\frac{50}{9}$	$\frac{50}{9}$	$\frac{50}{9}$
刹车距离（m）	3	2.5	2.1

（4）车速为 30km/h 时，三次实验，平均刹车距离约为 5.1m。

速度（km/h）	30	30	30
速度（m/s）	$\frac{25}{3}$	$\frac{25}{3}$	$\frac{25}{3}$
刹车距离（m）	4.8	5.4	5.2

（5）车速为 40km/h 时，三次实验，平均刹车距离为 9.0m。

速度（km/h）	40	40	40
速度（m/s）	$\frac{100}{9}$	$\frac{100}{9}$	$\frac{100}{9}$
刹车距离（m）	8.5	9.1	9.4

（6）车速为 50km/h 时，三次实验，平均刹车距离约为 14.6m。

速度（km/h）	50	50	50
速度（m/s）	$\frac{125}{9}$	$\frac{125}{9}$	$\frac{125}{9}$
刹车距离（m）	15.1	14.0	14.8

【设计意图】家长、学生在保障安全下有序展开实验，克服实验中的诸多困难，进一步加强了家校共育，融和了亲子关系；收集数据中尽可能减小实验误差，既加深了学生对科学实验的理解及科学探究精神的感知，同时也体现了跨学科主题学习的实践性、开放性、创新性。

任务 2：建模分析

活动 1：数学建模及求参数

师生活动：学生通过微课视频学习电子表格操作技能，并利用电子表格分析数据，进而建立函数模型，求出相关参数。教师巡视，及时对学生出现的困难进行必要指导。

学生活动：学生交流后，推荐代表上台分享。

生：我们利用电子表格的描点功能，绘制出刹车距离与车速关系的散点图（如图 1），根据散点图中点的分布情况，结合我们所学的三类函数的图象特征，观察猜想刹车距离和车速之间具备二次函数关系。利用电子表格曲线拟合功能，用二次函数去拟合刹车距离与车速的函数关系，得到曲线拟合图（如图 2）。因整条抛物线的顶点为原点，所以不妨设刹车距离 s 和车速 v 的函数关系式为 $s=av^2$，观察可以发现有三个点与抛物线的吻合程度高，所以可将数据

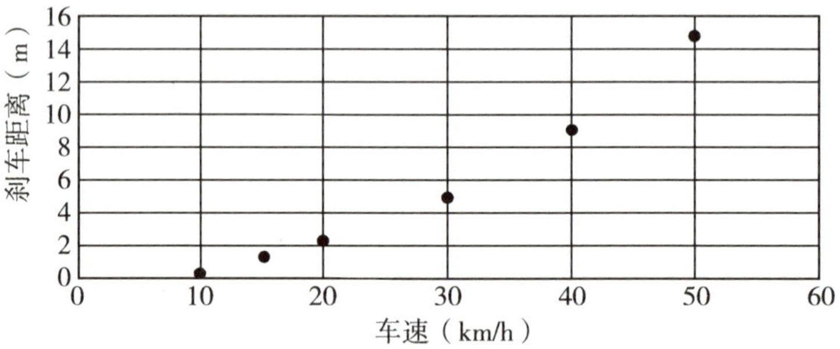

图 1

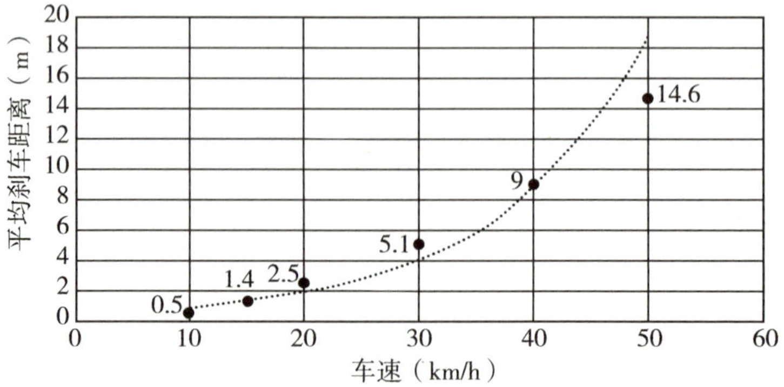

图 2

s=0.5，$v=\frac{25}{9}$代入，得 $a\approx 0.06$；将数据 s=1.4，$v=\frac{25}{6}$代入，得 $a\approx 0.08$；将数据 s=9.0，$v=\frac{100}{9}$代入，得 $a\approx 0.07$。通过计算出的这三个数据，可以发现，把参数 a 的值认定为 0.07 是比较合理的。

综上，刹车距离 s 与车速 v 的函数关系式是：$s=0.07v^2$。

【设计意图】利用电子表格进行数据分析与数学模型拟合，计算模型的参数，使得数据背后的内在规律得以凸显，为研究的深度提供了保障。

活动 2：物理验模

学生活动：上网查阅资料及向教师请教，利用物理中的动能定理及牛顿第二定律，以及数学中的数列知识检验模型。小组交流后，学生代表上台分享验模过程。

生 1：我们通过查阅资料以及向物理老师请教发现，我们所研究的刹车距离，由于刹车时使用最大制动力做的功等于汽车动能的改变，根据动能定理，在重力加速度和摩擦系数不变的前提下，可以分析出刹车距离与车速的平方是成正比的，即刹车距离为初速度的二次函数，并且二次项系数 $a=\frac{1}{2g\mu}$。将 a=0.07 代入 $a=\frac{1}{2g\mu}$，解得 $\mu\approx 0.73$。这与干燥路面下车轮与沥青路面的摩擦系数 0.75 是吻合的，从实验数据方面看，我们的实验是成功的。

生 2：我查阅资料后得知，其实我们也可以建立数列模型来与函数模型进行对比。我们可以尝试结合二阶偏差平均值建立数列模型，求出结果，将所求结果与函数模型结果对比，观察一下相吻合的程度。

【设计意图】利用不同模型解决同一个问题，虽视角不同，但可以相互检验，同时对于开放性问题，学生就要从标准答案的束缚中走出来，这一过程有助于培养学生的开放性思维、抽象思维、创新思维。

（六）项目评价

主题二“做题——项目实施”的评价，以过程性评价为主，兼顾了学生的学习能力与学习态度，通过对整个项目实施过程的全面立体审视，促使学生在多学科知识、方法、概念与生动复杂的现实世界的相互链接和嵌套中，强化用数据说话意识、建模验模意识，进一步激发学生学习热情，开阔学生视野，提高学生团队合作效率。评价量表如下：

“做题——项目实施”评价量表

姓名：______________　　　评价标准：优秀（★★★）良好（★★）及格（★）

评价项目	具体内容	个人评价	组长评价	教师评价	星级汇总
收集数据	能用正确的测量方法收集数据，能尽量减小误差。				
选择模型	能有依据地选择合适的模型。				
求解模型	能用待定系数法求解系数。在计算过程中能熟练地使用计算器、信息科技软件提高效率。				
检验优化	能够用合理、正确的方法对求解出的模型进行检验与优化，当检验出模型不符合实际时，能重新选择模型。				
团队合作	在项目实施过程中发挥重要作用，具有团队精神。能在充分讨论后，做到求同存异。				
分析表达	能对问题进行深入的分析，可以清晰自信地表达自己的见解。				

（七）困难点及对策

【困难点 1】不同的驾驶员有着不同的驾驶习惯，见到标志物进行刹车时，驾驶员的反应时间和汽车的响应时间也不同，对数据的影响还是不可忽视的。

【对策】多次实验取平均值。

【困难点 2】实验场地的不同，使得车速对刹车距离的影响也不同，即获得的实验数据不同。

【对策】提前规划，多次实地查看，在三个备选地点中择优选取一个地点，并于行人及车辆较少的中午时间进行实验。

【困难点 3】学生在用电子表格处理数据时，不是很熟练。

【对策】这个困难点已经提前预设到，信息科技老师录制相应微课让学生进行学习，并在课堂上进行必要的指导。

【困难点 4】 选择合适的函数模型分析有一些难度。

【对策】 老师适当参与到小组讨论中，给予一定的提示及建议。

第 3 课时　结题——项目总结

（一）驱动性问题

为缓解校园周边交通安全压力，确保校园及校园周边交通安全，通过本项目研究，汽车的限速建议为多少?

（二）学习目标

1. 学生通过回顾刹车距离与车速关系研究的全过程，总结建立函数模型解决实际问题的一般路径，发展模型观念及严谨求实的科学态度。

2. 学生经历成果的形成及推广，建立数学与生活之间的联系，体会数学的跨学科应用价值及育人价值，发展应用意识、创新能力。

3. 学生在不断交流反思中凝练智慧，提升语言表达、梳理总结、反思的能力，提高开展项目研究的能力，增强责任担当的公民意识。

（三）课时任务

任务 1：交流反思，评价总结

学生理解高速公路的最高限速原因，回顾交流、分享、反思整个研究过程，给出基于研究的限速建议，形成倡议书。

任务 2：课外实践，创新应用

学生积极宣传，推广成果，并完成探究性作业，在实践与应用中把研究成果校内内化的同时，向校外辐射，大力实现研究成果的价值增值。

（四）学习支架

任务驱动支架	给出确保学生交通安全的汽车限速建议。
交流共享支架	举办学生交流分享会，让学生在交流中智慧碰撞，学会全方位、多角度地审视问题。

（五）教学过程

任务 1：交流反思，评价总结

活动 1：通过计算，深入理解高速公路的最高限速原因

问题提出：有家长说，现在的汽车性能大多都很好，大部分车辆仪表盘上的最高时速都在 200km/h 以上，但小型载客汽车高速公路最高限速为 120km/h，行驶中提高到 140—150km/h 应该问题不大。你认为这位家长的想法正确吗？请通过计算进行说明。

小组合作获得问题答案：

当车速为 120km/h 时，根据我们得到的刹车距离 s（m）与车速 v（m/s）的函数关系式 $s=0.07v^2$，当 v=120 km/h 时，即 $v=\frac{100}{3}$ m/s 时，可求得 $s\approx 77.8$ m。也就是说，当车速为 120 km/h 时，刹车距离约为 77.8 m。当车速提高到 140—150 km/h 时，就需要更长的刹车距离。这样很容易发生交通安全事故。所以这位家长的想法是错误的。

教师总结：对，实际上，加上惯性、制动等作用力以及视力、视野、反应能力等主观因素，刹车距离可能会超过 100 m。所以，我们必须明白，高速公路中超速行驶是相当危险的，无论是对于本人车辆还是对方车辆都是一个巨大的威胁，所以高速限速是必须的，且不同路段有着不同的最高限速，我们必须依规行车。同学们一定要帮助家长改正不良的驾驶习惯，让交通安全为我们的幸福生活保驾护航。

【设计意图】我国高速公路四通八达，三门峡又位于我国最长高速公路——G30 连霍高速公路（全长 4395 km）的覆盖区内，学生通过计算，加深对高速公路限速原因的理解，更能增强交通安全意识。

活动 2：交流分享，评价反思

师生活动：学生完善评价量表，上台交流分享，教师倾听并给予以肯定与鼓励为主的正向评价。

学生活动：学生交流研究的整个过程，从如何测量、如何记录数据、如何分析数据、如何建立模型、如何检验模型、有何收获与疑惑等方面进行分享与反思交流。

【设计意图】教师鼓励各小组交流分享本组的研究思路、过程和成果，并在倾听中适时追问、正向评价，促使学生在方法多样、平等开放的交流中，从有思考到有思想。

活动 3：梳理总结，形成倡议书

问题提出：结合我们的研究，请给出校园及校园周边的汽车限速建议。

师生活动：根据提出的问题，学生梳理总结，给出汽车限速建议，并形成校园周边及校园内汽车限速倡议书，教师适当指导及适度修改，并在家长会上提出倡议。

限速建议：学校周边限速为 25 km/h，此时的刹车距离约为 3.4 m；校园内限速为 20 km/h，此时的刹车距离约为 2.2 m。

倡议书：

倡议书

尊敬的老师、家长、驾驶员朋友们：

校园周边及校园内的道路交通安全，事关每一位师生和家长的切身权益，为弘扬和培育文明交通意识，积极构建安全、文明、畅通的道路交通环境，预防和减少涉及学生的道路交通事故，现就加强校园周边及校园内道路交通管理工作提出如下建议：

一、树立安全意识，认真学习并严格遵守《中华人民共和国道路交通安全法》，共同维护安全有序的校园内及校园周边交通秩序。不酒后驾车、违章停车，要礼让行人，特别是学生，争做“文明交通、安全交通”的践行者。

二、为保障学生安全，关于校园周边及校园内的限速建议如下：

1.学校周边限速为25千米/时，此时的刹车距离约为3.4 m。

2.校园内限速为20千米/时，此时的刹车距离约为2.2 m。

老师们，家长们，驾驶员朋友们，交通中有你、有我、有他，有我们的共同参与；交通文明需要你、需要我、需要他，需要我们共同营造。学生是祖国的花朵、民族的未来、家庭的希望，关系到一个家庭的幸福美满。让我们积极行动起来，为了家庭的幸福、社会的安定，从我做起，从现在做起，安全为先，生命至上，守护每一个学生的交通安全。

《刹车距离与车速关系的研究》项目组

2024年3月

【设计意图】学生根据自己的研究得出建议，形成倡议书，将研究落地，不仅是本次研究的价值体现，也增强了学生关注社会、服务社会的意识。

任务 2：课外实践，创新应用

活动 1：积极宣传，推广成果

（1）学生展示交通安全黑板报、手抄报，举办交通安全知识竞赛，提高学生的交通安全防范意识和自我保护能力。

（2）学生制作“安全知识记心间”宣传彩页，首先将宣传彩页发放给学校的教师司机以及自己的家长，做教师司机及家长的监督员；其次师生共同参与，在文明城市创建中，做交通安全志愿者，走向街头，发放宣传单，宣传交通安全知识，并协助交警做好交通安全指挥工作。

【设计意图】生活是课堂的延伸，数学的应用价值更应体现在课外的实际生活中。学生将研究成果积极主动地大力宣传，扩大覆盖面，鼓励所有人成为文明交通的示范者，引领者，起到教育一个学生，带动一个家庭，影响整个社会的宣教效果。

活动 2：探究性作业

以数学小论文或研究报告的形式对本次主题学习进行总结。

【设计意图】教师及时布置课后探究作业，不仅促使学生进一步提炼总结、开阔视野，而且便于学生在关注身边更多的社会问题时，能形成新的思维火花，并能以科学方法进行研究。

（六）项目评价

主题三“结题——项目总结”的评价，切实回应提高学生交通安全的真实需求，更侧重于成果的形成、推广、内化。本评价指向实践性评价，更具素养评价特征，促使学生立足交通安全发展大局，增强成果转化应用意识，提升宣传推广使命担当，持续推动研究成果在校内外高标准、高质量的推广应用，家、校、社联动与纵向延伸中，将研究成果内化为所有人的安全交通行为，并在推广中进一步检验、完善成果，发挥成果的实践价值和社会价值。评价量表如下：

“结题——项目总结”评价量表

姓名：______________　　评价标准：优秀（★★★）良好（★★）及格（★）

评价项目	具体内容		个人评价	组长评价	教师评价	星级汇总
成果创作	独立思考	能独立深入思考，认识深刻，有见解、有创新。				
	主动质疑	能提出一个成果方案，引发同伴思考、讨论、交流。				
	表达观点	能向同伴详细解释自己的成果，并修改优化，形成更完善的成果。				
成果内容	新	活泼多样，创意性强，可读性强，启发性强。				
	明	主题鲜明，恰当反映自己对主题的理解。				
	实	内容充实，逻辑严密，实用价值高。				

续表

评价项目	具体内容		个人评价	组长评价	教师评价	星级汇总
成果推广	参与力	能积极主动参与校内外推广，承担力所能及的社会责任，充满自信地展示、讲解、分享。				
	表达力	能负责任、有中心、有条理、重证据地表达观点。				
	沟通力	能以尊重为基础，对不同类型的群体进行简要、富有吸引力和感染力的介绍。				
	影响力	得到社会各界的广泛认同和支持，切实为缓解学生交通安全压力提供了新思路和方法。				
思考建构	此次项目总结活动引发了你哪些思考？你有哪些新的发现或建议？你今后的努力方向是怎样的？请在下一行写出来。					

（七）困难点及对策

【困难点】 交流反思总结中，个别同学的反思总结没有深度。

【对策】 多挖掘跨学科主题活动素材，多组织学生参与跨学科主题活动。

七、反思及点评

（一）教学反思

本跨学科主题活动意在引导学生从安全的视角提出问题，用数学的语言表达问题，用信息技术和数学的方法获得模型，用物理的知识验证模型，再结合生活经验感知结论与实际问题的相符程度，不断反思，最终得到符合实际规律的结论，进而在不断的生成与评价迭代中，丰富物化研究成果，引入学生声音，开启社会行动，发出提高学生交通安全真实需求的倡议，发展学生的数据观念、模型观念、应用意识、创新能力、社会责任担当。同时家长参与的过程，也促进了家校共育。

在主题活动实施过程中，也存在一定的不足。主要体现在以下三个方面：

1. 实验复杂，研究比较粗糙。对于刹车距离和车速的关系的研究，用控制变量法设置了比较理想化的实验场景。实际上，刹车距离会更长，因为还要考虑人的反应时间和汽车的响应时间，并且不同的路面情况，摩擦系数也不一样。如同等条件下，柏油路的摩擦力大于水泥路，水泥路的摩擦力大于泥泞路，干燥路面的摩擦力要大于潮湿阴雨天气路面的摩擦力，还有不同车型之间，新能源汽车和油车之间，紧急制动也是有区别的。

2. 参与的学生面没有铺开。跨学科主题活动学生学习的体验感强烈，没有标准答案的数学跨学科实践活动生活气息浓重，显性或隐性的收获远超常规课堂。但因为要走到户外，并且要进行汽车的紧急制动，考虑到学生的安全问题，只能从众多积极要求参与的学生中选取部分同学参与。

3. 在跨学科主题活动的设计与实施过程中，因为视野不够开阔，主题活动设计的张力需要进一步加强，主题活动实施的策略需要进一步细化。

（二）名师点评

初中数学跨学科主题活动是完成《义务教育数学课程标准（2022 年版）》课程总目标的有效载体，它并不独立于常规教学，而是相辅相成的。

在本跨学科主题活动中，以保障学生交通安全为需求点，以交通安全问题中的刹车距离与行车速度的函数关系为逻辑起点，针对刹车距离与行车速度的关系提出假设，设计实验方案，进行实验测试与验证，以数学模型为发展点，以科学建议为落脚点，以问题驱动和任务驱动为着力点，以课内学习和课外学习相结合为契合点，不断促使学生持续深入思考。

在本跨学科主题活动中，学生得到的数据结果虽然存在误差，但是经历了数据收集、数据分析、软件绘图、函数拟合、选取模型、预测结果等一系列过程，学生了解了物理学、统计学、信息科技等领域的知识，掌握了用数学语言表达事物规律的方法，明晰了科学探究的过程，提升了综合实践能力与信息素养，发展了模型观念与数据观念。

在本跨学科主题活动中，参与的学生不仅批判性思维得以提高，安全意识得以增强，而且能通过多样化的校内外成果宣传活动，带动更多的学生积极遵守交通规则、提高自我保护意识和能力，带动更多人成为安全行车和文明交通的践行者、示范者、引领者，进而切实预防和减少涉及学生的交通安全事故，确保家庭幸福，社会和谐。

设计与执教者：单晓霞（三门峡市第三中学）
鲍聪晓
修改与点评者：杨　丽

◆ 案例 7 ◆

探秘音乐之声

——融合函数和视图的教学实践

该主题学习活动以“能否利用身边的材料制作一件属于自己的乐器？”为驱动性问题，组建研究团队，通过课前调查、课中探讨、课后实践三环结合完成学习。通过研究，学生运用多学科知识完成乐器的设计与制作，学会从数学的角度观察与分析、解决与阐释生活中的问题，感受数学与艺术、信息科技、物理等多学科知识的融合，积累数学活动经验，落实“三会”数学核心素养，提升科学思维和审美能力，培养实践能力和创新意识。本主题学习活动在九年级下学期开展，共需 3 个课时，涉及数学、艺术、信息科技、物理等学科。

一、主题说明

1. 主题分析：学生在完成乐器的设计与制作的过程中，经历从实物中抽象出几何图形的过程，通过测量计算，画出乐器图纸，借助物理知识，建立数学函数模型探究乐器发声原理，再加上特色创意完成乐器的手工制作。该主题学习活动体现了数学与艺术、信息科技、物理等学科知识的综合运用，需要学生具有一定的数学素养、科学的实验态度和实验能力、信息意识和计算思维、审美能力。

2. 任务情境：乐器的演奏可以使人身心愉悦，表达情感。而同一首歌曲，在不同的乐器演奏下，也能表达出不同的情绪，如：大提琴的音色浑厚饱满，表达深沉而复杂的感情；二胡的音色深厚、甜润，呈现出刚劲而秀美之感。除了常见的乐器如钢琴、吉他、古筝、笛子等，越来越多的“生活达人们”用蔬菜、餐具、塑料瓶等也制作出了奇妙的乐器。

3. 驱动性问题：如何利用身边的材料制作一件属于自己的乐器？

二、学习目标

本主题学习活动以发展学生核心素养为导向，以乐器的设计与制作为载体，充分发挥学生主动性，培养学生跨学科思维、创新实践意识与能力。具体目标如下：

1. 能从不同角度观察了解生活中的乐器，并运用三视图的相关知识设计乐器模型，发展学生的几何直观和空间观念；能将声音振动频率与水杯中水的高度的变化关系抽象成数学函数来探究乐器的发声原理，发展学生的模型观念，发展学生会用数学的思维思考现实世界的能力。

2. 经历提出问题、师生交流、小组探讨、科学设计、实践检验和撰写实验报告的实施过程，提升学生的科学思维和科学探究能力，培养学生的问题意识、团队合作能力和研究能力。

3. 通过自主、开放、体验式的研究方式，激发学生学数学、用数学的兴趣，提升学生综合运用数学和其他学科知识的能力，培养学生的跨学科思维和意识。

三、学科关联

本次跨学科主题学习活动，同学们通过查阅并了解乐器、音符的相关知识（艺术），建立数学函数模型探究声音与振动频率的关系（数学、物理）、借助计算机软件的计算功能（信息科技）等内容完成手工乐器的装饰与制作（艺术），学会从数学的角度观察与分析、解决与阐释生活中的问题，感受数学与艺术、信息科技、物理等多学科知识的融合，积累数学活动经验，落实学生核心素养，提升科学思维和审美能力，培养学生的实践能力和创新意识。

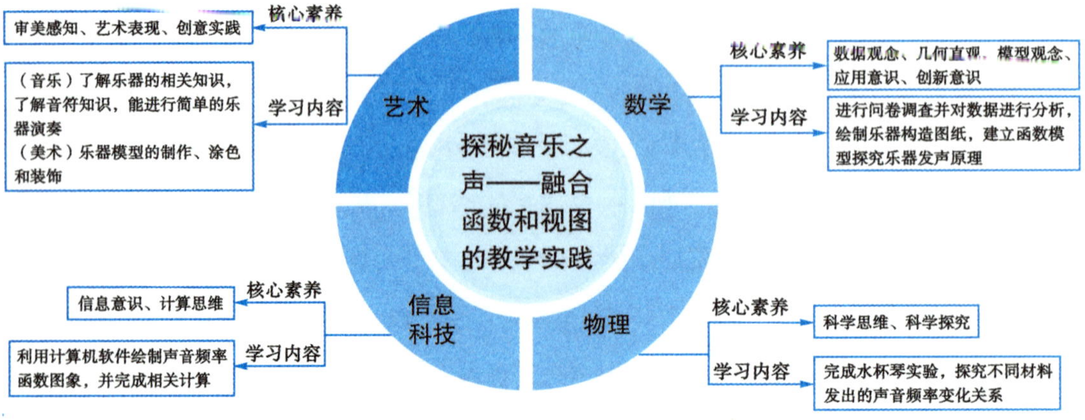

四、活动策略

该主题学习活动围绕“乐器的设计与制作”这一核心问题，在班级内部组建合理的小组团队，通过课前准备、课中探讨、课后实践三环相扣，开展了“启动阶段，确定主题”“技能培训，探究原理”“动手实践，制作乐器”三个主题活动，综合运用数学、艺术、物理、信息科技等学科知识，引导学生有目的、有规划、有步骤地开展深度学习，在合作、交流、反思的过程中，解决核心问题、培养应用意识。

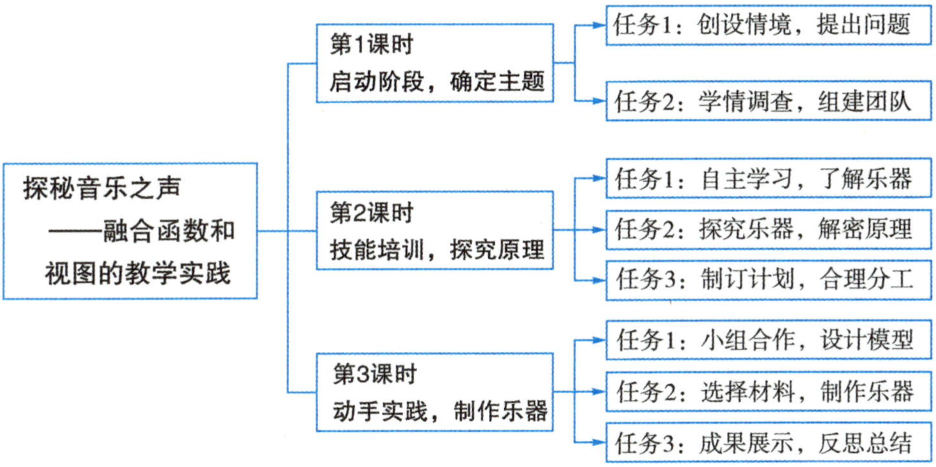

五、成果形式及公开方式

实验报告、学生评价量表、项目计划书、自制乐器、乐曲演奏。

六、主题实施

第1课时　启动阶段，确定主题

（一）驱动性问题

你能用身边的材料制作一件乐器吗？

（二）学习目标

1. 能合理地设计问卷进行调查并解释数据分析的结果，能根据结果做出简单的判断和预测并进行交流，感受数据分析的科学性和合理性。

2. 通过在班级内部开展学情调查，学会如何根据实际情况合理地组建团队，提升团队的凝聚力和向心力。

（三）课时任务

任务 1：创设情境，提出问题

播放视频《一首歌教你认识 91 种乐器》《万物皆可“乐”yue》，提出项目的驱动性问题“你能用身边的材料制作一件乐器吗？”

任务 2：学情调查，组建团队

制作问卷，在班级内部展开调查，了解班级学生乐器演奏水平、拥有乐器的种类、乐器制作能力，根据学情组建合理的研究团队。

（四）学习支架

情境创设支架	教师为学生播放视频《一首歌教你认识 91 种乐器》《万物皆可“乐”yue》，让学生感受到乐器演奏的魅力。
资源路径支架	培训学生设计电子问卷、开展调查、分析数据。
思维优化支架	引导学生通过数据呈现的结果来发现问题，并提出问题，发展学生的数据观念。

（五）教学过程

任务 1：创设情境，提出问题

活动：播放视频《一首歌教你认识 91 种乐器》《万物皆可“乐”yue》

师：同学们，我们一起观看视频《一首歌教你认识 91 种乐器》。（播放视频）

师：在我们的生活中有很多不同种类的乐器，它们发出不同音调的声音，演奏出一首首美妙的乐曲。同学们，你们有演奏乐器的经历吗？能说说吗？

生：我会弹钢琴……

师：钢琴、古筝、笛子、葫芦丝……，真是多才多艺的同学们！接下来，我们再看一段视频《万物皆可“乐”yue》。（播放视频）

师：真是神乎其技啊！水杯、餐盘、梳子、塑料瓶、PVC 管，就连“蔬菜”都能发出玄妙之音，同学们，看了上面的视频，你们有什么想法呢？能不能也用我们身边的材料制作一件乐器呢？

【设计意图】播放视频，让学生发现生活中的乐器种类丰富、音色多样，看到各种令人叹为观止、创意十足的手工乐器，顺势提出驱动性问题“你能用身边的材料制作一件乐器吗？”以生活中的实例创设情境，激发学生的研究热情。

任务 2：学情调查，组建团队

活动 1：利用电子问卷在班级内部进行调查，了解班内同学的乐器使用情况，对拥有自己专属乐器的渴望程度以及对乐器制作的掌握程度等

师：今天我们一起来开展主题学习活动《探秘音乐之声——融合函数和视图的教学实践》。首先，我们来进行分组，大家觉得怎样分组合理呢？

生：可以根据同学们想要制作的乐器类型进行自主分组。

师：还需要考虑什么吗？

生：个人对乐器的了解程度，乐器的制作能力，等等。

师：用什么方式可以快速全面地了解每名同学的答案呢？（学生答：问卷调查）

师：接下来我们就一起制作问卷吧！

师生活动：学生自主设计问卷，在教师的指导下完善问卷，在班级内部开展调查。

学生使用和制作乐器情况调查

1. 你是否能较熟练地完成一种乐器的演奏？ [单选题]*

A. 是 (请跳至第 2 题)

B. 否 (请跳至第 4 题)

2. 你能熟练演奏的乐器是哪种类型？ [单选题]*

A. 弦乐器

B. 键盘乐器

C. 鼓类乐器

D. 管乐器

E. 其他，请注明

3. 你每周练习乐器的时间是多少？ [单选题]*

A. 小于 1 小时

B. 1—3 小时

C. 3—5 小时

D. 大于 5 小时

(此题设置跳转，至第 5 题)

4. 你想过学习一种乐器的演奏吗？ [单选题]*

A. 想过

B. 没想过

5. 你是否拥有自己的乐器？ [单选题]*

A. 是

B. 否

6. 你曾经尝试过制作一件乐器吗？ [单选题]*

A. 是

B. 否

7. 如果有，你是如何制作的？ [单选题]*

A. 自己设计并制作

B. 参考教程制作

C. 请别人制作

D. 其他，请注明

8. 如果自己制作，你最想制作的乐器是什么 ?[单选题]*

A. 吉他

B. 笛子

C. 小提琴

D. 古筝

E. 其他，请注明

9. 你会通过哪些途径准备制作乐器的相关工具和材料？ [多选题]*

A. 网上购买

B. 废弃物品组装

C. 其他，请注明

活动 2：学生以小组为单位对收集的问卷调查结果进行汇总，统计班级内能进行乐器演奏的同学的数量，愿意尝试乐器制作的同学的数量等信息，了解学生的音乐基础、对乐理知识的了解程度、乐器拥有情况和渴望程度等

学生使用和制作乐器情况调查分析报告（节选）

1. 你是否能较熟练地完成一种乐器的演奏？［单选题］*

选项	比例
A. 是	22.22%
B. 否	77.78%

2. 你能熟练演奏的乐器是哪种类型？［单选题］*

选项	比例
A. 弦乐器	62.5%
B. 键盘乐器	12.5%
C. 鼓类乐器	12.5%
D. 管乐器	12.5%
E. 其他，请注明	0%

3. 你每周练习乐器的时间是多少？［单选题］*

选项	比例
A. 小于 1 小时	62.5%
B. 1—3 小时	37.5%
C. 3—5 小时	0%
D. 大于 5 小时	0%

6. 你曾经尝试过制作一件乐器吗？［单选题］*

选项	比例
A. 是	84.38%
B. 否	15.63%

8. 如果自己制作，你最想制作的乐器是什么？［单选题］*

选项	比例
A. 吉他	28.13%
B. 笛子	25%
C. 小提琴	3.13%
D. 古筝	37.5%
E. 其他，请注明	6.25%

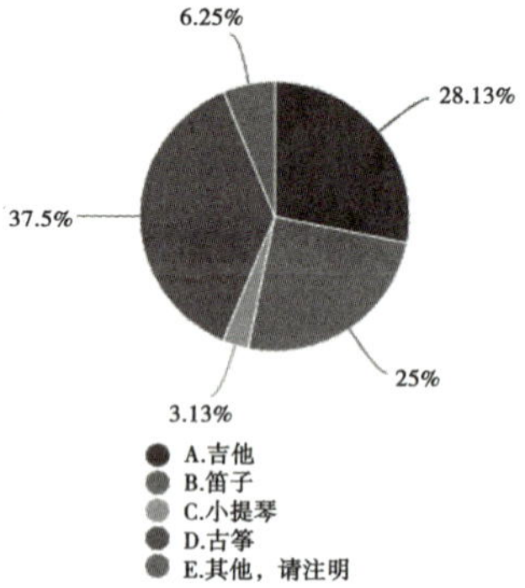

活动 3：学生根据调查结果分组，可以自荐或他荐组建小组，比如制作同类乐器的同学为一组，或能力互补的同学为一组，每组 4—6 人，每组推选一名领导力强、责任心强的组长，在活动开展过程中，组长负责带领本组成员梳理出项目内容，并根据组员特点进行细致合理的任务分工，使每名同学明确各自的任务

【设计意图】学生会用科学的方法收集和分析数据，感悟数据分析的重要性，发展学生的数据观念。另外，根据团队的共同建设目标和团队成员的能力协调搭配，组建合理的研究小组，激发学生研究的原动力和向心力，树立解决问题的信心，同时培养学生的团队意识。

（六）项目评价

项目评价表

姓名：__________　　组别：__________

阶段	维度	自评	组评
启动阶段 确定主题	设计问卷能力：能提出全面有效的调查问题，组合成电子问卷，开展调查活动。	☆☆☆	☆☆☆
	分析问卷能力：能对问卷结果进行分析和合理预测。	☆☆☆	☆☆☆
	团结协作能力：能迅速组建小组，积极在组内建言献策和承担任务。	☆☆☆	☆☆☆

（七）困难点及对策

【困难点】学生在设计问卷时，可能有反复、遗漏或者考虑不周的情况。

【对策】各小组先拟设计一份问卷在班级内部交流，教师适时指导，完成一份较成熟的问卷。

第2课时 技能培训，探究原理

（一）驱动性问题

如何制作一件乐器？

（二）学习目标

1. 能将声音振动频率和水杯中水的高度的变化关系抽象成数学函数，运用函数的知识探究乐器的发声原理，发展学生的模型观念。

2. 会借助计算机软件完成声音频率与水杯高度的复杂计算，感受信息技术的便捷性，感受项目学习中多学科知识的联系，培养学生的跨学科思维。

（三）课时任务

任务1：自主学习，了解乐器

利用网络查找资料，自主学习与制作乐器相关的内容。

任务2：探究乐器，解密原理

以水杯琴实验为例，建立函数模型探究乐器发声原理。

任务3：制订计划，合理分工

讨论本组乐器的制作步骤，制订乐器制作计划和分工。

（四）学习支架

情境创设支架	教师为学生展示多种乐器的实物图和结构图，让学生经历从实物中抽象出几何图形的过程。教师播放视频《水杯琴实验》，让学生感受到不同音阶与声音频率的变化关系。
资源路径支架	计算机软件的培训、实验器材（量筒、烧杯等）的准备、网络查找乐器相关图片或视频。
思维优化支架	通过科学严谨的实验，获取有关数据，建立函数模型研究不同音符与声音频率的变化关系，利用计算机软件进行较复杂的数学计算。

（五）教学过程

任务 1：自主学习，了解乐器

活动：在组长的带领下，全体成员利用网络或者现实资源自主学习与本组乐器相关的知识，并由各组派代表展示本组收集信息，如乐器形状、构造、选材等，组间相互交流，提出有效建议

师：通过上网查阅资料，同学们对乐器有了一些了解，今天，我们交流一下怎样制作一件乐器吧！（小组代表上台交流本组收集的信息）

生（雅韵小组）：我们组收集的是吉他的相关信息。吉他由琴头、琴柄、箱体三大部分组成，细节构造如图。

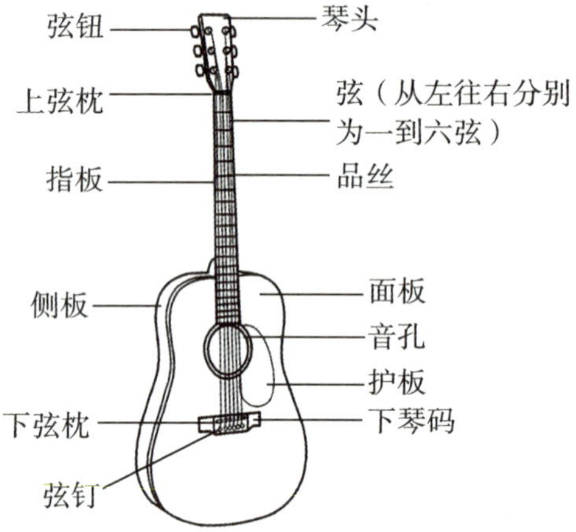

师：吉他是如何发声的呢？

生：吉他是弦乐器，靠琴弦振动发声。简单地说，就是拨动琴弦产生声音，通过琴码振动面板，面板把部分声响传到背板，再传递到侧板，振动产生的声音经共鸣箱放大，就是我们最后听到的声音了。

师：怎样控制琴弦，能让吉他发出不同的音调呢？

生：这个跟琴弦的粗细、长度、松紧、材料有关：比如琴弦越粗，振动越慢，音调越低；再比如同一根琴弦，长度越短，振动越快，音调越高；等等。下面用我的吉他给同学们演示一下。

师：雅韵小组对吉他的了解非常详细。同学们想想，对于一些用蔬菜、塑料管、水杯等材料制作乐器的人来说，他们又是怎么控制音调的高低的呢？

师：下面我们一起借助水杯琴实验来研究一下乐器怎样调音吧！

【设计意图】学生通过自主学习和组内互助收集与乐器相关的信息，初步了解乐器结构、制作材料、发声原理等相关知识，提升学生学习的主动性和能动性，同时也培养学生梳理整合信息的能力。

任务 2：探究乐器，解密原理

活动 1：学生利用水杯、手机软件（测量声音的频率的软件）、自来水、直尺等工具进行水杯琴实验，将实验现象和数据填写在实验报告（见下页表）中，并尝试应用学过的物理知识解释实验现象

师： 通过这个实验，大家发现了什么？

生： 杯内水越多，振动频率越低，音调越低，声音越低沉；杯内水越少，振动频率越高，音调越高，声音越嘹亮。

师： 从实验中可以发现，水杯中的水的高度随着振动频率的变化而变化。也就是只要改变杯中水的高度就能改变振动的频率，从而使发出的声音音调高低不同。

活动 2：教师引导学生思考，将水的高度看作变量 x，对应的声音频率看作 y，从而建立声音振动频率与水杯中水的高度的函数模型来探究乐器的调音原理

学生自主实验，用手机软件多次收集频率，用尺子测量水的高度，大量收集（声音振动频率，水的高度）数据，完成列表、描点、连线的过程，在实验报告中绘制出函数图象。

师： 我们进一步想想，如何调整杯中水的高度，使振动产生的声音恰好能对应歌曲中的“do，re，mi，fa，so，la，xi”呢？

师： 这里老师给大家提供中音区音符与频率的对照表，如下表：

音符	do	re	mi	fa	so	la	xi
频率（Hz）	523	587	659	698	783	880	987

现在，我们了解了音符对应的声音频率，那你知道应该在水杯中放入多少水吗？

生： 可以边测量边添加水。

师： 这样的方法是可行的，但是我们需要做很多次的实验，意味着增加实验的工作量，不妨思考一下，能不能将我们的方法优化一下呢？水杯中的水的高度随着振动频率的变化而变化，这样的变化关系可以用数学中的什么知识来研究呢？

生： 函数知识。

师： 你们准备怎么研究呢？

生： 将水的高度看作变量 x，对应的声音频率看作 y，建立函数。

师： 怎么研究这个函数关系呢？

生： 可以实验收集（声音振动频率，水的高度）数据，然后列表、描点、连线，画出函数图象，再观察图象，判断函数类型，求出解析式，根据解析式计算每个音符对应的水的高度。

师： 如果求不出解析式呢？

生： 观察图象的变化趋势，根据音符对应的频率去估计水的高度。

师： 按照我们的想法，来试试吧！

水杯琴实验报告

<table>
<tr><td>实验目的</td><td>建立函数模型探究声音频率与杯中水的高度的变化关系</td></tr>
<tr><td>实验用品</td><td>玻璃杯、鼓槌棒、水、直尺等</td></tr>
<tr><td>实验步骤</td><td>
（一）情境导入　模型准备
做一做：依次敲击装有不同水量的玻璃杯
实验现象：________________。
实验原理：________________。
（二）自主探究　建模答疑
1. 确定变量：________、________。
2. 收集数据：利用手机软件测量声音的频率。
<table>
<tr><td>水量（cm）</td><td></td><td></td><td></td><td></td><td></td><td></td><td></td><td></td><td></td><td></td><td></td><td></td><td></td><td></td><td></td></tr>
<tr><td>频率（Hz）</td><td></td><td></td><td></td><td></td><td></td><td></td><td></td><td></td><td></td><td></td><td></td><td></td><td></td><td></td><td></td></tr>
</table>
3. 画出图象
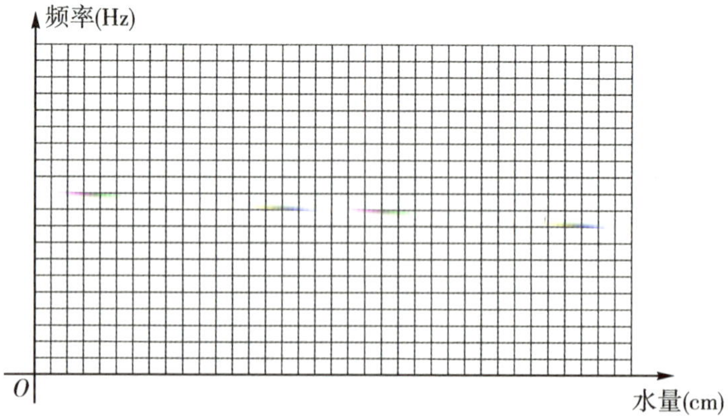

4. 计算：如果中音的“mi”振动频率是 659Hz，那么杯中水的高度为多少时，才能准确发出这个音符？
</td></tr>
</table>

活动 3：小组展示估算结果，交流实施过程中遇到的困难，并讨论解决办法

师：小组相互交流一下，互相纠错答疑，选择组内最合理的结果在班级内展示一下吧。

师：大家在解决的过程中遇到过什么困难？

生：数据复杂，绘制图象太慢，解析式不好求解，估算结果也比较困难。

师：同学们，你们考虑从哪方面进行优化呢？

生：怎样能快速画出图象，并解决计算的困难。

师：原来要解放人工啊，那么就不得不提一提我们非常伟大的发明——计算机了，同学们，有办法吗？是不是可以求助一下我们的信息科技老师呢？

信息科技老师：我们可以使用信息技术软件，将收集的数据输入列表，生成散点图，最后生成函数图象，而且还可以利用计算机的计算功能，代入需要的 x 值，可以直接求 y 的值，或者代入 y 值求 x 的值。

A（x）	B（y）
水的高度（cm）	声音频率（Hz）
0	802
1.5	800
3	795
4.5	774
6	699
7.5	655
9	652
10.5	590
12	550
13.5	532

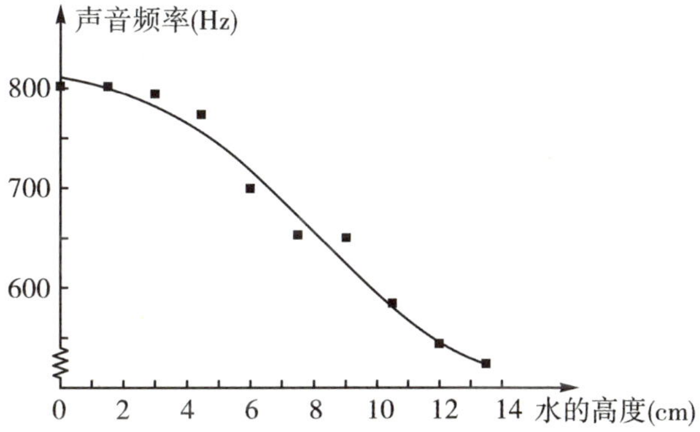

师：看来，我们可以把研究函数的一般步骤套用到计算机软件里完成了，大家也来试试吧！

活动 4：拓展延伸

类比水杯琴实验，探究本组乐器的发声原理，尝试建立函数模型，调整乐器音调的高低，并完成本组乐器发声原理的实验报告。

【设计意图】引导学生经历科学的物理实验、数学函数建模、信息技术辅助计算的过程，发展学生模型观念、科学思维、信息意识、运算能力等学科素养，综合运用多学科知识解决问题，培养学生的跨学科思维和应用意识。

任务 3：制订计划，合理分工

活动：在组长带领下，小组完成乐器制作项目计划书，并进一步确定小组分工

________（乐器名称）制作项目计划书

项目名称	
项目团队成员	
乐器制作材料	
制作原理和方法	
项目创新点	
成员分工	
项目进度规划	
项目预期成果	

（六）项目评价

项目评价表

姓名：__________　　组别：__________

阶段	维度	自评	组评
技能培训探究原理	信息收集能力：能按要求开展准备工作，能利用网络或书籍收集并整合与乐器设计及制作相关的资料和信息。	☆☆☆	☆☆☆
	实验操作能力：实验操作规范有序，实验数据记录正确明了，能根据实验现象分析实验原理，熟练掌握实验的基本方法和步骤，能独立开展类似实验。	☆☆☆	☆☆☆
	知识运用能力：能将声音振动频率和水杯高度的变化关系抽象成数学函数，运用函数的知识探究乐器的发声原理。	☆☆☆	☆☆☆
	信息技术能力：能熟练借助计算机软件解决声音频率与水杯高度的复杂计算问题。	☆☆☆	☆☆☆
	团结协作能力：能高质量地完成自己承担的组内任务，并主动与同组成员交流，提出有效建议。	☆☆☆	☆☆☆

（七）困难点及对策

【困难点 1】实际测量时，可能收集的数据不够准确。

【对策】实验时要尽量排除干扰因素，比如敲击的力度、桌面的平整度等。

【困难点 2】收集的数据过于复杂，函数图象的绘制和相应数值的计算较为困难。

【对策】可以利用计算机强大的计算功能辅助完成。

第 3 课时　动手实践，制作乐器

（一）驱动性问题

如何制作乐器？

（二）学习目标

1. 运用三视图的相关知识设计乐器模型，发展学生的几何直观和空间观念。

2. 能选择合适的材料和工具制作乐器，对自制乐器进行装饰美化创作，提升学生的审美能力和创新能力。

（三）课时任务

任务 1：小组合作，设计模型

设计小组乐器模型，绘制三视图。

任务 2：选择材料，制作乐器

准备材料，动手组装乐器，制作乐器说明书。

任务 3：成果展示，反思总结

小组展示本组的乐器，并利用乐器演奏一首简单的乐曲。

（四）学习支架

任务驱动支架	选择合适的材料制作创意乐器，并完成装饰美化工作，在创作中应用新知、发展思维、提高审美能力。
交流共享支架	组织成果展示活动，让学生在展示交流中培养表达能力。
学习评价支架	为学生提供评价量表，通过自评和互评完成对学习过程和结果的评价。

（五）教学过程

任务 1：小组合作，设计模型

活动：小组交流，设计本组乐器的形状，绘制本组乐器模型的三视图，并标注相应的尺寸（以丝竹小组的八弦琴为例）

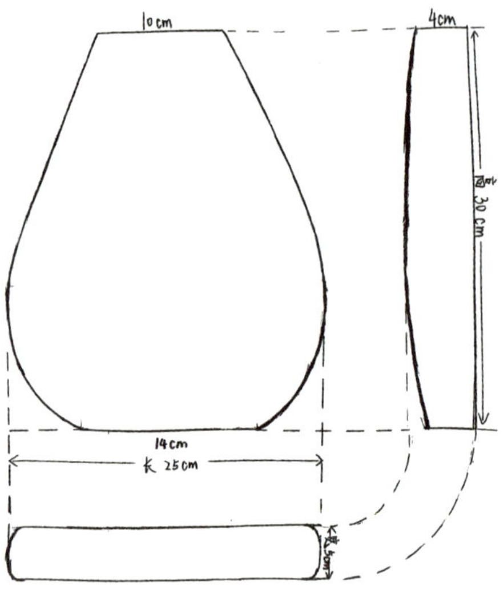

八弦琴三视图

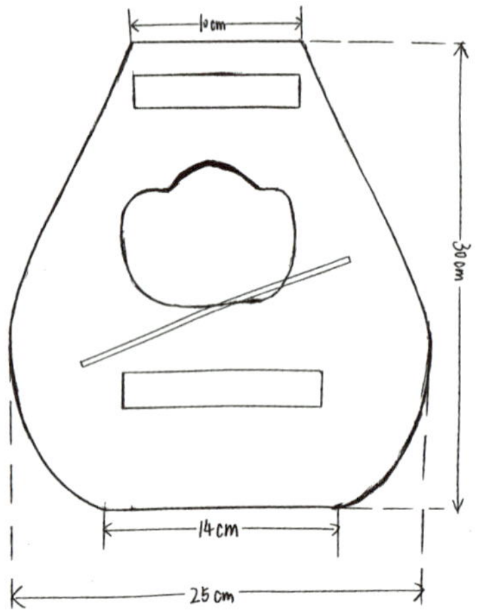

八弦琴正面设计图

【设计意图】学生从生活中的乐器寻找灵感，运用三视图的知识设计并展示乐器形状，发展学生的几何直观，培养学生的创新意识。

任务 2：选择材料，制作乐器

活动 1：通过网购或者利用身边废弃材料，选择合适的材料和工具制作乐器

活动 2：根据课上的探究过程，选择合适的发声材料（如琴弦、竹筒、铁片等），并完成自制乐器调音实验报告，建立数学函数模型测算并制作发出不同音符的发声材料

自制八弦琴调音实验报告（示例）

一、实验目的

本实验通过建立函数模型探究声音频率与琴弦的长度的关系，利用信息技术手段处理数据，拟合函数图象来准确计算出所需音频对应的琴弦长度，并制作一组八度音符的琴弦。通过本实验可以了解乐器的调音原理，掌握数学实验的基本方法和流程。

续表

二、实验器材

不同长度的琴弦，测量频率的软件。

三、实验步骤

1. 用相同的力拨动琴弦，用测量频率的软件测量声音的频率，并在表格中记录数据。

长度（cm）	14.8	15	15.3	16	16.8	17.2	17.8	18.5
频率（Hz）	886	873	818	604	593	511	506	504

2. 改变拨动的琴弦的长度，多次重复步骤 1，尽可能记录更多的数据，确保数据的有效性。

3. 将记录的数据输入电脑，利用计算机软件处理数据，生成函数图象。

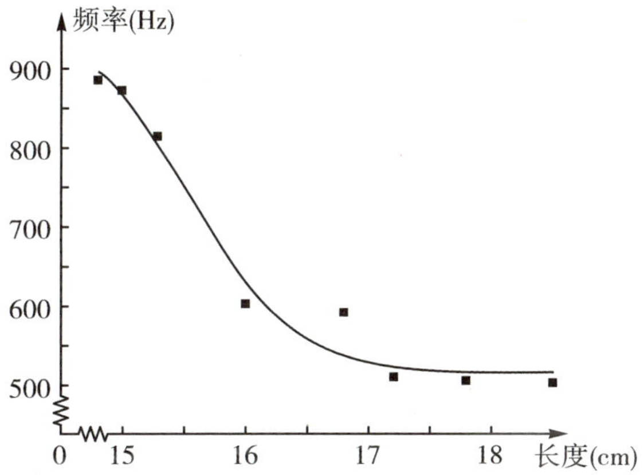

4. 观察图象，分析并得出声音频率与琴弦的长度的关系结论。

5. 对照音符频率表，利用软件计算每个音符对应的琴弦长度。

音符	do	re	mi	fa	so	la	xi	do
频率（Hz）	532.2	587.2	659.2	698.4	784	880	907	1006
长度（cm）	19.2	18.3	18.2	17.5	16.8	16.5	15.8	15.2

6. 利用工具裁剪出相应长度的琴弦。

四、误差分析

1. 测量声音频率的软件不准确。

2. 用力不均匀。

五、改进方法

1. 重复实验，减小实验误差，并排除实验中的错误数据。

续表

2. 保障一个安静的环境来测量，防止外界因素干扰。 六、实验结果分析 实验现象：拨动琴弦，琴弦震动会发出声音，琴弦的长度不同，发出的音调不同。 从物理角度解释：琴弦越长，频率越低，发出的声音越圆润低沉；琴弦长度越短，频率越高，发出的声音越嘹亮高亢。 从数学角度解释：函数图象呈下降趋势反映声音频率随琴弦长度的增大而减小。这与实验现象是一致的，因此通过改变琴弦的长度达到改变音调的高低是可行的。

活动 3：小组合作，完成乐器的组装，发挥想象力和创造力，完成自制乐器的装饰美化工作

【设计意图】发散思维，合理地选择材料，动手实践，培养学生的应用意识、创新能力以及审美能力。

任务 3：成果展示，反思总结

活动 1：以小组为单位，制作课件向大家介绍本组的项目成果

活动 2：展示本组的乐器成品（见成果展示），并提前排练一首简单的乐曲进行现场演奏

活动 3：教师组织学生完成本次主题活动的评价量表，对本次项目学习进行评价总结

【设计意图】通过自评、互评、师评相结合的评价方式促使学生进行反思总结，提升学生的综合素质，发展学生的核心素养。

（六）项目评价

项目评价表

姓名：__________　　组别：__________

阶段	维度	自评	组评
动手实践制作乐器	知识运用能力：能够运用三视图知识设计乐器模型图。	☆☆☆	☆☆☆
	动手操作能力：能独立开展乐器调音实验，能对乐器外观进行创新性改造，动手能力强，熟练进行各部分模块的组装。	☆☆☆	☆☆☆

续表

阶段	维度	自评	组评
动手实践制作乐器	项目研究能力：能够从准备阶段、实施阶段、总结阶段三个方面设计项目研究活动，并且每个环节的做法较为具体。规范完整、翔实合理，可操作性强，并考虑了方案的优化改进。	☆☆☆	☆☆☆
	语言表达及课件制作能力：能独立完成课件制作及展示。汇报时语言清晰、流畅，主动与听者互动且具备临场应变能力，能够较好地展现小组的研究过程及效果。	☆☆☆	☆☆☆
	资料整理能力：研究计划、会议记录、阶段总结、研究报告等非常完整、规范、翔实。资料呈现方式多样，除文字资料外，还有丰富的图片、视频资料。	☆☆☆	☆☆☆
	创新应用能力：有自主探索学习的欲望，能够运用跨学科知识开展新作品的研究活动。	☆☆☆	☆☆☆

（七）困难点及对策

【困难点】发声材料的选择与制作。

【对策】强调学生要多方比对，精准测算，熟练运用计算机的运算功能来解决问题。

七、反思及点评

（一）教学反思

本次主题学习活动以“如何利用身边的材料制作一件属于自己的乐器？”为驱动性问题，体现了情境的真实性、问题的挑战性、过程的完整性和成果的创造性。在整个项目的探究过程中，综合运用了数学、艺术、物理、信息科技、劳动等学科知识，体现了学科融合的特性，让学生在做中学习，在做中感悟，在做中创造，较好地达成发展学生核心素养的总目标。

在主题活动的具体实施过程中，仍存在许多不足，比如，在原理探究部分，需要学生综合运用多学科知识解决问题，但由于学生缺少此类问题的学习经验，大部分是由教师主导的课堂活动，需要更加细化任务活动，进一步思考学生的活动教师如何参与，教师的指导体现在什么方面，指导到什么程度等问题。

（二）名师点评

本次乐器的设计与制作的主题学习活动，数学、艺术、物理、信息科技、劳动等多学科知识交融联结，坚持全面发展的育人理念，内容设计顺势而为，有机规划。

在活动中时刻关注学生的发展性，也体现了学习方式的丰富性。在此基础上，立足于数学学科核心素养，基于学习过程展现真实多元的评价。活动中，教师将知识、技能、态度整合在情境中，学生通过观察、实验、建模、制作等过程，主动地解决问题并参与实践活动，在活动中加深对函数、视图、统计等知识的理解，并将所学知识技能迁移到新情境，最终迁移到真实世界，用具有挑战性的任务和问题激发学生学习的内驱力，并创造了一个个真实的作品。

设计与执教者：孟　霄（三门峡市第三中学）
鲍聪晓
修改与点评者：杨　丽

◆ 案例 8 ◆

从校园平面示意图到立体模型的搭建

——融合平面直角坐标系和三视图的教学实践

学校是学生每天生活学习的地方，学校的建设与学生息息相关，为了方便来校访客快速地了解学校布局，学校需要在导览牌上张贴校园平面示意图，依托这一实际问题，学生开展了“校园建筑物的测量”“绘制校园平面示意图”“搭建校园立体模型”等系列活动，引导学生在实际生活中，综合应用平面直角坐标系的知识解决问题。发展学生的空间观念、模型观念和应用意识。本主题活动共需 3 个课时，涉及数学、艺术、科学、信息科技等学科。

一、主题说明

1. 主题分析：“从校园平面示意图到立体模型的搭建”这一主题学习活动是在学生学习了“平面直角坐标系”这一章知识的基础上实施的。学生具备一定的艺术、科学、信息科技等多学科知识，能够进行观察、测量、绘图和制作模型，并且学生也具有基本的推理能力与沟通合作的意识。

主题学习以“校园建筑物的测量”“绘制校园平面示意图”“搭建校园立体模型”等活动为载体，引导学生在跨学科知识的背景下，综合运用平面直角坐标系的知识，在确定校园建筑物位置的过程中，着力发展学生的运算能力、空间观念和几何直观，凸显学生的主体地位，关注学生个性化、多样化的学习需求。

2. 任务情境：为了方便来校访客快速了解学校布局，学校需要在导览牌上张贴校园平面示意图，根据这一真实问题，进行校园平面示意图的设计。

3. 驱动性问题：如何确定校园建筑物在平面示意图上的位置？如何将校园建筑物的真实状态通过立体模型更加直观地呈现出来？

二、学习目标

主题学习活动以发展学生的空间观念和几何直观为导向、提升学生实践能力为目标，探究“平面直角坐标系”知识在真实情景中的应用为过程，充分发挥学生的主观能动性，培养学生分析问题和解决问题的能力。

具体目标如下：

1. 测量学校各个建筑物之间的距离，建筑物的长、宽、高以及操场的长和宽等数据，选择合适的比例尺，对校园建筑物的相关数据进行等比例缩小并绘制校园平面示意图。在测量中，提升学生的实践能力与团队合作能力；在绘图中，实现学生对校园美的个性化表达，升华学生对母校的热爱之情。

2. 经历校园立体模型的搭建过程，计算立体模型所需板材的尺寸和数量，发展学生的运算能力和模型观念。

3. 通过“校园建筑物的测量”“绘制校园平面示意图”“搭建校园立体模型”等活动，让学生感受数学与艺术、科学和信息科技知识的相互融合，提高学生收集、整理、分析和描述数据的能力，提升学生的实践操作与沟通协作能力。

三、学科关联

本次跨学科主题活动，学生学习校园平面示意图绘制、立体模型搭建的基本方法，应用“平面直角坐标系”知识解决现实生活中的问题，培养学生的模型观念、创新意识和实践能力。

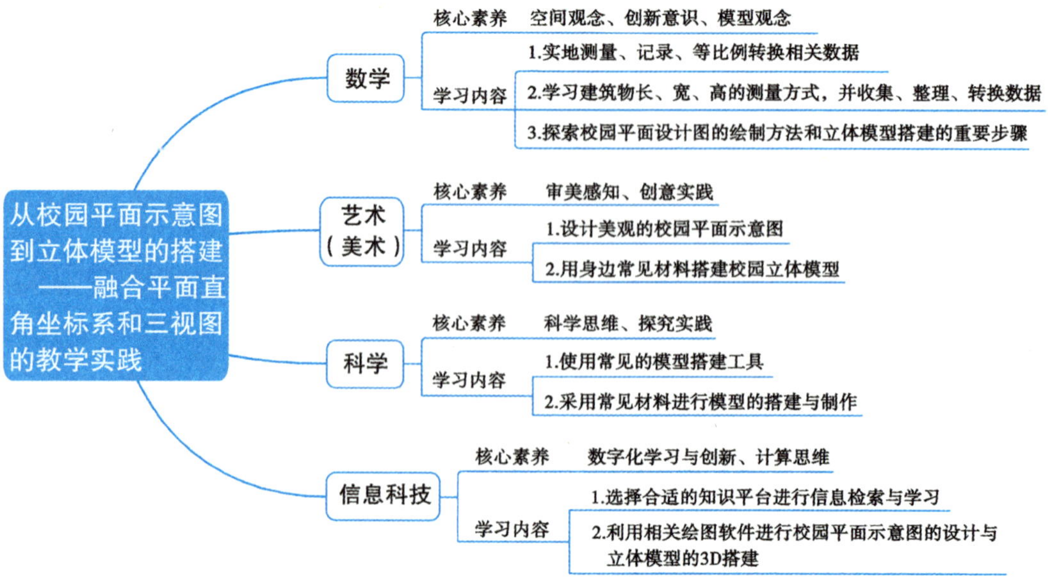

四、活动策略

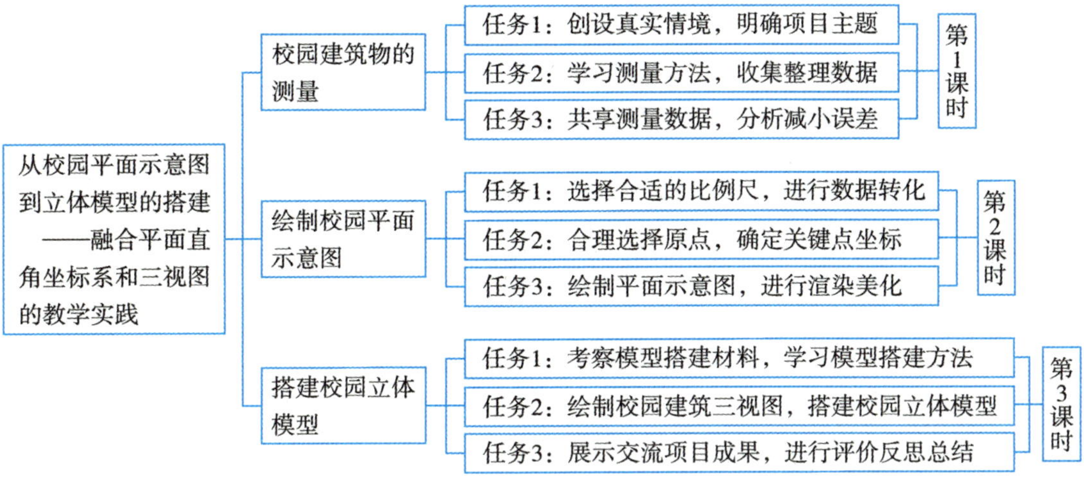

该学习活动围绕“学校导览牌需要张贴校园平面示意图”这一驱动性问题，开展了“校园建筑物的测量”“绘制校园平面示意图”“搭建校园立体模型”3个主题活动，共设计了9个子任务，融合数学、艺术（美术）、科学、信息科技等学科知识，采用课内+课外相结合的学习方式，引导学生有目的、有规划、有步骤地开展深度学习，在合作、交流、反思的过程中，解决核心问题、培养应用意识。

五、成果形式及公开方式

校园平面示意图、校园建筑三视图、校园立体模型

六、主题实施

第1课时 校园建筑物的测量

（一）驱动性问题

测量是收集数据的常用方法，如何选取适当的测量工具和测量方法对建筑物的长、宽、高以及相邻建筑物的间距进行测量呢？

（二）学习目标

1. 学习并了解基本的测量方法和常见测量工具的使用方法，完成一系列实践任务，提高实践操作能力和自主学习能力。

2. 收集和整理数据，并对数据结果进行展示交流和反思总结，分析误差产生的原因，学习并掌握减小测量数据误差的方式。

（三）课时任务

任务 1：创设真实情境，明确项目主题

学生对校园建筑物进行观察，构想平面示意图的绘制方式。

任务 2：学习测量方法，收集整理数据

学习建筑物的长、宽、高的测量方式，了解常用测量工具的使用方法，并在测量前对学生进行安全培训。学生进行实地测量，获取真实数据。

任务 3：共享测量数据，分析减小误差

学生分组展示本组的测量数据；各组之间对比数据，进行误差分析；多次测量，减小测量误差。

（四）学习支架

情境创设支架	教师和学生共同观看校园宣传视频，引导学生聚焦到学校平面示意图的设计上。
资源路径支架	提供学习资源，加深学生对建筑物的长、宽、高的测量方法和测量工具使用方法的了解。
交流共享支架	学生分组对比测量中记录的数据，进行分享交流，提升学生表达能力。

（五）教学过程

任务 1：创设真实情境，明确项目主题

活动 1：师生共同观看校园航拍视频

教师活动：教师提前准备校园航拍视频。

师生活动：师生共同观看三门峡市实验中学校园航拍视频，了解校园建筑物的位置和外观，为学生绘制校园平面示意图提供思路。

观看视频后，教师提出驱动性问题：为了方便来校访客快速了解校园布局，学校需要在导览牌上张贴校园平面示意图，同学们如何帮助学校完成校园平面示意图设计的任务呢？

【设计意图】通过观看视频，增强学生的爱校意识，在观看校园视频的过程中，对校园建筑物的位置，轮廓特征进行总览，加深学生对校园建筑布局的印象，为学生设计校园平面示意图做好铺垫。

活动 2：根据学生特点，合理分配小组成员的职责和任务，完成“团队建设表”

学生活动：根据每位同学特长、爱好的不同，按“组间同质，组内异质”的标准进行分组，让每个小组中包含不同特长的学生，以利于学生合作交流。

团队建设表

小组成员	姓名	特长	爱好	职责
组长				
组员 1				
组员 2				
组员 3				
组员 4				
组员 5				

【设计意图】根据学生的爱好和特长组建团队，让小组成员优势互补，在小组合作中融合不同思维。

活动 3：参观校园，绘制校园平面示意图的雏形图

学生活动：学生以“校园观察员”的身份细观校园，绘制校园平面雏形图，标注校园建筑物的大概位置。

但校园平面雏形图没有数据的支撑，不能真实反映校园布局，那我们该怎样获取数据，使校园平面雏形图能更准确地展现校园建筑物的布局情况呢?

【设计意图】学生通过角色扮演的方式，以“校园观察员”的身份，记录校园建筑物的位置、建筑物框架与建筑物的特征，让学生在真实的情景中带着任务仔细观察校园，并为校园建筑物测量做好铺垫。

任务 2：学习测量方法，收集整理数据

活动 1：了解常见的测量工具及其使用方法，对学生进行安全教育

师生活动：学生通过咨询建筑行业的专业人员和网络查询等途径，了解建筑中常用的工程卷尺、全站仪、激光测距仪、水平仪、经纬仪等测量工具的使用方法；教师对学生进行安全培训，使其掌握测量工具的使用方法和注意事项。

全站仪：是现代建筑测量中最广泛应用的测量工具之一，它可以实现高精度的距离测量、角度测量和高度测量。

激光测距仪：可以快速、准确地测量建筑物的距离和尺寸，特别适用于室内测量。

水平仪：可以用来测量建筑物的水平和垂直度，保证建筑的稳定性和垂直度。

经纬仪：可以用来确定建筑物的地理方位和坐标。

【设计意图】学生通过多种途径了解建筑测距的常见工具及其使用方法，通过安全培训，增强安全意识。

活动 2：学习测量方法，制定测量方案

师生活动：通过专业人员指导和网络资源学习建筑物长、宽、高的测量方法，根据实际情况，各小组选取感兴趣的测量工具和合适的测量方法，制定小组的测量方案。

粗略测量方法有步测法、标杆测量法、镜子反射法等；

精确测量方法有量尺测量法、激光测距法、脉冲测距法、无人机测距法等。

【设计意图】通过学习测量方法，小组讨论制定测量方案，发展学生的团队意识和应用意识。

活动 3：进行实地测量，统计整理数据

学生活动：学生 6 人一组，根据测量方案，将所测建筑物的原始数据如实记录在“校园建筑数据统计表”中。

【设计意图】每组学生根据个性化的测量方案，对校园建筑物的长、宽、高进行测量并记录数据，体会数学与测量工具在生活中的应用价值，发展学生的空间观念和数据意识。

校园建筑数据统计表

<table>
<tr><td colspan="2">小组名称：</td><td colspan="3">时间：</td></tr>
<tr><td colspan="2">测量工具：</td><td colspan="3">测量方法：</td></tr>
<tr><td>测量的建筑物</td><td colspan="4"></td></tr>
<tr><td>基础数据（米）</td><td>长：</td><td>宽：</td><td>高：</td><td>其他：</td></tr>
<tr><td>所测建筑物与周边建筑物的距离</td><td colspan="4"></td></tr>
<tr><td colspan="5">在测量中你遇到了哪些困难？是如何解决的？</td></tr>
</table>

任务 3：共享测量数据，分析减小误差

活动 1：小组分享测量数据，讨论数据产生差异的原因

学生活动： 组长展示各小组的测量方法和测量数据，各组对比同一建筑物测量数据的差异，讨论数据产生差异的原因。

测量方法及数据产生差异原因举例：

第一组采用步距法测量尚德楼的长度，先测量自己的步长，再统计沿一条直线走完与尚德楼长度相等的线段所需的步数，最后计算尚德楼的长度，得到测量数据；

第二组使用数砖法，先测量每块地砖的长度，再统计尚德楼一楼所铺的地砖数量，得到测量数据；

第三组用工程卷尺进行测量，得到数据；

第四组采用红外线测距仪进行建筑物的长、宽、高的测量并记录数据。

这四组数据之间有差异，将小组测量数据与学校施工报告的数据进行对比，分析误差。第一组是因为测量数据粗略，行走步长的长短有一些变化；第二组是砖与砖之间的距离未统计；第三组是在测量中，卷尺长度不足，并在测量中未沿与建筑物平行的直线进行读数，导致数据不准确；第四组是初次使用红外线测距仪，测量方法不当，导致误差。

【设计意图】 在分享交流的过程中，各组对比测量数据之间的差异，分析数据产生差异的原因，增强学生的数据意识，培养学生的科学精神。

活动 2：分析误差产生的原因，研究减小误差的方法

学生活动： 学生通过网络资源，了解误差产生的常见原因有观测误差、仪器误差以及外界环境的影响等，结合本组所测数据，研究如何使测量数据更加精确的方法。为了减小误差，各小组使用仪器，多次测量，求取平均值，减小误差。

【设计意图】 学生分析误差产生的原因，了解误差处理的原则，误差允许的范围，根据各组情况，进行多次测量，减小误差，在此过程中，培养学生的推理能力和应用意识。

（六）项目评价

主题一“校园建筑物的测量”采用“多元多维”的评价方式对学生学习成效进行评价。评价表包含五个评价维度，教师、同学、自己三种评价主体，强调表现性评价，充分发挥评价的导向作用。评价量表如下：

“校园建筑物的测量”评价表

班级：________　姓名：________　小组：______　评价标准：优秀（★★★）良好（★★）及格（★）

评价方式 评价内容	自我评价	同学互评	教师评价	星级汇总
善于合作				
善于学习				
数据准确				
善于解决困难				
善于沟通				

（七）困难点及对策

【困难点】学生在分享、交流中，对比发现同一建筑不同组的测量数据有所不同，导致学生不知道应用哪组数据进行运算和绘图。

【对策】教师引导学生分析误差产生的原因，组织学生对建筑物进行多次测量以减小误差的活动。学生最终在校史馆找到了学校建筑物最初修建时的施工报告和总平面图。为了确保数据的准确性，采用施工报告和总平面图上的数据绘制校园平面示意图。

第 2 课时　绘制校园平面示意图

（一）驱动性问题

如何根据测量数据，科学、准确、美观地设计校园平面示意图呢？

（二）学习目标

1. 通过比例尺的学习，让学生根据比例尺对数据进行熟练换算。

2. 应用平面直角坐标系知识，确定原点，对校园建筑物关键点进行坐标表示和定位，进而确定各个建筑物的具体位置，培养学生的运算能力。

3. 通过校园平面示意图的绘制，提升学生的创新意识、几何直观和审美意识。

（三）课时任务

任务 1：选择合适的比例尺，进行数据转化

根据实际情况，寻找合适的比例尺，进行数据的转换，提升学生的运算能力。

任务 2：合理选择原点，确定关键点坐标

学生可以选择校门、主席台等位置为坐标原点，然后根据转换的数据，标注校园建筑物关键点坐标，培养学生的应用意识。

任务 3：绘制平面示意图，进行渲染美化

绘制校园平面示意图，同时融入美术元素以提升其艺术感。

（四）学习支架

任务驱动支架	教师引导学生将任务进行分解，帮助学生理清解决问题的步骤和思路，帮助学生进行跨学科知识的融合实践。
思维优化支架	在选取比例尺、坐标原点、建筑物关键点等的过程中，引导学生对比不同选择的结果，优化学生的绘图成果。

（五）教学过程

任务 1：选择合适的比例尺，进行数据转化

活动 1：根据实际距离和所要设计的示意图尺寸，讨论确定合适的比例尺

学生思考：要想绘图，图上距离和实际距离之间有什么关系？

活动 2：根据测量数据和选取的比例尺对实际距离进行等比例换算，并完成“校园建筑比例计算表”

学生活动：选取合适的比例尺，对各组的测量数据进行等比例换算，为下一步画出较精确的平面示意图做准备。

【设计意图】让学生对所测数据进行等比例转换，发展学生的运算能力和应用意识。

校园建筑比例计算表

小组名称：______________　　时间：________

所绘制的建筑物			
建筑物实际数据（米）	长：	宽：	高：
与相邻建筑物的实际距离数据	例：尚德楼与启智楼的实际距离为____________		
比例尺			
建筑物图上数据（厘米）	长：	宽：	高：

续表

与相邻建筑物的图上距离数据	例：尚德楼与启智楼的图上距离为__________
在计算数据时你有哪些困难？是如何解决的？	

任务 2：合理选择原点，确定关键点坐标

活动 1：根据测量所得的数据，建立平面直角坐标系，确定各个建筑物的位置

学生活动： 将校园建筑物的俯视图抽象为常见的几何图形，在平面直角坐标系中标注建筑物的坐标，进行定位绘图。

【设计意图】 分步确定点的坐标，逐步发展学生的抽象能力。

活动 2：展示交流，修正方案

学生活动： 各组代表分享自己小组的校园平面示意图的雏形，讲解平面直角坐标系原点，正方向与单位长度的选取依据，并标注每栋建筑物的坐标。通过展示分享，发现各组校园平面示意图的异同。经过讨论，优化自己小组的校园平面示意图。

【设计意图】 各个小组展示本组的校园平面示意图的雏形，学生会发现各组选取的原点不同，建筑物坐标也不相同，总结建立平面直角坐标系和原点选取的步骤和方法，培养学生的科学精神。

任务 3：绘制平面示意图，进行渲染美化

活动 1：手绘校园平面示意图

学生活动： 学生对最初所绘制的校园平面示意图进行完善和细节处理，完成校园平面示意图的设计稿。

【设计意图】 各个小组完善所绘制的校园平面示意图，可以根据学生的喜好，对校园平面示意图进行上色、美化等，培养学生的审美能力。

活动 2：利用专业绘图软件绘制校园平面示意图

教师活动： 信息科技教师和建筑专业人员对学生进行培训，讲授绘图软件的使用技巧。

学生活动： 学生应用绘图软件进行校园平面示意图的绘制。

【设计意图】 让学生在小组合作中发挥自己的想象力和特长，积极探索不同方式绘制校

园平面示意图的方法，培养学生的学习能力。

活动 3：分享交流，美化校园平面示意图

学生活动：各组分享所设计的校园平面示意图，学生交流本组作品设计的科学性、准确性和美观性，经过交流，优化本组校园平面示意图。

【设计意图】在各组分享中，交流校园平面示意图绘制中所遇到的困难和问题，发展学生的问题意识；在美化校园平面示意图中，提高学生的审美素养。

（六）项目评价

根据“绘制校园平面示意图”的活动情况，将评价标准具体化为五个维度，每个维度划分为三个等级，对学生进行全面评价。具体评价量表如下：

“绘制校园平面示意图”评价表

班级：________ 姓名：________ 小组：______ 评价标准：优秀（★★★）良好（★★）及格（★）

评价方式 / 评价内容	自我评价	同伴互评	教师评价	星级汇总
数据精准				
策略合理				
学科融合				
设计美观				
分享交流				

（七）困难点及对策

【困难点】学生尝试使用专业软件进行绘图，在学习计算机绘图软件的过程中，对软件的应用技巧不熟练。

【对策】需要学生不断尝试和摸索学习软件的使用方法。

第 3 课时 搭建校园立体模型

（一）驱动性问题

根据本组绘制的校园平面示意图，能否搭建立体的校园模型，让来访者更直观地了解校园建筑物的布局？

（二）学习目标

通过制作校园立体模型，提高学生设计、实践的能力，在小组合作中，发展学生的团队意识、空间观念与几何直观的能力。

（三）课时任务

任务 1：考察模型搭建材料，学习模型搭建方法

学生调查搭建模型常见材料的种类、性能，选择合适的材料，学习不同材料的使用方法。

任务 2：绘制校园建筑三视图，搭建校园立体模型

绘制建筑物三视图，仔细观察校园建筑物的外观，通过三视图的数据，预算校园各个建筑物模型所需板材的数量，进行模型的搭建和细节刻画。

任务 3：展示交流项目成果，进行评价反思总结

学生回顾整个活动过程，自我总结并反思，完成项目总结评价表。

（四）学习支架

任务驱动支架	教师引导学生进行任务分解，搭建校园立体模型。
交流共享支架	举办校园平面示意图、立体模型作品展，组织教师、学生、家长、专家参观和交流，促进合作与共享。

（五）教学过程

任务 1：考察模型搭建材料，学习模型搭建方法

活动 1：调查分析，选择搭建校园模型的材料

学生活动：通过调查，从搭建模型材料的硬度、韧性、裁切的便捷度、模型美观度等维度进行评估，最终确定用纸板、薄木板、雪弗板、塑胶迷你砖块等材料进行模型搭建。

【设计意图】让学生调查常见模型材料的性能，发掘身边的材料，构想模型的搭建方式，对比不同模型材料的性能，筛选合适的板材进行模型制作。发展学生的创新意识和信息分析能力。

活动 2：根据模型材料，学习常见的模型搭建方法

学生活动：学生根据所选的模型材料，对不同材料搭建模型的方法进行学习，并确定校园楼梯、操场、花坛等区域的搭建材料和方法。

搭建材料及其使用方法举例：

雪弗板性能：雪弗板可锯、可刨、可钉、可粘，还具有不变形、不开裂、易上色等特殊功能，性价比高，还有光洁度高、质量轻的特点。

雪弗板使用方法：常用裁切雪弗板的工具是美工刀，在细节刻画时可用笔刀，也可用专业的电热丝、激光雕刻机进行雕刻。

雪弗板一般使用热熔胶、速干胶、ABS 胶进行粘接，具有胶痕小的特点。

注意事项：在使用刀具裁切时，需要戴好防护手套，避免受伤。

【设计意图】学生在考察模型使用材料时，了解不同材料的性能、使用方法和注意事项，为模型搭建做好准备工作。培养学生的学习能力，提高学生的操作能力，让学生能够学以致用。

任务 2：绘制校园建筑三视图，搭建校园立体模型

活动 1：同比例转换数据，绘制建筑物三视图

学生活动：学生使用比例尺对建筑物的长、宽、高进行数据转换，绘制建筑物的主视图、左视图和俯视图，完成“校园建筑模型数据表”。

【设计意图】对建筑物的三视图进行绘制，让学生更加清晰板材裁切的图形，发展学生的模型观念。

校园建筑模型数据表

小组名称：____________　　时间：________

所搭建的建筑物			
测量数据（米）	长：	宽：	高：
比例尺			
模型板材的数据（厘米）	长： 宽：	长： 宽：	长： 宽：
建筑模型板材图形	主视图：	左视图：	俯视图：
建筑模型所需的板材数量			
在计算和裁切模型的过程中你有哪些困难？是如何解决的？			

活动 2：统计所需板材数目，并进行材料数量预算和采购

学生活动：根据模型三视图，统计模型搭建中所需要的板材种类和数量，对所需费用进行预算，采购各类搭建模型的材料和工具。

【设计意图】学生对模型所需材料的种类、数量进行统计，对总费用进行预算和采购，在这一过程中，锻炼学生的运算能力和统筹能力。

活动 3：搭建校园立体模型，真实反映校园全貌

学生活动：学生根据校园平面示意图对各个建筑物定位，根据三视图对模型所需板材进行裁切，在搭建中注意校园环境细节，例如建筑物的颜色、校园中的花草树木等。

【设计意图】在模型搭建的过程中，培养学生的问题意识和动手操作能力，在实践中锻炼学生思维，提高解决问题的能力。

任务 3：展示交流项目成果，进行评价反思总结

师生活动：教师组织学生进行成果的展示和交流，并且让学生进行互评、反思，回顾整个项目活动的过程，完善评价表。

【设计意图】能够及时对学生进行评价，促使学生进行反思总结，提高学生的表达能力，成果的公开让学生感受到跨学科融合带来的成就感，是对学生作品的肯定和赞赏，提高学生自信心。

（六）项目评价

1.“搭建校园立体模型”采用“评价维度多元化、评价主体多样化”的评价方式，同伴、教师、家长、专家四种主体对项目成果进行评价。具体评价量表如下：

“搭建校园立体模型”评价表

班级：________ 姓名：________ 小组：______ 评价标准：优秀（★★★）良好（★★）及格（★）

评价方式 / 评价内容	同伴互评	教师评价	家长评价	专家评价	星级汇总
分工明确					
按时完成					
总结反思					
制作精美					
创意新颖					

2. 项目总评。为了对学生整个项目过程进行综合性评价，教师对各个小组进行评分，并根据表现，从学生自我、教师、家长、专家等层面给出评语，更全面地评价学生。

项目总评评价表

小组组别：____________

<table>
<tr><th>评价维度</th><th>内容</th><th>优秀（★★★）</th><th>良好（★★）</th><th>及格（★）</th></tr>
<tr><td>知识技能</td><td>能够综合运用平面直角坐标系等知识解决问题。</td><td></td><td></td><td></td></tr>
<tr><td>学习能力</td><td>对活动中遇到的问题能寻找到资源进行自主学习。</td><td></td><td></td><td></td></tr>
<tr><td>反思能力</td><td>能及时发现项目中出现的问题，反思问题，并寻找问题的解决办法。</td><td></td><td></td><td></td></tr>
<tr><td>实践能力</td><td>在项目中能进行多学科知识的融合，并且在工具使用和模型搭建中，有较强的动手能力和空间思维。</td><td></td><td></td><td></td></tr>
<tr><td rowspan="4">定性评价</td><td>自我评价</td><td colspan="3"></td></tr>
<tr><td>教师评价</td><td colspan="3"></td></tr>
<tr><td>家长评价</td><td colspan="3"></td></tr>
<tr><td>专家评价</td><td colspan="3"></td></tr>
</table>

（七）困难点及对策

【困难点】在绘制建筑物三视图时，学生绘图不规范。

【对策】三视图的知识在人教版五年级下册有所涉及，在人教版九年级下册给出了更科学严谨的学习要求。教师需根据学生的认知情况对三视图进行讲解，让绘制的三视图更加规范。

七、反思及点评

（一）教学反思

本主题学习以平面直角坐标系知识为引入点，进行跨学科综合实践，设置了三个主题活动，每个主题活动中又进行了任务拆解，学生进行了深度学习，渗透了数学核心素养，但其中也有很多不足之处，具体如下：

1. 在测量过程中，学生使用卷尺有安全隐患，应多采用专业的红外线测距仪来进行长距离的测量。

2. 在数据测量收集和模型尺寸计算的过程中，数据可以更加精准，尤其是每栋建筑物的细节，可以进行细化优化，让模型更加接近建筑原型。

（二）名师点评

《从校园平面示意图到立体模型的搭建——融合平面直角坐标系和三视图的教学实践》是跨学科主题活动，以平面直角坐标系的知识为依托，进行知识的延伸，在活动中培养了学生的几何直观和数据观念，在交流中锻炼了学生的表达能力，在困难中坚定了学生解决问题的信心，将课堂的主动权交给了学生，点燃了学生积极探索的热情，深层次地培养了学生的创新实践能力。

1. 该主题学习是对“平面直角坐标系”这一章知识的应用和升华，在实践中提出驱动性问题，三个主题环环相扣，层层递进，不仅注重学科能力的培养，还融合多学科知识，促进学生的创新实践能力的提升。

2. 该主题的实施过程突破了传统课堂的限制，以问题解决为导向，充分调动学生的主动性。在课下，学生相互交流沟通，积极创新实践；在课上，教师分享相关资源，进行技能培训，学生分享展示成果。主题学习活动的实施空间多样，可以是教室、机房或数学功能室等，这有利于营造不同的学习氛围，利用专属资源和设备开展针对性学习，提高学习效果。

3. 该主题的成果形式有校园平面示意图、校园建筑三视图、校园立体模型、相关量表等，学生通过学习相关软件，利用专业绘图软件来完成校园平面示意图和三视图的绘制，学习了新的技能，活动中作品成果丰富，呈现方式多样化，给学生更多的发挥和自主选择的空间，将课堂还给了学生。

设计与执教者：张婉君（三门峡市实验中学）
鲍聪晓
修改与点评者：杨　丽

◆ 案例 9 ◆

关注人口老龄化

——融合数据的收集与整理的教学实践

人口老龄化是全球关注的热点问题，它对国家的经济和社会运行都会产生深刻的影响。该主题的研究提升了青少年对人口老龄化问题的关注度。主题研究过程中不仅让学生经历数据收集、整理、描述、分析等统计调查过程，巩固数学知识，发展数据分析观念，还可以让学生更全面、更深入地了解老年人的生活和精神需求，倡导更多的人关心关爱老年人，有针对性地做一些志愿服务，甚至萌生以后向服务老年人方面发展的志向等，为社会发展贡献力量。本主题活动在七年级开展，共需 6 个课时，涉及数学、信息科技、道德与法治、艺术等学科。

一、主题说明

1. 主题分析：本主题的学习是在学生学过数据的收集与整理之后开展的。七年级的学生虽对数据的收集、整理、描述、分析已有初步的了解，但缺少对数据的分辨和选择经验。在数学思考方面，对单一信息的分析能力较强，但综合应用能力及模型观念较弱。

该主题学习活动可以让学生经历数据的收集、描述与处理的过程，尝试用统计的思想和方法解决实际问题，关注现实生活中“人口老龄化”这一热点问题和身边的现实问题，会用数据分析问题，并会利用数据做出判断和决策。

2. 任务情境：中国国家统计局的官方数据显示，我国是世界上老年人口数量最多的国家，老年人口数目庞大并且发展快速，必然给我国的经济社会发展带来巨大压力和严峻挑战。老龄化后，社会保障与老龄保护是个长期的计划，是关系到今后几十年甚至几百年的规划，青少年从现在起就应该对此有使命感。

3. 驱动性问题：如何从数据分析看人口老龄化？人口老龄化对社会发展产生怎样的影响？面对人口老龄化这一社会问题，初中生能做些什么？

二、学习目标

1. 经历查阅资料、收集整理数据、分析我国人口老龄化现状的过程，发展学生的数据观念，提高学生发现和提出问题、分析并解决问题的能力。

2. 通过实地调查和分析三门峡市区部分社区人口老龄化的现状，体会样本估计总体的思想，感受用数据说话的真实性和有效性，丰富数学活动经验，发展数据观念和应用能力。

3. 在设计调查活动方案、利用信息技术分析和处理数据、撰写研究报告和反思研究过程的活动中，增强合作意识，提高沟通表达能力和综合运用多学科知识解决问题的能力。

4. 通过使用 Logistic 模型预测 2070 年的全国人口数量和 65 岁及以上老年人口数量，感悟数据的意义与价值，加深模型观念。

5. 在参与社区“助餐、助洁、助乐”“小小培训师”等活动中，感受与老人相处的快乐，弘扬中华民族尊敬老人、关爱老人的传统美德。

6. 通过深入分析中国人口老龄化的现状及其产生的社会影响，引导学生关注人口老龄化等社会热点问题；在为社区、政府有关部门提交建议或提案的过程中，提高思想站位、树立社会责任感。

三、学科关联

本次跨学科主题活动，同学们经历了数据的收集、整理、描述、分析的过程，巩固数学知识，发展数据观念（数学）；用计算机软件处理数据、制作电子问卷，制作 PPT 展示所学，体会信息技术为学习带来的方便（信息科技）；通过开展设计海报、摄影展等活动提高学生的艺术审美（艺术）；有针对性地为老年人做一些志愿服务，让学生更全面、更深入地了解老年人的生活和精神需求，从而倡导更多的人关心关爱老年人，引导学生思考如何才能更好地服务老年人，如何才能更好地解决人口老龄化带来的各种社会问题，为社会发展贡献力量（道德与法治）。

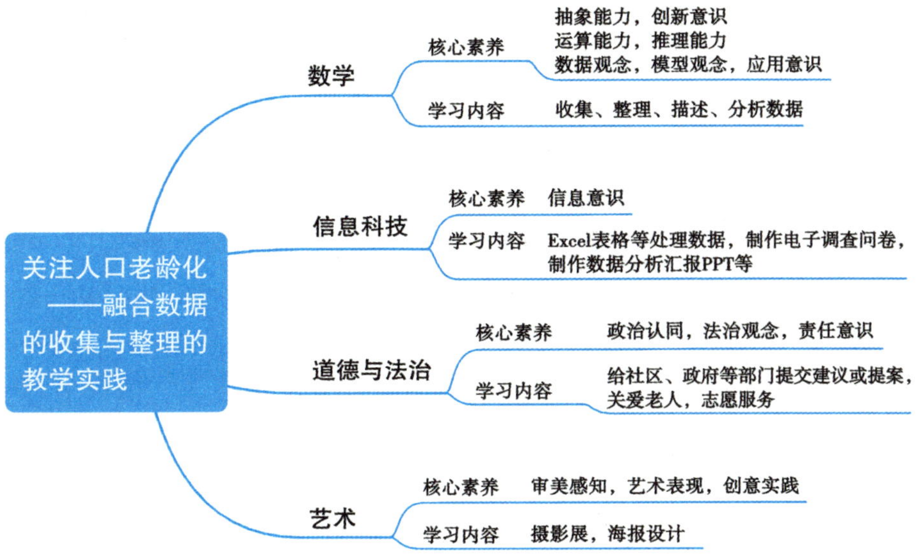
关注人口老龄化
——融合数据
的收集与整理的
教学实践
数学
核心素养
抽象能力，创新意识
运算能力，推理能力
数据观念，模型观念，应用意识
学习内容
收集、整理、描述、分析数据
信息科技
核心素养
信息意识
学习内容
Excel表格等处理数据，制作电子调查问卷，
制作数据分析汇报PPT等
道德与法治
核心素养
政治认同，法治观念，责任意识
学习内容
给社区、政府等部门提交建议或提案，
关爱老人，志愿服务
艺术
核心素养
审美感知，艺术表现，创意实践
学习内容
摄影展，海报设计

四、活动策略

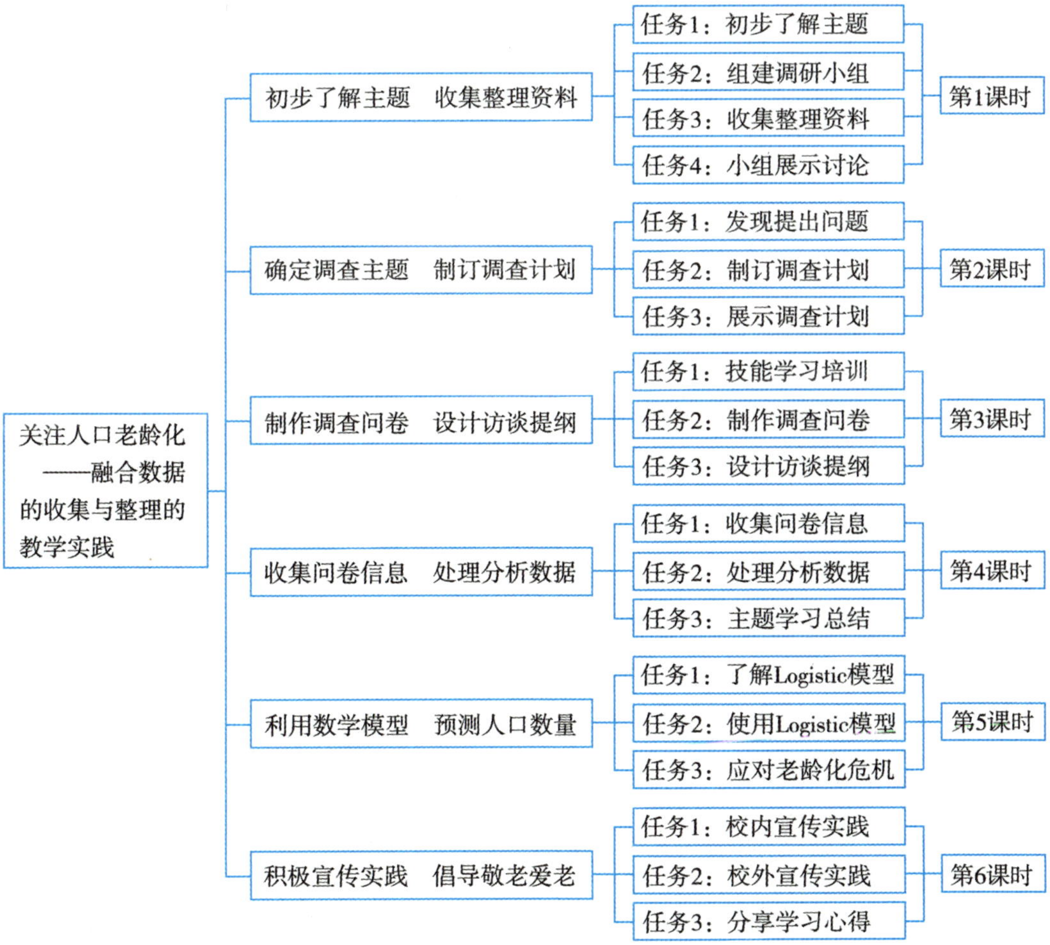
关注人口老龄化
——融合数据
的收集与整理的
教学实践
初步了解主题　收集整理资料
任务1：初步了解主题
任务2：组建调研小组
任务3：收集整理资料
任务4：小组展示讨论
第1课时
确定调查主题　制订调查计划
任务1：发现提出问题
任务2：制订调查计划
任务3：展示调查计划
第2课时
制作调查问卷　设计访谈提纲
任务1：技能学习培训
任务2：制作调查问卷
任务3：设计访谈提纲
第3课时
收集问卷信息　处理分析数据
任务1：收集问卷信息
任务2：处理分析数据
任务3：主题学习总结
第4课时
利用数学模型　预测人口数量
任务1：了解Logistic模型
任务2：使用Logistic模型
任务3：应对老龄化危机
第5课时
积极宣传实践　倡导敬老爱老
任务1：校内宣传实践
任务2：校外宣传实践
任务3：分享学习心得
第6课时

该主题学习活动围绕“关注人口老龄化”这一核心问题，开展了“初步了解主题 收集整理资料”“确定调查主题 制订调查计划”“制作调查问卷 设计访谈提纲”“收集问卷信息 处理分析数据”“利用数学模型 预测人口数量”“积极宣传实践 倡导敬老爱老”6个主题活动，共设计了19个子任务，融合信息科技、道德与法治、艺术等学科知识，采用课内＋课外，校内＋校外，集中＋分散，组内＋组间等学习方式，引导学生有目的、有规划、有步骤地开展深度学习，在合作、交流、反思的过程中，解决核心问题，培养应用意识，树立社会责任感。

五、成果形式及公开方式

调查报告、演讲汇报、论文心得、主题班会、国旗下讲话宣传、手抄报、黑板报、倡议书、给社区（街道办）的建议信、给政府相关部门的提案、宣传海报、宣传页等。

六、主题实施

第 1 课时　初步了解主题　收集整理资料

（一）驱动性问题

如何从数据分析角度看人口老龄化？

（二）学习目标

1. 学生经历查阅资料的过程，分析我国人口老龄化现状，发展数据观念，提升发现和提出问题、分析并解决问题的能力。

2. 通过实地调查和分析三门峡市区部分社区人口老龄化的现状，体会用样本估计总体的思想，感受用数据说话的好处，丰富数学活动经验，发展应用能力。

3. 引导学生探讨社会热点问题，关注国家大事，培养学生的大局观和社会责任感。

（三）课时任务

任务 1：初步了解主题

学生通过身边常见的生活场景和教师提供的视频、文字材料，初步了解人口老龄化。

任务 2：组建调研小组

根据学生具体情况组建调研小组，提高调查效率。

任务 3：收集整理资料

学生根据教师提出的问题，开展有关老龄化资料的收集活动。

任务 4：小组展示讨论

针对课前提出的三个问题，各小组依次分享调查结果，锻炼信息整合能力，互相学习。

（四）学习支架

情境创设支架	教师展示学生身边常见的老年人生活场景，引导学生关注人口老龄化问题。
资源路径支架	教师为学生提供可查阅人口老龄化资料的网站，联系三门峡市社保局、统计局、康养中心、社区等部门的对接人员，帮助学生收集准确资料。
交流共享支架	组内交流，组间展示资料收集成果，促使学生互相学习，发现他人优点，取长补短，增强自主学习意识。
学习评价支架	学生完成资料收集工作成果展示评价表，及时评价能增强学生参与感和成就感。

（五）教学过程

任务 1：初步了解主题

活动 1：教师展示一组老年人公园娱乐、乘公交车的图片，提问：图片中的场景你见过吗？你看到了什么？你有什么感受？

【设计意图】图片展示学生身边常见的生活场景，引出主题，身边老年人比较多，他们的生活很安逸，让学生体会人口老龄化与自己的生活息息相关。

活动 2：学生观看视频资源：中国人口老龄化现状调查；阅读文本资料：国家统计局发布的 2022 年人口普查结果，初步了解人口老龄化

提问：通过以上资料，简单谈谈你对人口老龄化的认识。

【设计意图】结合时政问题，引导学生探讨社会热点问题，关注国家大事，让学生意识到相关政策为自己和身边的环境带来的改变和影响，培养学生大局观和社会责任感，引导学生建立和坚持正确的理想和价值观。

任务 2：组建调研小组

活动：根据学生具体情况，组建调研小组

步骤：

（1）填表：填写基本情况表，了解情况；

（2）分类：按所在小区所属社区进行分类，记录需要调研的社区数，明确调研区域范围；

（3）调整：每组 6 人，均衡各组人数（多人在同一范围较大社区，可将社区再次划分为不同的区域，分配给不同的组）调整时采取就近原则，便于后续进行实地调查；

（4）分组：综合考虑性格、各方面能力和已有技能，再次进行个别调整，确定各组组长和组员（注意互补，便于发挥特长，起到带动和互助作用）。

参与调研学生基本情况表

姓名		性别		年龄	
住址					
所属社区			所属街道		
主要家庭成员					
与老年人沟通交流频率		经常□　一般□　较少□			
是否参加过类似调研活动		是□　否□			

续表

担任职务和主要负责工作（没有参加过不填即可）	
对人口老龄化问题的了解	比较了解□　了解一点□　不了解□
查阅资料、整合信息能力	较强□　一般□　较弱□
团队协作能力	较强□　一般□　较弱□
沟通表达能力	较强□　一般□　较弱□
信息技术操作能力	较强□　一般□　较弱□
学习新知、新技能的能力	较强□　一般□　较弱□
克服困难的心态和能力	较强□　一般□　较弱□
已有技能和自身特长：	
希望在组内担任职务及主要负责工作：	
希望通过此项目获得的技能或提高的能力：	

【设计意图】根据学生具体情况组建调研小组，提高调查效率，同时便于学生发挥特长，提高参与活动的积极性。

任务 3：收集整理资料

活动：小组成员分工合作，针对下列问题开展有关老龄化资料的收集活动，将收集的资料进行汇总整理，制作成 PPT，为课上进行小组展示做准备

问题：

（1）什么是人口老龄化？

（2）我国人口老龄化的原因、特点、影响以及目前的应对措施是什么？

（3）三门峡市区现在的人口老龄化情况如何？有什么影响？有什么应对措施？

【设计意图】通过课前收集资料，让学生感受到人口老龄化所带来的一系列的社会问题，从而渗透尊老敬老教育，体现良好的德育教育价值。让学生了解三门峡市区的人口老龄化情况，为后续提出问题、确定主题、调研后针对性开展实践活动作铺垫。

任务 4：小组展示讨论

活动：针对课前提出的三个问题，各小组先依次分享调查结果，之后开展小组间互评

【设计意图】小组展示汇报前期调研成果，锻炼信息整合能力，提升信息技术应用能力和语言表达能力，促使学生互相学习，发现他人优点，取长补短，增强自主学习意识；及时评价，增强学生参与感和成就感。

（六）项目评价

第____小组资料收集工作成果展示评价表

评价内容	自评星级	互评星级	师评星级
查阅资料信息及数据准确	☆☆☆	☆☆☆	☆☆☆
课件制作精美	☆☆☆	☆☆☆	☆☆☆
展示方式多样	☆☆☆	☆☆☆	☆☆☆
沟通表达能力强	☆☆☆	☆☆☆	☆☆☆
第____小组提出建议			
教师建议			

（七）困难点及对策

【困难点 1】学生到统计局、社保局、社区等部门收集人口老龄化资料时不能提出有效问题。

【对策】指导学生提前在网上查阅相关部门职能，准备好需要了解的问题。

【困难点 2】学生制作 PPT 不熟练，处理信息条理不清。

【对策】教师要及时给予帮助。

第 2 课时 确定调查主题 制订调查计划

（一）驱动性问题

你认为老年人生活中要关注哪些问题？

（二）学习目标

1. 通过小组交流，提高学生参与程度，培养与同学合作交流的意识与能力。

2. 通过对老年人生活中需要关注的问题的讨论，让学生多维度思考问题，并学会将问题进行分类归纳。

3. 通过制订调查计划，培养学生有条理地思考问题的习惯，树立大局意识。

4. 在展示调查计划的过程中，提高沟通表达能力和综合运用多学科知识解决问题的能力，培养学生有计划地解决问题的良好习惯。

（三）课时任务

任务 1：发现提出问题

学生在了解人口老龄化的基础上思考老年人生活中要关注哪些问题。

任务 2：制订调查计划

以小组为单位，讨论调查主题、制订调查计划。

任务 3：展示调查计划

各小组展示调查计划表。

（四）学习支架

任务驱动支架	讨论老年人生活中要关注的问题，帮助学生确定调查主题。
交流共享支架	小组交流讨论，对老年人生活中要关注的问题进行分类，帮助学生选取调查主题；展示计划表，并调整和完善。
思维优化支架	为学生提供调查方案的规范程序及调查计划表，帮助学生顺利做好计划。
学习评价支架	学生完成调查计划表，完成情况评价表，及时评价学生任务完成情况，提高参与活动的积极性。

（五）教学过程

任务 1：发现提出问题

提问：你认为老年人生活中要关注哪些问题？

活动 1：结合各小组提供的资料内容，围绕上面问题进行小组讨论，每组选 1 名代表简要表述本组讨论结果

活动 2：全班交流，教师引导学生将所涉及的问题进行分类

【问题分类】

1. 老年人的赡养问题：养老方式、空巢老人生活情况、养老金问题、社会保障问题等。

2. 老年人的健康问题：身体疾病、去医院的次数、医药费相关问题等。

3. 老年人的精神生活：老年人心理状况、老年人常见的心理问题及解决方法、儿女每周陪伴老年人的时间、老年人的日常休闲方式等。

4. 老年人的晚年就业问题：老年人的潜力挖掘，重新进入社会就业，为社会服务、创造价值等。

5. 其他热点问题：人们对“三孩政策”的看法等。

【设计意图】通过小组交流讨论，调动学生发散思维，各抒己见，引导学生解决问题，使小组之间获得直接与间接经验，丰富学生体验。讨论后对老年人生活中要关注的问题进行分类，帮助学生进行调查主题的选取，进而更好地对不同类型的问题进行分析和调查。

任务 2：制订调查计划

活动 1：以小组为单位，讨论调查主题、制订调查计划

教师引导学生设计制订调查计划的框架：

（1）确定调查主题、调查目的；

（2）确定调查对象，思考样本的选择（老年人 / 中青年 / 青少年，全面 / 抽样）；

（3）确定调查方法和调查工具；

（4）确定调查内容，讨论需要收集的数据和信息，制定活动步骤；

（5）如何分析和处理调查所得的数据；

（6）如何呈现调查结果；

（7）依据调查结果，提出建议；

（8）完善调查方案，拟定报告框架，明确组员分工和任务时间。

【各小组调查主题】

组别	调查主题	调查对象
第一组	老年人心理健康状况	60岁及以上老年人
第二组	老年人的物质生活状况	60岁及以上老年人
第三组	老年人精神生活状况	60岁及以上老年人
第四组	老年人健康问题	60岁及以上老年人
第五组	老年人健康情况	60岁及以上老年人
第六组	人们对人口老龄化认知情况	所有年龄段的人

活动2：小组交流，初步确定调查计划表内容

教师提出注意事项：

调查计划表可根据自己小组的实际需要做优化调整。交流时间为15—20分钟。

针对小组研究内容，各小组提出想要进一步了解的知识或在哪些方面需要老师提供学科知识、技能的培训，每个小组至少提出3个问题。交流结束后，组长将本组提出的问题和会议记录表上交老师处。

【设计意图】教师关注学生如何确定样本容量、如何抽样使样本更具代表性，通过实际应用巩固所学知识。通过小组交流，提高学生参与程度，注重学生在活动过程中所表现出来的思维方式，培养与同学合作交流的意识与能力。教师利用问题和计划表，给学生提供一定的方向和思路，让学生掌握基本的调查研究步骤，综合应用所学知识解决实际问题，获得研究问题的方法和经验，培养学生有计划地解决问题的习惯。

任务3：展示调查计划

活动1：各小组展示计划表，汇报各自的具体方案，全班交流研讨，开展小组间互评

【注意事项】在制订调查计划的过程中教师需对学生填写的内容，特别是对调查对象的代表性和广泛性，对调查内容的选取进行及时判断，适时引导学生思考计划表中的内容是否合理，鼓励学生发现问题，提出问题。

【第四组调查计划表】

“关注人口老龄化”调查计划表

组长：高源鑫　组员：郭奇瑞、孙微、任勇昊、齐士锦、李欣楠　填表时间：2023 年 9 月 14 日

<table>
<tr><td>调查主题</td><td colspan="3">老年人健康问题</td></tr>
<tr><td>调查目的</td><td colspan="3">关注人口老龄化，了解老年人的身体健康状况</td></tr>
<tr><td>调查对象</td><td colspan="3">60 岁及以上老年人</td></tr>
<tr><td>调查方法</td><td colspan="3">1. 网络搜索☑　2. 图书资料☑　3. 调查问卷☑　4. 采访、访问☑
5. 社会观察☑　6. 社区协助☑　7. 其他：________</td></tr>
<tr><td>调查工具</td><td colspan="3">调查问卷、访谈提纲</td></tr>
<tr><td>调查内容 / 问题</td><td colspan="3">老年人身体疾病、去医院的频次、医药费、医保等</td></tr>
<tr><td colspan="3">活动步骤</td><td>活动时间</td></tr>
<tr><td colspan="3">确定调查主题、内容、问题及组员分工</td><td>9 月 14 日</td></tr>
<tr><td colspan="3">制作调查问卷、访谈提纲、发放问卷</td><td>9 月 17 日</td></tr>
<tr><td colspan="3">收集问卷、整理数据、描述数据、分析数据</td><td>9 月 23 日</td></tr>
<tr><td colspan="3">宣传实践、回访反馈</td><td>9 月 29 日</td></tr>
<tr><td colspan="3">撰写总结报告</td><td>10 月 9 日</td></tr>
<tr><td colspan="3">完善报告、展示总结</td><td>10 月 11 日</td></tr>
<tr><td colspan="4">成员分工</td></tr>
<tr><td>成员</td><td>分工</td><td>成员</td><td>分工</td></tr>
<tr><td>高源鑫</td><td>采访、访问、记录</td><td>孙　微</td><td>查阅图书、网络资料</td></tr>
<tr><td>任勇昊</td><td>社会观察，设计访谈提纲</td><td>齐士锦</td><td>设计调查问卷</td></tr>
<tr><td>郭奇瑞</td><td>调查、展示、总结</td><td>李欣楠</td><td>整理、分析数据</td></tr>
<tr><td>数据处理方式</td><td colspan="3">1. 统计图：条形☑　折线☑　扇形☑　其他：________
2. 统计表☑　3. 文字综述☑　4. 其他：________</td></tr>
<tr><td colspan="2">可能会遇到的问题</td><td colspan="2">解决方法</td></tr>
<tr><td colspan="2">1. 老年人可能不配合，不愿被调查
2. 老年人吐字不清</td><td colspan="2">1. 耐心与老年人交谈
2. 细心辨别并积极发言</td></tr>
<tr><td>成果展示形式</td><td colspan="3">1. 研究报告☑　2. 演讲汇报☑　3. 论文 / 心得☑　4. 手抄报 / 黑板报☑
5. 宣传☑　6. 视频☑　7. 表演☑　8. 其他：________</td></tr>
</table>

活动 2：小组再讨论，自我检查、调整、完善调查计划

【设计意图】小组汇报培养学生表达能力，全班交流研讨，鼓励学生勇于提出问题，学生在交流的过程中能够相互提示，相互评价，同时对比发现自己的不足，进行调整和完善，经过研讨和修改，让学生体会研究过程中需要严谨的态度。

（六）项目评价

第____小组调查计划表完成情况评价表

评价内容	自评星级	互评星级	师评星级
1. 调查计划完整性、系统性好	☆☆☆	☆☆☆	☆☆☆
2. 调查主题和对象明确，问题关联性强	☆☆☆	☆☆☆	☆☆☆
3. 调查方法和工具多样，科学性强	☆☆☆	☆☆☆	☆☆☆
4. 调查步骤和分工明确	☆☆☆	☆☆☆	☆☆☆
5. 问题预设全面，解决办法可行性强	☆☆☆	☆☆☆	☆☆☆
6. 成果形式多样，可采纳度高	☆☆☆	☆☆☆	☆☆☆
第____小组提出建议			
教师建议			

（七）困难点及对策

【困难点】学生活动课学习经验不足，不清楚调查过程中要经历的活动步骤，例如要确定分工、确定主题、制作问卷、收集数据、分析数据、宣传实践、填写报告等。

【对策】教师要向学生讲清整个调查需要经历的各项活动，帮助学生做好计划。

第 3 课时　制作调查问卷　设计访谈提纲

（一）驱动性问题

前期各组在查阅资料的基础上确定了研究的主题，为解决问题，我们需要开展问卷调查，如何设计调查问卷？

（二）学习目标

1. 通过开展礼仪、信息技术等技能培训，培养学生自主学习意识，提升跨学科的素养；

2. 经历设计高质量的调查问卷及访谈提纲的过程，加强数学与生活的联系，提高小组合

作能力，发展创新和应用意识。

（三）课时任务

任务 1：技能学习培训

为顺利开展后续活动，针对学生需求，开展社交礼仪、信息技术、问卷设计等多种技能学习培训。

任务 2：制作调查问卷

根据调查主题制作纸质调查问卷和电子调查问卷。

任务 3：设计访谈提纲

设计访谈提纲，为入户访谈做好准备。

（四）学习支架

任务驱动支架	根据各组调查主题，设计调查问卷。
资源路径支架	针对学生需求，开展多种技能学习培训。
交流共享支架	各组展示问卷，多次思考、讨论、修改，逐渐完善。
学习评价支架	学生完成学习培训成果展示评价表和调查问卷及访谈提纲设计评价表，激发学习主动性，培养团队责任意识。

（五）教学过程

任务 1：技能学习培训

活动 1：小组讨论，确定需要培训的内容（提供的学习支架）

培训内容初步安排如下：

培训内容	授课人
1. 信息检索方法（学习关键词选取，检索方式，注意高效性）； 2. 如何确定样本容量、如何确保抽样的随机性和样本的代表性； 3. 调查问卷的设计、格式要求、遵循的原则、发放与收集的注意事项； 4. 访谈提纲的设计； 5. 调查报告的书写内容和格式规范。	学生、数学教师
利用信息技术处理或描述数据：相关软件使用技能。	有相关特长的学生、信息技术教师、统计局相关工作人员
社交礼仪、沟通技巧（尤其是访谈过程中的注意事项、与物业及政府相关部门人员交谈中的注意事项）。	社交礼仪培训师

操作办法：针对学生需求，以自学和集中培训相结合的方式开展相关知识及信息技术方面的学习。安排有相关特长的学生或邀请相关学科教师、校外相关机构专业人员进行培训指导。具体内容要根据每个小组的实际情况确定。

说明：根据学生需求和实际情况，我们采取集中 + 分散，组内 + 组间的方式开展了以下技能培训：

1. 由信息科技老师进行“利用信息技术处理或描述数据”的培训；

2. 由我校聘请的礼仪讲师——刘海燕老师为同学们进行“社交礼仪”培训；

3. 由齐士锦同学给各组长进行“如何制作电子问卷”的培训；

4. 由郑海姣同学带领同学们学习入户访谈注意事项。

【设计意图】在实施项目之前，对学生进行必要技能培训有利于后续调查实施的顺利开展，让学生学习到书本以外的知识和技能，培养学生综合素养，让学生意识到知识技能是解决实际问题的基础，增强学生自主学习意识。

活动 2：小组展示交流技能培训成果

以上培训活动开展后，进行小组展示交流，分为以下两个环节：

1. 小组全员展示（以文字、图片、视频等形式展示学习过程及效果）

2. 组间互动问答（每个小组展示结束后，其他小组可向其提问，生生之间进行问答互动）

【设计意图】通过让学生用多种方式汇报所学，督促学生及时反思复盘，总结自己的收获和不足，培养表达能力。互动回答环节培养学生发散思维能力，提高发现问题、提出问题能力，促使学生进行思考。及时开展相关评价，激发学生学习主动性，培养团队责任意识。

任务 2：制作调查问卷

活动：根据调查主题制作纸质调查问卷和电子调查问卷

各组经历以下步骤，共同制作纸质调查问卷，分组制作各组的电子调查问卷：

（1）搜索分析，整理归类，选取可参考部分；

（2）初步编制（问卷对象，封闭式 / 开放性问题，不同层面及题目数量设置等）；

（3）问卷试测（考虑社区差异，养老方式差异等）；

（4）问卷修改；

（5）确定问卷可投入使用。

【纸质调查问卷】

关于老年人养老问题的调查问卷（纸质问卷）

您好，我们是“关注人口老龄化”项目组，正在进行一项有关老年人养老问题的调查。当前，我国人口老龄化问题日益严重，为深入了解老年人对目前养老政策的知晓情况以及养老需求，能够给相关政府部门提供科学有益的建议，更好地为老年人群体服务，构建老年人友好社会，我们设计了本问卷。本问卷实行匿名制，所有数据只用于统计分析，请放心填写。

1. 您的性别（　　）

A. 男　　B. 女

2. 您的年龄（　　）

A.60-69 岁　　B.70-79 岁　　C.80-89 岁　　D.90 岁以上

3. 您有几个子女（　　）

A.1 个　　B.2 个　　C.3 个　　D.3 个以上

4. 您目前居住的方式（　　）

A. 与子女共同居住　　B. 自己独住，子女定期探望

C. 自己独住，子女逢年过节探望　　D. 住养老机构

5. 您喜欢哪种居住方式（　　）

A. 与子女共同居住　　B. 自己独住，子女定期探望

C. 自己独住，子女逢年过节探望　　D. 住养老机构

6. 您对目前的养老政策是否了解（　　）

A. 非常了解　　B. 一般　　C. 知道一点　　D. 不了解

7. 您享受以下哪一类补贴（　　）

A. 养老金　　B. 高龄补贴　　C. 养老服务补贴　　D. 不符合享受补贴条件

8. 您享受的补贴发放到位情况（　　）

A. 按时发放　　B. 发放但有拖延　　C. 未发放　　D. 不符合享受补贴条件

9. 您目前的身体健康情况（　　）

A. 基本健康　　B. 患有慢性病　　C. 患有严重疾病　　D. 身患残疾

10. 您多久去一次医院（　　）

A. 一周左右　　B. 一个月　　C. 六个月　　D. 一年及以上

11. 您是否已经办理了医疗保险（　　）

A. 是　　B. 否

12. 您所住的小区或养老机构是否定期为老年人提供义诊服务（　　）

A. 是　　B. 否

13. 您所住的小区或周边养老设施是否齐全（　　）

A. 是　　B. 否

14. 您希望您所在的小区或养老机构增设哪些服务？

【第一组电子调查问卷主要内容】

关于老年人心理健康状况调查问卷（电子问卷）

您好！我们是“关注人口老龄化”项目组，为深入了解人口老龄化现状及老年人的需求，给相关政府部门提供合理化建议，进而构建老年人友好社会，特设计本问卷。本问卷适合 60 岁以上老人填写。若老人不方便填写，请家人按照老人的意愿代填。我们会做好保密工作，请放心填写！

1. 您的家人是如何照料您的？［多选］

A. 与子女一起居住，子女悉心照料

B. 与老伴一起居住，相濡以沫

C. 独立居住，子女轮流照顾

D. 独立居住，子女定期探望

E. 请保姆专职照料

F. 安顿于养老机构

G. 其他

2. 生活中您常会出现以下哪些感受？［多选］

A. 失落感　B. 孤独感　C. 怀旧心理

D. 衰老感　E. 敏感多疑　F. 基本没有产生以上感受

3. 您对您的身心健康是否关注？

A. 非常关注　B. 比较关注　C. 较不关注　D. 完全不关注

4. 您会有闷闷不乐，情绪低沉的情况吗？

A. 没有或很少时间　B. 少部分时间　C. 相当多时间　D. 绝大部分或全部时间

5. 您会因为心理上或思想上的压力而失眠吗？

A. 经常　B. 有时　C. 偶尔　D. 从不

6. 您认为您自己是个有用的人吗？

A. 一直觉得是　B. 有时觉得是　C. 从来不觉得是

7. 您是否关注心理健康评估？

A. 比较关注　B. 是，但不经常　C. 否

8. 如果子女选择将老人送入养老院，您觉得最有可能的原因是什么？［多选］

A. 工作繁忙，没有时间陪伴

B. 认为在养老院中能够丰富老人的生活

C. 养老院的定期检查可以观察老人身体状态

D. 减少家庭矛盾

E. 其他

【第二组电子调查问卷主要内容】

有关老年人的物质生活状况的调查问卷（电子问卷）

您好！我们是“关注人口老龄化”项目组，为深入了解人口老龄化现状及老年人的需求，给相关政府部门提供合理化建议，进而构建老年人友好社会，特设计本问卷。本问卷适合 60 岁以上老人填写。若老人不方便填写，请家人按照老人的意愿代填。我们会做好保密工作，请放心填写！

1. 您有几个子女？

A. 没有　　B.1 个　　C.2 个

D.3 个　　E.3 个以上

2. 您是怎样购物的？［多选］

A. 网上购物　　B. 自己出去购物

C. 子女代替购物　　D. 其他

3. 您的养老方式是？

A. 居家养老　　B. 社区养老　　C. 机构养老

D. 医养结合　　E. 其他

4. 您一般采取怎样的出行方式？［多选］

A. 乘坐私家车　　B. 乘坐公交车　　C. 步行

D. 骑自行车　　E. 其他

5. 您现在还在工作吗？

A. 是　　B. 否

6. 您主要的收入来源是什么？

A. 退休金　　B. 养老补贴

C. 子女或亲属赡养　　D. 其他

7. 您的花销主要有哪些方面？［多选］

A. 日常开支（如衣、食、住、行等）　　B. 医疗保健（如体检等）

C. 补贴子孙　　D. 人情交往

E. 休闲娱乐　　F. 其他

8. 您在经济上有没有遇到什么困难？

A. 有　　B. 没有

任务 3：设计访谈提纲

活动 1：设计访谈提纲

【访谈提纲（样例）】

入户访谈提纲

注意事项：

①访谈前，提前了解老人家庭基本情况，对提纲中个别敏感问题进行删减和调整。注意观察老人的家庭环境、穿着、外表（面貌、身体情况、灵活性、头发及皮肤等）；

②访谈中，通过对话观察老人的感官敏锐性（听力、视力），声音（力度、讲话速度、停顿时间等），回答问题时的判断，反应速度，表情，肢体语言，热情程度等，注意根据老人回答内容和语气态度等及时对问题的多少和内容再作调整；

③访谈后，注意对老人进行语言和行动上的关爱，及时进行反思和评估。

开场语：

× 爷爷 / 奶奶：

您好！我是 ×× 学校 × 年级的学生，不好意思占用您一点时间。为了了解人口老龄化相关问题，以便更好地给社区老年人服务情况提出意见和可实施的建议，我们拟定了一些问题，希望能得到您的回答。我们会对您的回答进行保密，您的观点和建议也仅供本研究所用，希望您能支持与配合，在此对您表示衷心的感谢！

问题提纲：（注意询问问题时的语气，灵活适当改变询问方式）

一、家庭成员及关系

1. 与您一起生活的家庭成员有哪些？亲戚走访情况怎么样？

2. 子女的职业及家庭收入状况如何？

3. 子女平时会提供哪些帮助或照顾？

二、物质生活状况

（一）生活习惯

1. 您日常的作息时间是什么？

2. 您平时饮食有什么偏好吗？

3. 您的睡眠质量怎么样？

4. 您一般采取怎样的出行方式？

5. 您每天每个时间段都安排什么活动？

（二）经济供养

1. 您现在还在工作吗？退休后的收入来源主要是什么？

续表

2. 您的子女采取怎样的供养方式？对您的生活开支有什么帮助？ 3. 您每月的消费支出大约有多少？花销主要在哪些方面？ 4. 您每月的收入、支出是否在预想范围内？ 5. 您在经济上有没有遇到什么困难？希望得到怎样的帮助？ （三）生活照料 1. 平常如果遇到一些不方便做的劳动，怎么解决？ 2. 有人照顾您的日常生活吗？他们来的频率如何？ 3. 您在生活中遇到哪些困难？希望得到哪些帮助？ 4. 您希望哪些人照看您？希望他们如何照顾您？ 5. 您对养老机构有什么看法？ （四）医疗保健 1. 您的身体状况怎么样？ 2. 如果生病了一般去哪里看病？是否方便？ 3. 如果生病谁照看您？希望得到怎样的照顾？ 4. 看病的医药费贵吗？是否有医保？ 三、精神生活状况 （一）心理健康和社交活动 1. 您会感到孤独吗？ 2. 社区是否有老年人团体活动？如果有，您参加过吗？感受如何？ （二）文化活动和兴趣爱好 1. 您有什么兴趣爱好吗？如唱歌、跳舞、打牌等。 2. 您会通过写作、绘画、手工艺等方式来表达自己的情感和记忆吗？ （三）代际交流和家庭支持 1. 您觉得家里的年轻一代能够很好地关注、支持和理解您吗？ 2. 您会和年轻人分享自己的生活经验和智慧或者生活中的喜悦和困扰吗？ （四）社会参与和自我实现 1. 您会通过志愿服务、教育培训等方式继续发挥自己的价值吗？ 2. 您跟以前的同事或朋友联系密切吗？社区内朋友多吗？ 结束语： 我的提问完毕，您的观点和建议对本研究有重要的指导意义，再次衷心地感谢您的支持与配合！祝您身体健康，万事如意！ 可能遇到的问题及解决方案：

续表

1. 被访者拒绝 解决方案：选取多名被访者，从中筛选最合适的人选。 2. 访谈过程中被访者不耐烦 解决方案：尽量控制问题数量和访谈节奏，掌握访谈气氛。 3. 访谈过程中被打断 解决方案：提前选取合适的时间段，提前约好时间、地点。 4. 被访者敷衍回答 解决方案：尽快结束访谈并作废，重新预约其他被访者。

教师提示：

注意与老年人的沟通方式、开场与结束语的礼貌礼仪；注意提出问题的简洁性、易理解程度，问题间的逻辑性、科学性，考虑问题是否会涉及个人隐私，考虑是否会得到被访者的回答等。

访谈提纲确定后，每个小组尝试自主设计访谈记录表。

【设计意图】访谈作为问卷内容的补充，对数据分析也起到支撑作用，选择有代表性的访谈对象，提高访谈的效率和科学性。

活动 2：小组展示讨论

各组展示电子调查问卷，互相学习其他小组问题设计及选项设置的科学性、合理性，问题的专业性，语言的严谨性等；讨论问卷中存在的不合理之处，并进行修改。

【设计意图】问卷作为收集数据的主要载体，直接影响数据的可信度，从而影响后续的整理分析和建议的提出与实施，问卷必须具备一定效度和信度，需要进行多次的思考和修改，逐渐完善。

（六）项目评价

第____小组学习培训成果展示评价表

评价内容	自评星级	互评星级	师评星级
1. 组员能积极自主学习，完成基本学习内容	☆☆☆	☆☆☆	☆☆☆
2. 每位成员掌握至少一项信息技术使用技能	☆☆☆	☆☆☆	☆☆☆
3. 能流利准确回答其他组提出的问题	☆☆☆	☆☆☆	☆☆☆
4. 能够提出有价值的新问题	☆☆☆	☆☆☆	☆☆☆
第____小组提出建议			
教师建议			

第____小组调查问卷及访谈提纲设计评价表

评价内容	自评星级	互评星级	师评星级
1. 问卷发放及访谈对象明确，抽样合理，样本代表性强	☆☆☆	☆☆☆	☆☆☆
2. 问卷设计规范，结构完整，表述准确	☆☆☆	☆☆☆	☆☆☆
3. 问卷问题紧扣主题，内容全面，层次清晰，简洁易懂	☆☆☆	☆☆☆	☆☆☆
4. 通过试测和改善，问卷具有一定效度和信度	☆☆☆	☆☆☆	☆☆☆
5. 访谈问题有针对性，对问卷有一定补充性	☆☆☆	☆☆☆	☆☆☆
第____小组提出建议			
教师建议			

（七）困难点及对策

【困难点】学生设计的问卷会有语句不通，选项设计不合理，问题不扣主题等情况。

【对策】教师把好关，帮助学生设计一份高质量的问卷。

第 4 课时　收集问卷信息　处理分析数据

（一）驱动性问题

对项目活动所获得的数据如何进行整理和分析？

（二）学习目标

1. 学生经历统计过程，发展学生的统计观念，提高学生对统计知识的理解与应用，形成主动应用统计知识解决实际问题的意识与能力；

2. 通过实践活动提高学生综合解决问题的能力，丰富学生的学习经验，体会信息技术处理数据的强大功能；

3. 通过问卷收集和结果分析，促进学生养成关爱老年人的意识和习惯，有效落实立德树人的根本任务。

（三）课时任务

任务 1：收集问卷信息

发放纸质调查问卷和电子调查问卷，收集数据。

任务 2：处理分析数据

处理问卷信息，整理、描述、分析数据。

任务 3：主题学习总结

以小组为单位，填写活动总结报告，对学习过程进行总结。

（四）学习支架

交流共享支架	各组展示调查报告，互相学习研究经验，听取研究成果和建议。
学习评价支架	学生完成调查报告评价表，对活动进行及时反思。

（五）教学过程

任务 1：收集问卷信息

活动 1：调查问卷的发放和收集

1. 纸质调查问卷

老师组织部分学生周末到老年人比较集中的场所（植物园、菜市场等）发放、收集纸质调查问卷，同学们亲切地和老年人交谈，增进对老年人的理解和尊重。

2. 电子调查问卷

老师和家长利用微信朋友圈，转发各组的电子调查问卷，让尽可能多的人参与到调查中，考虑到有些老年人不方便填写，我们特别在问卷导语部分增加了填写说明，并强调家人代为填写时一定要表达老人本人的意愿，确保问卷的有效性。

活动 2：入户访谈

学生根据问卷收集情况和小组成员家庭住址，选择有代表性的对象进行入户访谈，促进学生养成关爱老年人的意识和习惯，有效落实立德树人的根本任务。

【注意事项】在调查过程中，会有很多困难，也会有意外收获，这些都是宝贵经验，要及时用笔、纸和相机记录下来。注意待人接物文明、礼貌，注意团结、合作，注意安全。

任务 2：处理分析数据

活动 1：纸质调查问卷分析

各组把收集的纸质问卷数据进行汇总、整理，根据题目和选项特点，选择合适的统计图描述数据，将数据合理地可视化。在整理、描述的基础上，将隐藏在数据中的有用的信息提炼出来，集中、汇总、理解、消化、概括总结、形成结论，便于后续做出判断，以便提出合理的建议，并采取适当的行动。

【第六组纸质调查问卷分析表】

“关注人口老龄化”纸质问卷调查分析表（节选）

组别：第六组　　填表人：__________　　填表时间：__________

<table>
<tr><td>问卷内容</td><td>8. 您享受的补贴发放到位情况（　　）
A. 按时发放　　B. 发放但有拖延
C. 未发放　　D. 不符合享受补贴条件</td></tr>
<tr><td>整理数据</td><td>
<table>
<tr><td>选项</td><td>划记</td><td>人数</td><td>百分比</td></tr>
<tr><td>A</td><td>正正正正正正𤴓</td><td>34</td><td>68%</td></tr>
<tr><td>B</td><td>下</td><td>3</td><td>6%</td></tr>
<tr><td>C</td><td>正</td><td>5</td><td>10%</td></tr>
<tr><td>D</td><td>正下</td><td>8</td><td>16%</td></tr>
<tr><td>合计</td><td></td><td>50</td><td>100%</td></tr>
</table>
</td></tr>
<tr><td>描述数据</td><td>您享受的补贴发放到位情况
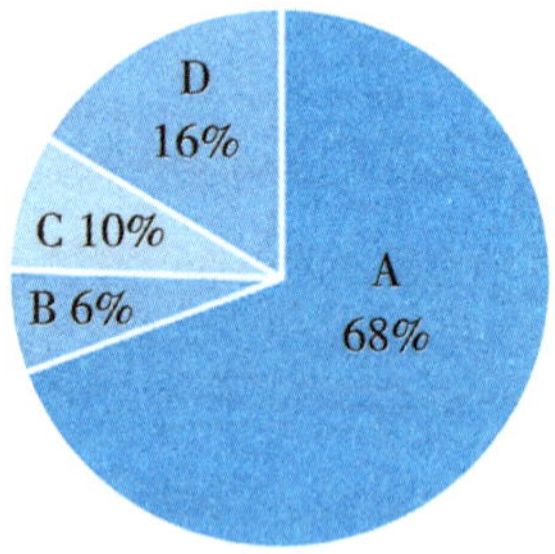</td></tr>
<tr><td>分析数据</td><td>收集的问卷中，有 68% 的人选择 A（按时发放），有 6% 的人选择 B（发放但有拖延），10% 的人选择 C（未发放），还有 16% 的人选择 D（不符合享受补贴条件）</td></tr>
<tr><td>得出结论</td><td>本次调查中，大部分人都能按时收到享受的补贴。补贴是每一位老年人的主要经济来源，关乎每一位老年人的生活状况，希望有关部门能有效落实老年人的补贴发放，并特别关注不符合享受补贴条件的老年人的生活质量。</td></tr>
</table>

活动 2：电子调查问卷分析

【第一组电子调查问卷分析摘要】

<table>
<tr><td>调查主题</td><td>老年人心理健康状况调查问卷分析</td><td>调查对象</td><td>60 岁及以上老年人</td><td>有效答卷（份）</td><td>492</td></tr>
<tr><td rowspan="2">核心问题</td><td colspan="5">数据显示：47.76% 的老年人是与子女一起居住，44.31% 的老年人与老伴一起居住，8.74% 的老年人是独立居住，只有 1.63% 的老年人安顿于养老机构。由此可见，居家养老是老年人首选的养老方式。与家人一起居住，能够减少老年人的孤独感，更有利于老年人的身心健康。
第 1 题　您的家人是如何照料您的？［多选］
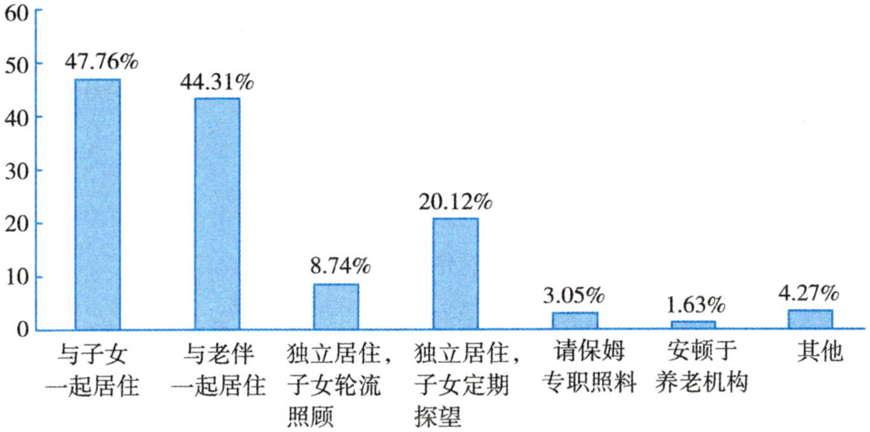
</td></tr>
<tr><td colspan="5">观察数据发现，超过 50% 的老人存在失落感、孤独感、怀旧心理、衰老感、敏感多疑等负面情绪。其中，怀旧心理达到 28.86%，占比最高。其次，孤独感占 25.81%。说明老年人缺少陪伴，老年生活不够丰富。
第 2 题　生活中您常会出现以下哪些感受？［多选］
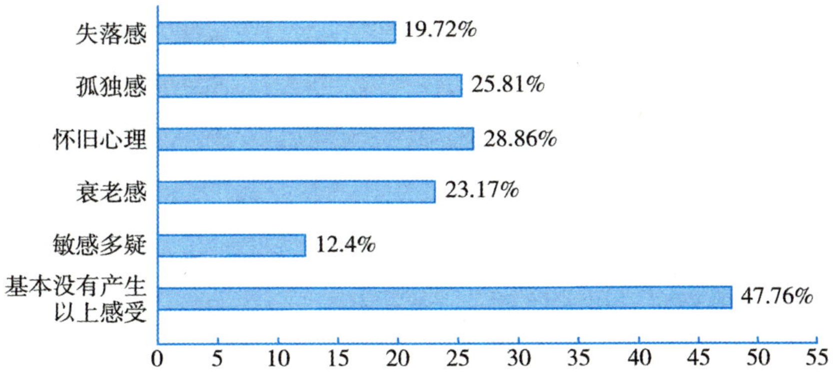
</td></tr>
</table>

续表

调查主题	老年人心理健康状况调查问卷分析	调查对象	60 岁及以上老年人	有效答卷（份）	492

核心问题

数据显示，只有 15.24% 的老年人比较关注心理健康评估。因此，应加强对老年人心理健康状况的关注。

第 7 题　您是否关注心理健康评估？

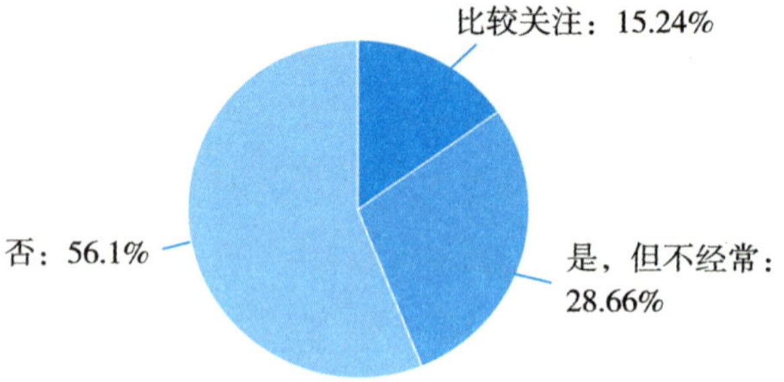

建议

1. 多与老年人沟通、交流，多陪伴；2. 老年人多外出走动，融入到社会大家庭中；3. 培养老年人的兴趣爱好；4. 社区定期开展心理健康讲座和心理健康评估活动。

【第二组电子调查问卷分析摘要】

调查主题	老年人的物质生活状况调查问卷分析	调查对象	60 岁及以上老年人	有效答卷（份）	680

核心问题

数据显示，老年人购物方式以自己出去购物和子女代替购物占主要比例。随着时代的发展，有 21.62% 的老年人，使用网上购物，需普及预防网络诈骗等相关知识。

第 2 题　您是怎样购物的？［多选］

选项	小计	比例
网上购物	147	21.62%
自己出去购物	489	71.91%
子女代替购物	377	55.44%
其他	51	7.5%

续表

<table>
<tr><td>调查主题</td><td>老年人的物质生活状况调查问卷分析</td><td>调查对象</td><td>60 岁及以上老年人</td><td>有效答卷（份）</td><td>680</td></tr>
<tr><td rowspan="2">核心问题</td><td colspan="5">根据调查数据，可看出有 42% 以上的老年人物质生活依靠子女或亲属，有 35% 的老年人物质生活由退休金和养老补贴作为保障。建议扩大养老补贴范围，同时为老年人提供更多的为社会创造价值的机会。
第 6 题　您主要的收入来源是什么？
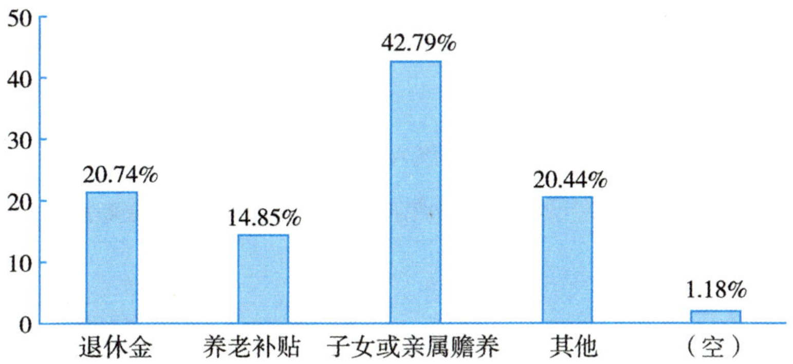
</td></tr>
<tr><td colspan="5">数据显示，老年人的花销主要体现在日常开支和医疗保健上，建议政府增加老年人医保报销比例。
第 7 题　您的花销主要有哪些方面？［多选］
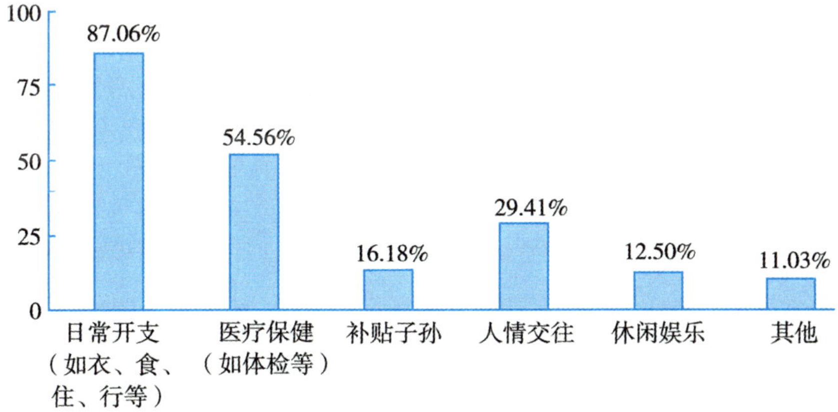
</td></tr>
<tr><td>建议</td><td colspan="5">1. 为老年人提供更好的医疗保健服务，增加老年人医保报销比例，保障老年人的医疗需求；2. 提升养老金额，扩大养老金发放范围；3. 倡导商家增设一些老年人物品促销活动，减轻老年人的经济负担；4. 为有工作能力的老年人提供就业培训，增加其为社会创造价值的机会和岗位。</td></tr>
</table>

【设计意图】让学生经历统计过程，发展学生的统计观念，提高学生对统计知识的理解与应用，形成主动应用统计知识解决实际问题的意识与能力。引导学生主动学习相关知识，全面考虑问题，勇于克服困难，实施过程能提高学生多方面能力，让学生收获各方面经验，同时也体会信息科技应用的便捷之处。通过对数据的分析，让学生更深刻地感受到自己身边的人口老龄化的严峻性。

任务 3：主题学习总结

活动 1：以小组为单位，填写活动总结报告，对学习过程进行总结

【第五组总结报告】

“关注人口老龄化”总结报告

组别：第五组　　填表人：郑海姣　　填表时间：2023.10.20

任务	主要负责人	任务完成方式	成果形式	待改进地方
查阅资料	赵艺琳 郑海姣	1. 查阅相关书籍（《三门峡统计年鉴》等；2. 上网查阅资料（国家、三门峡统计局网，相关政府单位报告文件等）；3. 走访民政局、统计局、茅津社区，参观康养中心。	1. 调查记录表 2. 照片、视频资料	1. 走访前准备不够充分； 2. 走访后总结不及时； 3. 数据的准确度和有效性有待提高； 4. 国家相关政策了解不透彻。
展示汇报	郑海姣 赵艺琳 邵文凯 张雅	1. 郑海姣和赵艺琳负责整理资料，制作对应问题的 PPT；2. 邵文凯负责整合、修改、完善、美化 PPT；3. 张雅负责展示 PPT。	1. 资料收集 PPT 2. 展示 PPT 视频	1.PPT 美观度需改进； 2. 内容逻辑性有待提高； 3. 讲解效果需优化。
调查准备	郑海姣 赵艺琳 邵文凯 李浩冉	1. 小组讨论调查主题，制订调查计划；2. 咨询家长和老师，设计合适的纸质问卷；3. 结合被采访人情况，设计访谈问题；4. 参考网上相关问卷，制作电子调查问卷。	1. 调查计划表 2. 纸质问卷 3. 访谈提纲 4. 电子问卷	1 活动步骤再细化； 2. 问卷问题设计更合理，有针对性； 3. 问题要紧扣主题，更简洁、明了； 4. 问题类型更全面。

续表

任务	主要负责人	任务完成方式	成果形式	待改进地方
收集数据	赵艺琳 康佳明	1. 到老年人集中的场所发放纸质问卷；2. 老师和家长协助发放电子问卷；3. 民政局负责人联系入户采访。	1. 访谈记录表 2. 照片、视频资料 3. 入户采访心得	1. 与被采访人交流更加亲和些； 2. 电子问卷尽量反映老人本人意愿，减少子女代填的情况。
整理数据	郑海姣 邵文凯	1. 用划记法统计纸质问卷数据；2. 针对电子问卷问题特点，选择合适的统计图，下载统计结果。	纸质问卷调查分析表	整理数据的效率有待提高。
分析数据	康佳明 李浩冉	与生物学、道德与法治、地理、心理等学科老师交流，帮助分析问卷结果。	1. 电子问卷分析报告 2. 电子问卷分析展示 PPT	1. 选择计算机软件进行数据分析，提取有价值信息； 2. 没有深入分析数据反映出的问题及产生的原因。
实践推广	郑海姣 邵文凯 赵艺琳	通过以下方式进行宣传，使更多的人关注人口老龄化问题：1. 校内、校间、校外宣传；2. 制作发布美篇，扩大宣传面。	1. 黑板报、手抄报、国旗下演讲 2. 倡议书、摄影展、宣传单、海报 3. 学习心得	1. 推广形式再多一些，范围再广一些； 2. 宣传内容再丰富些； 3. 回访、反馈落实进一步改进。
项目感悟	此次活动，不仅提高了我的临场发挥能力，同时对我的社交能力，上台发言能力，以及网络技术的运用等都有显著提升，也让我们知道了关爱老年人的重要性，我们小组以后会积极参加各种关爱老年人的活动，把此项活动一直坚持下去。			

【设计意图】通过小组的展示活动，学生对调查活动复盘，组间互相学习研究经验，听取研究成果和建议，集众人智慧，让学生体会团队合作的重要性。让学生对于学习活动进行及时的小结归纳，在反思中学会独立思考，从中体验学习的乐趣，也让学生对人口老龄化有更深刻的认识，更能关心身边的老人。

（六）项目评价

第____小组总结报告评价表

维度	3 颗星★★★	2 颗星★★	1 颗星★	评星
前期准备	准备工作按要求开展，小组成员共同完成各项准备工作，并在组长带领下收集资料自主开展集体研讨学习。	准备工作按要求开展，小组成员共同完成各项准备工作。	准备工作按要求开展，主要由组长承担资料查阅收集任务。	
活动方案设计	能够从准备阶段、实施阶段、总结阶段三个方面设计，并且每个环节的做法较为具体。规范完整、翔实合理，可操作性强，并考虑了方案的优化改进。	能够从准备阶段、实施阶段、总结阶段三个方面设计，并且每个环节的做法较为具体。	能够从准备阶段、实施阶段、总结阶段三个方面设计。	
问卷调查	问卷设计合理、内容全面且有深度，试测效果较好，可行性较强，调查活动顺利，确保数据收集的有效性，能够为下阶段的研究提供可靠的数据信息。	问卷设计合理并进行试测和调整，能较好地反映人口老龄化的相关信息数据。	问卷设计合理，完成问卷调查工作。	
数据处理	能够正确地利用所学公式计算数据，并能主动找寻多种或自主创建其他处理数据的方法。	能够正确地利用所学公式计算数据，并能找寻一种其他处理数据的途径，优化处理数据的方法。	能够正确地利用所学公式计算数据。	
过程的记录与收集	研究计划、会议记录、阶段总结、研究报告等非常完整、规范、翔实。资料呈现方式多样，除文字资料外，还有丰富的图片、视频资料。	研究计划、会议记录、阶段总结、研究报告等比较完整、规范、翔实。	研究计划、会议记录、阶段总结、研究报告等基本完整。	
阶段反思与改进	以小组为单位主动进行阶段反思总结并及时改进。	以小组为单位能主动进行反思总结，但不能及时改进。	老师让反思总结时才会做。	

续表

维度	3颗星★★★	2颗星★★	1颗星★	评星
技能学习或成果	小组成员能按照任务要求学习技能，并有自主探索学习的欲望，能够自主研发新技能或作品。	小组成员能按照任务要求学习技能，并有自主探索学习的欲望，大部分成员学会了多项新知识或新技能。	小组成员能按照任务要求学习技能，每人学会了一项新技能。	
语言表达及课件制作	课件制作及展示方式上有创新，让人耳目一新。汇报者语言清晰、流畅，主动与听者互动且具备临场应变能力。	课件制作精美，汇报者语言表达能力强，能够较好地展现小组的研究过程及效果。	课件按照展示要求制作，汇报者能够将小组阶段成果讲解清楚。	

（七）困难点及对策

【困难点】撰写调查报告对于学生来说相对困难。

【对策】在前期学习培训的基础上，教师需要再给出针对性的指导性建议和意见。要注意书写内容，书写格式，呈现调查结果和建议。

第5课时　利用数学模型　预测人口数量

（一）驱动性问题

如何利用数学模型，预测2070年（本届学生60岁左右时）的人口数量？

（二）学习目标

1. 通过了解人口增长模型的历史，学生感悟数学家们孜孜不倦、精益求精的科学态度。

2. 学生查阅国家统计局官网的人口数据，使用Logistic模型预测2070年的全国人口数量和65岁及以上老年人口数量，进而判断2070年人口老龄化程度，在此基础上，提出合理化建议，感悟数据的意义与价值，加深对模型观念的理解和认识。

（三）课时任务

任务1：了解Logistic模型

教师介绍Malthus人口指数增长模型和Logistic模型的基本情况，学生初步认识Logistic模型及其应用。

任务 2：使用 Logistic 模型

借助国家统计局官网的人口数据，尝试验证 Logistic 模型预测的数据是否准确，并用模型预测 2070 年全国人口老龄化程度。

任务 3：应对老龄化危机

学生以小组为单位，讨论如何应对人口老龄化危机。

（四）学习支架

情境创设支架	教师为学生介绍 Malthus 人口指数增长模型和 Logistic 模型的基本情况，帮助学生了解人口模型的发展历程。
资源路径支架	教师提前输入 Logistic 模型的表达式，告知学生可在国家统计局官网查阅相关的人口数据，为学生提供资源支持。
交流共享支架	学生针对 2070 年人口老龄化程度，分组讨论，并提出合理化建议，提高分析能力和语言表达能力。

（五）教学过程

任务 1：了解 Logistic 模型

活动：教师介绍 Malthus 人口指数增长模型和 Logistic 模型的基本情况，学生初步认识 Logistic 模型及其应用

【Malthus 模型】

Malthus 模型

Malthus，1776—1834

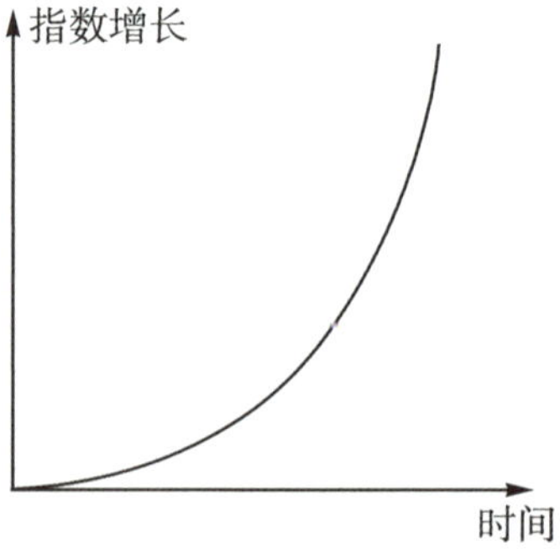

指数增长模型行为图

基本假设：单位时间内人口的增长量与当时的人口总数成正比

【Logistic 模型】

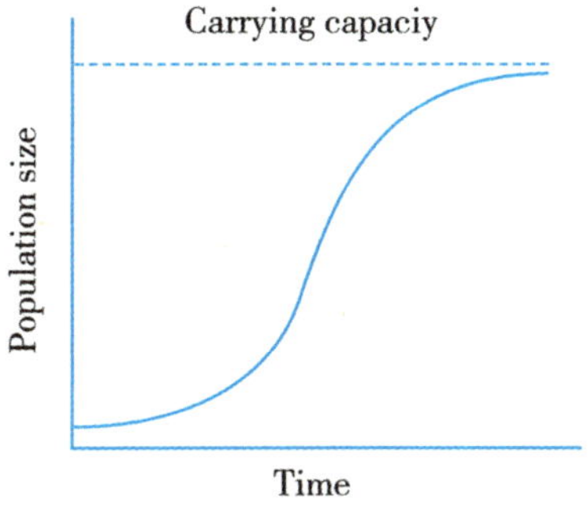

Logistic模型的应用

- 细菌繁殖
- 元素的放射性
- 岩石的剥蚀与沉积
- 高山的隆升
- 新产品的推销
- 流行病的传播
- 谣言的传播
- ……

当人口数量越接近环境总容量时，人口的自然增长率越低。

Logistic 模型 $P(t)=\dfrac{M}{1+C_3e^{-r(t-t_0)}}$，其中 t 为时间，P 为人口数量。

选定相等时间间隔为 n 的时刻 t_1，t_1，t_2，其对应的人口数量为 P_0，P_1，P_2。

$$r=\frac{1}{n}\ln\frac{\frac{1}{P_0}-\frac{1}{P_1}}{\frac{1}{P_1}-\frac{1}{P_2}}\qquad M=\frac{1-e^{-rn}}{\frac{1}{P_1}-\frac{1}{P_0}e^{-rn}}\qquad C_3=\frac{M}{P_0}-1$$

【设计意图】通过讲解人口模型的发展历程，指出本节课使用的模型是 Logistic 模型，直指探究主题，图文并茂激发学生兴趣。

任务 2：使用 Logistic 模型

活动 1：教师展示 Logistic 模型的表达式，打开几何画板软件，并介绍本节课使用的基础数据，示范演示利用模型预测 2035 年全国总人口。学生思考如何验证 Logistic 模型预测的数据是否准确，借助国家统计局官网的人口数据，尝试动手验证

年份	全国人口数量(单位:万人)
t_0 = 1990. 00	P_0 = 114333. 00
t_1 = 2002. 00	P_1 = 128453. 00
t_2 = 2014. 00	P_2 = 137646. 00

数据来源:国家统计局官网。

预测 t = 2035. 00 年,全国总人口数量约为:$P(t)$ = 145740. 20 万人

说明:在这里输入年份,可预测该年人口数量。

【设计意图】学生反思模型是否准确并加以验证，培养学生反思质疑的批判精神。

活动 2：学生代表上黑板展示使用 Logistic 模型，预测 2070 年的全国人口数量和 65 岁及以上老年人口数量，借助计算器现场计算老年人口占总人口的比例，并判断 2070 年全国人口老龄化程度

【设计意图】使用 Logistic 模型，预测人口数量，丰富数学活动经验，增强学生的模型观念和应用能力。通过预测得到的人口数据，和人口老龄化分类标准，准确判断 2070 年全国人口老龄化程度，通过数据认识现实世界，发展学生的数据观念和模型观念，培养学生的科学态度。

任务 3：应对老龄化危机

活动：学生以小组为单位，讨论如何应对人口老龄化危机，并选派代表发言

师：同学们，你认为咱们国家采取什么样的措施，才能科学应对人口严重老龄化现象呢？请你站在一个公民的角度为政府出谋划策。

【设计意图】通过前期的探究活动，结合本课时使用 Logistic 模型得到的数据，鼓励学生为应对人口老龄化危机出谋划策，增强学生的主人翁意识，锻炼表达能力，增强自信心和成就感。

（六）项目评价

“利用数学模型　预测人口数量”评价表

班级：________　姓名：________　小组：______　评价标准：优秀（★★★）良好（★★）及格（★）

评价内容＼评价方式	自我评价	同伴互评	教师评价	星级汇总
积极参与				
表达流畅				
反思质疑				
操作能力				
课堂表现				

（七）困难点及对策

【困难点 1】Logistic 人口模型是大学《常微分方程》的内容，初中生要想彻底理解是极其困难的。

【对策】本节课认识模型后教师略去推导过程，直接给出 Logistic 模型的表达式。

【困难点 2】选用不同的年份间隔以及不同的年份数据，对我们的预测结果是有影响的。

【对策】经过实验和对比，本课时选用的年份间隔为 12 年，结果相对较好。但由于模型的局限性，本模型预测的数据仅供参考。

第 6 课时　积极宣传实践　倡导敬老爱老

（一）驱动性问题

面对人口老龄化这一社会问题，初中生能做些什么？

（二）学习目标

1. 在参与社区“助餐、助洁、助乐”“小小培训师”等活动中，感受与老年人相处的快乐，弘扬中华民族尊敬老人、关爱老人的传统美德；

2. 在给社区、政府有关部门提交建议或提案的过程中，提高思想站位、树立社会责任感。

（三）课时任务

任务 1：校内宣传实践

校内开展“爱老敬老”系列活动，呼吁学生从身边小事做起，关心关爱老年人。

任务 2：校外宣传实践

校外开展各种实践活动，带动各单位、各类人群共同参与“关注人口老龄化　构建老年人友好世界”的公益活动。

任务 3：分享学习心得

总结分享自己在主题活动中的收获和成长，体会主题学习的意义。

（四）学习支架

资源路径支架	联系三门峡市康养中心或者社区，为学生开展“敬老”“爱老”“孝老”“助老”活动提供平台。
交流共享支架	交流自己在主题活动中的所感、所思、所获。
学习评价支架	学生完成“关注人口老龄化”主题学习总结评价表，对活动进行总结。

（五）教学过程

任务 1：校内宣传实践

活动 1：通过“国旗下演讲”宣读倡议书，呼吁学生从身边小事做起，关心关爱老年人

活动 2：开展相关主题班会，制作一期黑板报，制作手抄报

活动 3：开展“敬老爱老”系列活动，如主题征文比赛，摄影比赛等

任务 2：校外宣传实践

活动 1：为社区制作相关主题海报、宣传单或宣传版面，提高人们对人口老龄化的关注，提升人们为解决人口老龄化问题提出建议和做出贡献的积极性

活动 2：给政府部门递交《关于改善三门峡城区老年人生活质量的若干建议》的提案

活动 3：针对所在社区老年人的需求，开展“助餐、助洁、助乐”“小小培训师”等活动

“助餐、助洁、助乐”活动是指为老年人提供日常用餐、卫生打扫、生活娱乐等方面的服务。“小小培训师”活动是指根据老人的兴趣爱好或需求，开设培训课程，由有这方面特长的学生任教。如画画、书法、编织、舞蹈、乐器、信息技术、电子产品使用等。

【设计意图】通过各种活动的开展，调动学生及周围人积极参与“敬老爱老”相关活动，带动各单位、各类人群共同参与“关注人口老龄化　构建老年人友好世界”的公益活动。

任务 3：分享学习心得

活动：每位同学书写个人学习心得体会，思考个人知识、技能、经验、能力等方面的收获，先在组内进行交流，然后每组推荐一名代表进行全体交流

内容要求：个人知识、经验能力等方面的收获，就活动中所遇到的问题以及值得推广的经验进行总结反思，思考还能提出什么问题进行更加深入的研究。如：

（1）根据所得到的数据，你还能提出什么问题？

（2）在实施调查过程中，你有哪些收获和体会？

（3）关于人口老龄化你还想知道哪些问题？

【设计意图】通过学习心得分享，使学生及时总结自己在主题活动中的收获和成长，让学生体会主题学习的意义。

（六）项目评价

“关注人口老龄化”主题学习总结评价表

小组组别：________

维度	内容	☆☆☆	☆☆	☆	评价主体
数学知识	采用合理的方法收集数据，并对数据进行加工整理				学生
	利用合适的统计图表示数据信息				
	从统计图中获取信息并进行加工处理				
数学思考	对数据处理结果做出自己的评价				
	经历统计的一般过程，感受统计在生活中的作用				
	初步建立数据分析观念，体会统计图在描述数据中的作用				
数学观念	从现实生活中发现和提出数学问题				教师
	综合运用数学知识解决问题				
	对解决问题的过程进行反思，获得解决问题的经验				
数学态度	对身边与数学有关的事物产生兴趣，认识到生活中处处有数学				
	发现学习过程中的错误并及时改正，增强学习数学的信心				
	积极愉快参与数学讨论、探索、合作、操作，对数学有求知欲				
项目规范	本项目操作流程的规范性、可操作性				专家
	调查数据的准确度、可信度，与实际情况的贴合度				
	调查报告的完整性、丰富性、科学性				

续表

维度	内容	☆☆☆	☆☆	☆	评价主体
沟通表达	与老年人及其家人沟通的文明、礼貌程度				专家
	与专家交流的逻辑性、科学性				
	对社区或物业提出建议的合理性、可操作性				
定性评价	自我评价				
	教师期望				
	家长寄语				
	专家寄语				

（七）困难点及对策

【困难点 1】本课时的活动都在课外开展，学生组织、交通安全较为困难。

【对策】提前进行分组，做好预案，进一步提高学生的安全意识，把安全放在第一位。

【困难点 2】给政府部门递交的提案，框架不够规范，语言组织不够严谨。通过什么渠道递交提案，学生也不清楚。

【对策】老师和相关部门给学生提供帮助，对写作框架进行写作前指导和写作后的修改；提前联系相关部门，打通渠道。

七、反思及点评

（一）教学反思

本次活动学生参与热情非常高涨，各组分工合理，团结协作，学生各方面的特长得以展示，原有的不足也得以改进。学生观察问题、思考问题、分析问题的角度和深度都得到增强。比如在确定调查主题时，学生从老年人关心的问题入手，多角度确定主题，不仅涉及关注老年人的医疗、养老、锻炼等问题，还能多角度想到关注老年人的消费需求、心理需求等问题，这对十几岁的孩子来说实属难得。

本次主题学习中也存在一些问题，例如在准备阶段由于经验不足，很多问题引导不够，应该设置合理的问题抛给学生解决；在汇总阶段，学生交流后应该给予恰到好处的点评，肯定的同时能指出完善的方向；汇总阶段有一部分善于交流的同学参与分享，还有一部分同学没有机会表达自己的见解，能力锻炼得不够，如何在实践中最大限度地让所有学生都能参与到调查的每一细小部分，是本项目要继续思考的方向。

总之，对学生来说，主题式学习极具挑战性。学习时，老师对学生的指导要具体一些，问题的提出要有可操作性，让学生在初次学习就能积累一点经验，增强学生学习数学的信心和提高应用数学的能力。

（二）名师点评

通过本主题学习，学生参与大量的调查统计活动，经历数据收集、整理、描述和分析的过程，会用数据分析问题，并会利用数据做出决策和判断，提高学生在现实生活中综合应用统计知识解决问题的能力。

综合实践课强调的是过程，强调学生探索新知的经历和获取新知的体验。在活动的展开过程中，教师给学生规划了一个大的方向，调查主题和调查方案都由学生自己讨论确定，保证了学生学习的自主性、选择性和学习结论的开放性，教师依据学生的学习水平做适当的指导，以学生现有的学习能力为基点展开实践活动，充分体现了学生的主体性。

本主题学习重视了学科融合教育，引导学生关注人口老龄化等社会热点问题，弘扬中华民族尊老、敬老、爱老、助老的传统美德，向政府有关部门提交建议，提高了学生的思想站位，树立了学生的社会责任感。

设计与执教者：马　盼（三门峡市实验中学）
杨　丽
姚娇娇（三门峡市实验中学）
修改与点评者：鲍聪晓

◆ 案例 10 ◆

杆秤中的数学

——融合一元一次方程的教学实践

杆秤是一种古老的中国计量工具，具有丰富的数学文化内涵。本主题以“杆秤的发展历史”为线索，探究“杆秤平衡中的数量关系”，体会一元一次方程解决实际问题的建模思想。探究活动分为三个阶段：课外文化学习、课内原理探究、课外实践应用。在本次主题式学习中以学生为主体、以小组合作探究为主要形式，查阅资料了解中国杆秤的发展历史、应用原理以及传统杆秤的手工制作工艺等内容，感悟杆秤所蕴含的数学意义和文化价值，探究杆秤平衡中的数量关系，培养学生的抽象能力、运算能力、几何直观、模型观念等核心素养，同时让学生沿着杆秤发展的历史长河，传承公平、正义的中华传统文化精神。本课例源自人教版七年级上册一元一次方程数学活动，在七年级上学期开展，共需 3 个课时，涉及数学、物理、历史、语文、道德与法治、艺术、信息科技等学科。

一、主题说明

1. 主题分析：本主题学习活动综合运用数学和物理、历史、语文等多学科知识与方法，带领学生了解我国传统文化杆秤的发展历史，并通过收集、分析、验证数据等一系列实验活动，从数学的角度探究出杆秤平衡中蕴含的数学关系，进而建构数学模型，让学生在实践活动中自然地实现数学与其他学科的融合，同时渗透数学建模思想、转化思想。

主题学习以“杆秤中的文化”“杆秤中的数学”“杆秤巧手制作”等一系列活动为基本载体，通过查找资料了解杆秤的历史文化背景，体会人类文明的进步与发展，通过探究杆秤平衡中的等量关系，开展跨学科活动。主题活动从对物理学具杠杆的认识入手，探索杠杆平衡的条件，引入“国粹”杆秤，将学科知识与技能、思想方法融合起来，培养学生人文底蕴等核心素养，让学生学会用数学的眼光观察现实世界，用数学思维思考现实世界，用数学语言表达现实世界。

2. 任务情境：制作一把可在实际生活中使用的杆秤，并使其称重尽可能准确。

3. 驱动性问题：如何制作一把较为精准的杆秤？

二、学习目标

指向学生发展的跨学科主题式学习，聚焦深度学习和全面育人的核心价值，本课例通过探究“杆秤中的数学”，激发学习动机和兴趣。具体目标如下：

1. 通过查阅杆秤的产生、发展、应用等相关资料并在小组间交流汇报，能对我国传统杆秤文化有一个整体的、初步的认识，体验物理、数学与传统文化的融合之美。

2. 通过收集、分析、验证数据等一系列实验活动，从数学的角度提炼出杆秤平衡中蕴含的数量关系，进而构建数学模型，让学生在实践活动中自然地实现数学与物理学科的融合。

3. 经历杆秤巧手制作的活动，提升动手能力和解决实际问题的能力，通过实践操作，激发学生对科学原理的好奇心和探究欲，同时培养学生耐心和细致的学习态度。

三、学科关联

本次跨学科主题式学习，同学们查阅并了解了中国衡器的发展历史（历史）、现在使用的称重工具结构及功能、中国最早的衡器天平秤、不等臂天平杠杆原理及应用（物理）、生活中的杆秤、应用杠杆平衡条件的俗语等内容，制作精美的杆秤（艺术），探究杠杆平衡条件，从物理学来看，它是杠杆原理；从数学来看，它是一个等式，通过数学方法的运用，实现跨学科的恰当融合。

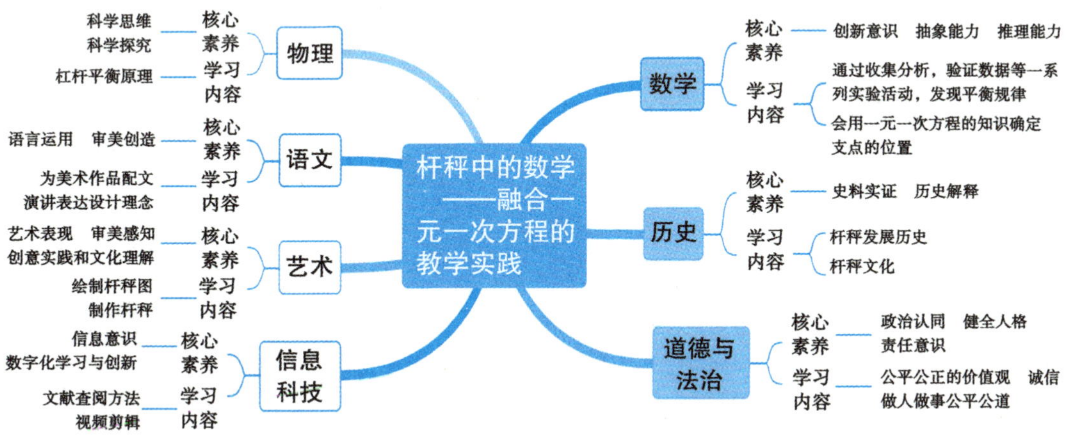

四、活动策略

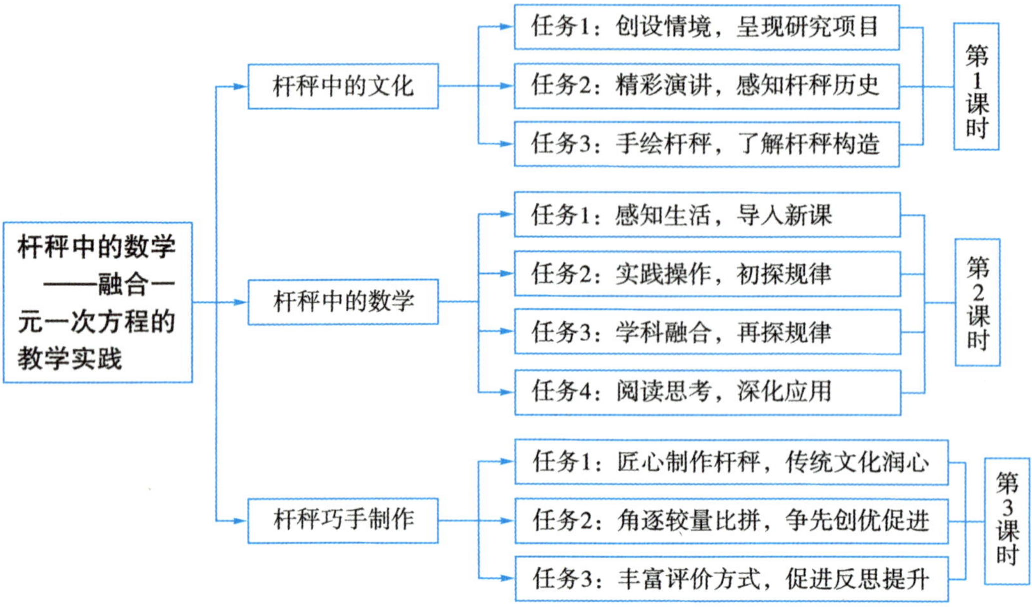

该主题式学习主要分为 3 个课时，第 1 课时为课外文化学习，主要由学生查阅相关资料或阅读相关书籍，欣赏相关的图片，感受中国传统的“杆秤文化”，与信息科技老师沟通交流，然后制作 PPT 进行演讲比赛，实现资源的交流分享；第 2 课时为课内原理探究，主要是学生通过实验探索和小组合作交流，分析数据，发现杆秤平衡的数量关系，结合问题建立模型，进而用一元一次方程求杆秤平衡状态时的支点位置；第 3 课时为课外实践应用，通过“杆秤巧手制作”活动，让学生深刻理解杆秤原理，明白一个产品的生产必须经过设计、制作、测试、再修正、再测试的过程，对真实的杆秤构造有更深刻的认识。

五、成果形式及公开方式

杆秤图、杆秤。

六、主题实施

第 1 课时 杆秤中的文化

（一）驱动性问题

一杆秤可以“称”出多少历史文化？

（二）学习目标

1. 老师提供参考文献、视频资料，学生积极参与学习，了解杆秤发展历史，以及杆秤所蕴含的传统文化，在厚重的历史典籍中感悟中华“秤”的底蕴。

2. 了解中国最早的衡器天平秤、不等臂天平杠杆原理及应用，感受生活中关于秤砣的民谚俚语、秤星与传统相术，感受中华传统文化的独特之处，增强文化自觉和文化自信。

3. 通过开展关于杆秤文化的演讲和手绘杆秤的活动，感受传统文化的博大精深，深刻体会精益求精的工匠精神。

（三）课时任务

任务 1：创设情境，呈现研究项目

让学生猜谜语，引出杆秤，播放介绍杆秤历史文化的视频，学生回忆生活中的杆秤，明确项目研究主题。

任务 2：精彩演讲，感知杆秤历史

每个小组选择一个杆秤的研究角度，制作精美课件，交流展示，大家共享研究成果。

任务 3：手绘杆秤，了解杆秤构造

学生以小组为单位设计绘制杆秤图，展示分享交流绘制的杆秤图。

（四）学习支架

资源路径支架	组建小组，与信息科技老师交流，对学生如何查阅资料，如何寻找学习视频进行培训，了解杆秤在社会生活中的作用。邀请美术老师指导学生绘制杆秤图，以及颜料的使用和色彩的搭配。

（五）教学过程

任务 1：创设情境，呈现研究项目

活动 1：猜谜语

教师出示谜语：满身花纹影如蛇，空闲日子墙上爬，千金万金肩上过，一五一十不虚夸。（学生回答：杆秤）

活动 2：播放介绍杆秤历史文化的视频

【设计意图】通过杆秤谜语，感受杆秤这一文化遗产的历史记忆，同时呈现研究主题，激发学习兴趣。通过播放视频，让学生了解杆秤的发展历程，实现跨学科融合。

任务 2：精彩演讲，感知杆秤历史

活动：学生以 6 人小组为单位，自选主题、收集资料、制作课件，然后各组派代表以演讲的形式分享研究成果

【设计意图】学生多角度、多方式收集整合资料，感受杆秤在不同时期随社会生活的变化，增强民族自豪感。

任务 3：手绘杆秤，了解杆秤构造

活动：学生以小组为单位，绘制杆秤图，在教室展示分享

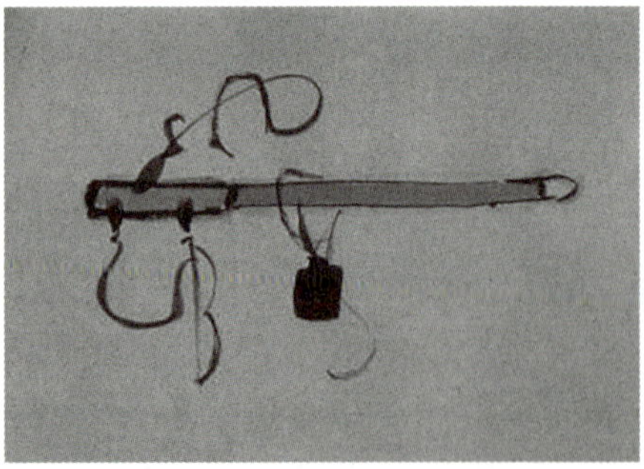
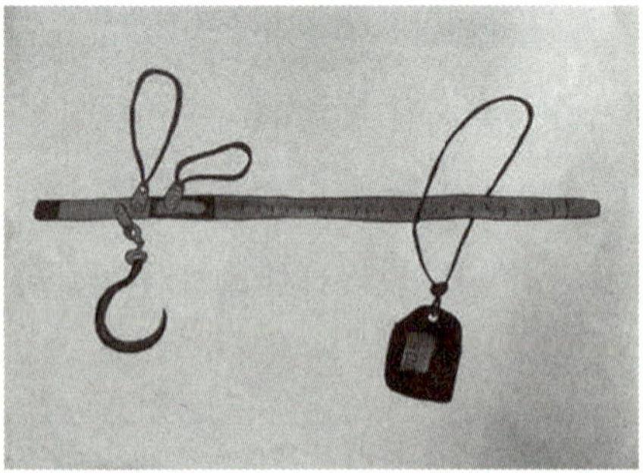

【设计意图】在分享交流的过程中，感受中国工匠重直观和崇尚简洁实用的高度智慧，体会精巧工艺技术中蕴含的丰富专业知识，激发探究杆秤原理的欲望。

（六）项目评价

主题“杆秤中的文化”，通过多种方式、多元主体、多元维度来评价学生的学习成效，关注学生核心素养的相应表现。评价量表如下：

“杆秤历史”演讲评价表

选手姓名：____________

评分项	评分要点（满分 100 分）	总分	打分
演讲内容（40 分）	背景材料真实、典型、新颖，与演讲主题契合。	10 分	
	演讲内容能紧紧围绕主题，观点正确、鲜明、积极向上。	10 分	
	文字简练流畅，有较强的思想性和逻辑性。	10 分	
	能较好地与听众融合，具有鼓舞性、激励性、感召力。	10 分	
语言表达（40 分）	普通话标准，口齿清晰，语音纯正。	10 分	
	能熟练表达所演讲的内容。	10 分	
	语言技巧处理得当，语速、语气、语调、节奏张弛有度。	10 分	
	声音洪亮，表达自然流畅、真情流露，具有感染力。	10 分	
仪表仪态（20 分）	着装整洁，大方得体，上下场致意、答谢。	5 分	
	仪态端庄大方，举止自然得体，具有朝气蓬勃的精神风貌。	5 分	
	能较好地运用姿态动作、手势表情，表达对内容的理解。	5 分	
	演讲时间控制在 6—8 分钟之内	5 分	
评委签字		总分合计	

手绘杆秤评价表

班级：________　姓名：________　小组：______　评价标准：优秀（★★★）良好（★★）及格（★）

评价方式 评价内容	自我评价	同伴互评	教师评价	星级汇总
主题与情节				
线条与构图				
色彩与搭配				
创意与艺术				
学习与品质				

（七）困难点及对策

【困难点】学生初次尝试主题学习，资料查找的途径和方法比较欠缺，收集到的信息相对比较单一。

【对策】教师为学生提供资源路径支架，通过培训和交流，培养学生查阅资料的能力。

第 2 课时　杆秤中的数学

（一）驱动性问题

称物品重量时，杆秤需要处于平衡状态才能称出重量，你知道影响杆秤平衡的因素有哪些吗？这些因素之间满足什么条件，才能使杆秤平衡呢？

（二）学习目标

1. 通过实验探究和小组合作交流，分析数据，发现杆秤平衡的等量关系。

2. 结合实际问题画示意图，利用一元一次方程求杠杆平衡状态时的支点位置。

3. 通过学科融合，学会多学科多视角理解问题，会应用跨学科知识解决问题。

4. 通过了解杆秤的发展历史，感受中国传统文化的博大精深，培养学生良好的数学思维品质。

（三）课时任务

任务 1：感知生活，导入新课

播放视频，认识老物件杆秤，同时让学生尝试用杆秤称苹果的重量，观察杆秤平衡状态，提取影响杆秤平衡的要素。

任务 2：实践操作，初探规律

研究支点左右两端钩码的个数与钩码到支点的距离之间的关系，从数学的角度得到等量关系。

任务 3：学科融合，再探规律

从物理角度帮助学生理解探究出的等量关系，即物理学中的杠杆平衡原理。

任务 4：阅读思考，深化应用

利用探究出的规律，解决支点位置的问题。

（四）学习支架

资源路径支架	教师为学生提供古代天平秤各部分组件的完整视频，为学生提供实验器材杠杆，邀请物理老师讲解杠杆的使用步骤以及注意事项。

（五）教学过程

任务 1：感知生活，导入新课

活动 1：观察杆秤，说出其用途

师：老师今天带来了一个老物件，同学们能大声说出它的名字吗？

生：杆秤。

师：生活中在哪里经常见到它？它是干什么用的？

生：市场上、药房等，它是用来称重的。

师：同学们很善于观察生活，让我们了解一下这个老物件。

活动 2：观看视频《老物件——秤》，了解杆秤及其结构

师：秤是中国古代的传统度量衡三大件之一，在魏晋南北朝时期就有了衡秤，南朝画家《执杆图》中画中之人手里提着的就是一杆秤，就是我们所说的杆秤，距今 1500 多年，杆秤主要由秤砣、秤杆、秤钩和秤盘组成。

活动 3：实际称重，初步感知杆秤的平衡

师：哪位同学能用杆秤帮老师称称这几个苹果的重量？其他同学认真观察，思考杆秤处于什么状态可以读数，如何读数？

（学生提起提钮，移动秤砣，当杆秤平衡时，邀请一位同学读数）

师：如果往袋子里再放一些苹果，杆秤会平衡吗？

生：不会。

师追问：如何操作才能使杆秤再次水平平衡呢？

生：移动秤砣，离提钮远些。

师：请同学们根据以上观察，猜想一下：影响杆秤平衡的因素有哪些？

生：物体的重量、秤砣到提钮的水平距离、物体到提钮的水平距离、秤砣本身的重量。

师：下面我们用杠杆尺代替杆秤，用钩码代替物体和秤砣的重量，探究物体的重量、秤砣到提钮的水平距离、物体到提钮的水平距离、秤砣本身的重量这四个量之间的关系。

【设计意图】从古老的文化遗产杆秤引入主题，激发学生的学习兴趣，同时感知水平方

向上的平衡，激发探究平衡条件的欲望。让学生尝试用杆秤称重，直观地观察平衡，提取平衡条件，建立数学与生活的联系。

任务 2：实践操作，初探规律

活动 1：认识器材，明确研究的问题

师：先认识一下我们实验用的器材：钩码、支架、带刻度的尺子（学名叫杠杆尺）

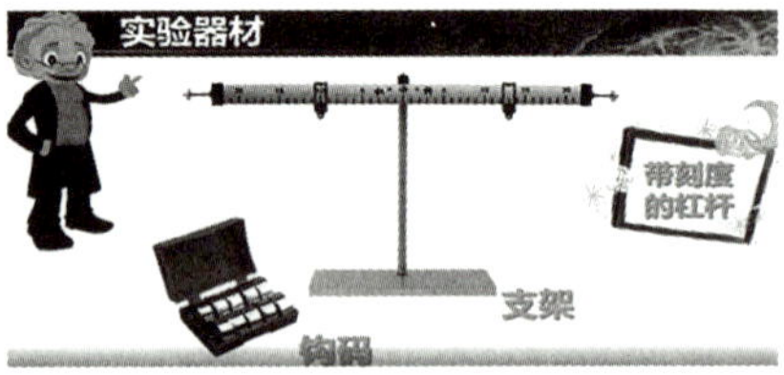	钩码盒一套
	带刻度的杠杆
	铁架台

师：为了便于实验探究各量之间的关系，根据实验器材中每个钩码的重量都是相等的，我们可以把研究重量与距离的关系转化为研究钩码个数与距离之间的关系，并用字母表示。

影响杆秤平衡的因素	字母表示
左端钩码的数量	n
左端钩码到提钮的距离	l_1
右端钩码的数量	m
右端钩码到提钮的距离	l_2

【设计意图】通过认识教具促进学生思维的发展，让学生认识到教具在实验探究中的作用，提高学习兴趣，增强学生的学习效果。同时用字母表示量，可以使问题中的数量关系表示更加简明，更具有一般性。

活动 2：观看视频，感受杠杆平衡的条件

学生看实验操作视频，感受影响杠杆尺平衡的四个因素之间的关系。

视频实验操作步骤：

（1）调整木杆，使其在不挂钩码时，能保证水平并静止，达到平衡状态；

（2）在木杆左右两端各悬挂一重物，看看左右是否保持平衡；

（3）在木杆左端小物体下加挂一重物，然后把这两个重物一起向右移动，直至左右平衡，记录此时支点到木杆左右两边挂重物处的距离；

（4）在木杆左端两小物体下再加挂一重物，然后把这三个重物一起向右移动，直至左右平衡，记录此时支点到木杆左右两边挂重物处的距离；

（5）在木杆左边继续加挂重物，并重复以上操作和记录。

【设计意图】让学生了解实验流程，减少实验过程中的失误，纠正错误操作，提高动手操作能力。

活动 3：实验操作，分析数据之间的关系

（1）当 m=1，l_2=20 时，改变左端钩码的数量 n，在表中记录杠杆尺平衡时 n 和 l_1 的值。

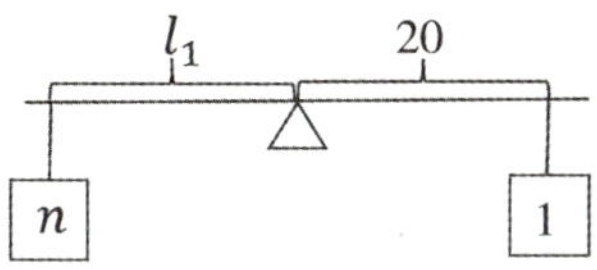

实验次数	左端		杠杆尺的状态	右端	
	左端钩码的数量 n（单位：个）	左端钩码到支点的距离 l_1（单位:cm）		右端钩码的数量 m（单位：个）	右端钩码到支点的距离 l_2（单位:cm）
1	1	20	平衡	1	20
2	2	10	平衡	1	20
3	4	5	平衡	1	20
…	…	…	平衡	…	…

改变 m 和 l_2 的值，记录杠杆平衡时 n，l_1 的值，完成表格内容。

实验次数	左端		杠杆尺的状态	右端	
	左端钩码的数量 n（单位：个）	左端钩码到支点的距离 l_1（单位：cm）		右端钩码的数量 m（单位：个）	右端钩码到支点的距离 l_2（单位：cm）
			平衡		
			平衡		
			平衡		
			平衡		
…	…	…	平衡		

【设计意图】通过实验、记录、分析数据，提升学生科学研究和决策制定的能力，为后续研究提供数据支持。

活动 4：分析数据，得出杠杆尺平衡的条件

1. 各组代表展示实验的结果。

（1）当支点右边钩码的数目不变、位置不变时，随着支点左边钩码数目的增多，支点到木杆左边挂重物处距离越来越近。

（2）$nl_1=ml_2$（n 为左边小物体的数目）。

2. 与（1）中结论不同的小组从数据的统计、计算和实验操作的准确性方面检查，再次实验。

【设计意图】遵循教材的知识示范，让学生在实验中发现数据之间的关系，在这个过程中，小组成员共同参与、记录、交流、展示，培养了学生的合作意识和探究能力。

任务 3：学科融合，再探规律

活动 1：早在几千年前我国人民就已经在生活中运用以上原理来称重了，它们使用的称重工具比杆秤还要早 1000 多年，它就是我国最早的衡器天平秤，我们一起来欣赏一下。

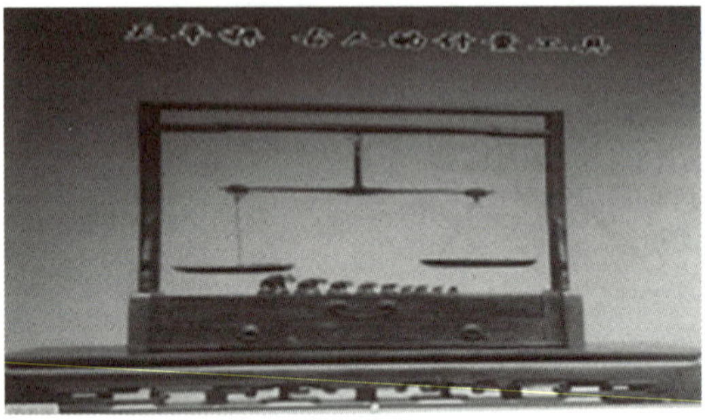

师：哪位同学认识这个物件，你能说说它的历史吗？

生：这是在长沙左家公山楚墓出土的战国天平与砝码，是至今保存最为完好的天平秤，它是一个等臂天平，主要部件是一个木质衡杆，衡杆的中央有一个孔，穿丝线做提钮，两端钻孔穿四根丝线系铜盘，两端放已知重量的砝码和待测物体，在平衡状态下，待测物体的重量就等于砝码的重量。

师：现在有一个问题问问大家，等臂天平的弊端是什么？

生：只能称量和砝码重量相等的物体，砝码范围之外的物体没法称重。

师：这位同学很善于思考，这个遗憾在战国时期得到了弥补，人们发明了不等臂天平，这是在中国历史博物馆珍藏的战国时楚国的“王”铜衡，哪位同学了解它的历史呢？

生：衡杆上有了刻度线，在称重时，将重物和权（也就是我们说的秤锤，它是我国古代的度量衡，相当于现在的标准砝码）吊在横杆的两端，通过调整它们在横杆上的位置使它们处于平衡状态，根据它们距悬点的距离和权的重量就可以知道待测物体的重量了。

师：但它的使用并不简便，人们进一步发明了提系杆秤，跨越千年历史，中国衡器一直发展至今。

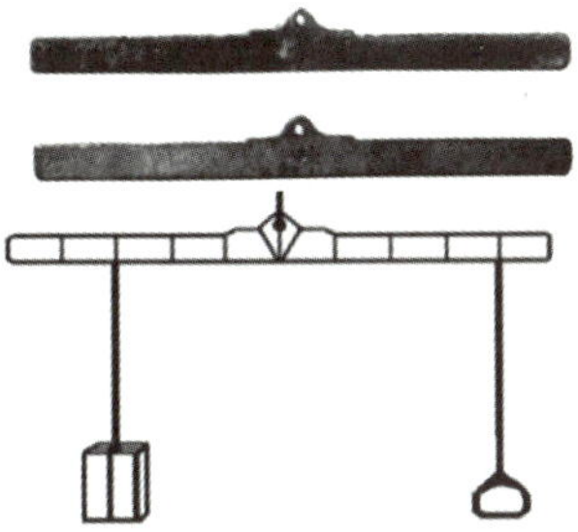

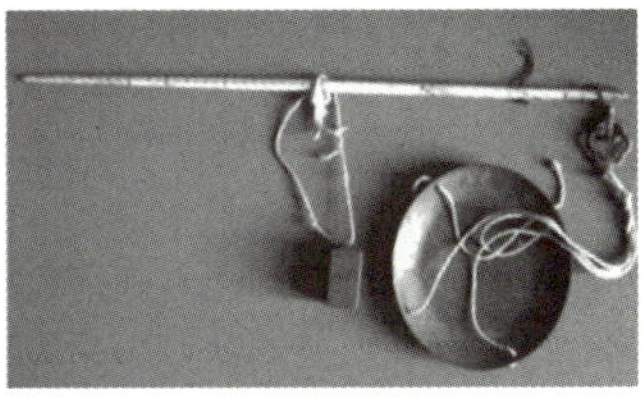

战国时期（公元前475年—公元前221年）→ 近1000年 → 南北朝时期（公元420年—589年）

【设计意图】在初次探究的基础上，让学生结合生活，认识到古代的等臂天平就是应用这个原理称重的，感受到古人的智慧。沿着杆秤发展的历史长河，为了更方便地使用，人们对秤进行了改良，让学生了解秤的发展史，增强民族自豪感。

活动 2：类比前面的探究过程，下面我们以杆秤为模型，通过改变条件，继续探究这四个量之间的关系。

1. 画图标图建立关联

找到图中杆秤上 n，l_1，m，l_2 的位置，根据杆秤实物画出它的示意图。

2. 收集整理实验数据

师生活动： 教师给出活动要求和示意图，以小组为单位操作实验，收集数据填入表格。

师： 当 $m=2$，$l_1=5$ 时，要让杠杆尺保持平衡，在表中记录平衡时 n 和 l_2 的值。

改变 n 和 l_2 的值，多次实验，将数据填写在下列表格中。

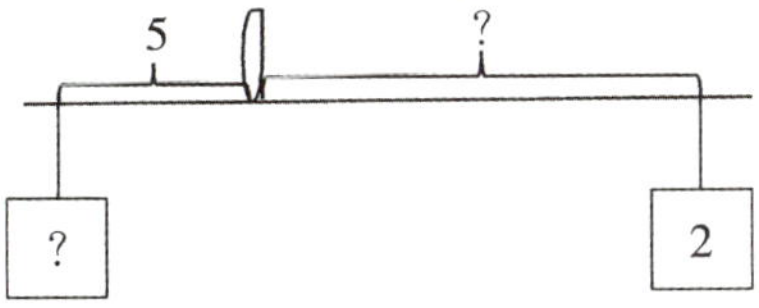

实验次数	左端		杠杆尺的状态	右端	
	左端钩码的数量 n（单位：个）	左端钩码到支点的距离 l_1（单位：cm）		右端钩码的数量 m（单位：个）	右端钩码到支点的距离 l_2（单位：cm）
1		5	平衡	2	
2		5	平衡	2	
3		5	平衡	2	
…	…	…	平衡	…	…

3. 分析总结实验规律

师生活动：组内交流、分析数据、得出结论、组间交流、相互学习。

实验次数	左端		杠杆尺的状态	右端	
	左端钩码的数量 n（单位：个）	左端钩码到支点的距离 l_1（单位：cm）		右端钩码的数量 m（单位：个）	右端钩码到支点的距离 l_2（单位：cm）
1		5	平衡	2	
2		5	平衡	2	
3		5	平衡	2	
…	…	…	平衡	…	…

4. 多角度理解实验结论

数学角度（等量关系）	物理角度（杠杆原理）
左端钩码的数量 n× 左端钩码到支点的距离 l_1= 右端钩码的数量 m× 右端钩码到支点的距离 l_2	动力 × 动力臂 = 阻力 × 阻力臂

【设计意图】依托杆秤，通过改变条件，实验操作再一次得到平衡条件，从中体会从特殊到一般的数学思想。在探究的过程中，将物理与数学恰当融合，实现了跨学科，培养了学生的跨学科素养。

任务 4：阅读思考，深化应用

问题探究 1：在杠杆支点左边 5 cm 处挂两个 50 g 的砝码，距离支点右边 10 cm 处挂上一个 50 g 的砝码，杠杆恰好平衡。若在支点右边再挂三个 50 g 的砝码，则右边四个砝码距离支点多远时，杠杆仍能保持平衡?

解：设支点右边四个砝码距离支点 x cm 时，杠杆仍保持平衡，由题意，得

$50\times4x=50\times2\times5$。

解得 $x=2.5$。

答：右边四个砝码距离支点 2.5 cm 时，杠杆仍保持平衡。

问题探究 2：如图，在一根质地均匀的木杆右端挂一个重物，支点左边挂 n 个相同的重物，并使左右平衡。设木杆长为 l cm，支点在木杆中点处，支点到木杆左边挂重物处的距离为 x cm，把 n，l 作为已知数。

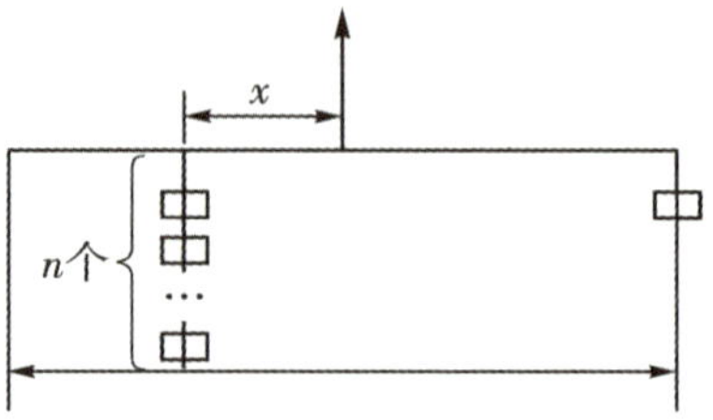

（1）写出题目中的相等关系；

（2）列出关于 x 的一元一次方程并求解。

师生活动：让学生在真实的问题情境中，提取数学问题，建立模型解决问题。

解：相等关系为

木杆左边 n 个重物的质量 × 支点到木杆左边挂重物处的距离 = 木杆右边 1 个重物的质量 × 支点到木杆右边挂重物处的距离

根据结论，可以列得方程，$nx=\frac{l}{2}$。

解得 $x=\frac{l}{2n}$。

【设计意图】任何结论的诞生，都离不开它在生活中的应用，给学生创造具体的问题情景，检验学生的学习效果，增强学生的自信心，感受数学的应用价值。

（六）项目评价

评价项目	评价指标	评价等级（A，B，C，D）				
学习态度与方法	评价方式	自评	互评	师评	总评	改进建议
	学习态度					
	学习方法					
学习行为与表现	收集整理					
	交流合作					
	表达展示					
	学习理解					
	实践应用					
	创新迁移					

（七）困难点及对策

【困难点】学生对使用何种工具进行探究，以及如何探究缺乏经验，等量关系的寻找有一定的困难。

【对策】教师为学生提供实验教具，指导学生操作实验，探究影响杆秤平衡的四个量之间的关系。

第 3 课时　杆秤巧手制作

（一）驱动性问题

利用杠杆原理，你能制作一个杆秤吗？

（二）学习目标

1. 通过制作杆秤的活动，加深对杠杆平衡原理的理解，同时了解杆秤在日常生活中所扮演的角色及含义，了解并学习古人在杆秤中赋予的道德要求。

2. 体会数学的价值以及与生活的密切联系，培养学生的高阶思维能力和思维方式，发展合作意识，责任意识等精神品质。

（三）课时任务

任务 1：匠心制作杆秤，传统文化润心

学生明确分工，共同制作一个杆秤。

任务 2：角逐较量比拼，争先创优促进

教师为学生提供重量不一的样品，学生带着自己的杆秤成品，现场称重比拼。

任务 3：丰富评价方式，促进反思提升

学生参观欣赏各组作品，评委现场打分，对优秀作品进行评奖。

（四）学习支架

资源路径支架	教师为学生提供制作杆秤的文献资料和视频资源，发放报告单，为学生提供基础材料和制作场地，请劳动教师到现场作手工技术及安全操作指导。

（五）教学过程

任务 1：匠心制作杆秤，传统文化润心

活动：学生利用课后时间，小组分工协作，制作杆秤

【设计意图】丰富和拓展项目内容，感受传统文化的博大精深，深刻体会精益求精的工匠精神。

任务 2：角逐较量比拼，争先创优促进

活动：学生带着自己制作的杆秤进行现场称重，看谁制作的杆秤最为标准，并请评委老师现场打分

【设计意图】让学生感知杆秤是公平公正的象征，是天地良心的标尺，用杆秤做生意是中华传统文化的独特之处。

任务 3：丰富评价方式，促进思维提升

师生活动：评委根据学生制作杆秤的精美度、精确度、实用性三个维度进行打分，对优秀作品进行评奖。学生回顾整个活动过程，畅谈收获与体会。

【设计意图】通过评价，让学生了解自己学习的程度和深度，是对学生学习结果的反馈，进一步增强学生学习的动力。

结束语：随着人类科技的进步，工商业对秤的精度和便捷性要求越来越高，凝聚着人类智慧的杆秤已经不能满足人们的需求，杆秤正日渐消失，电子秤应运而生。这种秤比杆秤精度高，更便捷，重量值可用数字直观显示。

杆秤和电子秤在社会历史中各有其独特的地位和价值。杆秤作为中国传统文化的象征，承载着深厚的人文精神和社会价值；而电子秤则代表了科技进步的方向，在现代社会中发挥着重要的作用。两者共同见证了计量技术的发展和社会生活的变迁。

（六）项目评价

主题“杆秤巧手制作”采用多维评价方式，具体评价量表如下：

评价维度	评价标准	得分	改进建议
材质选择（1分）	能恰当选择制作杆秤各部分的材质。		
技术能力（2分）	制作的杆秤能准确称重。		
工程制作（1分）	能制作出杆秤的各个部分。		
艺术人文（2分）	产品给人以美感，精致精准；能清晰简洁地表达设计理念。		

续表

评价维度	评价标准	得分	改进建议
数学思维（2分）	能用数学思维正确制定实施方案和步骤，能用数学方法快速找到杆秤零刻度的位置。		
团队合作（2分）	小组有分工，能认真完成自己的任务；合作很愉快，作品很棒。		

（七）困难点及对策

【困难点】学生在制作杆秤时对秤星的制作不是很清楚，导致杆秤在未挂重物时不能平衡。

【对策】提供秤星制作的视频，讲解如何制作秤星。

七、反思及点评

（一）教学反思

《杆秤中的数学——融合一元一次方程的教学实践》整个教学突出了知识的情境化，杆秤经历了几千年的历史演变，在本次主题学习活动中，结合具体的问题情境，将它抽象成了一个数学模型，进而运用一元一次方程求平衡状态时物体与支点的距离，立足学生的兴趣和需求，增强了知识与实际生活的关联，提高了学生分析问题和解决问题的能力。

本次主题学习活动，采用了实践式、互动式、体验式以及小组合作的教学方式，激发了学生的学习兴趣，激活了学生的思维，在传统文化的背景下，学生置身于真实的学习环境中去感受，在动手操作和思维活动中积累数学活动经验，真正实现了生活数学化，以及知识的重组和建构。激发了学生的学习热情，提高了学习效率。

在课堂上层层递进地推进整个主题的探究和学习，从知识、思想、能力等方面，促进学生的全面发展，学生的数学素养也在潜移默化中渐渐养成。本次主题学习，学生既学习了中国的传统文化，又亲身经历了平衡条件的探索过程，体会了数学建模的思想，发展了学生的核心素养。

（二）名师点评

《杆秤中的数学——融合一元一次方程的教学实践》推陈出新，恰到好处地实现了跨学科融合教学，达到了新、趣、活、实、美的效果，教师引导学生用数学的眼光看待问题，用数学的方法解决问题，用数学的语言表达问题，诠释了让学生学会从数学角度思考世界的教育真谛，培养学生的数学核心素养。

1. 以“真问题”获得价值认同。以杠杆平衡为背景，引入“国粹”杆秤，探究杠杆的平衡条件，将学科知识与技能，思想方法融合起来，培养学生的人文底蕴。

2. 用“跨学科”促进问题解决。本节课实际上是对杠杆平衡条件的探索和归纳，要使杠杆保持平衡，需要满足“动力 × 动力臂 = 阻力 × 阻力臂”，从物理学来看，它是杠杆原理，从数学来看，它是一个等式。在课堂中突出数学学科特色，教师引导学生用数学知识推导和演绎，建立一元一次方程的模型解决问题，恰到好处地实现了学科的融合，培养了学生跨学科学习的素养。

3. 用“动手做”传承优秀文化。学生设计图纸，精选材料，充分利用筷子、木棍、盘子、盒子、积木、螺丝钉等日常物品，反复研究、打磨、标刻度、调试、做成成品，最后优化产品。在整个制作过程，体会精益求精的工匠精神。

设计与执教者：鲍聪晓
周永丽（三门峡市实验中学）
修改与点评者：杨　丽

◆ 案例 11 ◆

时差中的数学奥秘

——融合有理数加减运算的教学实践

本主题学习以时差给我们的生活所带来的影响设置情境，通过探究因地球自转而引起的北京和世界其他城市时间差异，感受地球自转带来的影响，让学生了解时差是如何产生的，并掌握简单的时差计算方法。培养学生的运算能力和应用意识，进一步引导学生用数学的眼光观察现实世界，体会时差对人们生产生活的影响，让学生学会运用合适的方法倒时差，从而更好地面对生活，树立尊重自然、顺应自然的观念。本主题活动在七年级上学期开展，共需 3 个课时，涉及数学、地理、体育与健康、生物学等学科。

一、主题说明

1. 主题分析：本主题学习是在学生学习了有理数的加减、地球的运动后实施的，学生已经具备了数学、地理、体育与健康、生物学等学科的相关知识，有能力进行跨学科主题学习。以巴黎奥运会为背景，利用“有理数的加减”计算时差，研究时差对生活的影响，从而正确地面对巴黎之行。教帅引导学生在此主题学习的过程中，熟练运用跨学科知识解决问题，提升初中学生必备的核心素养。

2. 任务情境：2024 年夏季奥运会在法国巴黎举行，为在直播时能准时目睹这一体育盛宴，需要了解北京和巴黎的时间差异。

3. 驱动性问题：如何利用“有理数的加减”的有关知识计算时差？时差的影响有哪些？如何倒时差？如何能够在准确的时间点观看巴黎奥运会？

二、学习目标

1. 认识时差产生的原因，会从数学视角认识时差问题，进行时差计算，培养学生的运算能力和应用意识，进一步引导学生用数学的眼光观察现实世界。

2. 结合日常生活中的实例，了解地球自转产生的地理现象——时差给人们带来的影响，能够正确地倒时差，调整生物钟，树立尊重自然、顺应自然的观念。

3. 让学生初步形成“数学—地理”跨学科解决问题的意识，初步获得跨学科解决问题的活动经验。

三、学科关联

本次跨学科主题活动，通过互联网、图书馆等途径查阅北京和世界其他城市的生活差异，时差产生的原因及如何有效倒时差等，填写任务单、制作手抄报、填写“2024 年巴黎奥运会之旅”等，进一步提高学生的动手操作能力和跨学科学习能力，培养学生的创新意识和应用意识。

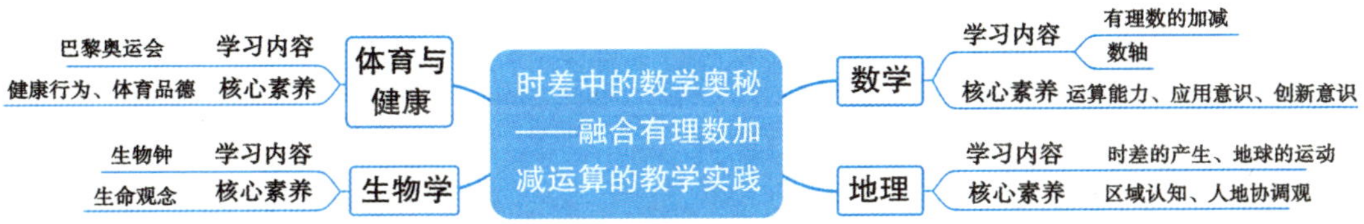

四、活动策略

该学习活动围绕“倒时差到巴黎奥运会”这一核心问题，开展了“时差的产生”“时差的影响、计算与倒时差”“提前准备，规划奥运之旅”3 个主题活动，共设计了 10 个子任务，融合地理、生物学、体育与健康等学科知识，引导学生通过小组合作、展示交流、师生共探等方式完成任务，从而培养学生的核心素养，发展应用意识。

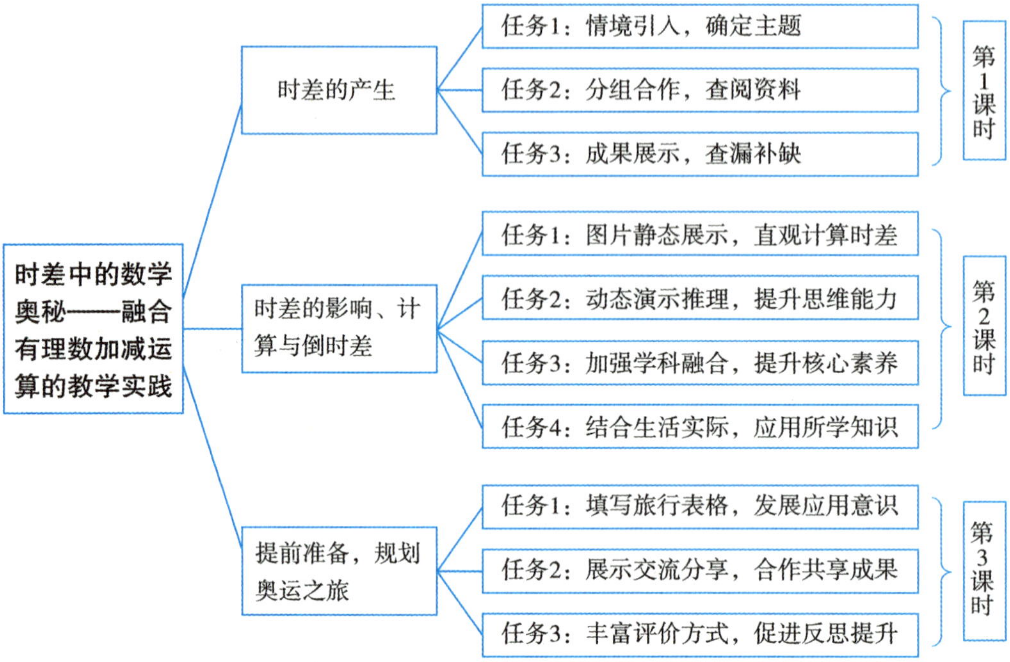

五、成果形式及公开方式

任务单、视频、小论文。

六、主题实施

第 1 课时　时差的产生

（一）驱动性问题

北京和世界其他城市在同一时间下的生活有哪些差异呢？引起这些差异的主要原因是什么？时差是如何产生的？

（二）学习目标

1. 借助自媒体、网络、图书馆等查阅资料，掌握北京和其他城市的生活差异，让学生感悟时间和空间的差异。

2. 引导学生将所查资料进行展示，培养学生归纳总结的能力，教给学生收集数据的方法。

（三）课时任务

任务 1：情境引入，确定主题

根据数学、地理、生物学等课程标准和教学目标，将主题分解为具体的任务和问题，明确学生需要完成的工作。

任务 2：分组合作，查阅资料

将学生分成小组，学生在小组内通过自主探究、查阅资料、实践操作等方式，尝试解决项目中的数学问题。教师可以提供必要的指导和资源支持。

任务 3：成果展示，查漏补缺

各小组展示项目成果，分享在项目过程中的收获和体会。通过汇报、展示作品的形式进行。

（四）学习支架

情境创设支架	通过中国乒乓球队的夺冠和生活中因时差导致的问题，引出课题。
资源路径支架	学生在小组内通过自主探究、查阅资料、实践操作等方式，检索内容的范围和资料收集的办法，丰富对时差、“有理数的加减”知识的了解。
交流共享支架	各小组展示项目成果，分享他们在项目过程中的收获和体会。通过汇报、展示作品的形式进行。

（五）教学过程

任务 1：情境引入，确定主题

活动：提出问题

教师：在 2024 年的 WTT 沙特大满贯乒乓球赛事中，中国乒乓球队再次展现了其世界领先的实力，成功包揽了男单、女单、男双、女双以及混双五个项目的冠军。女单决赛于沙特时间 5 月 11 日 14：00 由孙颖莎对阵陈梦，CCTV-5 全程直播，作为孙颖莎的球迷，家住三门峡的小明于 5 月 11 日 14 时准时打开 CCTV-5，却没有看到直播，他很纳闷，你能告诉他应该几点看直播吗?

【设计意图】通过现实生活中因时差而导致的问题，设置疑问，激发学生学习兴趣，唤起学生的求知欲。

任务 2：分组合作，查阅资料

活动 1：查资料，列清单。利用网络、图书馆、自媒体等方式查阅有关北京和世界其他城市同一时刻的生活差异

同一时刻下，北京与世界其他城市的生活差异

北京时间 6 时升国旗，在同一时刻下，巴黎时间 23 时休息

北京时间 14 时上班路上，在同一时刻下，伦敦时间 6 时日出

北京时间 23 时休息，在同一时刻下，莫斯科时间 18 时晚饭

【设计意图】用图片直观地展示出北京和世界其他城市同一时刻的生活差异，设置疑问，激起学生学习兴趣。

活动 2：找理论，证差异。用数学和地理学科的知识比较两地的生活，探究北京和莫斯科为什么同一时刻的生活场景（状态）不同

【设计意图】用图片直观地展示出北京和莫斯科两地作息时间的差异，设置疑问，要求学生整理知识，感知时差产生的原因，培养学生探索科学的欲望和精神，进一步培养学生的运算能力。

活动 3：小组讨论，形成结论

教师引导，学生小组讨论，完成时差产生的原因清单，同时完善自己掌握的情况。

时差产生的原因清单

班级：__________ 姓名：__________ 收集资料方式：__________

地球的自转	地球的公转	人为的时间调整

【设计意图】引导学生利用多种途径获取知识，并将所获得的知识整理归类，培养学生发现问题，分析问题的能力。

任务 3：成果展示，查漏补缺

活动 1：各小组以图片展示北京和世界其他城市两地的生活差异，利用任务清单展示时差产生的原因，分享他们在完成项目过程中的收获和体会。通过汇报、展示作品的形式进行

【设计意图】学生分享自己获取知识的过程和所获得的知识和结论，在此过程中提升学生的语言表达能力。

活动 2：教师总结，升华感知。地理和数学教师对学生探究北京和世界其他城市的生活差异中暴露出来的问题进行总结和纠正，完善时差产生的原因清单

【设计意图】教师对学生展示过程中的优点和问题进行总结，引导学生在总结问题时要注意全面性和规范性，培养学生形成严谨的学习态度。

（六）项目评价

图片、任务清单评价表

班级：________　姓名：________　小组：______　评价标准：优秀（★★★）良好（★★）及格（★）

评价内容 \ 评价方式	自我评价	同伴互评	教师评价	星级汇总
分工明确				
资料完善				
观点正确				
内容翔实				
总结到位				

（七）困难点及对策

【困难点】学生知识水平和认知能力有限，资料收集可能不全面。

【对策】教师在学生查阅资料时做好指导，另外推荐较好的查询网站。

第 2 课时　时差的影响、计算与倒时差

（一）驱动性问题

如何正确地计算时差？巴黎夏令时和冬令时有何不同？时差给我们的生活带来哪些影响？如何正确地倒时差？

（二）学习目标

1. 利用有理数的加减运算法则和数轴等知识，结合地球的自转，引导学生正确计算时差，从而提升学生的计算能力和推理意识；

2. 通过了解时差给我们生活带来的影响，正确地倒时差，从而科学健康地生活，培养学生尊重自然、顺应自然的意识。

（三）课时任务

任务 1：图片静态展示，直观计算时差

教师展示时区划分图片，学生直观观察图片。教师设置问题串，呈现探究问题，学生在已有知识基础上探究问题。

任务 2：动态演示推理，提升思维能力

地理教师和学生分别动态演示地球自转，让学生进一步体验时差产生的原因，从运动的观点进行推理，提升学生的推理意识和推理能力，培养学生的科学探索精神。

任务 3：加强学科融合，提升核心素养

在数学和地理学科背景下，将时差在数轴上表示出来，并将数轴改成“圆形”时差数轴。

任务 4：结合生活实际，应用所学知识

明确时差影响，合理倒时差，调整生物钟。

（四）学习支架

思维优化支架	能利用有理数的加减运算，结合地理上产生的时差，对时差准确运算，能有效合理地倒时差，便于更好地生活。
学习评价支架	为学生提供评价量表，通过自评和互评完成对学习过程和结果的评价。

（五）教学过程

创设情境	第 33 届夏季奥林匹克运动会于巴黎时间 2024 年 7 月 26 日 19：30 在法国巴黎开幕，家住河南省三门峡市的小明同学这一次能准时收看到奥运会直播吗？

任务 1：图片静态展示，直观计算时差

活动：教师展示时区划分图片，学生直接观察。教师设置问题串，呈现探究问题，学生在已有知识基础上探究下列问题

问题 1：结合地理课所学的知识，你能说一说什么是本初子午线吗？

问题 2：时区如何划分？

问题 3：时差给我们的生活带来了哪些影响？

问题 4：北京和巴黎分别在哪个时区？

问题 5：你能利用所学知识计算北京和巴黎的时差吗？

【设计意图】巧妙地将数学与地理知识进行融合，通过让学生观察全球时差的划分图片，结合地理课所学的知识，进一步明确本初子午线和全球时差的划分。让学生进一步加深对全球 24 个时区的理解和掌握，便于学生直观观察，学生能用已学习的知识解决问题，同时将数学上的数轴知识与地理上的时区问题联系起来，激发学生的探索欲和求知欲。

任务 2：动态演示推理，提升思维能力

活动：展示地球自转视频，地理教师和学生分别实验操作演示。用手电筒模拟太阳，地球仪自西向东旋转，通过太阳直射的地点的改变进一步探究两地之间的时差，从而根据地球自转的周期来推算地球上的时差

问题 1：地球每小时转过的角度是________。

问题 2：经度每相差 15°，时间相差________小时。

问题 3：同一条经线上的时间________，而不同经线上的时间________。

师生总结：经度每相差 15°，时间相差 1 小时。经度每相差 1°，时间相差 4 分钟。同一条经线上时间相同，不同经线上时间不同。每条经线上的时刻叫作地方时。

问题 4：地球仪上有无数条经线，说明地球上有无数个时刻，无数个地方时，那该如何把时间统一？

教师总结：为了使全球时间有一个统一的标准，国际上规定，每隔经度 15° 划分一个时区，全球共划分 24 个时区。

【设计意图】通过动态演示，让学生进一步体验时差产生的原因，通过运动的观点进行推理，形成计算时差的规律，保证计算时差的准确性，同时进一步提升学生的推理意识和推理能力，提升学生的科学探索精神。

任务 3：加强学科融合，提升核心素养

活动 1：教师引导学生利用数轴表示出全球时区。要求学生作图，将 24 个时区在数轴上表示出来，提醒学生用正负数表示

【设计意图】将时区与数轴结合起来，体会学科间的联系。

北京位于东八区，巴黎位于东一区，纽约位于西五区，在数轴上如何表示？

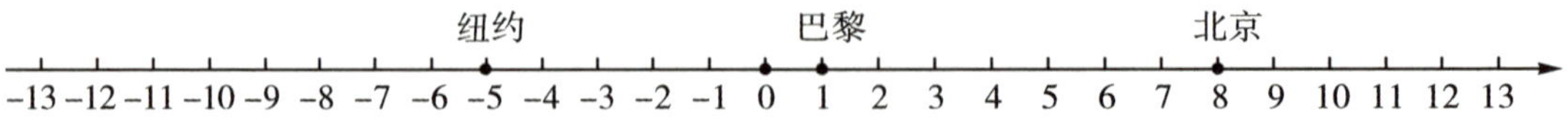

活动 2：在地理和数学学科背景下，将数轴改成“圆形”时差数轴

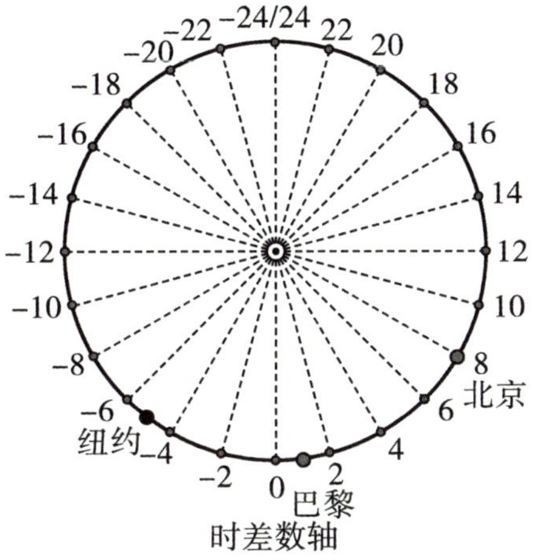

师生活动：学生尝试绘制新数轴，独立探究或分小组合作交流，教师巡视指导，帮助学生完成新数轴绘制，最后师生共同完成新数轴的绘制。

【设计意图】数轴是一条直线，这不完全符合时差的变化规律，因为地球自转，时差就具有了循环往复的周期性，于是我们将数轴改成“圆形”时差数轴，这样计算时差会更加直观方便。

活动 3：教师设置问题串，呈现探究问题。学生在前面探究和应用规律的基础上，合作探究以下两个问题

城市	北京	巴黎	吉达	纽约
时区	东八区	东一区	东三区	西五区

问题 1：根据上表，求吉达与北京、巴黎与北京、纽约与巴黎的时差。

注意：①法国的夏令时是 3 月最后一个周日在凌晨 01：59：59 的那一刻，本应该跳到 02：00：00 的时间会直接变成 03：00：00。

②法国的冬令时是 10 月最后一个周日在凌晨 02：59：59 秒的时候，本应该跳到 03：00：00 的时钟，会重新跳回 02：00：00。

1. 吉达与北京的时差：

夏令时：+8−（+3）=5（小时）

2. 巴黎与北京的时差：

冬令时：+8−（+1）=7（小时）；夏令时：+8−（+2）=6（小时）

3. 纽约与巴黎的时差：

冬令时：+1-（-5）=6（小时）；夏令时：+2-（-4）=6（小时）

问题 2：请你用数学的知识计算北京和吉达的时差，告诉小明 WTT 女单决赛准确的直播时间。

因为北京位于东八区，吉达位于东三区，两地相差 5 个小时，而 WTT 沙特大满贯女单决赛是沙特时间 5 月 11 日 14：00，所以对应北京时间应该是：14+5=19（时），所以，WTT 沙特大满贯女单决赛准确时间应该是北京时间 5 月 11 日 19：00。

问题 3：若巴黎奥运会开幕式时间为 2024 年 7 月 26 日 19：30，北京时间是多少？纽约时间是多少？

1. 北京时间为：19+6=25，所以北京时间为 2024 年 7 月 27 日 1：30；

2. 纽约时间为：19-6=13，所以纽约时间为 2024 年 7 月 26 日 13：30。

【设计意图】学生在跨学科背景下再来解决以上问题，将同时具备地理认知和数学数形结合的思想方法，问题解决上更具有系统性与整体性。

任务 4：结合生活实际，应用所学知识

活动 1：收集整理时差产生的影响，如何倒时差等相关的资料，学生分组活动，利用周末时间到图书馆或者利用互联网查找“时差给我们生活带来的影响有哪些？”在小组之间交流

【设计意图】让学生提前熟知时差的影响，学会合理地倒时差，从而更好地为出发做准备。加强学生对知识来源于生活又服务于生活的认识，培养学生的应用意识和实践能力。

活动 2：学生以小组为单位，选择小组代表，在教室展示填写的清单，教师及时评价反馈

【设计意图】在分享交流的过程中，根据已有的生活经验，回顾和整理自己对时差的认识，增强学生的语言表达能力。

（六）项目评价

“时差的影响、计算与倒时差”评价表

班级：________　姓名：________　小组：______　评价标准：优秀（★★★）良好（★★）及格（★）

评价方式 / 评价内容	自我评价	同伴互评	教师评价	星级汇总
积极合作				
计算准确				
表达流畅				
课堂表现				

（七）困难点及对策

【困难点】学生从数轴到时差数轴的转化可能想不到。

【对策】教师及时提示，并对绘画过程进行指导。

第 3 课时　提前准备，规划奥运之旅

（一）驱动性问题

如何为 2024 年巴黎奥运会之旅做足准备？

（二）学习目标

通过填写“2024 年巴黎奥运会之旅”表格，提高学生设计、制作、规划的能力，培养学生的创新意识和实践能力。

（三）课时任务

任务 1：填写旅行表格，发展应用意识

学生明确分工，共同商讨巴黎之行的相关准备工作，并填写好表格。

任务 2：展示交流分享，合作共享成果

学生展示自己所准备之物，互相借鉴，互通有无。

任务 3：丰富评价方式，促进反思提升

学生回顾整个活动过程，自我总结并反思，撰写数学小论文，完成评价手册。

（四）学习支架

任务驱动支架	收集相关资料，填写旅行表格，发展学生的应用意识。
交流共享支架	学生展示自己所准备之物，互相借鉴，互通有无，促进合作与共享。

（五）教学过程

任务 1：填写旅行表格，发展应用意识

活动：学生明确分工，共同商讨巴黎之行的相关准备工作，并填写好下面表格

2024 年巴黎奥运会之旅

班级		姓名		时间	
1. 请你计算北京和巴黎两地时差，并准备出发前的相关物品。					
巴黎实行夏令时时，两地的时差： 巴黎实行冬令时时，两地的时差： 准备的相关物品：					
2. 请你根据巴黎奥运会开幕时间，选择合适的航班。					
（1）出发时间： （3）到达时间： （5）到巴黎如何调整时差：			（2）选择航班： （4）到达地点：		

任务 2：展示交流分享，合作共享成果

活动：学生讲解自己准备工作的情况，互相借鉴，提出个人想法，互通有无；分小组进行展示，要求具体可操作，并讲解这一过程的感受

【设计意图】提升学生的生活能力，培养学生良好的生活习惯，促进个人实践能力的发展。

任务 3：丰富评价方式，促进反思提升

活动：教师组织学生完成每一课时的评价表和本次跨学科主题活动的总评价表，并让学生将本次跨学科主题学习过程中的收获或者不足以小论文的形式呈现

【设计意图】能够及时对学生活动进行评价，促使学生进行反思总结，提升学生的综合素质，发展学生的核心素养。

（六）项目评价

本主题采用“评价维度多元化、评价主体多样化”的评价方式，进行专家评价、教师评价、家长评价和同伴互评四种主体不同的评价。具体评价量表如下：

“2024 年巴黎奥运会之旅”评价表

班级：________ 姓名：________ 小组：______ 评价标准：优秀（★★★）良好（★★）及格（★）

评价方式 评价内容	专家评价	教师评价	家长评价	同伴互评	星级汇总
分工明确					
按时完成					
资料翔实					
小组合作					
设计新颖					
课堂表现					

（七）困难点及对策

【困难点】学生在书写小论文的时候，关注更多的是怎样从时差的角度分析奥运会的直播时间，其他关注较少。

【对策】教师引导学生从学科融合、合作学习、风土人情等方面分析，扩大知识面，发展跨学科素养。

七、反思及点评

（一）教学反思

1. 学科知识源于生活，最终应用于生活。本次主题学习以 2024 年巴黎奥运会为背景，引导学生关注身边的事物，吸引学生的眼球，然后以此开展对“地球自转产生的地理现象——时差”的探究，课堂上，地理教师通过实验操作演示时差是如何产生的，让学生明白了北京和世界其他城市之所以会有时间的差异是由地球自转引起的，然后提出问题，激发学生积极分析并解决问题，最终掌握简单的时差计算方法，体会时差现象对人们生产生活的影响，树立尊重自然、顺应自然的观念，培养学生探索科学的欲望和精神。

2. 教学过程中，既利用了模拟实验演示，又采用数学推理、计算的方法，多种教学手段实现学生探究方法的多样化。数学与地理知识相结合，打破学生学习盲区，做到既知其然，又知其所以然。利用跨学科教学活动，以地理知识为基础，数学中“数轴”知识作为工具，让学生既掌握了时差的计算方法，又理解了时差产生的原因，实现了数学和地理知识的融会贯通。通过开展此项跨学科的教学活动，发展了学生数学的应用意识，同时提高了学生综合运用多学科知识解决问题的能力。

3. “跨学科主题学习”没有现成的教材，进行跨学科教学设计时教师需要更多地从学生角度考虑，主题学习的内容及材料的组织都需要我们教师不断地摸索与改进。学生对于这种跨学科形式的学习，既有新奇感，又有陌生感。我们要充分利用学生的这种新奇感，通过跨学科的主题式学习，逐步培养学生跨学科的学习意识与方法；同时对于学生所产生的学习陌生感，教师要做好充分的课堂教学设计，特别是师师联动配合、师生交流互动以及生生合作学习，这些都需要教师花费大量时间来进行课堂的设计，更需要教师具有较强的组织驾驭能力。

课堂上跨学科主题学习教学活动的组织和开展，对优化教学内容、发挥学科育人功能、提高学生知识整合能力等方面有着突出的作用。对于教师而言，能够促进其研究教材、提高数学理论，从而在数学课堂上做到游刃有余；对于学生而言，跨学科主题学习教学设计，能将不同学科有机融合，触发学生的探究灵感，强化感知能力和综合学习能力，高效实现对学生进行数学核心素养培育的目标。

（二）名师点评

1. 本次跨学科主题设计的研究符合义务教育数学课程标准（2022 年版）要求，也符合地理课程标准（2022年版）要求，能体现数学学科与地理学科在知识内容、研究方法等方面的关联性，创设具有综合性的跨学科问题情境，强调在学生综合运用多学科知识与方法解决跨学科问题的过程中，培育学生正确的价值观、世界观以及关键能力。

2. 注重主题内容与现实的联系，促使学生在实践过程中综合运用多学科知识与方法解决现实社会问题，实现学习的有效迁移。让学生通过对真实情境中问题的探究，提升发现和提出问题以及分析和解决问题的能力。

3. 本次跨学科主题，老师们认真准备，合作共赢，在专家的指导下聚焦数学和地理两个科目的核心素养，进行了跨学科主题学习教学设计的研究，对此有了更深层次的理解和新的思考，对于新主题的研究与探索有促进作用。

4. 教师们还应该改进教学方法，选择与项目相匹配的教学方式，引导学生在自主、合作、探究的过程中达成素养目标；对于项目的评价、项目的组织与实施，希望教师可以更开放，问题设计更完整。

设计与执教者：呼泽明（卢氏县创新实验学校）
杨　丽
张　聚（卢氏县创新实验学校）
修改与点评者：鲍聪晓

◆ 案例 12 ◆

设计跑道

——融合弧长和圆心角计算的教学实践

本主题学习活动以“学校计划重新修建一个 400 米的跑道”为背景，以“如何设计 400 米标准跑道？”为驱动性问题，开展“了解跑道相关知识”“探究跑道起点位置”“应用所学绘制跑道”等主题活动，使学生综合运用弧长、圆周长等知识，在测量、计算、设计跑道的过程中，发展运算能力、推理能力和几何直观，感受数学在解决实际问题中的作用，体会跨学科学习的价值。本主题活动在九年级开展，共需 3 个课时，涉及数学、物理、体育与健康等学科知识。

一、主题说明

1. 主题分析：知识方面，本主题学习是学生学过圆、弧长公式等内容后，运用有关知识计算每一条跑道长，理解跑道的弯道部分，外圈比内圈要长，周长差就是相邻跑道的超前起跑距离，最终综合运用所学的知识和方法，确定起跑点的位置；实践方面，学生已经通过参与 200 米赛跑积累了一定的体验和感受，但对于跑道的规范画法和相关知识并不知晓。通过本主题活动的学习，进一步提升学生观察、分析、操作、探究及实践能力。

该主题活动联系实际，体现知识的形成过程和应用过程。学习过程中，要引导学生用数学的眼光发现跑道的几何特征，用数学的思维计算相邻跑道的道长差，能确定超前起跑点的位置，会用数学的语言描述跑道设计的公平性，提高对数学内容及其应用的理解，体现“实践—理论—实践”的认识过程，培养学生的应用意识和实践能力。

2. 任务情境：随着学校的发展和同学们对体育活动需求的增加，现有的 200 米跑道已不足以满足师生对于活动场地的需求。为了提供更加完善的体育设施，学校计划对操场进行扩建，建成一个有 400 米标准跑道的操场。

3. 驱动性问题：如何设计 400 米标准跑道？

二、学习目标

1. 通过查阅跑道相关知识，感受跑道设计问题中数学、物理、体育与健康等学科知识的融合，发展学生综合运用多学科的知识解决实际问题的能力。

2. 经历探究跑道起点位置的过程，能用弧长公式等相关知识解决问题，提高学生分析问题、合作探究、动手实践的能力，提高学生学习数学的积极性。

3. 根据查阅资料、计算推理所获得的数据，检验学校 200 米跑道的起跑点设计是否标准，发展理性思维和科学精神。

4. 类比设计 200 米跑道的方法和路径，设计 400 米跑道，发展学生的创新意识和实践能力，体会迁移、类比等数学思想在解决问题中的作用。

5. 通过设计跑道，感受公平、公正的体育精神，形成正确的人生观和价值观。

三、学科关联

本次跨学科主题活动，学生通过了解跑道的几何特征，用弧长公式计算相邻跑道长度差，确定超前起跑点的位置，提高了对数学内容及其应用的理解（数学）；体验公平赛跑（体育与健康）的体育精神，收集有关跑道设计的知识，了解当中蕴含的惯性、向心力（物理）等知识，培养科学严谨的学习品质。

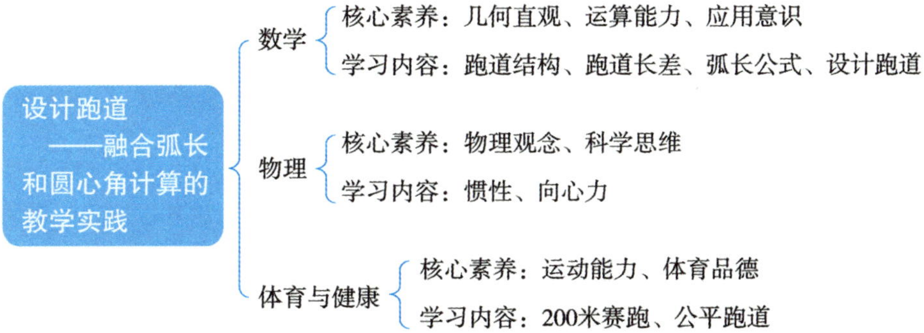

四、活动策略

该学习活动包含“了解跑道相关知识”“探究跑道起点位置”“应用所学绘制跑道”3个主题活动，设计了7个子任务，体现了“实践—理论—实践”的认识过程，让学生体会数学在日常生活中的应用价值，提高解决问题能力，增强应用意识。

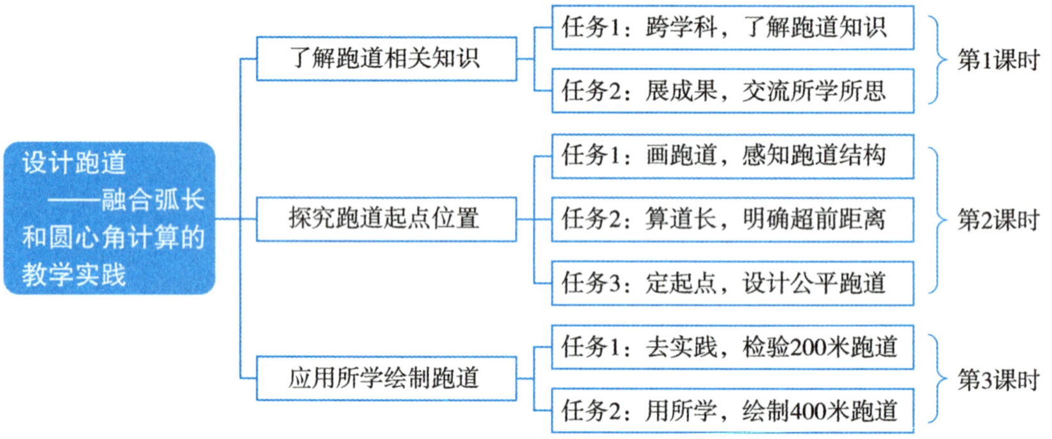

五、成果形式及公开方式

修正200米标准跑道起跑点；400米标准跑道设计图；各阶段任务评价量表。

六、主题实施

第1课时　了解跑道相关知识

（一）驱动性问题

你了解学校200米跑道的设计原理吗？设计跑道中蕴含了哪些数学和其他学科知识？

（二）学习目标

1. 通过查阅跑道的相关知识，体会跑道设计中所蕴含的数学、物理、体育与健康等学科的知识，感受学科融合的价值，发展学生跨学科解决实际问题的能力。

2. 在查阅资料的过程中，提高学生的信息检索、辨析和整合能力，培养合作精神，激发学习兴趣。

（三）课时任务

任务 1：跨学科，了解跑道知识

组织学生进行 200 米赛跑，感知跑道，体验比赛规则，发现问题、提出疑惑（问题），通过收集有关问题的答案，了解跑道相关知识。

任务 2：展成果，交流所学所思

学生展示、交流收集到的信息内容，丰富对跑道、赛事等知识的理解，扩大知识面，提高学习兴趣，促进对设计跑道问题的深入思考。

（四）学习支架

情境创设支架	6 位同学在体育老师的组织下，在操场进行 200 米赛跑，引发学生对跑道相关问题的思考。
交流共享支架	组内交流，组间展示资料收集成果，促使学生互相学习，发现他人优点，取长补短，增强自主学习意识。
学习评价支架	学生完成“了解跑道相关知识”评价表，及时评价增强学生参与感和成就感。

（五）教学过程

任务 1：跨学科，了解跑道知识

活动 1：6 位同学在体育老师的组织下，在操场进行 200 米赛跑，感知跑道

提问：经历 200 米赛跑的过程，你对跑道设计有什么疑惑吗？你发现了什么？你想知道关于跑道的哪些知识？

活动 2：学生以小组为单位，将问题汇总整理

同学们根据体验和思考，提出以下问题：

1. 200 米标准跑道有哪些数据？

2. 跑步比赛是逆时针跑还是顺时针跑？

3. 为什么弯道起跑？第一道的起跑点在哪儿？

4. 跑道走向是东西向还是南北向？

5. 6 位同学的起跑点为什么不在同一条线上？

6. 跑道长度是按内圈算还是外圈算？

【设计意图】通过亲身感受 200 米赛跑和观看比赛，提出一些和跑道设计相关的问题，激发学生的好奇心和探究欲，为下阶段的学习探究作铺垫。

活动 3：学生 6 人为一组，收集有关问题的答案，了解跑道相关知识

【设计意图】通过询问体育老师、物理老师，查阅资料等方式，了解跑道相关知识，丰富活动经验、体会学科融合，发展学生跨学科思维解决实际问题的能力。教师引导学生积极思考，相互交流，提出更多有意义的问题，鼓励学生多渠道寻求问题的答案，培养合作精神和团队意识。

任务 2：展成果，交流所学所思

活动：各小组对收集到的资料归类整理，以 PPT、文本、绘画等形式进行展示交流

交流活动分为以下两个环节：

1. 小组展示发现的问题及结论；

2. 组间互动问答。

【设计意图】通过展示交流，督促学生及时总结资料收集的结果，培养信息检索能力、资料整理能力和语言表达能力等。通过互动回答环节，促进学生思维发展，加深其对跑道设计的理解。通过自我评价、同伴互评、教师评价等评价活动，让学生从知识掌握、学习态度、方式方法、组织管理等方面进行反思、改进，养成良好的学习习惯，掌握科学的学习方法。

（六）项目评价

“了解跑道相关知识”评价表

班级：________ 姓名：________ 小组：______ 评价标准：优秀（★★★）良好（★★）及格（★）

评价方式 评价内容	自我评价	同伴互评	教师评价	星级汇总
分工明确				
善于合作				
问题全面				
答案准确				
沟通表达				

（七）困难点及对策

【困难点】学生缺乏设计经验，对于要收集的跑道知识没有预见性，有些盲目或会偏离

主题，例如关注到跑道的颜色，铺设跑道的材质、路面是否平整等问题。

【对策】教师可根据学生情况适当引导或在实践中探索并解决。

第 2 课时 探究跑道起点位置

（一）驱动性问题

在进行 200 米比赛时，6 位同学的起跑点并不处在同一条线上，外侧跑道比内侧跑道的起跑点会前伸一段距离，为什么这样呢？

（二）学习目标

1. 经历探究跑道起点位置的过程，增强学生应用弧长公式等相关知识解决问题的能力，提高学生分析问题、合作探究、动手实验的能力。

2. 理解影响超前起跑点的因素，并能运用所学知识求出超前起跑点的位置，增强学生应用数学知识解决实际问题的能力，提高学生学习数学的积极性。

（三）课时任务

任务 1：画跑道，感知跑道结构

学生根据所学，观察示意图，画出一条跑道，感知跑道的几何特征。

任务 2：算道长，明确超前距离

计算每条跑道长和相邻跑道的道长差，明确相邻跑道超前起跑距离。

任务 3：定起点，设计公平跑道

确定相邻跑道超前起跑点，画出四条跑道公平起跑点。

（四）学习支架

任务驱动支架	在进行 200 米比赛时，6 位同学的起跑点并不处在同一条线上，引起同学们探究跑道特征的学习兴趣。
思维优化支架	为学生提供探究相邻跑道超前起跑距离和超前起跑点的图纸和表格，帮助学生顺利完成探究任务。
学习评价支架	学生完成“探究跑道起点位置”评价表，及时评价，增强学生参与感和成就感。

（五）教学过程

任务 1：画跑道，感知跑道结构

活动：如图 1，是 200 米标准跑道示意图（已画出 3 条跑道），请你在图上画出第 4 条跑道

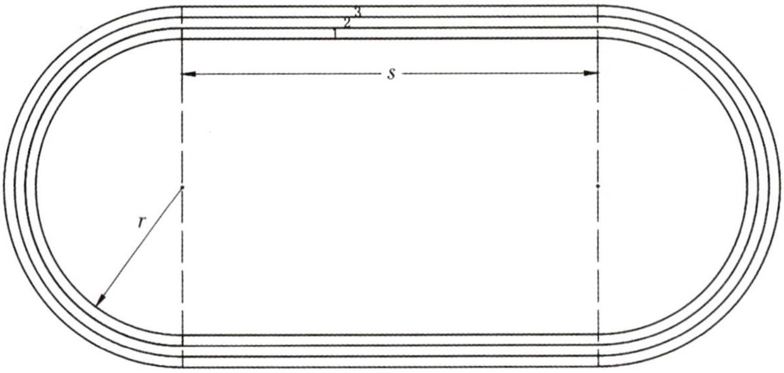

图 1

【设计意图】一方面学生动手操作画跑道，进一步感知跑道的几何特征：两个直道 + 两个弯道，直道长相等，弯道是半圆；另一方面给出 3 条跑道，学生画出第 4 条跑道，不仅降低课上设计难度，而且增强学生参与设计的积极性。

任务 2：算道长，明确超前距离

活动 1：根据跑道结构，计算每条跑道的长度

问题：图 2 是一条跑道，s 是直道长，d 是道宽，r 是内圈半径，根据跑道结构，计算每条跑道长度。

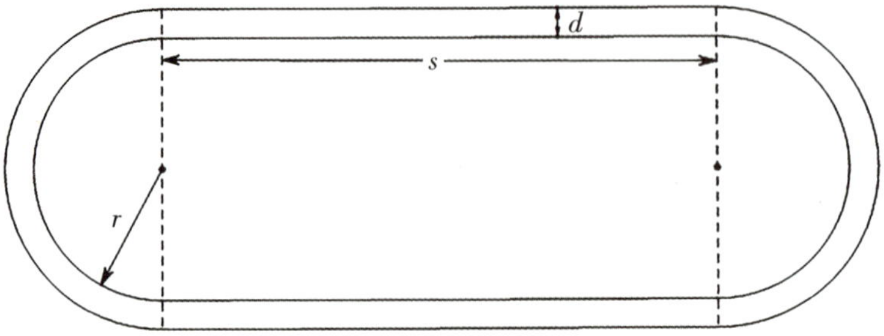

图 2

结论：每条跑道的长度 = 一个圆的周长 + 两个直道的长度 $=2\pi r+2s$。

活动 2：根据 200 米标准跑道数据，计算相邻跑道的道长差

问题：表 1 给出了 200 米标准跑道的部分数据，根据你对 200 米跑道的了解，填写下表，猜想相邻跑道的道长差是多少。

表 1　200 米标准跑道

道次	1	2	3	4
道宽 d（m）	1.22			
内圈半径 r（m）	r_1=16.7	r_2=	r_3=	r_4=
直道长 s（m）	46.8			
跑道长 L（m）保留 π	L_1=	L_2=	L_3=	L_4=
相邻跑道的道长差（m）	L_2-L_1=	L_3-L_2=	L_4-L_3=	

结论：相邻跑道的道长差是__________________。

活动 3：根据图 1 跑道数据，计算相邻跑道的道长差

问题：通过测量图 1 中的道宽、内圈半径、直道长等数据，填写表 2，计算相邻跑道的道长差是多少。

表 2　图 1 跑道

道次	1	2	3	4
道宽 d（mm）				
内圈半径 r（mm）	r_1=	r_2=	r_3=	r_4=
直道长 s（mm）				
跑道长 L（mm）保留 π	L_1=	L_2=	L_3=	L_4=
相邻跑道的道长差（mm）	L_2-L_1=	L_3-L_2=	L_4-L_3=	

结论：相邻跑道的道长差是__________________。

活动 4：用数学推理，验证结论

问题：我们用 d 表示道宽，r 表示内圈半径，s 表示直道长，L 表示跑道长，请用含字母 d，r，s 的式子表示相邻跑道的道长差（即相邻跑道的超前起跑距离）。

结论：相邻跑道的超前起跑距离是 $\underline{2\pi d}$。

同时确定以下结论：

1. 内圈半径（r）对超前起跑距离没有影响；

2. 直道长（s）对超前起跑距离没有影响；

3. 超前起跑距离只与跑道宽度（d）有关。

【设计意图】这个任务下设置了 4 个活动，先根据给出的跑道结构图算出每条跑道的长度，再通过计算 200 米标准跑道和图上跑道相邻跑道的道长差，猜想结论，最后用数学推理验证结论，学生经历从特殊到一般的探究问题的过程，层层递进，突破难点。

任务 3：定起点，设计公平跑道

思考：如何在弧线上量出 $2\pi d$ 的长呢？

根据任务 2 得出的结论，相邻跑道的超前起跑距离是 $2\pi d$，如何在弧线上量出这个长度呢？学生思考得到：要想量出 $2\pi d$ 的长，需要利用弧长公式算出这段弧长对应的圆心角的度数。

活动 1：计算超前起跑距离所对应的圆心角的度数

表 3　图 1 跑道

道次	1	2	3	4
内圈半径 r（mm）	$r_1=$	$r_2=$	$r_3=$	$r_4=$
道宽 d（mm）				
相邻跑道超前起跑距离 $2\pi d$（mm）				
相邻跑道超前起跑距离对应的圆心角度数（°）				

同时确定以下结论：

内圈半径（r）对超前起跑距离没有影响，但在确定超前起跑点时，需要用内圈半径（r）算出对应的圆心角度数。

活动 2：在图 1 中画出四条跑道的起跑点

【设计意图】以问题引入，学生通过思考得出结论：要确定起跑点，就要求圆心角度数。结合第 1 课时了解的跑道知识，最终画出起跑点。这个过程让学生经历从实际问题出发，建立几何直观，用数学知识解决问题，增强学生的逻辑推理能力、应用意识和数学运算能力。

（六）项目评价

“探究跑道起点位置”评价表

班级：________　姓名：________　小组：______　评价标准：优秀（★★★）良好（★★）及格（★）

评价方式 评价内容	自我评价	同伴互评	教师评价	星级汇总
能够确定跑道超前起跑距离				
能够确定跑道超前起跑点				
能够掌握从特殊到一般的研究问题的方法				
能根据本节课所学知识设计跑道				
本节课中能和其他同学合作完成各项任务				

（七）困难点及对策

【困难点 1】在思考如何在弧线上量出 $2\pi d$ 的长度这一问题时，有同学会想利用软尺沿着跑道弧线量出，不需要计算圆心角度数。

【对策】遇到这一情况，让学生去操场实地测量，发现曲线并不好测，并且找到点后还要沿半径方向画线，所以求圆心角度数是比较准确、方便的方法。

【困难点 2】学生计算圆心角度数时运算能力欠缺，出现计算错误。

【对策】进行这个活动时要关注学生是否能正确写出弧长公式。

第 3 课时　应用所学绘制跑道

（一）驱动性问题

你能利用所学知识，验证学校 200 米跑道起跑点的位置是否准确吗？你能为学校新修建的 400 米标准跑道确定起跑点的位置吗？

（二）学习目标

1. 根据查阅资料、计算推理所获得的数据，检验学校 200 米跑道的起跑点设计是否标准，发展理性思维和科学精神。

2. 类比设计 200 米跑道的方法和路径，设计 400 米跑道，发展学生的创新意识和实践能力，体会迁移、类比等数学思想在解决问题中的作用。

3. 通过设计跑道，感受公平、公正的体育精神，形成正确的人生观和价值观。

（三）课时任务

任务 1：去实践，检验 200 米跑道

学生测量学校 200 米跑道相关数据，验证跑道设计准确性，体会数学知识的应用价值。

任务 2：用所学，绘制 400 米跑道

利用所学知识，绘制新操场（400 米跑道）设计图。

（四）学习支架

任务驱动支架	利用所学知识检验学校跑道的起跑点，绘制新操场（400 米跑道）设计图。
资源路径支架	为学生测量操场跑道提供相关工具。
学习评价支架	学生完成“实践应用探究成果”评价表，及时评价，增强学生参与感和成就感。

（五）教学过程

任务 1：去实践，检验 200 米跑道

活动 1：学生测量学校 200 米跑道相关数据，验证跑道设计准确性，体会数学知识在生活中的应用

经过测量、分析，发现以下几点：

1. 直道长度（s）、内圈半径（r）与 200 米标准跑道数据基本一致；

2. 分道宽不一致，具体如下：

道次	1	2	3	4	5	6
道宽 d（m）	1.27	1.25	1.25	1.20	1.19	1.24

结论：200 米标准跑道道宽是 1.22 米，之后同学们查阅资料了解到，真实施工允许存在一些偏差，学校跑道的道宽虽然不一致，但基本达到施工标准。

3. 各道超前起跑距离如下：

道次	1	2	3	4	5	6
超前起跑距离（m）	0	7.01	7.65	7.58	7.61	7.63

结论：根据200米标准跑道道宽是1.22米，计算出相邻跑道超前起跑距离 $2\pi d \approx 7.66$ 米，第2条跑道超前起跑距离偏小，只有7.01米，需要修正，其他跑道超前起跑距离基本达到施工标准。

活动2：修正跑道起点位置

学生根据活动1计算出的学校200米跑道各道正确的超前起跑距离；根据弧长公式，转换为计算各道超前起跑距离对应的圆心角度数；用量角器、卷尺测量，用粉笔绘制出修正后的200米比赛各道起跑点。因第2条跑道起跑点重新修正，后面第3，4，5，6条跑道起跑点都需要随之变动。

活动3：邀请体育老师对新画出的超前起跑点的位置进行验证，确保修正的合理性

【设计意图】学生通过测量学校200米跑道相关数据，验证跑道设计的准确性，感受理论和实践的统一性，体会数学知识的应用价值。

任务2：用所学，绘制400米跑道

活动1：利用所学知识，绘制新操场（400米跑道）示意图

说明：绘制新操场（400米跑道）示意图，学生可根据自己情况，手工绘制或计算机软件绘制。手工绘制作图比较粗糙，但学生思路清晰，能用所学知识尽可能准确地呈现跑道模型和起跑点位置。计算机软件绘制对学生的软件作图能力要求比较高，会操作的学生比较少，鼓励学生多交流，大胆尝试。也可用3D打印软件设计，最终打印出成品，增强学生的自豪感。

活动2：学生通过查阅资料，了解更多径赛项目的起跑点设置，如800米，3000米等，并等比例画图，在图上标注起跑点的位置

活动3：在绘制的新操场（400米跑道）示意图上设计其他项目场地，如铅球场地，跳高场地等

【设计意图】通过绘制400米跑道，提高学生动手能力和解决问题的能力，渗透应用意识和迁移思维，引发对设计的兴趣和爱好。同时感受公平、公正的体育精神，培养科学严谨的数学品质。

（六）项目评价

“应用所学绘制跑道”评价表

班级：________ 姓名：________ 小组：______ 评价标准：优秀（★★★）良好（★★）及格（★）

评价内容 评价方式	自我评价	同伴互评	教师评价	星级汇总
积极参与				
反思质疑				
操作能力				
总结反思				
设计准确				
绘制精美				

（七）困难点及对策

【困难点】实践测量，检验跑道时，会遇到很多和标准数据不符的情况。

【对策】教师要引导学生多次测量，反复对比，大胆提出疑问，寻求解决方法。

七、反思及点评

（一）教学反思

本主题学习活动通过学生体验 200 米赛跑，提出跑道设计的问题，一方面让学生经历运用圆的有关知识计算跑道长，探究相邻跑道的超前起跑距离，综合运用所学的知识和方法，使学生对圆周运动、惯性、向心力等知识有了一定的了解和思考，最终动手实践，确定超前起跑点；另一方面增强学生应用数学的意识，不断提高实践能力和解决问题的能力，发展学生科学探究的创新精神。

学习过程中，学生对影响超前起跑点的因素理解起来有一定的困惑，但通过两个例子（表 1 和表 2）的探究，学生经历了知识的生成过程，通过探究跑道设计中蕴含的原理和知识，开阔了眼界，提升了动手操作能力，通过修正学校 200 米跑道的起跑点，学生感受到了数学知识在生活中的应用，激发他们在生活中更加积极主动地思考、学习、创新的热情。

（二）名师点评

当前，新课标要求把培养学生的核心素养摆在突出位置。本主题学习活动紧跟课标要求，注重培养学生的基本数学素养，每一环节都以落实课标为宗旨。

该主题活动联系实际，体现知识的形成过程和应用过程，将数学核心素养融入对跑道设计的分析和解决过程之中，体现“实践—理论—实践”的认识过程。教师的组织、引导、启发，给学生提供积极思考、讨论互动、勇于发言的机会，力争让不同层次的学生都有不同程度的收获和进步，充分体现学生的主体地位，让“课堂互动，合作探究”成为主旋律。

本主题活动在学生知识技能生成的同时，让学生感悟数学思维在解决实际问题中的应用，发展学生的应用意识和跨学科思维解决实际问题的能力，激发学生的学习兴趣和热爱数学的情感，提高学生实践能力和解决问题的能力，让学生感受到数学知识来源于生活又应用于生活，体会数学的应用价值。

设计与执教者：马　盼（三门峡市实验中学）
鲍聪晓
修改与点评者：杨　丽

◆ 案例 13 ◆

“滴水之漏”中的函数奥秘

——融合一次函数的教学实践

本主题学习是人教版八年级下册“第十九章　一次函数”数学活动课，本活动从实际生活问题入手，探究未拧紧的水龙头一天能漏掉多少水，一个月、一年能漏掉多少水。学生经历大量的数据统计，运用函数的思想，感受到滴水之漏，随着时间的累积，浪费巨大，树立节约用水的意识，并把节约用水的观念宣传到校园、家庭、社区，带动更多的人去珍惜水资源，节约每一滴水。本主题活动在八年级开展，共需 5 个课时，涉及数学、化学、信息科技、道德与法治、地理等学科。

一、主题说明

1. 主题分析：本项目的实施对象为八年级学生，他们已经学习了函数、一次函数、正比例函数，具备了实施本项目的知识基础，也具备了一定的数据分析、逻辑推理、团结协作的能力和素养。

主题学习以“设计方案，收集数据”“分析数据，建立模型”“借助 Excel，拟合函数”“应用模型，解决问题”“组织活动，宣传节水”等活动为载体，引导学生们主动思考，动手操作，让学生从数学的角度观察与分析、思考与表达、解决与阐述生活中遇到的现实问题，有助于提升学生的核心素养。

2. 任务情境：两位学生在水房洗手，其中一位同学离开时没有拧紧水龙头，另一位同学制止了他，两人开始争论一个没有拧紧的水龙头一天到底能漏多少水。

3. 驱动性问题：一个没有拧紧的水龙头，一天能漏多少水？一个月、一年能漏多少水？

二、学习目标

为了更好地落实新课标课程育人的理念，将核心素养落地，本活动具体目标如下：

1. 掌握量筒正确的读数方法，会科学收集漏水实验数据。

2. 经历数据分析过程，能根据表格中实验数据画出离散点，根据离散点分析近似的函数，并选取适当的点，求出函数解析式。

3. 能用批判性思维考虑方案的合理性，寻找最优方案，尝试用信息科技知识去求离散点近似的函数解析式。

4. 能应用函数模型解决实际问题，求出本组数据一天的漏水量，一个月的漏水量，一年的漏水量。

5. 经历合作交流、实践探索、批判反思的过程，发展学生的学习能力、实践能力和团队协作能力。通过大量的实验数据，感受一滴水来之不易，树立节约用水的意识。

三、学科关联

本次跨学科主题活动，学生设计实验方案，到实验室收集滴水实验数据，通过查阅资料学会了量筒规格的选择、量筒的使用方法、读数方法，收集到原始数据（化学）；通过画函数图象求出了离散点的趋势线（数学）；在活动中，大胆质疑，找到了更高效的方法，学会了用 Excel 去求离散点的趋势线（信息科技）；应用模型解决问题后，学生感受到水龙头没有关紧，浪费巨大，通过查阅资料和地理老师的讲解，深入体会到每一滴水来之不易（地理）；道德与法治老师以水资源短缺为例，介绍了我国资源相对紧张的现状，引导学生树立

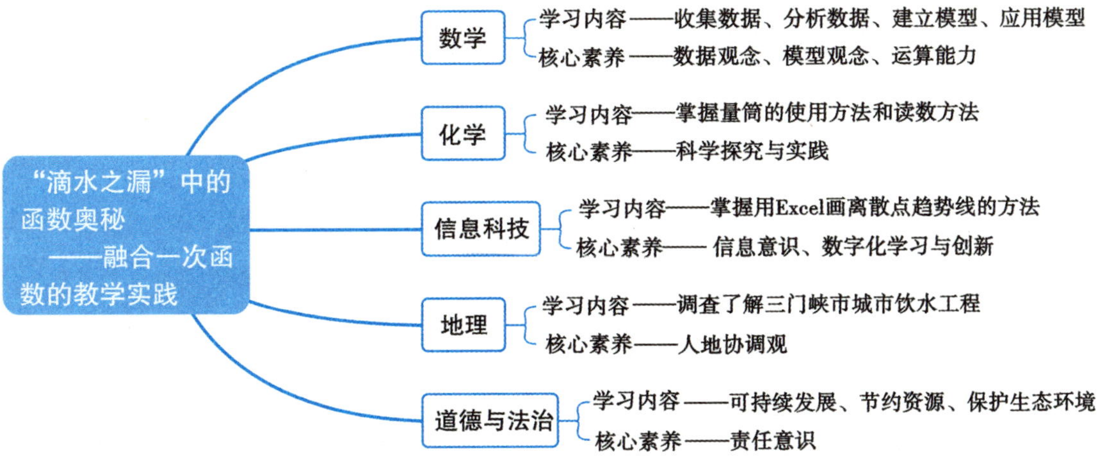

科学发展观，从节约用水、节约用电、节约纸张等小事做起，为建设资源节约型、环境友好型社会贡献出自己的一份力量（道德与法治）。

四、活动策略

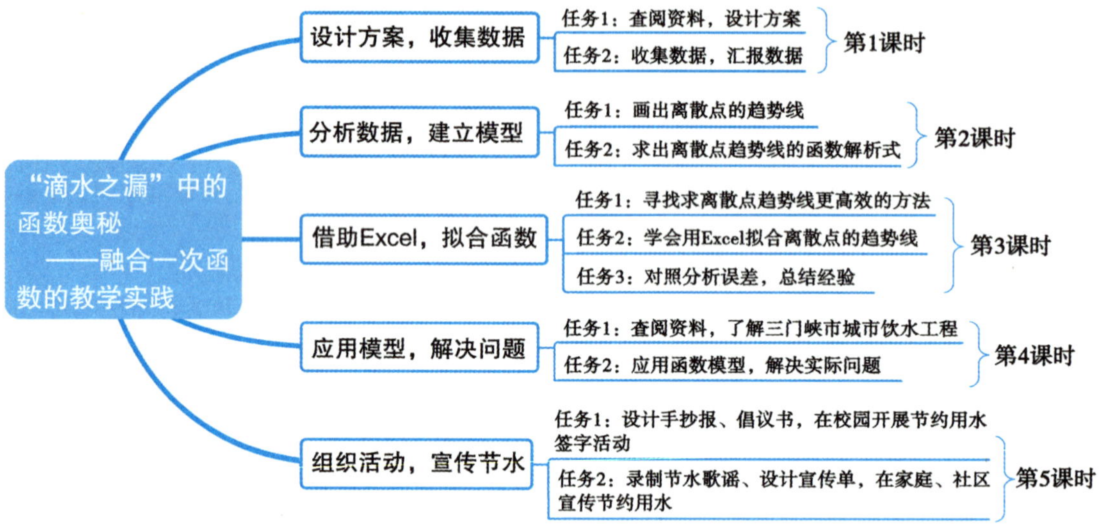

该主题学习围绕“一个没有拧紧的水龙头一天能浪费多少水”这一核心问题，共设计了5个主题11个子任务，让学生经历观察、思考、实验、分析、归纳、反思等数学活动。通过建立一次函数模型解决实际问题，发展应用意识。用估算的方法感受一天、一月、一年所浪费水的总量，发展数据观念，培养节约意识。

五、成果形式及公开方式

为了让更多的学生参与节约用水活动，学生们设计宣传条幅，设计倡议书，发起了“节约用水，从我做起”签字活动，学生们还积极绘制手抄报，贴到宣传栏里，把节水观念、节水方法宣传到整个学校。

学生录制节水歌谣，把节水知识带到家里，宣传到社区，在社交媒体发表，带动身边的人都去节约用水。设计了宣传视频，带动更多的人认识到水龙头没有拧紧造成的巨大浪费。

六、主题实施

第 1 课时 设计方案，收集数据

（一）驱动性问题

水龙头没有关紧的情况下，如何收集水龙头的漏水数据？

（二）学习目标

1. 通过大量实验，学生经历收集数据、整理数据、分析数据的完整过程，发展学生的数据观念；

2. 能够正确使用量筒收集数据，感受科学的实验方法和实验步骤对准确获取数据的重要性。

（三）课时任务

任务 1：查阅资料，设计方案

为计算出一个没有拧紧的水龙头一天能漏多少水，学生分组在网上查找资料，对比各种方法，讨论方案的可行性，设计操作方案。

任务 2：收集数据，汇报数据

学生到化学实验室，选择合适的量筒，按照操作流程，收集滴水数据。收集完数据后，小组选派代表汇报实验数据，交流在操作中遇到的困难和解决问题的办法。

（四）学习支架

情境创设支架	教师播放视频，帮助学生明确研究主题。
资源路径支架	1. 指导学生查阅资料，设计方案，讨论方案的可行性。 2. 指导学生设计实验报告。 3. 化学教师指导学生正确使用量筒。

（五）教学过程

任务 1：查阅资料，设计方案

活动 1：创设情境，引入主题

观看视频资料：两位学生在水房洗手，其中一位同学水开得很大，并且离开时没有拧紧水龙头，另一位同学制止了他，两人开始争论一个没有拧紧的水龙头一天到底能漏多少水。

活动 2：设计方案，收集数据

如何计算没有拧紧的水龙头一天、一个月、一年的漏水量呢？同学们利用互联网、到图书馆查找相关资料等方式，确定如下实验方案：

水龙头漏水实验报告

实验目的：调查一个没有拧紧的水龙头漏水量与漏水时间的关系，估算一天的漏水量、一个月的漏水量、一年的漏水量。

实验器材：各种规格的量筒，计时器（秒表）

实验地点：化学实验室

实验步骤：

（1）准备好一个量筒；

（2）打开水龙头，调到漏水状态；

（3）量筒放置在水龙头的下方，同时开始计时；

（4）每 2min 记录一次容器中的水量，并填写下表。

时间 t（min）	0	2	4	6	8	10	12	14
水量 w（mL）								

数学思考：

1. 建立平面直角坐标系，以横轴表示时间 t，纵轴表示水量 w，描出以上述实验所得数据为坐标的各点，并观察它们的分布规律。

2. 试写出 w 关于 t 的函数解析式，并由它估算这种漏水状态下一天的漏水量、一个月的漏水量、一年的漏水量。

【设计意图】通过查阅资料，发展学生的信息检索能力；通过设计实验方案，培养学生有条理思考问题的习惯；在探究和改进实验方案的过程中，发展了学生的合作交流能力和反思批判意识。

任务 2：收集数据，汇报数据

活动 1：学生查阅资料，学习量筒的使用方法

1. 要选择量程和分度值适当的量筒。分度值表明了测量的精确程度，由每小格代表的数值读出，对于量程较大的量筒，管径较粗，一小格的液体体积较大，精确度就较低，相反，量程较小的量筒精确度较高。在选择量筒时，我们尽量不要选择量程过大的量筒，量程也不能过小，否则分次测量导致的误差更大。

2. 量筒放水平桌面上，视线与量筒内液体的凹液面的最低处保持水平，再读出所取液体的体积数。

【设计意图】通过查阅资料，学生掌握了量筒的使用方法，从而使收集到的数据更为准确，有助于提升学生的实践能力，培养他们严谨求实的科学态度。

活动 2：学生演示操作过程

1. 把水龙头调到滴水状态；

2. 在开始计时的同时把量筒放在水龙头下方接水；

3. 每 2 分钟记录一次水量。

【设计意图】演示操作步骤具有较强的直观性和示范性，让同学们明白操作步骤，进行正确的实验操作。

活动 3：收集漏水数据

各小组合理分工，在老师的指导下收集漏水实验数据，填写实验报告单，同时把本小组水管的漏水情况用视频的形式记录下来。

【设计意图】用视频和表格两种方式共同记录水龙头的滴水状态，会使实验数据更有说服力，也能使同学们更直观看到不同漏水状态下的实验结果。

活动 4：小组汇报漏水数据

小组选派代表展示本组的数据，交流本组同学在实验中遇到的问题和解决问题的方法。

【设计意图】学生们通过动手操作，得到数据，在得到数据的过程中，有的小组会遇到困难，在解决问题中，学生们积极思考，交流互助，既学习了知识，又锻炼了沟通表达能力。

（六）项目评价

“设计方案、收集数据”评价表

班级：______________　　姓名：______________　　小组：__________

评价项目	评价要点	自评	组评	师评
活动过程	能积极查阅资料，提出自己的见解，方案设计合理			
	收集数据中，能完成自己的任务			
	独立思考、寻求解决问题的方法			
	交流、汇报积极			
说明：1. 评价结果分为 A、B、C、D 四个等级。 2.A 表示好；B 表示较好；C 表示一般；D 表示不好。				

（七）困难点及对策

【困难点】如何收集滴水数据才能使结果误差更小。

【对策】为了解决这个问题，学生们经历了很多次的尝试，比如刚开始在教学楼水房测量，由于人来人往，比较容易受外界干扰，接下来大家改进方案，到实验室收集滴水数据，根据小组水龙头滴水速度，选择合适的量筒，学生们在多次尝试下不断优化方案，在小组的交流合作下有效地减小了误差。

第 2 课时　分析数据，建立模型

（一）驱动性问题

在我们收集到的数据表格里，当时间增加时，量筒中的水量也在增加，你能求出这两个变量之间的函数关系吗？

（二）学习目标

1. 能够在平面直角坐标系中画出离散点的图象，拟合出离散点的趋势线。

2. 能够分析函数模型，求出离散点趋势线的函数解析式。

（三）课时任务

任务 1：画出离散点的趋势线

观察水龙头漏水实验数据，分析时间和水量这两个变量之间是否存在函数关系，通过描点法作图，观察图象，分析两个变量之间的函数关系。

任务 2：求出离散点趋势线的函数解析式

通过观察图象特点，确定函数类型，求拟合直线的解析式。

（四）学习支架

思维优化支架	引导学生描点、画图，分析离散点的趋势，预测函数类型。 引导学生画出拟合的直线，求出其解析式。

（五）教学过程

任务 1：画出离散点的趋势线

活动 1：建立平面直角坐标系，以横轴表示时间 t，纵轴表示水量 w，描出以上实验所得

数据为坐标的各点，并观察它们的分布规律

时间 t（min）	0	2	4	6	8	10	12	14
水量 w（mL）								

活动 2：思考以下问题，画出拟合直线

1. 这个表格中有几个变量？它们是函数关系吗？如果是，这种表示函数的方法叫作什么方法？还有没有其他表示函数的方法？

生： 表格中有两个变量，它们是函数关系，这种表示函数的方法叫作列表法，还有其他表示函数的方法——图象法、解析式法。

2. 连接各点后的图形，你发现了什么？

生： 图象近似于一条过原点的直线。

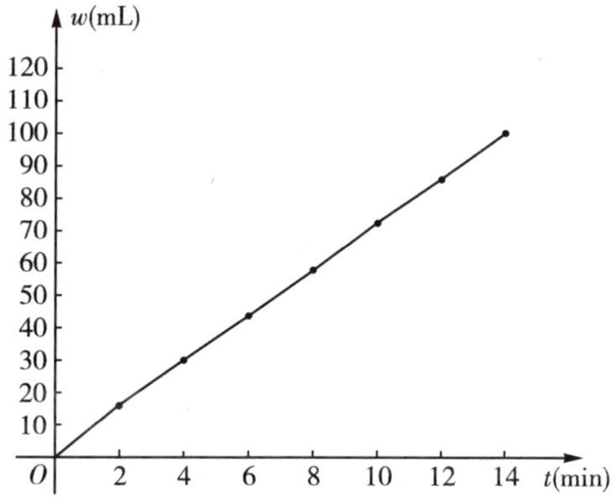

3. 观察点的趋势，你认为这个函数近似于什么函数？

生： 近似于正比例函数。

4. 你能否把这条近似的直线画出来？

师： 在拟合的过程中，要让尽可能多的点在这条直线上，其余的点如果不在这条直线上，尽量在这条直线的两侧波动。

【设计意图】 通过问题串的形式，层层递进，引导学生经历画图的过程，体会数学建模的思路和方法，突破难点。

任务 2：求出离散点趋势线的函数解析式

活动 1：观察图象特征，判断函数模型

师： 你认为这条拟合的直线对应什么函数？你能求出该直线的解析式吗？

师： 求过原点的直线型函数的解析式（正比例函数），大致可分为四步：①设出函数解析式 $y=kx$，$k\neq0$；②找到图象上除原点外任一点的坐标；③代点求 k 的值；④得出解析式。

对于非严格意义的直线函数解析式的求法，我们可以找到近似可以代替的直线，然后再根据直线型函数解析式的求法求出结果。

经过列表、描点、连线、拟合直线，选择恰当的点代入解析式，就能求出拟合直线的解析式。

【设计意图】 根据图象，预测离散点接近的函数，画出近似的直线并求其解析式是本节课的难点，在学生思维的困顿处，老师适时点拨，有助于学生理顺解决问题的思路。

活动 2：小组交流，分析误差

师： 同一小组同学的实验数据相同，你们拟合的函数解析式相同吗？如果不同，原因是什么？谁的误差更小呢？

【设计意图】 教师巧妙设问，引导学生在观察对比中发现问题，在讨论交流中提出解决问题的办法，培养学生发现问题和解决问题的能力。

（六）项目评价

“分析数据，建立模型”评价表

班级：__________ 姓名：__________ 小组：________

评价项目	评价要点	自评	组评	师评
活动过程	能够在平面直角坐标系中准确描出各个离散点			
	能判定函数类型，画出拟合直线			
	能够求出拟合直线的解析式			
	探究中能积极交流，表达自己的想法			
说明：1. 评价结果分为 A、B、C、D 四个等级。 2.A 表示好；B 表示较好；C 表示一般；D 表示不好。				

（七）困难点及对策

【困难点】 在平面直角坐标系中，学生们描出了离散点，预测该函数为正比例函数，在如何去求函数解析式时遇到了困难。

【对策】 教师适时点拨，根据实验数据描点作图，图象不是严格意义的直线，可以选择一条最为接近的直线，即让尽可能多的点在这条直线上，不在直线上的点，也尽量在直线的两侧波动。

第3课时　借助 Excel，拟合函数

（一）驱动性问题

我们经过描点、画图，预测函数模型，画出拟合直线，再选择合适的点代入求出了拟合直线的解析式，有没有更高效的办法？

（二）学习目标

学会用 Excel 拟合离散点的趋势线，培养学生的问题意识、创新意识。

（三）课时任务

任务1：寻找求离散点趋势线更高效的方法

学生课下查找资料，请教老师，寻找用信息技术拟合离散点趋势线的方法，经过多次尝试和对比，发现借助 Excel 拟合离散点趋势线的方法简单易操作。

任务2：学会用 Excel 拟合离散点的趋势线

任务3：对照分析误差，总结经验

学生对照自己用画图方法求出的拟合直线解析式与计算机给出的拟合直线解析式，分析误差，交流总结经验。

（四）学习支架

资源路径支架	进行技术培训，让学生快速、准确地利用信息技术手段拟合离散点趋势线。

（五）教学过程

任务1：寻找求离散点趋势线更高效的方法

活动1：学生利用课后时间，查阅资料，向信息科技老师请教，寻找求离散点趋势线的方法，尝试操作

活动2：分享成果，交流讨论

学生分享求离散点趋势线的方法，经过交流、演示操作，发现用 Excel 拟合离散点的方法最容易操作。

【设计意图】学生在学习的过程中大胆质疑，提出新的问题，并主动探求解决问题的方案，调动了大家学习的主动性和积极性。同时也激发学有余力的学生广泛涉猎，提升他们综

合运用各学科的知识解决问题的能力。

任务 2：学会用 Excel 拟合离散点的趋势线

活动：借助 Excel，拟合离散点趋势线

邀请信息科技老师教学生用 Excel 拟合离散点趋势线的方法。

以下列这一组数据为例：

时间 t (min)	0	2	4	6	8	10	12	14
水量 w (mL)	0	17	30	43	58	72	86	100

1. 输入数据，第一列代表时间，第二列代表水量；

2. 选中所有数据，点击“插入”，选择“散点图”；

3. 选中一个点，则所有点都被选中，单击右键，选择插入趋势线，选择“线性”；

4. 选中趋势线，单击右键，选择设置趋势线，设置截距为 0，点击“显示公式”，点击“显示 R 方”。

这样就得到了拟合直线的解析式。

R^2 表示相关性，介于 0 与 1 之间，R^2 越接近 1，回归拟合效果越好。

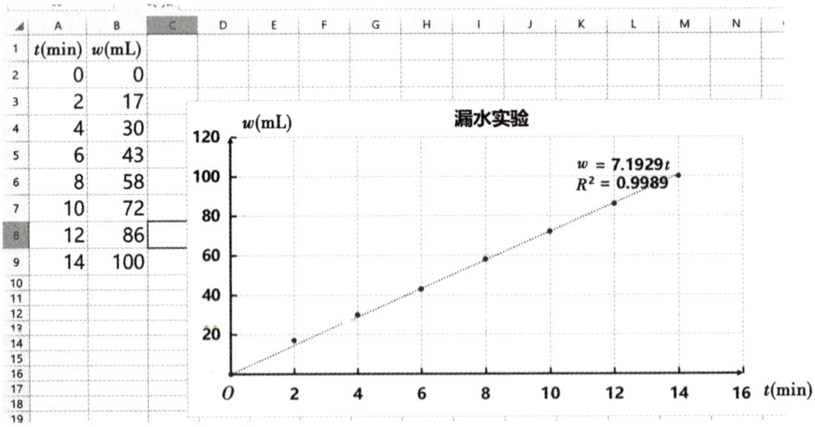

教师总结：我们发现计算机很快就能拟合出离散点的趋势线，并得到函数解析式，其实计算机程序的本质还是数学线性回归知识，有兴趣的同学可以自主去探究。

【设计意图】充分发挥信息技术的优势，运用现代信息技术手段改善学生的学习方式。让学生由被动学习转为自主学习，可以尝试用信息技术的方式去解决学习过程中出现的疑问，让学生感受到数学与信息技术紧密融合。

任务 3：对照分析误差，总结经验

活动：对照自己所求的解析式和计算机拟合出的解析式，分析不同，查找错误原因，并重新求拟合直线的解析式

以下列这一组数据为例：

时间 t（min）	0	2	4	6	8	10	12	14
水量 w（mL）	0	17	30	43	58	72	86	100

师：同一小组收集到的数据相同，但部分同学求出的拟合直线解析式却不相同，哪位同学的误差更小呢？

A 同学所画的图和解法如下：

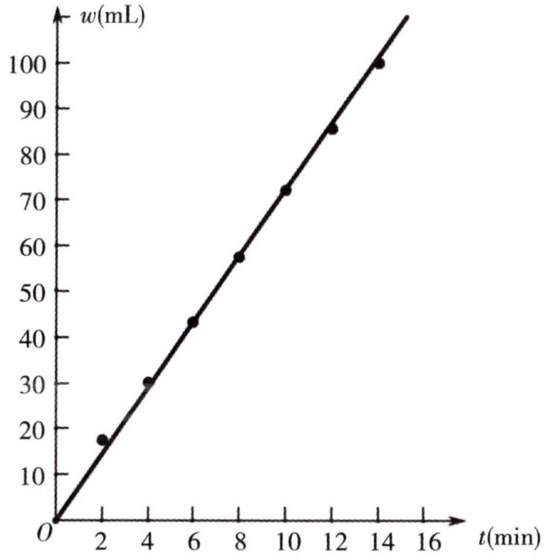

解：设预测的直线为 $w=kt$（$k\neq 0$）。

将（2，17）代入解析式，得 $17=2k$。$k=\dfrac{17}{2}$。

即 w 关于 t 的函数解析式为 $w=\dfrac{17}{2}t$。

B 同学所画的图和解法如下：

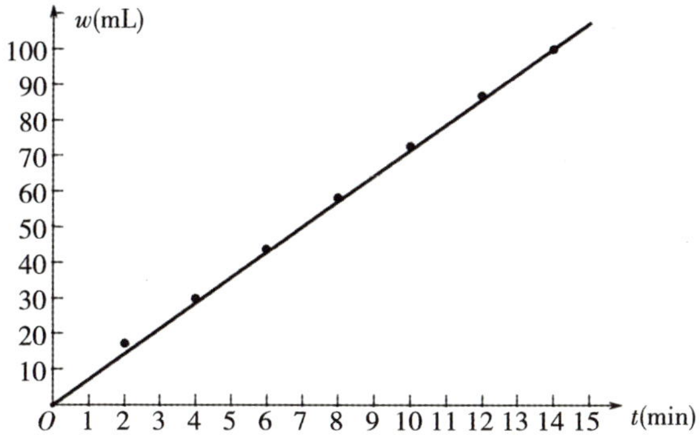

解：设解析式为 $w=kt$（$k\neq 0$）。

把（14，100）代入解析式，得 $100=14k$。解得 $k=\dfrac{50}{7}$。

$\therefore\quad w=\dfrac{50}{7}t$。

C 同学所画的图和解法如下：

时间 t（min）	0	2	4	6	8	10	12	14
水量 w（mL）	0	17	30	43	58	72	86	100

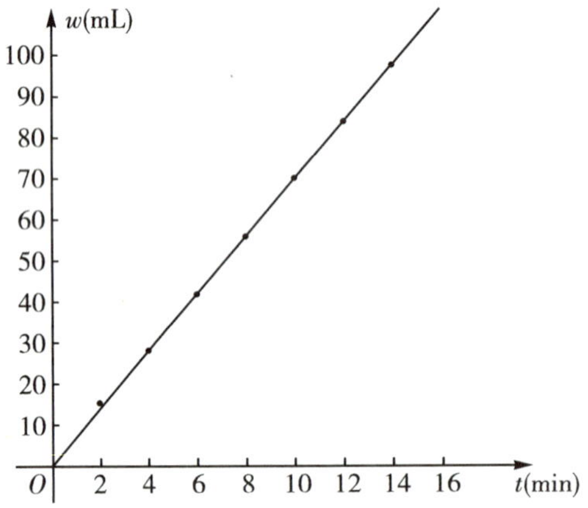

解：设解析式为 $w=kt$（$k\neq 0$）。

把（6，43）代入解析式，得 $43=6k$。解得 $k=\dfrac{43}{6}$。

$\therefore\quad w=\dfrac{43}{6}t$。

用 Excel 拟合离散点的趋势线，得到了这条趋势线的函数解析式为 $w=7.1929t$，发现第三位同学所求的解析式与电脑拟合的结果误差仅为 0.03，所以上面三位同学中，第三位同学的误差最小。大家分析第一位同学的做法，发现用待定系数法求正比例函数解析式时，该同学选择代入的点（2，17）并不在拟合直线上，这样误差就比较大；第二位同学所画的拟合直线没有让较多的点在这条直线上，大部分点都在这条直线下方，导致误差为 0.05，在画拟合直线时，如果让较多点在这条直线上，不在直线上的点在直线两侧波动，则误差会更小。

【设计意图】这个问题是在课堂中生成的，在求拟合直线的解析式时，学生代入不同的点，得出的解析式不一样，大家就产生了疑问，为什么会这样呢？究竟怎样才能减小误差呢？

学生反思原因，共同讨论，寻找解决方法，加深了对拟合直线的认识，提升了计算能力和批判性思维能力。

（六）项目评价

“借助 Excel、拟合函数”评价表

班级：______________　　姓名：______________　　小组：__________

评价项目	评价要点	自评	组评	师评
活动过程	积极查找求离散点趋势线的资料			
	交流中能清晰表达自己的思路和想法			
	会用 Excel 拟合离散点的趋势线			
	能对照 Excel 拟合的解析式，分析自己所求解析式的误差并改进			
说明：1. 评价结果分为 A、B、C、D 四个等级。 2. A 表示好；B 表示较好；C 表示一般；D 表示不好。				

（七）困难点及对策

【困难点】学生在用电脑尝试拟合离散点趋势线时，可能会存在一些困难，比如有的学生在电脑操作上比较薄弱。

【对策】教师要充分发挥兵教兵的作用，让先学会的学生帮助不会的学生，及时扫清学生学习中的障碍。

第 4 课时　应用模型，解决问题

（一）驱动性问题

你能根据小组所求的解析式，计算出一个没有拧紧的水龙头一天、一个月、一年能漏多少水吗？

（二）学习目标

1. 查阅资料，了解三门峡市城市饮水工程，树立节约用水的意识。

2. 会应用函数模型解决实际问题，发展数据意识、计算能力。

3. 了解我国资源短缺的现状，树立科学发展观，培养学生节约资源、保护环境的责任意识。

（三）课时任务

任务 1：查阅资料，了解三门峡市城市饮水工程

任务 2：应用函数模型，解决实际问题

同学们根据本组拟合直线的解析式，求出水龙头一天能漏多少水，一个月、一年能漏多少水。邀请地理老师和道德与法治老师分别讲解三门峡市城市饮水工程和科学发展观。

（四）学习支架

方法支持支架	把漏水量转换为按照矿泉水瓶、桶装水来计量。

（五）教学过程

任务 1：查阅资料，了解三门峡市城市饮水工程

活动：学生通过网上查阅、实地调查等方式，了解三门峡市城市饮水工程，小组展示调查结果

【设计意图】 让学生经历查阅资料获取数据的过程，提高信息检索、辨析和归类能力。在分享交流中加深对三门峡市城市饮水工程的了解，感受工程建设之不易，进而珍惜今天的幸福生活。

任务 2：应用函数模型，解决实际问题

活动 1：根据函数解析式，估算这种漏水状态下一天的漏水量，一个月的漏水量，一年的漏水量

【设计意图】 在学生得到拟合函数的解析式后，引导学生应用函数模型解决实际问题，让学生体会到函数模型在解决实际问题中的作用。

活动 2：

学生实验：用矿泉水瓶和桶装水估算一天、一个月和一年的漏水量（已知一瓶矿泉水的容量为 550 mL，一桶桶装水的容量为 17 L）。

以下是某一组同学的数据和解答过程：

时间 t（min）	0	2	4	6	8	10	12	14
水量 w（mL）	0	17	30	43	58	72	86	100

求出的拟合直线解析式为 $w=\frac{43}{6}t$，则

一天的漏水量为 $w=\frac{43}{6}\times 24\times 60=10320$（mL），

按一瓶矿泉水 550 mL 计算，一天漏水瓶数为 $10320 \div 550 \approx 19$（瓶），

下图是一天的漏水量 19 瓶。

一个月（按 30 天算）的漏水量为：$w=\frac{43}{6}\times 24\times 60\times 30=309600$（mL）。

如右图，一桶桶装水是 17 L，即 17000 mL，

$309600 \div 17000=18\frac{18}{85}$（桶），

不满一桶的水量，按一瓶矿泉水 550 mL 计算，

$\frac{18}{85}\times 17000\div 550\approx 6$（瓶），

综上，一个月的漏水量为 18 桶 6 瓶。

下图是一个月的漏水量 18 桶 6 瓶。

一年（按 365 天算）的漏水量为：

$w=\frac{43}{6}\times 24\times 60\times 365=3766800$（mL），

$3766800\div 17000=221\frac{49}{85}$（桶），

按一瓶矿泉水 550 mL 计算，

$\frac{49}{85}\times 17000\div 550\approx 17$（瓶）。

综上，一年的漏水量为 221 桶 17 瓶。

如下三幅图全部加起来是一年的漏水量 221 桶 17 瓶。

96 桶

96 桶

29 桶 +17 瓶

【设计意图】把漏水量转化为按矿泉水瓶数、桶装水桶数来计量，能让学生更直观感受到一天、一个月、一年水龙头的漏水量，这种直观的呈现方式，能给学生内心更大的触动，让学生从思想上真正认识到滴水之漏，浪费巨大。

活动 3：各小组汇报实验结果

第一组：如果按一瓶矿泉水 550 mL、一桶桶装水 17 L 计算，按照我们组的数据，$w=4.5t$，一个没有拧紧的水龙头一天可以漏 11 瓶，一个月的漏水量是 11 桶 +13 瓶，一年的漏水量是 139 桶 +4 瓶。

第二组：根据我们组的数据，$w=\frac{43}{6}t$，水龙头没有拧紧，一天的漏水量是 19 瓶，一个月的漏水量是 18 桶 +6 瓶，一年的漏水量是 221 桶 +17 瓶。

第三组：按照我们组的数据，$w=10t$，一天的漏水量是 26 瓶，一个月的漏水量是 25 桶 +12 瓶，一年的漏水量是 309 桶 +5 瓶。

第四组：根据我们组的数据，$w=14.5t$，一天的漏水量大约是 38 瓶，一个月就是 30 桶 +28 瓶，一年是 448 桶 +9 瓶。

第五组：根据我们组的数据，$w=\frac{35}{4}t$，如果没有拧紧水龙头，一天要浪费 23 瓶，一个月就要浪费 22 桶 +7 瓶，一年就要浪费 270 桶 +16 瓶。

【设计意图】由于实验数据不同，估算出的漏水量也不同。通过小组汇报，大家深刻感受到如果没有拧紧水龙头，经过时间的累积，浪费巨大。

活动 4：邀请地理老师讲解三门峡市城市饮水工程

师：大家知不知道我们学校的水来自哪里？

生：黄河。

师：我刚上班的时候，自来水确实是来自黄河。黄河水是清的，还是浑浊的？

生：浑浊的。

师：能直接饮用吗？

生：不能。

师：所以要把黄河水引到自来水公司的水库里面，经过沉淀、净化、消毒，把水里的细菌、微生物排除掉，送到各家各户。这样成本比较大，水质也不好。后来市政府决定从卢氏的杜关镇引山泉水到灵宝卫家磨水库。卫家磨水库于 2008 年建成，从卫家磨的水引到我们市区大概是 81 公里，我们所浪费的这一滴水，它是从卫家磨水库开始，走走走，翻山越岭，穿过隧道，通过加压、消毒，送到我们学校，送到千家万户，所以这一滴水来之不易。如果我们没有关紧水龙头，水管漏水的话，这一滴水就没有发挥它应有的作用，没有滋养生命，也没有滋养万物。

师：我国最大的饮水工程是什么？

生：南水北调。

师：南水北调是我国最大的跨流域调水，从长江东、中、西三条线调水到华北、西北地区。有记者问水利部部长，南水北调最大的困难是不是缺资金、缺技术？部长回答，资金、技术不是问题，最大的问题还是人们的节水意识。比如我们把水引到受水区，但是受水区的老百姓如果没有节约用水的话，引再多的水都没有用。受水区要坚持先节水后调水，坚持把节水作为受水区的根本出路。

同学们，一滴水来之不易，我们作为中学生，作为中国公民，在生活中要节约用水，节约点滴水，养成良好的习惯。

【设计意图】通过地理老师的讲解，学生对三门峡市的饮水工程有了更深刻的认识，了解了国家的南水北调饮水工程，结合自己的实验结论，深刻体会到没有拧紧水龙头浪费巨大，水资源来之不易，每一滴水都应该去珍惜。

活动 5：道德与法治老师讲解科学发展观

我国幅员辽阔，自然资源丰富，种类齐全，但人均资源相对不足，地区分布不平衡。要保证经济持续发展和社会的繁荣稳定，就要珍惜资源，加强资源的合理开发，实现资源的可持续利用。

例如，我国水资源约 2.8 万亿立方米 / 年，居世界第 6 位，但人均水量不足 2200 立方米 / 年，仅占世界人均水量的 1/4，并且空间分布不均。目前我国有 20% 的城市供水困难。节约用水，合理用水，是我们面临的一个重要任务。

为了促进我国经济社会的健康发展，党的十六届三中全会提出“坚持以人为本，全面、协调、可持续的发展观”。坚持科学发展观，就要以人为本。坚持科学发展观，就要促进人与自然的协调发展。坚持科学发展观，就要坚持可持续发展的理念。要把节约资源作为基本国策，发展循环经济，保护生态环境，加快建设资源节约型、环境友好型社会，促进经济发展与人口、资源、环境相协调。

同学们，为了建设资源节约型、环境友好型社会，你有什么好的做法？

学生回答：

节约用水，比如洗手擦肥皂时关掉水龙头，用洗衣服的水冲厕所，用淘米的水浇花，厕所使用节水型器具等。

师：节约从点滴做起，不仅仅是节约水资源，节电、节粮、节煤等等，都需要我们从自身做起，从今天做起。

【设计意图】引导学生认识我国的资源短缺问题，树立科学发展观的意识，从身边小事做起，从自己做起，践行科学发展观，为建设资源节约型、环境友好型社会做出自己的贡献。

（六）项目评价

“应用模型、解决问题”评价表

班级：＿＿＿＿＿＿　　姓名：＿＿＿＿＿＿　　小组：＿＿＿＿＿

评价项目	评价要点	自评	组评	师评
活动过程	积极查找关于三门峡市城市饮水工程的资料			
	根据本组数据，会利用函数模型求出一天、一个月、一年的漏水量			
	乐于合作，交流、汇报积极			
说明：1. 评价结果分为 A、B、C、D 四个等级。 2. A 表示好；B 表示较好；C 表示一般；D 表示不好。				

（七）困难点及对策

【困难点】学生在计算出漏水量后并没有获得直观的感受。

【对策】一是让学生把漏水量转化为按照矿泉水瓶数、桶装水桶数来计算，一瓶按照550 mL，一桶按照17 L计量，这样学生就能直观感受到滴水的水龙头一天、一个月、一年大概要漏掉多少水。二是让学生到超市把一天、一个月、一年的漏水量用桶装水桶、矿泉水瓶摆放出来，拍照片、录视频，让更多同学能直观地看到一个没有拧紧的水龙头随着时间的累积漏水量之多。

第5课时 组织活动，宣传节水

（一）驱动性问题

如何把节水知识宣传到学校、家庭、社区？

（二）学习目标

1. 通过绘制手抄报，加深学生对节约水资源的认识，同时提高了学生的艺术素养。

2. 通过设计节水倡议书，策划校园“节约用水，从我做起”签名活动，培养学生的统筹布局、组织协调能力。

3. 通过录制节水歌谣，设计节约用水宣传册，开展社区节水知识宣传活动，培养学生的社会责任感和主人翁意识。

（三）课时任务

任务1：设计手抄报、倡议书，在校园开展节约用水签字活动

学生们设计手抄报，倡议书，张贴到校园宣传栏，为在校园开展节水活动作准备。

任务2：录制节水歌谣、设计宣传单，把节水知识宣传到家庭、社区

学生借助网络平台，寻找节约用水的歌曲，教师辅导学生录制节水歌谣，宣传节约用水的方法。

（四）学习支架

资源路径支架	帮助学生联系打印店制作宣传条幅、倡议书；教会学生用录屏软件、剪辑软件制作节水歌谣。教师协助学生联系政教处策划学校节水周宣传活动。

（五）教学过程

任务 1：设计手抄报、倡议书，在校园开展节约用水签字活动

活动 1：精心设计手抄报、节水倡议书，贴到学校的宣传栏，宣传节水知识

活动 2：开展“节约用水，从我做起”签名活动，号召全校师生珍惜每一滴水，节约每一滴水，树立节水意识，养成节水习惯

任务 2：录制节水歌谣、设计宣传单，把节水知识宣传到家庭、社区

活动 1：录制节水歌谣小视频，宣传节水小妙招

同学们进行角色扮演，录制节水歌谣小视频，利用学校的广播系统在全校进行播放。同时，通过网络社交平台，把节水小妙招推广到千家万户。

节水歌谣

在明亮的厨房里面擦啊擦啊擦，洗完蔬菜的水还能把地擦，

洗菜、刷碗怎样才能节水呢？先擦干净再用水来刷，

节约用水你我他，城市开出美丽花。

活动 2：学生设计节水宣传手册，走入社区，宣传节水知识，带动更多的人树立节约用水的意识，提高水的利用率，珍惜每一滴水

（六）项目评价

“组织活动、宣传节水”评价表

班级：______________ 姓名：______________ 小组：__________

评价项目	评价要点	自评	组评	师评
活动过程	精心设计手抄报，书写工整，设计美观			
	积极参与校园节水活动			
	乐于合作，能和同学交流			
	积极尝试节水歌谣的录制，积极参与社区节水宣传活动			
说明：1. 评价结果分为 A、B、C、D 四个等级。 2.A 表示好；B 表示较好；C 表示一般；D 表示不好。				

（七）困难点及对策

【困难点 1】节水歌谣的制作。

【对策】教师指导学生学习剪辑软件，在多次尝试下完成了预期目标。

【困难点 2】节水宣传活动。

【对策】需要学生和学校、社区积极地沟通合作，学生制订好活动方案，分小组完成任务，最终得到了学校、社区的大力支持，宣传活动取得了很好的效果。

七、反思及点评

（一）教学反思

本活动圆满完成了各个任务，学生在项目活动中积极参与，积极思考，完成了学习目标。本项目的设计论证严密，以问题为导向，趣味性、操作性强，跨学科融合，能让学生以更开阔的视野看待生活中的问题，用数学的眼光观察现实世界，用数学的思维思考现实世界，用数学的语言表达现实世界。待改进之处是节水活动宣传还不够深入、全面，虽然参加本次活动的同学都受到了很大的触动，但是我们的成果在全校推广之后效果怎么样，没有落实。如果能把活动成果以宣传片的形式在全校班会课上推广介绍，将会激发更多同学树立节水意识，拧紧滴水的水龙头。

（二）名师点评

该主题活动从学生身边的真实情境展开，融操作性、趣味性为一体，融合了数学与化学、信息科技、地理、道德与法治学科的有关知识，任务明确，很好地调动了学生的积极性，提升了学生的数学核心素养。学生们经历了收集数据、分析数据、建立模型、应用模型的过程，体会到了数学知识在生活中的应用价值。本主题活动思路清晰，关注节约用水的社会问题，学生参与度高，该活动也提高了学生的社会责任感，取得了很好的成效。

建议：在成果推广上还可以做得更加深入，获取学校、社会支持，录制节水宣传片，向更多学校和社会推广，树立全民节水意识。

设计与执教者：赵冬丽（三门峡市育才中学）
鲍聪晓
修改与点评者：杨　丽

◆ 案例 14 ◆

如何选择采光好的楼层

——融合锐角三角函数的教学实践

本次活动以“如何选择采光好的楼层”为研究主题，使学生在真实的问题情境中，运用数学知识解决与直角三角形有关的度量问题，培养学生的抽象能力、运算能力和模型观念，渗透数形结合思想、转化思想。在活动开展过程中，学生跨学科运用了地理、历史、信息科技等知识揭秘了影响楼房采光的因素。这些学科知识与日常生活紧密相关，在生活中具有广泛的应用，特别是对建筑设计、测量、绘图等实际工作具有重要价值。本主题活动在九年级下学期实施，共需 4 个课时，涉及数学、语文、历史、地理、信息科技、艺术等学科。

一、主题说明

1. 主题分析：九年级的学生已经学习了相似、锐角三角函数等相关数学知识，同时具备了一定的地理、语文、艺术、信息科技等关联学科知识以及基本的操作技能，但学生在真实问题情境下，面对出现的新问题，分析解决问题的意识和能力尚有欠缺，不能很好地将知识与知识运用的情境关联，跨学科解决问题的思路缺乏创新性和多样性。

依据课标要求，整合教材，根据学情，本次跨学科主题学习活动将“如何选择采光好的楼层”作为研究主题。以“为老师推荐优质小区并选择采光好的楼层”为驱动问题，让学生通过开展查阅资料、实地考察等活动，初步感知影响楼房采光的主要因素；通过实验，建立地理与数学学科的联系，跨学科深度理解楼房采光被遮挡的深层原因；通过实地测量收集数据、建立锐角三角函数的模型，计算选择哪一层可以享受全年充足的阳光，最终为老师挑选到采光好的楼层。最后结合楼房采光设计遮阳棚模型和小区规划模型，让学生学会将各学科知识融入到实践活动中解决问题，掌握多种学习方式，提升综合素养。

2. 任务情境：楼房是生活中常见的建筑，而采光问题是建造楼房或者选择住房的重要因素之一。那么，楼房的采光与哪些因素有关呢？我们如何通过计算来大致判断楼层是否采光良好呢？我们又如何根据采光情况进行合理的设计呢？在跨学科主题学习活动中，我们将对东西向楼房的采光问题进行简单的探究。

3. 驱动性问题：选择多少层以上的房子才能享受到全年充足的阳光？

二、学习目标

跨学科主题学习不仅要培养学生学习过程中具体的学科素养，也需要培养学生的跨学科素养，两者互为补充和促进，基于此，特制定以下学习目标：

1. 通过分组考察，了解优质小区满足的条件和影响采光的因素；综合运用地理、历史等多学科知识，感知影响楼房采光的主要因素。

2. 经历现实情境的数学化，探索数量关系的过程，建立锐角三角函数的模型解决“选择最优楼层”的问题，感知数学建模的基本过程，培养模型观念。

3. 通过学生的实地测量，获取楼高和楼间距的真实数据，结合三门峡本地的太阳高度角，依据模型计算结果，分析结论的意义，判断楼层的采光情况，检验模型的合理性，形成和发展实践能力和应用意识。

4. 学生能够运用各种技术和工具进行设计，并动手制作遮阳棚模型，将创意转化为有形的成果，提高创新意识和动手实践能力。

三、学科关联

本次跨学科主题学习活动，各学科教师围绕主题共同设计，将影响楼层选择的因素加以整合，跨学科、跨教师、跨资源，走出教室、走出课堂、走出学校，将数学、语文、历史、地理、信息科技、艺术等多学科融合，引导学生在采访、3D 打印、物理实验、实地测量等综合实践活动中，通过说、测、验、画等形式深度探究冬至日太阳高度角对楼房采光的影响，建立锐角三角函数的模型帮老师选择采光好的楼层。项目最终成果通过设计搭建住宅小区规划模型、设计制作遮阳棚模型、制作小区规划模型进行展示，实现知识的迁移应用。

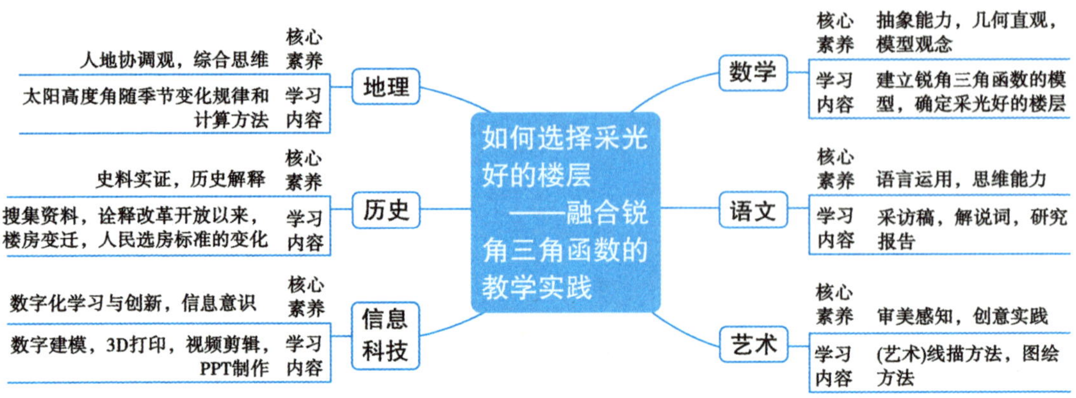

四、活动策略

本次跨学科主题学习活动共分为四个课时。第 1 课时：找资料，选小区，引出项目。主要教学内容是引导学生初步感知优质小区的条件和影响楼房采光的因素。第 2 课时：做实验，建模型，开展项目。聚焦抽象能力、几何直观和模型观念，主要教学内容是学生通过小组合作交流，分析问题，并结合问题建立锐角三角函数的模型解决问题。第 3 课时：测数据，算结果，验证项目。主要教学内容是实地测量收集相关数据，利用模型解决“选择多少层以上的房子能享受到全年充足的阳光”这个问题。第 4 课时：动手做，用模型，分享成果。主要是让学生运用各种技术和工具进行设计，动手绘制住宅小区规划图、设计制作遮阳棚以及小区规划模型。

五、成果形式及公开方式

遮阳棚模型、小区规划立体模型。

六、主题实施

第1课时 找资料，选小区，引出项目

（一）驱动性问题

你知道楼房的采光和哪些因素有关吗？

（二）学习目标

1. 通过收集资料、采访、实地考察等实践活动，使学生对楼房采光产生感性认识，提取原有知识和技能，建立新旧知识的联系，在展示交流中深入理解研究项目。

2. 通过了解三门峡地区住宅的特点与布局，使学生掌握影响楼房采光的主要因素。

（三）课时任务

任务1：资源储备，多方寻因

学习资料查阅的方法，收集影响小区品质以及楼房采光的因素的资料，初步感知数学与生活的联系。

任务2：组建团队，落实分工

各组在组长的带领下，明确自己在小组中的角色和职责，确保活动有序开展。

任务3：实地考察，择优推荐

各小组考察小区，选择优质小区，并完成推荐表。

（四）学习支架

资源路径支架	为学生提供活动的场地，开展查阅文献的方法培训。
交流共享支架	学生汇总收集影响小区品质以及楼房采光因素的资料，师生和生生之间进行信息的交流和共享。

（五）教学过程

情景引入：近期，三门峡又新建好了4个优质小区，老师想选择一个小区，买一个采光

好的房子，应该如何选择小区，又如何知道选择小区里的哪栋楼，哪一层的采光好呢？

任务 1：资源储备，多方寻因

活动：各组收集选择小区的条件和影响楼房采光因素的资料，交流研究结果

序号	选择小区的条件	影响采光的因素
1	内部配套设施	房屋的朝向
2	外部配套设施	窗户的多少和大小
3	绿化和环境	阳台的大小
4	物业服务质量	户型的布局
5	容积率及入住率	楼层的高低
6	社区文化氛围	外部是否有遮挡
7	小区定位	房子的深度
8	消防安全和供暖	房子的面宽
9	停车位	同一层是否有突出的建筑物

【设计意图】引导学生有效地查阅和收集资料，培养学生的信息搜索能力，同时使他们能够有效地获取、评估和利用信息，从多视角寻找选择小区的条件和影响楼房采光的因素，发展跨学科意识和跨学科学习能力。

任务 2：组建团队，落实分工

活动：根据每位学生的特长、兴趣点和学习水平的差异组建团队。推选团队负责人、制定团队名称、明确组员分工、制定组员工作内容和职责

角色	职责
项目管理者	团队领导，团队的发言人，分配任务，与老师交流，激励团队。
资源管理者	为团队收集楼房采光问题的资源，委派团队成员负责某一具体资源的收集，记录资源在问题解决中发挥的作用。
记录管理者	记录数据信息和项目相关的注解与问题，发送和接收信息，与团队分享最新消息。
时间管理者	明确每个角色任务完成时间，及时督促，确保团队按时完成任务。

【设计意图】教师和学生共同制定团队角色与职责，使小组长在进行组内分工、确定队员角色时有抓手，为活动的顺利进行提供人员保障。

任务3：实地考察，择优推荐

活动：各组在组长的带领下，参观新建好的4个小区，为老师推荐优质小区。完成推荐表

小区图片				
小区名称				
推荐小区				
推荐理由				
采光情况				
影响采光因素				
注意：各组在“推荐小区”这一栏打“√”				

【设计意图】了解三门峡地区住宅的特点与布局，通过实地考察感知哪些因素影响小区的品质和楼房的采光，积累生活经验，引导学生用数学的眼光观察现实世界。

（六）项目评价

本次主题学习活动，目的在于激励学生学习，帮助学生有效调控自己的学习过程，使学生获得成就感，增强自信心，培养合作精神。

评价维度	等级（A、B、C、D）
1. 能够理解问题并能准确收集与问题相关的背景信息。	
2. 对问题有自己的见解并善于倾听同伴的观点。	
3. 清楚自己的角色、要完成的任务以及任务完成的目标。	
4. 会制订实施计划并能按计划完成分配的任务，达成目标。	

（七）困难点及对策

【困难点】学生不知道关于楼房采光应该从哪些方面寻找资料，以及关于楼房在建造时采光方面有哪些相关的规定。

【对策】教师为学生提供专门的活动场地，实地考察，同时对查阅资料的路径和方法对学生进行指导。

第 2 课时　做实验，建模型，论证项目

（一）驱动性问题

建立什么样的数学模型可以解决“至少选择多少层以上的楼层才能享受到全年充足的阳光”的问题。

（二）学习目标

1. 经历将现实情境数学化，探究数量关系的过程，建立锐角三角函数的模型，解决选择采光好的楼层这一现实问题，掌握实际问题抽象化的基本路径。

2. 通过做“探究太阳高度角随季节变化规律”的实验，引导学生建立地理与数学学科之间的联系，深入理解太阳高度角对楼房采光的影响。

3. 通过组内、组间、师生间的互动，学会用数学的语言和图示表达楼房采光的问题。

（三）课时任务

任务 1：讨论分析，聚焦项目核心

从实际问题中剥离弱化无关信息，明确项目要研究的核心要素。

任务 2：开展实验，跨学科解决问题

引导学生从生活体验出发，开展实验并结合地理知识，理解太阳高度角对楼房采光的影响。

任务 3：深入讨论，实际问题数学化

剖析影响采光的关键元素之间的数量关系，让学生通过画图，构建数学问题的直观模型。

（四）学习支架

学科实践支架	对地理学科的太阳高度角变化规律进行实验探究，突破难点。
思维优化支架	为学生提供多样化的学习方法和知识获得途径。
资源路径支架	地理老师录制微课视频，具体讲解学生在主题学习中出现的学科知识问题。

（五）教学过程

任务 1：讨论分析，聚焦项目核心

活动：在前期考察的基础上，小组交流对影响楼房采光的关键元素的认识并谈谈困惑

师：根据课前的预习，对于楼栋的高度、楼间距、太阳高度角这三个元素对楼房采光的影响你还有什么困惑?

生：对“太阳高度角对楼房采光的影响”有困惑。

师：下面我们来探究太阳高度角是如何影响楼房采光的。

【设计意图】引导学生对影响楼房采光的三个元素进行深度认识，通过交流和讨论，明确困难。

任务 2：开展实验，跨学科解决问题

活动 1：小组交流，住在一楼的住户一年中采光最好的是哪个季节

结论：夏季，结合地理学科知识，夏季太阳直射北半球，而我国位于北半球，所以能享受到充足的阳光。

【设计意图】引导学生从自身生活体验出发，结合地理学科知识，回忆太阳直射点移动规律，理解太阳高度角对楼房采光的影响。

活动 2：思考：要想保证一楼南面房间冬天也有良好的采光，主要考虑哪一天的正午太阳高度角

生：主要考虑冬至日的太阳高度角，冬至日影子最长，对楼房的遮挡比较严重，如果这一天楼房不受影子遮挡，则全年都可以享受充足的阳光。

师： 从生活中我们发现，不同的季节楼房的采光情况也会不同，说明太阳高度角随季节的变化而变化。

活动 3：模拟实验，探究太阳高度角随季节变化的规律

1. 制作楼房模型

实验需要两栋楼房的模型和一个手电筒，邀请计算机老师讲解数字建模的方法，学生在电脑上设计楼房的数字模型，学习 3D 打印技术，打印出楼房的模型。

【设计意图】 让学生感受科技的力量，感受数字建模的过程，为探寻楼房采光被遮挡原因的演示实验提供教具。

2. 开展模拟实验

实验目的	探究太阳高度角随季节变化规律
实验地点	数学教室
实验人员	各小组成员
实验器材	3D 楼房模型、手电筒
实验步骤	用手电筒模拟冬至日、夏至日太阳光线
实验结论	三门峡夏至日时，太阳高度角最大，影长最短；冬至日时，太阳高度角最小，影长最长。

【设计意图】 掌握正午太阳高度角随季节变化的规律，深入理解正午太阳高度角的大小与影长的关系，揭秘采光被遮挡的原因。

活动 4：观看微课视频，学习冬至日的正午太阳高度角计算方法，并尝试计算三门峡的太阳高度角。某地冬至日正午太阳高度角的计算公式：$A_n=90°-(B_1+B_0)$

A_n 为太阳高度角，B_1 为城市纬度，B_0 为回归线纬度。

生： 根据微课学习得到的结论进行计算：

三门峡某地位于北纬 34°，即三门峡的太阳高度角 $=90°-(34°+23°26')=32°34'$

【设计意图】 跨学科解决问题，为后面问题解决提供数据条件。

任务 3：深入讨论，实际问题数学化

活动：分析楼高、楼间距、太阳高度角之间的数量关系，用算式和几何图形表示

几何图形	算式
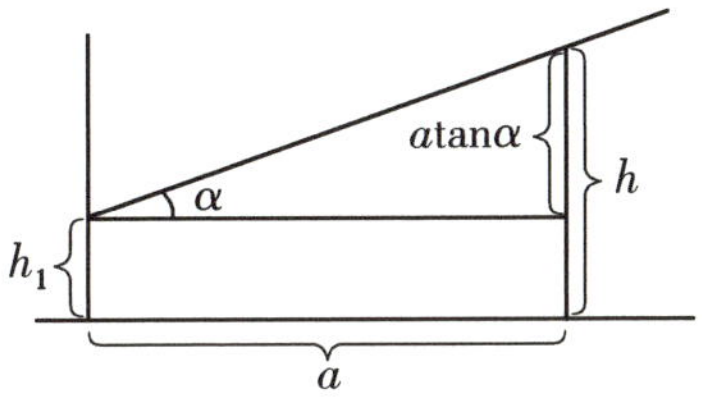 	$h_1=h-a\tan\alpha$ 所买楼和前楼的高度均用 h 表示 楼间距用 a 表示 冬至日正午太阳高度角用 α 表示 被遮挡的楼层高度用 h_1 表示

【设计意图】进一步剖析影响采光的关键元素之间的数量关系，引导学生通过画图，构建数学问题的直观模型，寻求问题解决的数学方法，形成数形结合思想，发展几何直观。

（六）项目评价

学生课堂过程性评价表

评价维度	评价指标	自评	互评	师评	总评
		等级（A、B、C、D）			
学习态度	课前查阅，收集相关资料，对本节课的项目有初步的了解，带着问题上课。				
课堂表现	注意力集中，思维活跃，能积极参与问题解决，并能发表意见。				
	小组合作中有合作意识，愿意倾听，获取关键信息。				
	善于观察，积极评价，勇于展示。				
知识掌握	能解决问题，完成相关计算，得出结论。				
	通过真实的问题感知数学的应用价值，能够从数学的角度分析问题，提取核心元素，建立解决问题的模型。经历现实情境的数学化过程，掌握数学抽象的一般路径。独立自主或经历小组合作完成任务和练习。				

（七）困难点及对策

【困难点】学生在进行数学抽象时，不能准确地剥离无关或者次要信息，画出几何图形，建立模型受阻；学生在分析问题的过程中，不能很好地进行学科融合，解决问题受阻。

【对策】采用问题驱动策略，渐次追问，启发引导；采用阶梯建构策略，搭建阶梯，深度理解，寻找路径。采用微课整合策略，跨学科学习，促进问题解决。

第 3 课时　测数据，算结果，验证项目

（一）驱动性问题

你为老师推荐的楼栋“至少选择多少层以上的房子”才能享受到全年充足的阳光。

（二）学习目标

1. 通过实地测量，获取真实的数据，计算“至少选择多少层以上的楼层采光最好”。

2. 掌握使用数据计算采光好的楼层的方法，能够依据模型得出结论，并能分析结论的意义，检验模型的合理性。

（三）课时任务

任务 1：收集数据，解决问题

实地测量，获取真实数据，利用锐角三角函数的模型，解决“选择多少层以上的楼层”采光不受影响的问题。

任务 2：互相点评，归纳总结

学生的学习经历了从实际问题中提炼出数学问题（建模），运用数学的方法求出数学问题的解（解模），然后回到现实中得出实际问题的解决方法（验模）的过程，对运用锐角三角函数的数学模型解决实际问题有一个清晰的认识，形成相对明确的模型观念。

（四）学习支架

思维优化支架	为学生开展的测量活动提供多种策略指导，帮助学生顺利完成任务，达成最优活动效果。

（五）教学过程

任务 1：收集数据，解决问题

活动 1：在优质小区内，选择采光最好的一栋楼，测量收集数据，计算楼高。

师：同学们想一想课本中常用的测量楼高的方法有哪些？

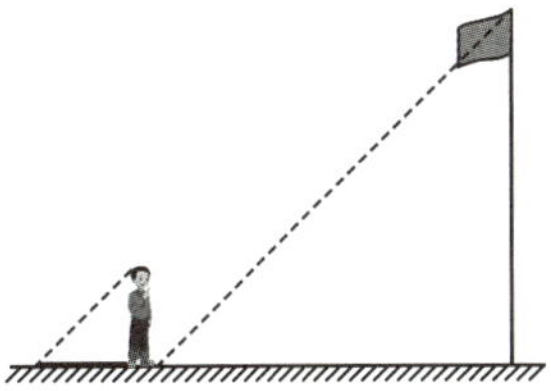

利用影子

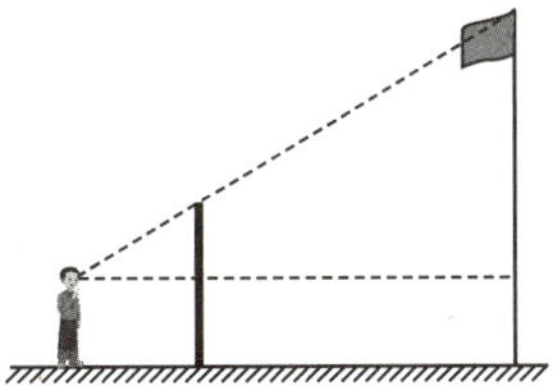

利用标杆

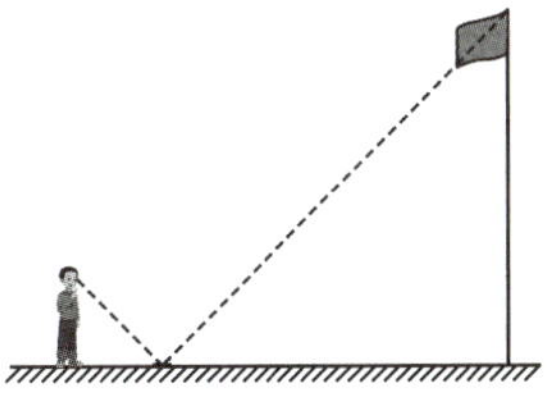

利用镜子

举例：

测量楼高方案设计表

<table>
<tr><td>小区名称</td><td colspan="3">学府壹号</td><td colspan="2">测量位置</td><td colspan="2">10 号楼一单元 2 楼</td></tr>
<tr><td rowspan="2">测量分工</td><td>姚玉儿</td><td>刘梦</td><td>杨赵子彦</td><td>赵家瑞</td><td>马思媛</td><td>马翊轩</td><td>许恬语</td></tr>
<tr><td>准备工具读数</td><td>绘图</td><td>报数</td><td>汇报展示</td><td>设计方案</td><td>计算</td><td>撰写研究报告</td></tr>
<tr><td>测量方法示意图</td><td colspan="7">测量办法：利用镜子的反射。
示意图：
 </td></tr>
<tr><td>测量数据</td><td colspan="7">1. 楼间距
2. 人高
3. 镜子到楼的距离
4. 镜子到人的距离</td></tr>
</table>

测量方案设计表

<table>
<tr><td>测量工具</td><td>镜子、卷尺、竹竿</td></tr>
<tr><td>测量楼间距的数据</td><td>楼间距测量数据（单位：m）
<table>
<tr><td>1</td><td>2</td><td>3</td><td>平均值</td></tr>
<tr><td>52.3</td><td>53.1</td><td>52.7</td><td>52.7</td></tr>
</table>
</td></tr>
<tr><td>其他测量数据</td><td>
<table>
<tr><td></td><td>1</td><td>2</td><td>3</td><td>平均值</td></tr>
<tr><td>人身高（m）</td><td>1.70</td><td>1.69</td><td>1.70</td><td>1.70</td></tr>
<tr><td>镜子到楼的距离（m）</td><td>8.1</td><td>7.7</td><td>7.9</td><td>7.9</td></tr>
<tr><td>镜子到人的距离（m）</td><td>0.18</td><td>0.17</td><td>0.17</td><td>0.17</td></tr>
</table>
</td></tr>
<tr><td>计算过程</td><td>已知条件：
$DE=1.70$ m，$CD=0.17$ m，$BC=7.9$ m。
问题：求楼 AB 的高度。
计算过程：
因为$\angle ACB=\angle ECD$，$\angle ABC=\angle EDC$，
所以$\triangle ABC\backsim\triangle EDC$。
所以 $\frac{AB}{ED}=\frac{BC}{DC}$。
又因为 $ED=1.70$ m，$CD=0.17$ m，$BC=7.9$ m，
所以 $\frac{AB}{1.70}=\frac{7.9}{0.17}$，即 $AB=79$ m。
答：楼高为 79 m。

</td></tr>
<tr><td>困难</td><td>因测量误差大，引起计算误差较大</td></tr>
<tr><td>解决办法</td><td>多次测量取平均值，减小误差</td></tr>
</table>

【**设计意图**】让学生实地考察，真实感知影响楼房采光最直接的因素，并从数学的角度通过测量获得数据，寻找数学与生活的联系，体会数学的应用价值，同时也为后面最优采光楼层的计算提供数据支持。

活动 2：测量三门峡当天正午的太阳高度角

测量太阳高度角设计方案

实验材料	木棍、细线、量角器
实验时间	2023 年 4 月 23 日 12：00（北京时间）
实验地点	学校操场
实验环境	有阳光的日子
实验人员	小组成员
实验方法	立杆测影法
实验步骤	1. 将木棍固定在地面上，从其顶端拉一根细线，用量角器测定木棍与地面是否垂直，此时阳光下会形成棍子的影子。 2. 拉直细线，将细线的另一端固定在影子末端，用量角器测量地面和细线之间的夹角，读出度数，这个度数就是太阳高度角的度数。
实验结论	三门峡 2023 年 4 月 23 日的太阳高度角为 30.8°

（说明：表格中只是列举出其中一个小组的一种方法，还有的小组用自制简易日晷等来测量）

【设计意图】建立地理与数学学科之间的联系，为后面的学习和活动提供知识和技能的支持。

活动 3：根据以上收集到的楼高、楼间距和太阳高度角的数据，计算你推荐的小区“至少选择多少层以上的楼层才能享受到全年充足的阳光”。举例（胜羽小组）

胜羽小组

已知条件：楼 AE 的高度为 79 米，楼间距 BE=52.7 米，

三门峡冬至日太阳高度角为 32° 34′，层高 3 米。

问题：至少选择多少层以上可以享受全年充足的阳光

计算过程：

在 Rt△ADC 中，因为 CD=52.7 m，∠ADC=32° 34′，

所以 $AC=52.7\times\tan 32°\ 34' \approx 52.7\times 0.62 \approx 33.7$（米）。

又因为四边形 $CEBD$ 为矩形，

所以 $DB=CE=AE-AC=79-33.7=45.3$（米），

被遮挡的楼层 $=45.3\div 3\approx 15$（层）。

答：至少 15 层以上可以享受全年充足的阳光。

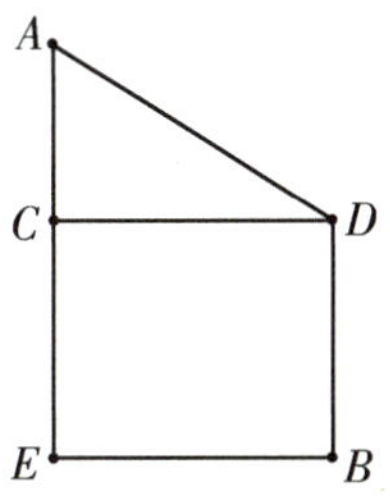

任务 2：互相点评，归纳总结

活动 1：对以上同学们给出建议的可行性进行点评，各抒己见畅谈本节课收获

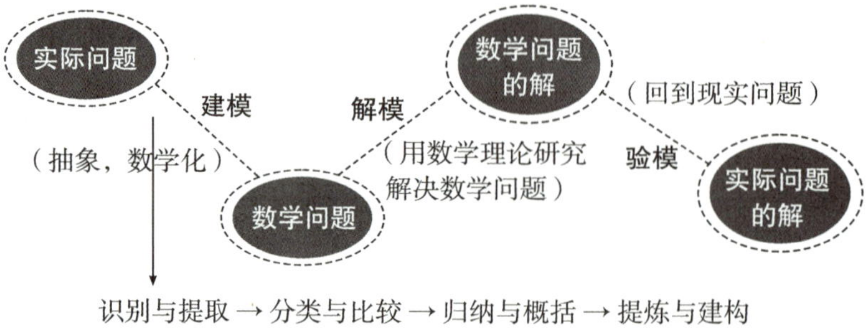

活动 2：应用以上建模方法，解决真实问题

问题	三门峡市实验中学有一窗户朝南的教室，窗户的高度 $h$cm，此地一年中的正午时刻，太阳光与地平面的最小夹角为 α，最大夹角为 β，请你为该窗户设计一个简易的直角遮阳棚，要求它既能最大限度遮挡夏日炎热的阳光，又能最大限度使冬天温暖的阳光射入室内。
核心元素	窗户的高度 $AB=h$，冬至日正午太阳高度角 α，夏至日正午太阳高度角 β
几何图形	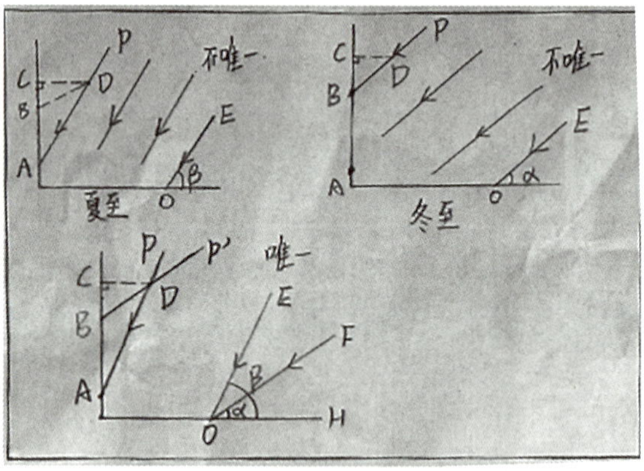
计算过程	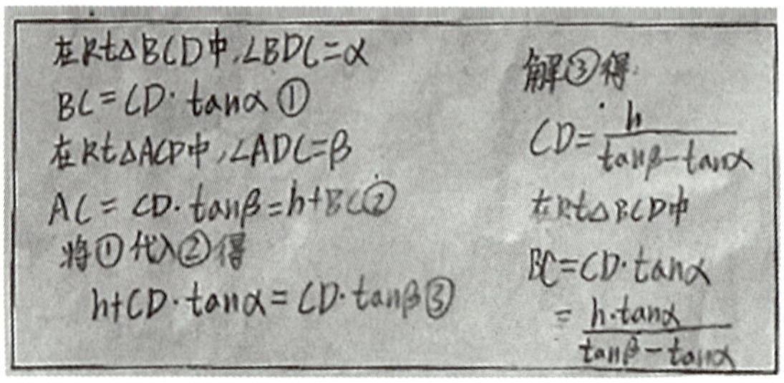

【设计意图】让学生再一次经历数学建模的过程，并进行迁移创新，尝试从实际问题中抽象出数学问题，巩固实际问题数学化的探究路径，增强建模意识，获得研究问题的方法和

经验，感受数学的应用，提高数学应用意识。

（六）项目评价

评价维度	等级（A、B、C、D）
1. 能与团队达成共识，制订解决问题的方案，能按计划组织实施。	
2. 会制订实施计划并能按计划完成分配的任务，达成目标。	
3. 会转化问题，建立锐角三角函数模型解决问题。	
4. 会用数学的语言表达总结，会应用模型解决问题。	
5. 能总结自己在问题解决过程中的优点和不足。	

（七）困难点及对策

【困难点】学生在测量楼间距时，两栋楼不在同一水平面，使得测量产生较大的误差。

【对策】选择木棍和足够长的细线拉直计算直线距离。

第 4 课时　动手做，用模型，分享成果

（一）驱动性问题

结合楼房采光设计遮阳棚模型和小区规划模型。

（二）学习目标

1. 通过探究活动和设计制作活动的结合，让学生学会将各学科知识融入实践活动中解决问题，掌握多种学习方式，提升综合素养。

2. 经历运用各种技术和工具进行设计并动手制作模型的过程，将创意转化为有形的成果，提高创新意识和动手实践能力。

（三）课时任务

任务 1：制作遮阳棚模型

为学校一楼曝晒的班级设计遮阳棚，画遮阳棚设计图，实地测量各数据，按比例计算出遮阳棚各部分线段的长度，选择合适的材料进行制作。

任务 2：制作小区规划图模型

设计一个既满足采光要求又节省建筑用地的理想小区模型，布置里面的功能区域，既满足居民休闲娱乐需求，又安全的绿色小区。

（四）学习支架

交流共享支架	举办模型创意展，利用学校的公众号等网络媒体进行宣传。
思维优化支架	教师多方位、多渠道引导学生采用实地参观、小组调研、线上线下共同学习等多种学习方式形成创意方案，激发学生尝试建构多学科融合的知识体系，提升解决复杂问题的能力。
学习评价支架	对学生的作品从材料选择、艺术形式、精确度和精致度等多角度进行评价，促使学生进行反思和改进。

（五）教学过程

任务 1：制作遮阳棚模型

活动 1：以小组为单位，完成报告单

小组成员分工	
遮阳棚样式图	
需要测量的数据	
选用的比例尺	
模型各部分的尺寸	
选用的材料和工具	
制作步骤	
测试和优化	

活动 2：各组为制作完成的“遮阳棚模型”撰写解说词，制作 PPT，加入背景音乐，剪辑制作视频，在展示会上播放

【设计意图】让学生在设计创造中发展计算思维，提升逻辑思考能力，促进团队协作能力，综合运用多学科知识与技能，实现价值认同，责任担当，问题解决，体会梦想变为现实的快乐。

任务 2：制作小区规划模型

活动 1：以小组为单位，根据三门峡本地的太阳高度角，确定合适的楼间距，设计一个高层小区模型，保证一楼也能享受到全年充足的阳光。完成报告单

小区的设计理念	
总体的布局	
道路交通规划	
绿化景观规划	
配套设施规划	

活动 2：成果分享，融通生活。为小区起一个有创意的名字，撰写解说词，通过学校平台等网络资源宣传设计理念，激发大家对美好生活的向往之情，播放学生动手制作的过程，激发创造的热情

（六）项目评价

评价维度	评价标准	评价方法	评价等级（优、良、合格、待合格）
材料选择	制作的过程中选择的材料是否耐用，环保等。	自评 + 师评	
制作技巧	制作的过程中，精确度、平整度、连接性等是否较好。	师评	
完成度	制作的成品是否完整，是否符合设计要求，是否有明显的缺陷或者瑕疵。	自评 + 互评 + 师评	
实用性与功能性	制作的成品是否符合预期的使用功能，是否能够达到预期的效果。	互评 + 师评	

（七）困难点及对策

【困难点】制作遮阳棚时，需要在铝塑管上打眼，学生没有使用过电钻，钻孔时有点害怕；组装时需要用螺丝将各部分组合，学生螺母拧得不是很紧，导致连接处晃动。制作小区立体模型时，对功能区设计布局没有思路。

【对策】请学校的木工师傅给学生做示范，指导他们使用工具，帮助他们克服恐惧心理，完成制作任务。为了开拓学生功能区布局思路，带领学生去参观展厅楼盘，参观优质小区，开拓设计思路。

七、反思及点评

（一）教学反思

本节课选择“楼房采光与楼层选择”这一热点问题进行研究与设计，根据项目特点，初期开展了关于影响楼房采光因素的一系列的实践探究活动，将现实问题与学科知识相连接，将驱动问题和学习活动相结合，用任务驱动学生学习，用问题启迪学生思维，促进学生高级认知能力的发展。

项目中期将楼房采光与数学学习相关的因素相结合创设问题情境，有效地激发了学生的认知冲动性和思维活跃性，使学生用积累的生活经验感受情境所蕴含的数学问题，从而将实际问题抽象成数学问题，感知数学模型观念的存在。在教学中让学生充分地经历探究楼高、楼间距、太阳高度角这三个量之间的数学关系的过程，在探究学习中构建数学建模意识，使模型观念和思想在与知识能力形成的过程中共同生成。学生既学会了用数学的眼光（数量关系）看问题，又学会了用数学的方法（模型思想）解决问题，学生的数学核心素养得到了提升。

最后将所学到的数学知识和技能进行迁移，引发了学生的联想思维，开展了设计并制作遮阳棚的活动，发展了学生的创新和实践能力，制作小区立体模型，发展了学生的空间观念和几何直观，这些活动促使学生“在做中学”“在创造中学”“在体验中学”，以可持续发展的方式发展学生对生活的理解、创造和实践的能力。

（二）专家点评

这节跨学科的综合实践课，立足学生核心素养的发展，通过设计丰富的实践、探究、体验、反思、合作、交流、评价等学习方式，培养学生高阶思维和核心素养，集中体现数学课程育人的价值，从而促进学生的全面、持续、和谐发展。

教师根据学生的身心发展特点，结合真实生活情境，通过一个真实的探究性问题，引发学生的思考，围绕任务，组织学生开展了一系列的活动，在活动中进行思维碰撞，擦出火花，多方面完善学生对问题的认识，多种学习方式促进学生对问题的解决，充分体现了新课程理念中的“以人为本，促进学生终身发展”的教育理念。

设计与执教者：周永丽（三门峡市实验中学）
杨　丽
修改与点评者：鲍聪晓

◆ 案例 15 ◆

用经纬度表示地理位置

——融合平面直角坐标系的教学实践

本学习活动围绕“用经纬度表示地理位置”这一主题，综合运用数学、地理、语文、艺术、信息科技、历史等学科知识，开展“自主学习”“应用探究”“拓展延伸”等系列活动。引导学生用数学的眼光去观察、用数学的思维去思考、用数学的语言去表达地理奥秘，在发现、分析、探索和实践中拓展知识面，提升阅读理解能力、思维表达能力和空间想象能力，充分感受数学与其他学科的联系以及在生活中的应用，发展跨学科素养。

一、主题说明

1. 主题分析：七年级学生已经学习了平面直角坐标系（数学）和经纬度（地理）的相关知识，也具备一定的语文、艺术、信息科技、历史等关联学科知识，但阅读思考能力欠缺、综合运用多学科知识解决问题的能力较弱。

本次跨学科主题学习活动以“人教版七年级下册第九章阅读与思考——用经纬度表示地理位置”为蓝本，适当补充贴近生活的实例素材、地理知识，设计了形式多样的数学活动，帮助学生拓展知识面，提升综合素养。通过阅读、查阅、梳理、表达等环节，丰富学生数学阅读与思考经验；通过课前地理知识线上检测，了解学情、确定答疑内容，实现精准教学；通过交流答疑、真境实题、科技体验等环节，让学生从数学视角重新理解经纬度的相关概念，掌握用经纬度表示地理位置的方法，体会类比和数形结合思想，经历在真情境中提出问题、分析问题、解决问题的过程，加深对数学与地理相关知识的理解及运用，提升空间想象能力、思维能力和表达能力，感受科技发展带来的便利和民族自豪感；通过阅思学习、动手实践环节，让学习活动产生延展，既增长知识又提升能力；通过阅思分享、学思评鉴、总结评价等环节，实现教学评一体化，帮助学生及时反思、改进。

2. 任务情境：经纬度，这看似简单的数字组合，实则是隐藏在地球表面的神秘数学密码。无论你想去哪里，经纬度都能为你精准定位，带你去想去的地方。

3. 驱动性问题：如何从数学视角理解经纬度？如何利用经纬度来解决实际问题，比如导航定位、地图制作、旅游规划、科学研究等？

二、学习目标

1. 通过自主阅读课本内容，结合微课学习、网上查阅，重温经纬网的相关概念，了解其在生活中的应用，拓宽知识面，提升信息提取、梳理、归纳能力，丰富阅读思考经验。

2. 通过“交流答疑”“真境实题”“科技体验”“学思评鉴”等活动，掌握用经纬度表示地理位置的方法；经历在真情境中提出问题、分析问题、解决问题的过程，加深对数学与地理相关知识的理解及运用，提升思维能力和表达能力，培养跨学科素养。

3. 通过经纬度在生活中应用实例探究，体会类比和数形结合思想，发展空间观念，同时感受中国科技快速发展带来的民族自豪感。

三、学科关联

本次跨学科主题活动，学生首先从地理学科角度复习巩固经纬度的基本概念，掌握用经纬度表示地理位置的方法，强化空间观念，培养综合思维。在数学领域，运用有序数对，从数学的视角理解经纬度的相关概念。通过学习有效的阅读方法，开展阅读与思考学习活动，探索经纬度背后隐藏的数学规律，揭开自然界的数学密码。同时，丰富阅读思考经验。通过经纬度查询软件、在线地图等工具实现精准定位，提升信息科技素养，激发数学应用意识和创新意识。在艺术层面，通过参与制作地图，开展创意实践，将地理知识与美学元素相结合，展现出独特的审美感知和文化理解。此外，活动还融入了历史文化。学生通过阅读相关历史文化资料，了解经纬度在人类历史长河中的重要作用，增强文化自信和家国情怀。

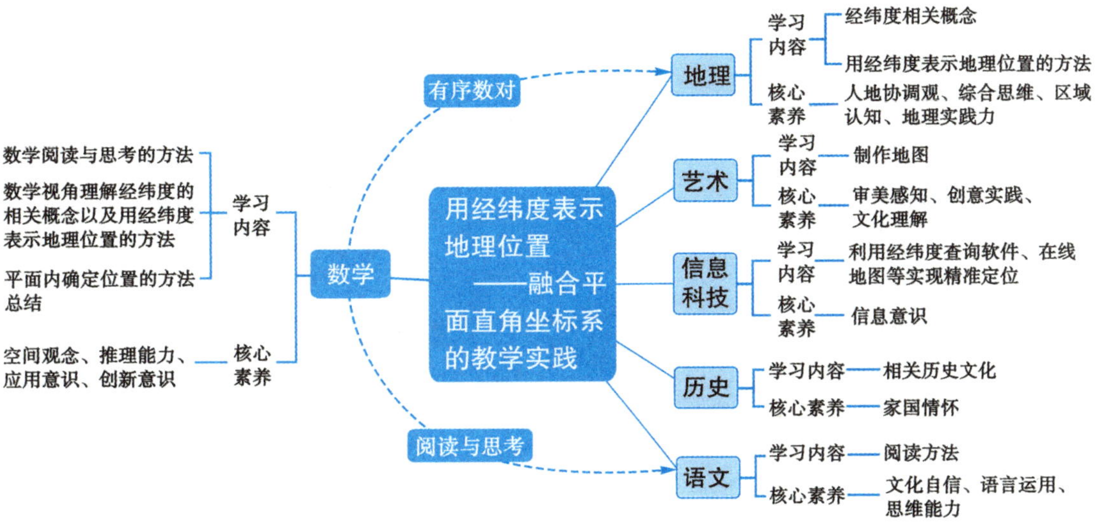

四、活动策略

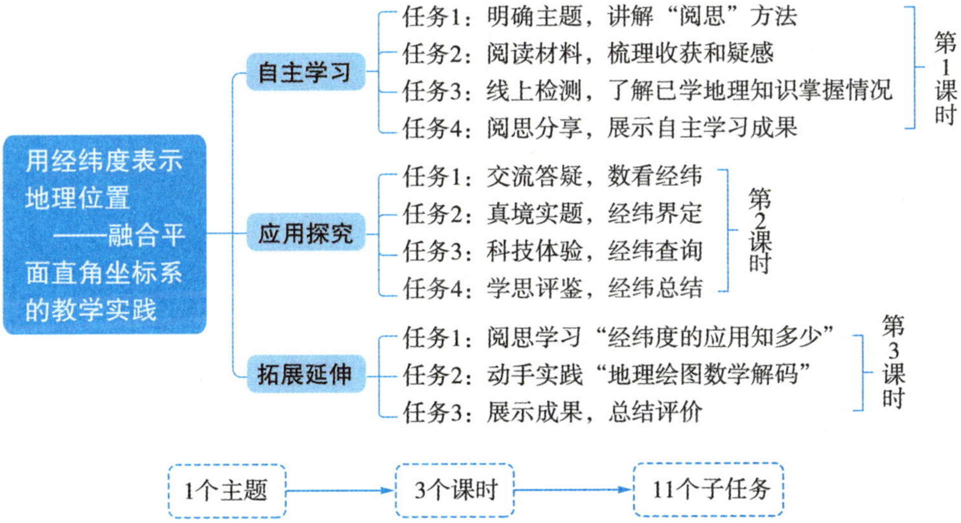

本次学习活动采用课内＋课外、集中＋分散相结合的方式开展，总结、反思、评价贯穿始终。

五、成果形式及公开方式

1. 解释说明类成果：活动总结、演说稿或 PPT。

2. 制作表现类成果：学生制作的地图。

六、主题实施

第 1 课时　自主学习

（一）驱动性问题

你还记得经纬度的概念吗？你了解它和数学坐标的关系吗？

（二）学习目标

1. 通过阅读材料、微课学习等方式复习经纬度的相关知识，并结合网上查阅，拓宽知识面，初步感知经纬度与数学坐标的共通之处及区别，树立跨学科意识。

2. 掌握“阅思六步法”，提升信息提取、梳理、归纳能力，丰富数学阅读思考经验。

3. 能够在线上检测中准确回答关于经纬度的地理问题，学会自主复习、查漏补缺、提出疑惑，提升自主学习能力。

4. 通过“阅思分享”环节，创造思维碰撞和知识共享空间，提升语言表达能力、反思总结能力。

（三）课时任务

任务 1：明确主题，讲解“阅思”方法

明确主题，掌握“阅思”方法，激发跨学科学习兴趣。

任务 2：阅读材料，梳理收获和疑惑

学习并掌握“阅思六步法”，自主阅读跨学科材料，梳理关联学科知识，记录收获与疑惑。

任务 3：线上检测，了解已学地理知识掌握情况

完成线上检测，了解已学地理知识掌握情况，为课堂讨论作准备。

任务 4：阅思分享，展示自主学习成果

展示自主学习成果，分享阅思收获，提出疑问，促进知识交流与共享，深化跨学科理解。

（四）学习支架

情境创设支架	教师用生活实例（如电影院找座位、地图定位、地震位置描述）引入，创设情境，激发学生兴趣，引导学生思考不同情境下确定位置的方法。
资源路径支架	数学教师讲解“阅思六步法”，为学生自主阅读提供方法指导，并推荐相关跨学科阅读材料、微课资源，如地理教材中关于经纬度的章节，以及数学中平面直角坐标系的复习资料。地理教师为学生提供线上检测问题，帮助学生自主学习和检测。
交流共享支架	教师设计“阅思分享”环节，鼓励学生使用思维导图等工具展示阅读学习成果并邀请学生代表发言，促进思维碰撞和知识共享。组织线上答题活动，通过计算机软件进行答题，便于数据收集与分析，为后续课堂讨论提供依据。
学习评价支架	采用自评、组内互评、师评相结合的评价方式，通过自主学习评价量表，对学生的学习过程、学习成果进行全面评估，增强自信、促进成长。

（五）教学过程

任务 1：明确主题，讲解“阅思”方法

活动 1：引入主题，激发兴趣

教师出示 3 个生活实例，帮助学生复习梳理平面内确定位置的方法，引出用经纬度表示地理位置，明确探究主题。

师：五一假期，曹老师到电影院看电影，进入 3 号放映厅后，如何在里面准确找到座位呢？（课件展示电影票）

生：用排数和列数。

师：五一假期，曹老师到南站迎接好友到三门峡游玩。好友问“虢国博物馆在哪儿？”你能用图上的信息帮曹老师回答这个问题吗？说说你的方法。（课件展示在线地图上获取的三门峡地图及相关数据信息）

生：用方位角和距离。

师：在这则中国地震台网 2024 年 5 月 13 日发布的消息中，地震的位置是如何表示的？（课件展示中国地震台网官方消息和图片）

生：用经纬度。

师：这些表示方式有什么共同点？

生：都用了两个数据。

师：在本章学习中，我们学习了什么表示方法？

生：平面直角坐标系。

师：除了数学中的平面直角坐标系，以上这些都是在平面内确定位置的方法，今天我们要深入学习的是和地理学科有关的用经纬度表示地理位置的方法。（出示课题）

【设计意图】通过贴近学生生活的实例，激发学生的学习兴趣，让学生意识到数学知识与日常生活的紧密联系。同时，通过逐步引导，帮助学生回顾和巩固已有的位置确定方法，为引入经纬度的概念做铺垫。

活动 2：阅思导航，讲授数学阅读与思考方法

教师讲解“阅思六步法”的要求，提供微课资源，为学生阅读提供指导。

阅思导航：“阅思六步法”。

1. 材料“三看”（看标题、看首尾段、看中心句），明确学习主题。

2. 标注段落序号，理清层次结构。

3. 圈画关键词句，深入思考理解。

4. 写出联想内容，标注疑惑点。

5. 概括段落大意，说明材料主旨。

6. 总结阅思收获，梳理阅思疑惑。

要求：按照阅思方法自主开展阅读学习，并用自己喜欢的方式呈现关联学科知识联想、阅思收获及疑惑。如：思维导图。

教师结合学情，提出 3 个问题，引导学生在阅读时思考。

1. 判断经度和纬度的方法分别是什么？

2. 经纬度和数学坐标有关系吗？

3. 在地图上，我们经常需要根据经纬度来判断两个地点之间的相对方向（如东、南、西、北）。请解释如何利用经纬度信息来判断两个地点之间的相对方向，并给出一个具体的例子来说明。

教师针对第 3 个问题适时引导：判断两个地点之间的相对方向，我们可以根据它们的经纬度差来进行。如果两个地点的纬度相同但经度不同，则它们位于同一纬度圈上，相对方向为东或西，具体取决于经度差的正负。如果两个地点的经度相同但纬度不同，则它们位于同一经线圈上，相对方向为北或南，同样取决于纬度差的正负。如果经纬度都不同，则需要综合考虑两者来判断方向。此外，还可以使用一些在线工具或地图应用来直观地查看两个地点

之间的相对方向。

【设计意图】通过“阅思六步法”的讲解，培养学生有效的阅读与思考习惯，提升学生的自主学习能力。结合学情提出的问题，旨在引导学生深入阅读，主动思考，形成对经纬度与数学坐标关联的初步理解和认识。

任务 2：阅读材料，梳理收获和疑惑

活动：阅读思考，梳理归纳

学生按照阅读要求，自主阅读教材内容，并用自己喜欢的方式呈现自己的关联学科知识联想、阅思收获及疑惑。如：思维导图。（阅读学习在课外完成）

【设计意图】通过自主阅读，发现数学与地理知识的交叉点，构建跨学科知识体系。同时，鼓励学生用自己喜欢的方式呈现学习成果，培养学生的创新思维和个性化表达能力。梳理收获和疑惑的过程，有助于自我反思，明确学习方向。

任务 3：线上检测，了解已学地理知识掌握情况

活动：开展线上答题，复习检测经纬度相关知识

邀请地理教师设计题目，数学教师利用计算机软件开展线上检测，提前掌握学生对已学地理知识的掌握情况，确定课上答疑内容，实现精准教学。本环节要求学生在课外规定时间内完成。

下图为线上检测题目二维码：

【设计意图】通过线上检测的方式，快速、准确地了解学生对经纬度相关知识的掌握情况，为教师后续的课堂教学提供数据支持。同时，线上答题的形式也有助于培养学生的信息科技素养和自主学习能力。

任务 4：阅思分享，展示自主学习成果

活动 1：成果展示

教师展示筛选出来的优秀作品图片。

每组选出一名代表给作品的作者派送“汉堡包”（两个优点一个建议或问题答疑）。

活动 2：学生代表分享

鼓励学生自由发言，也可由组长作为代表分享。

1. 请简要说一说你通过阅读学习有什么收获。

2. 在自主学习的过程中，你是否遇到了困难点？对哪个问题有深入思考？

3. 你想对哪个或哪些问题进行深入了解？

【设计意图】通过成果展示、学生代表分享、派送“汉堡包”等环节，增加趣味性，丰富交流和评价形式，促进班级内的知识交流与共享，使学习过程形成闭环。同时，教师也可以根据学生的分享情况，及时调整教学策略，满足学生的学习需求。此外，这一环节也有助于培养学生的口头表达能力和批判性思维能力。

（六）项目评价

本课时的评价采取自评→组内互评→师评三个步骤，具体评价量表如下：

自主学习评价表

姓名：__________　　　组别：__________

评价内容	自评星级	组内互评星级	师评星级
能认真阅读并查阅经纬度相关材料	☆☆☆	—	—
积极参与组内学习讨论活动	☆☆☆	☆☆☆	—
地理知识检测准确率高	☆☆☆	—	☆☆☆
能用清晰创新的方式呈现阅读收获和疑惑	☆☆☆	☆☆☆	☆☆☆
能够积极参与分享交流	☆☆☆	☆☆☆	☆☆☆
小组建议			
教师建议			

（七）困难点及对策

【困难点】七年级学生的阅读思考经验较为欠缺，虽提供了阅读方法，但仍然有部分学

生不能按照要求开展阅读。

【对策】针对这些学生进行单独辅导，设置具体的问题引导其学会阅读。

第 2 课时　应用探究

（一）驱动性问题

如何运用数学视角理解并表示经纬度？经纬度坐标系与平面直角坐标系有何异同？你知道哪些获取经纬度的方法？你能将其应用到实际生活中吗？

（二）学习目标

1. 理解经纬度的基本概念，能从数学角度解析经纬度的构成原理。
2. 掌握利用经纬度确定地理位置的方法，并能在实际情境中应用。
3. 通过跨学科学习，加强数学与地理之间的联系，提升综合应用能力。
4. 培养问题解决能力和团队协作精神，通过实践活动增强学习兴趣。

（三）课时任务

任务 1：交流答疑，数看经纬。

通过解决线上检测问题和学生疑惑，引入数学新视角理解经纬度以及经纬度坐标系与平面直角坐标系的异同。

任务 2：真境实题，经纬界定。

通过具体情境和实践活动，掌握经纬度的应用。

任务 3：科技体验，经纬查询。

学习并实践经纬度查询方法，实现精准定位。

任务 4：学思评鉴，经纬总结。

进行课堂小结和学习评价，巩固学习成果。

（四）学习支架

思维优化支架	问题引导：设计层次递进的问题，引导学生逐步深入理解经纬度的概念和应用。 类比推理：通过对比经纬度坐标系与平面直角坐标系的异同，帮助学生构建新的知识体系。 批判性思维：鼓励学生提出疑问，讨论不同观点，培养批判性思维能力。

续表

数学原理支架	概念解析：详细解释经度和纬度的数学定义，以及它们在地球表面的空间表示。 案例分析：通过具体案例（如确定航行禁区、查询地理位置）展示经纬度的数学应用。
资源路径支架	线上资源：提供在线地图服务、经纬度查询软件等网络资源的链接和使用说明。 实物模型：利用地球仪、经纬度模型等实物教具，帮助学生建立空间观念。 多媒体材料：播放福建舰海上测试视频、展示墨卡托投影地图等多媒体材料，增强学习体验。
学习评价支架	过程性评价：观察学生在课堂讨论、实践活动中的表现，给予及时反馈和指导。 结果性评价：通过学生填写的评价量表，评估学生的学习成果。 自我反思：鼓励学生进行自我反思，总结学习过程中的收获和不足，提出改进建议。

（五）教学过程

任务 1：交流答疑，数看经纬

活动 1：解决线上检测暴露的问题以及学生阅读学习中的疑惑点

学生疑惑点 1： 经纬网叫“经”“纬”网，可不可以先写经度，再写纬度？

学生疑惑点 2： 地理中的经纬度坐标系和数学中的平面直角坐标系一样吗？

邀请地理教师参与课堂教学，结合线上检测情况和学生提出的疑惑进行针对性讲解。

问题解决过程：

1. 针对线上检测情况，进行相关知识强化分析。

关于北京的经度位置正确的是（　　）

A.116° W　　B.116° E　　C.40° N　　D.40° S

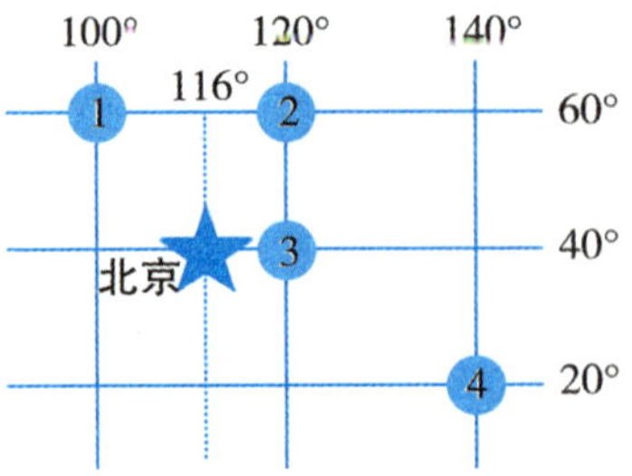

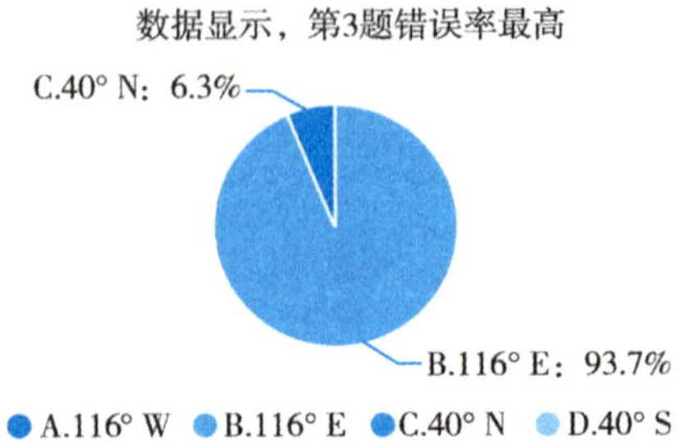

2. 针对学生疑惑点 1 教师作出回答。可以先写经度，再写纬度。

3. 针对学生疑惑点 2 教师作出回答。它们属于不同的坐标系统。经纬度是经度与纬度组成的坐标系统，是一种利用三维空间的球面来定义地球上的空间的球面坐标系统，能够表示地球上的任何一个位置。具体的比较后面由数学老师带领学生分析。

【设计意图】通过解决线上检测中反映出的问题和学生自学过程中的疑惑点，确保学生具备进一步学习经纬度的基础知识。此活动旨在巩固学生前期学习成果，为后续深入学习打下坚实的基础。

活动 2：数学视角理解经纬度的相关概念

地理教师借助实物模型讲解如何找到地球表面某点的经度和纬度，帮助学生建立空间观念，也为学生之后学习投影、圆、弧、三角函数等相关数学知识建立连接，为高中继续学习经纬度相关地理知识做铺垫，加强数学与地理之间的联系。

教师：经度是指通过某地的经线面与本初子午线面所成的夹角。本初子午线被定义为 0° 经线，向东和向西分别计量，直到 180° 。从数学角度来看，经度可以被看作是一个以本初子午线为基准的角度测量。例如，北京位于东经 116° 左右，这意味着从本初子午线向东测量，形成了一个约 116° 的夹角。纬度则是指某点与地球球心的连线和地球赤道面所成的线与面的夹角。赤道被定义为 0° 纬度，向北和向南计量，分别到达北极点（北纬 90° ）和南极点（南纬 90° ）。在数学上，纬度可以理解为一个线与面的夹角的度量。比如，悉尼大约位于南纬 34° ，这表示它与地球球心的连线和赤道面形成了一个约 34° 的夹角。

课件展示地球立体模型，标记一点 P，学生运用讲授的新方法确定点 P 的经纬度。

【设计意图】通过地理教师的辅助讲解和实物模型的展示，帮助学生从数学角度理解经纬度的概念和构成原理。此活动旨在建立数学与地理之间的联系，增强学生的跨学科整合能力，培养空间想象能力。同时为后续学习投影、圆、弧、三角函数等数学知识做铺垫，也与以后的高中学习建立连接。

活动 3：数视域判断地图上的点的经纬度

数学教师先让学生观察荷兰地图学家墨卡托利用“墨卡托投影”绘制的世界地图和平面直角坐标系，而后引导学生通过类比平面直角坐标系总结用经纬度表示地理位置的方法。

（课件展示荷兰地图学家墨卡托利用“墨卡托投影”绘制的世界地图，与下面的平面直角坐标系进行对比。）

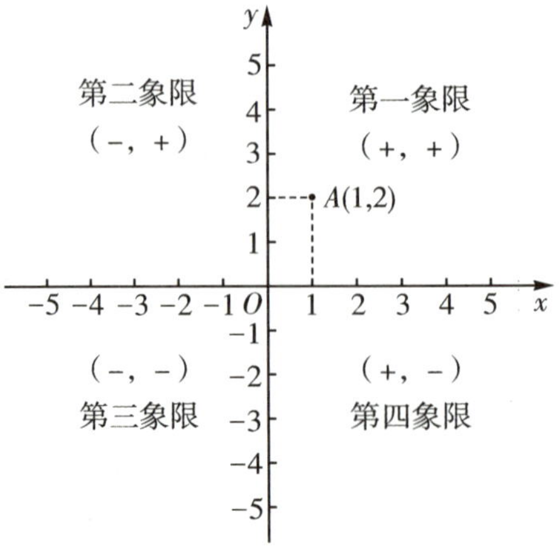

总结：确定某点位置的方法。首先找出该地经度所在的经线，然后再找出该地纬度所在的纬线，它们的交点就是该地所在的位置。

【设计意图】通过引导学生观察“墨卡托投影”的地图和平面直角坐标系的对比，总结用经纬度表示地理位置的方法。此活动旨在培养学生的观察能力和归纳能力，体会类比和数形结合思想，加深对数学与地理之间知识联系的理解。

活动 4：小组交流

以小组为单位，交流讨论。

问题：经纬度坐标系与平面直角坐标系有什么相同点和不同点？

相同点：

	经纬度坐标系	平面直角坐标系
坐标系统	是坐标系统，用于描述点的位置	
定位功能	能够准确地表示地球上任意点的位置	

不同点：

	经纬度坐标系	平面直角坐标系
应用领域	地理坐标系统，用于描述地球上任意点的位置	二维直角坐标系统，用于描述平面上点的位置
描述点的位置	通过经度和纬度两个数值	通过 x 轴和 y 轴的坐标值
坐标轴	经度和纬度，分别表示东西方向和南北方向	x 轴和 y 轴，两条互相垂直的坐标轴

续表

	经纬度坐标系	平面直角坐标系
度量单位	经度用度（°）表示，纬度也用度（°），可细分为分（′）、秒（″）或采用十进制度（DD）	坐标值通常使用线性单位（如米、千米）表示
方向性	经度表示东西方向，纬度表示南北方向	x 轴和 y 轴分别表示水平和垂直方向
坐标值表示	以度、分、秒（DMS）或十进制度（DD）表示	使用直角坐标系的 x 和 y 坐标值表示
数值范围	经度范围 −180° 至 180°，纬度范围 −90° 至 90°	坐标值范围无固定限制，取决于具体应用场景
坐标原点	理论上是地球的中心，实际使用时以特定点（如赤道与本初子午线交点）为基准	两条坐标轴的交点通常为（0，0）
使用场景	适用于全球覆盖和精确定位，如地理定位、导航、地图制作等	适用于局部区域的测量和平面分析，如建筑物布局、城市规划等

学生回答，教师补充。

【设计意图】通过小组讨论，促进学生之间的交流与合作，共同探讨经纬度坐标系与平面直角坐标系的异同。此活动旨在培养学生的沟通能力和团队协作精神，同时加深对经纬度概念的理解。

任务 2：真境实题，经纬界定

活动 1：“中国那么大，我想去看看”

情境材料 1：五一假期，曹老师接待完好友，又出门游玩了一天。

信息一：从网上查到目的地距三门峡南站约 240 千米，在三门峡南站接近正东的方向。

信息二：目的地的经纬度为（113.646510° E，34.731025° N）。（课件展示中国地图）

1. 根据信息一你能确定曹老师去了哪个城市吗？请说明理由。根据信息二能否确定？

2. 请同学们在图中的中国领土范围内选出你想去的省会城市，并用经纬度表示它的大致位置（精确到度）。

3. 游戏“亲爱的伙伴，猜猜我去了哪儿？”一名同学说经纬度，其他同学猜地点。

【设计意图】通过具体情境（如五一假期出行）和实际问题（如确定城市位置），引导学生运用经纬度知识解决实际问题。此活动旨在增强学生的实践应用能力，使学生能够将所学知识应用于实际生活中，提高学习兴趣和积极性。

活动 2：确定航行禁区，找寻福建舰试水区域

情境材料 2：课件图片展示。

教师播放中国人民解放军海军福建舰 2024 年 5 月 1 日首次海上测试的视频以及相关新闻报道，学生结合中华人民共和国海事局发布的航行警告通知获取四点经纬度数据，在给出的地图画出航行禁区。

说明：以 31-06.00N/123-08.00E 为例，代表（31° 06′ N，123° 08′ E）。

【设计意图】结合时事热点（如福建舰海上测试）和地理知识（如航行警告通知），引导学生运用经纬度数据在地图上画出航行禁区。此活动旨在培养学生的信息获取能力和空间想象能力，同时增强学生对国家大事的关注度和爱国情感。

活动 3：全班即兴互动

一名学生结合地理知识说出一个具有特殊意义的点，随机抽取另一名学生在地球仪上找到这个点，用经纬度表示这个点的大致位置，并说出与它有关的知识联想。

【设计意图】通过即兴互动的形式，鼓励学生结合地理知识说出具有特殊意义的点，并用经纬度表示其位置。此活动旨在活跃课堂气氛，激发学生的学习兴趣和创造力，同时巩固学生对经纬度知识的理解和记忆。

任务 3：科技体验，经纬查询

活动 1：学习经纬度查询方法

教师先用线上经纬度查询软件进行演示。输入曹老师五一假期游玩地点的经纬度（113.646510° E，34.731025° N），验证任务 2 中同学们的猜想。接着介绍三种经纬度的查询方法。

方式一　使用在线地图服务

步骤：

1. 打开一个在线地图服务网站。

2. 在搜索框中输入想要查询的地点的名称或地址。

3. 按下回车键或点击搜索按钮，地图将显示查询的地点。

4. 查看地图上的标记，旁边通常会显示该地点的经纬度信息。

注意：确保输入的地点名称或地址准确无误，以便地图能够准确定位。

方式二　使用手机地图应用

步骤：

1. 打开手机上的地图应用。

2. 在搜索框中输入想要查询的地点名称或地址，进行搜索。

3. 找到对应的地点后，点击地图上的标记，通常会显示该地点的详细信息，包括经纬度。

注意：手机地图应用通常支持实时定位功能，这样方便查询当前位置的经纬度。部分应用可能需要在设置中开启位置权限才能正常使用。

方式三　使用地理编码 API

对于有一定编程基础的学生，可以使用地理编码 API 来查询经纬度。

1. 选择一个地理编码 API 服务。

2. 阅读并遵循 API 提供商的文档，获取访问令牌、API 密钥等必要信息。

3. 使用 API 提供的函数和参数来查询经纬度，通常涉及传递一个地址作为参数，然后 API 会返回包含经度和纬度的响应。

4. 解析 API 返回的数据，提取经度和纬度信息。

注意：使用地理编码 API 需要一定的编程知识和网络请求处理能力。确保遵守 API 的使用条款和限制，避免过度请求导致服务被禁用。

【设计意图】通过演示和讲解多种经纬度查询方法（如在线地图服务、手机地图应用、地理编码 API 等），使学生掌握获取经纬度信息的技能。此活动旨在培养学生的信息科技素养和自主学习能力，为未来的学习和生活提供便利。

活动 2：利用经纬度查询软件、在线地图等，实现精准定位

为了加深理解和记忆，课上让学生利用信息工具尝试查询自己所在位置、学校、家庭住址等熟悉地点的经纬度，并在地图上标记出来。课外还可以探索一些有趣的地理现象或地标建筑，了解它们的经纬度信息。

【设计意图】通过实践活动，让学生亲自操作经纬度查询软件和在线地图等工具，实现对自己所在位置、学校、家庭住址等熟悉地点的精准定位。此活动旨在增强学生的实践操作能力，使学生能够将所学知识应用于实际情境中，提高学习的实用性和趣味性。

任务 4：学思评鉴，经纬总结

活动：课堂小结

1. 你获得了哪些表示位置的方法？

2. 你是如何获得这些方法的?

3. 通过这节课的学习，你还有哪些收获?

【设计意图】通过课堂小结，帮助学生梳理本节课所学的知识和方法，形成系统的知识体系。此活动旨在巩固学生的学习成果，提高学生的归纳总结能力。

（六）项目评价

开展组内和组间交流并填写应用探究评价量表，收齐交教师填写。

应用探究评价量表

姓名：__________　　组别：__________

评价维度	自评星级
能够从数学视角理解经纬度的确定方法	☆☆☆
能够应用经纬度解决实际问题	☆☆☆
学科知识掌握牢固，表达准确	☆☆☆
谈谈你的收获和疑惑	
教师评价	

【设计意图】通过组内和组间交流以及填写评价表的形式，对学生的学习过程和学习成果进行评价。此活动旨在促进学生对自己学习情况的反思和总结，同时增强学生的自我认知和评价能力。同时，教师也可以通过评价表了解学生的学习情况，为后续教学提供参考。

（七）困难点及对策

【困难点 1】经纬度的概念较为抽象，尤其是对于空间想象能力较弱的学生来说，理解经纬度在地球表面的分布和表示方法存在一定的困难。

【对策】增强直观教学。利用地球仪、三维模型等教具，结合多媒体教学手段，直观展示经纬度的分布和表示方法。通过动画、视频等形式，帮助学生建立空间想象，加深对经纬度的理解。

【困难点 2】在利用经纬度查询软件和在线地图进行精准定位时，部分学生遇到技术操作上的障碍，如软件界面不熟悉、功能使用不当等。

【对策】在学生进行经纬度查询和定位实践时，教师应提供详细的操作指南和步骤说明，并设置小组互助环节，鼓励学生相互帮助解决问题。

第 3 课时　拓展延伸

（一）驱动性问题

你知道经纬度的应用都涉及哪些领域吗？

（二）学习目标

1. 多维度了解经纬度的应用，拓展知识面，培养自主学习能力。

2. 通过小组合作，将数学知识与经纬度知识相结合，进行地理信息的分析和处理，同时从多学科视角完成特定主题的地理绘图项目，提高跨学科素养。

（三）课时任务

任务 1：阅思学习，“经纬度的应用知多少”。

查阅经纬度应用的相关资料，按照“阅思六步法”进行自主学习。

任务 2：动手实践，“地理绘图数学解码”。

结合多学科知识，制作相关地图、PPT 或视频等成果。

任务 3：展示成果，总结评价。

参与成果展示，分享学习心得，开展多元评价。

（四）学习支架

资源路径支架	推荐经纬度知识相关的文章、网站和视频资源，引导学生有效获取学习材料。提供实践主题的背景资料、模板或示例，帮助学生快速上手。
交流共享支架	建立小组交流平台，促进小组成员之间的沟通和协作。鼓励学生在课堂上或线上分享学习心得或是遇到的难题，共同解决问题。

（五）教学过程

任务 1：阅思学习，“经纬度的应用知多少”

活动 1：查阅资料、观看视频，按照“阅思六步法”学习经纬度应用的相关知识，在小组自主选择的基础上，分配不同的研究方向（如：导航定位、地图制作、旅游规划、科学研究等），并以小组为单位开展学习，最后将小组的学习收获整理成 PPT（课外完成）

【设计意图】通过“阅思六步法”引导小组自主探究经纬度在导航、地图、旅游规划等领域的应用，旨在增强学生的自主学习、团队协作及信息整合能力，拓宽视野，为实际应用打下坚实基础。

活动 2：阅思学习汇报展示

【设计意图】通过展示阅思学习成果汇报，旨在为学生搭建展示交流的平台，促进组间互相学习、资源共享，提升学生自信。

任务 2：动手实践，“地理绘图数学解码”

活动：每个小组在给定的如下五个主题中自选一项开展实践，以小组为单位制作相关地图、演说 PPT、视频等

“解锁世界八大奇迹，介绍历史文化遗产”

“点亮历届奥运之城，弘扬奥林匹克精神”

“重走长征路：《七律·长征》中的地理坐标与精神地标”

“数学之眼洞察经纬：21 世纪海上丝绸之路的精准导航”

“穿越经纬度的邀约：三门峡文化与自然探奇”

【设计意图】通过“地理绘图数学解码”实践活动，让学生能够在探索世界奇迹、奥运历程、长征精神、21 世纪海上丝绸之路及三门峡文化的过程中，运用数学视角解析地理坐标，融合地理与信息科技，增强跨学科整合能力，培养创新思维与实践技能，加深对地理文化的理解与传承。

任务 3：展示成果，总结评价

活动 1：小组成果展示

师生活动：

在学校礼堂或多功能教室举行“地理绘图数学解码”成果展示会。

下面是第六小组的活动方案：

“数学之眼洞察经纬：21 世纪海上丝绸之路的精准导航”活动方案

组别	第六组	组长	邓雯兮
组员	简子淇、亢雨萱、刘嘉熙、姚朝怡、王俊宇		
活动目标	1. 通过绘制航海图，加强对经纬度、比例尺等概念的理解与应用。		
	2. 结合 21 世纪海上丝绸之路的背景，学习重要港口、航线的地理位置。		
	3. 在绘制过程中培养团队协作能力，发挥创意，展现个人风采。		
活动准备	1. 资料搜集：搜集海上丝绸之路历史地图、现代地图及沿线重要城市、港口的经纬度数据。		
	2. 技术培训：学习使用地图绘制软件（如在线地图编辑器）或手绘工具，了解经纬度和比例尺的标记方法。		
	3. 分工合作：根据成员特长分工，包括资料整理、地图设计、绘制等。		
研究阶段	1. 深入学习海上丝绸之路历史与地理知识，关注重要港口和航线的经纬度。		
	2. 小组讨论确定绘制范围和主题，设计航海图初步构想。		
设计草图	1. 绘制航海图草图，标注重要港口、航线及经纬度。		
	2. 设定比例尺，确保准确性。		
	3. 讨论并添加创意元素，如文化符号、航海日志摘录。		
绘制阶段	1. 使用地图软件或手绘工具，根据草图绘制航海图。		
	2. 准确标记经纬度，保证位置无误。		
	3. 注意美观性，合理搭配色彩和图标。		
审核与修改	1. 小组内部审核航海图，检查经纬度准确性、比例尺合理性及创意元素。		
	2. 根据反馈修改完善，确保最佳效果。		

续表

成果展示与分享	1. 组内或班级展示航海图，分享绘制心得与挑战。
	2. 数学老师以及相关学科老师点评。
数学与经纬度的应用重点	1. 经纬度标记：确保每个重要港口和航海线准确标注经纬度信息，加深经纬度概念理解。
	2. 比例尺计算：设定合适比例尺，理解其在地图绘制中的作用和意义。
	3. 距离估算：利用经纬度信息和比例尺估算港口间距离，培养空间感知能力（初步尝试）。

活动 2：活动总结评价

师生活动：

1. 组内交流：各小组分享在融合数学与经纬度知识过程中的心得体会，讨论遇到的挑战与解决方案。

2. 全体交流：每组选派代表，在全班讲述自己参与过程的收获与不足，以及数学与经纬度的结合点和对学习的促进作用。

3. 教师总结：强调数学在地理学习中的重要性，鼓励学生继续探索跨学科学习的无限可能。

多主体评价：采用多元化评价方式，包括学生自评、互评、教师评价及外部专家点评，重点评价学生在数学与经纬度知识融合方面的表现。

【设计意图】凸显数学在解读地理现象、分析经纬度数据中的核心作用。增强学生的跨学科学习能力，促进数学与地理知识的深度融合。通过展示与评价，激发学生的学习兴趣与自信心，为后续学习奠定坚实基础。

（六）项目评价

1. 本课时评价量表如下：

拓展延伸评价量表

姓名：__________　　　组别：__________

评价纬度	自评星级	组内互评星级	师评星级
阅思学习中积极完成组长分配的任务	☆☆☆	☆☆☆	—
动手实践中积极完成组长分配的任务	☆☆☆	☆☆☆	—

续表

评价纬度	自评星级	组内互评星级	师评星级
能够正确应用经纬度进行地点定位	☆☆☆	—	—
课件制作精美，展示形式新颖	☆☆☆	☆☆☆	☆☆☆
展示交流大方得体，语言流畅	☆☆☆	☆☆☆	☆☆☆
能够及时、客观地进行自评、互评	☆☆☆	—	—
教师评价			

2. 每人写一篇活动总结或数学小论文。

【设计意图】通过制定评价量表，确保评价全面、客观，既关注学习成果也重视过程表现。要求撰写活动总结或数学小论文，旨在促进学生深度反思学习过程，加深对数学与经纬度知识融合的理解与应用，同时锻炼其写作与表达能力，实现知识的内化与升华。

（七）困难点及对策

【困难点】活动时间有限，小组不能全部展示，只能优选部分展示。

【对策】利用课余时间，针对有困难、成果不太理想的小组进行单独指导。

七、反思及点评

（一）教学反思

在“用经纬度表示地理位置——融合平面直角坐标系的教学实践”这一主题学习活动中，深刻反思了教学过程中的各个环节，并进行了设计的优化思考，以期在未来的教学中实现更大的突破。

本次活动不仅限于从数学视角理解经纬度的基本概念，还尝试将其与现实生活、历史背景、科技发展等多方面相结合，展现了数学在生活中的广泛应用。这种深化与拓展的教学方式，不仅丰富了学生的知识面，也激发了他们探索未知的热情。未来，将继续挖掘数学与其他领域的联系，设计更多具有深度和广度的学习内容，以培养学生的综合素养和跨学科思维能力。在教学过程中，采用了多种学习方式，如小组讨论、案例分析、实践操作等，以满足不同学生的学习风格和需求。这些多样化的学习方式不仅提高了学生的参与度，也促进了他们的自主学习和合作探究能力。未来，也会更加注重学习方式的灵活性和个性化，利用现代技术手段，如在线学习平台、智能学习工具等，为学生提供更加便捷、高效的学习支持。数学是一门培养思维的学科，而经纬度的学习更是需要学生具备空间想象、逻辑推理等高级思维能力。在本次教学中，使用通过设计具有挑战性的问题、引导学生进行深度思考等方式，有效培养了学生的思维能力。在以后的教育教学中，会继续加强对学生思维能力的训练，通过设计更多富有启发性和创造性的教学活动，激发学生的思维潜能，提升他们的创新能力和解决问题的能力。在评价方面，采用了多元化的评价方式，包括自我评价、同伴评价、教师评价等，以全面反映学生的学习状况。同时注重评价的创新性，尝试将过程性评价与结果性评价相结合，以便更全面地评价学生的学习成果和进步。

需要改进的地方：加强其他学科知识的学习，寻找学科交叉点，做好日常素材积累；定期开展小组长培训，培养组长的关键能力，提升合作学习效果。

（二）名师点评

“用经纬度表示地理位置——融合平面直角坐标系的教学实践”主题学习活动体现了教师对教学内容的深度挖掘和创新设计。课前的“阅思六步法”，在导读、启思、点悟和运用等关键节点起到重要作用，有效提升学生的阅读思考能力；课前检测了解学情，课上有的放矢、针对学生疑惑开展教学，这样的课堂是高效的、“以学生为中心”的课堂；生活化的教学设计，有效降低了学习难度，增强了学习的趣味性和实用性，是促进学生主动学习的好方法；运用多样化的教学手段，结合视频、实物模型等多种教学手段，使抽象概念具体化，有助于学生的理解和记忆；跨学科整合能力较强，能够挖掘数学与其他学科之间的联系，并尝试进行跨学科整合，拓宽学生的知识面，激发学生的创新精神和创造力，提升综合素养。注重教学评一体化设计，评价量表设计合理。多元多样的评价方式有利于学生的改进提升。

设计与执教者：曹　婧（三门峡市外国语中学）
鲍聪晓
修改与点评者：杨　丽

第二部分

跨学科主题学习学生创新成果

◆ 导读 ◆

《初中数学跨学科主题学习 15 例》成果简述

项目式学习的成果作为整个学习活动中不可或缺的一部分，对任务目标的最终体现和学生实践效果的检验都是至关重要的。因此，好的成果也是构成高质量项目式学习活动的关键。[1]

项目式学习的成果既有个人成果也有团队成果，成果最终指向对核心知识的理解，体现了思维的真实性。[2]公开的成果往往并不只是要求学生“做出”什么，同时还要求学生能够“报告”自己和小组为什么这样做，做的过程是什么，经过了怎么样的思考和调整。

项目式学习成果类型有很多，但无论哪种成果都指向核心问题的解决和核心知识的深度理解。[3]

本书中学生公开的成果有绘制的平面图、3D 打印的作品、手工制作的模型和乐器等，也有实验报告、研究报告、方案设计、汇报 PPT、倡议书、小论文、宣传单、手抄报等。

在呈现方式上主要根据成果类型，从成果概述、成果简介、成果意义等方面进行展示。

下面给大家展示部分案例中的经典成果。

《日历中的奥秘——融合整式加减运算的教学实践》手抄报

《彩陶模型的制作——融合图形变化和视图的教学实践》彩陶模型

《美丽的黄金分割——融合几何图形、一元二次方程和相似的教学实践》绘画作品

《美丽的黄金分割——融合几何图形、一元二次方程和相似的教学实践》动植物标本

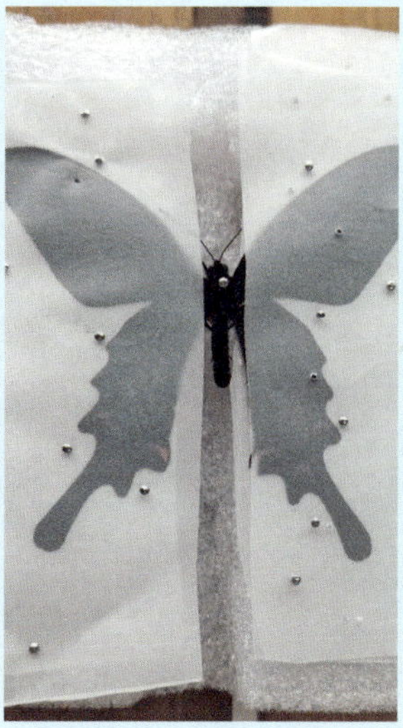

《美丽的黄金分割——融合几何图形、一元二次方程和相似的教学实践》摄影作品

《探秘音乐之声——融合函数和视图的教学实践》乐器制作

《地砖铺设与平面镶嵌——融合多边形内角和的教学实践》数学功能室设计模型

《穿越北京中轴线——融合用平面直角坐标系表示地理位置的教学实践》手绘地图

《穿越北京中轴线——融合用平面直角坐标系表示地理位置的教学实践》旅游视频

西域风情——青甘大环线

《从校园平面示意图到立体模型的搭建——融合平面直角坐标系和三视图的教学实践》校园建筑立体模型

《杆秤中的数学——融合一元一次方程的教学实践》简易杆秤

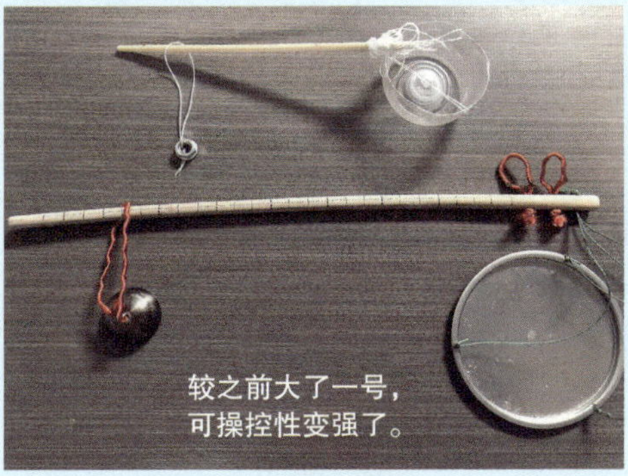
较之前大了一号，
可操控性变强了。

增加了刻度，改善了秤盘

《关注人口老龄化——融合数据的收集与整理的教学实践》分析报告

<table>
<tr><td>调查主题</td><td>老年人心理健康调查问卷分析</td><td>调查对象</td><td>60 岁及以上老年人</td><td>有效答卷（份）</td><td>492</td></tr>
<tr><td rowspan="3">核心问题</td><td colspan="5">数据显示：超过 97% 的老年人选择居家养老。其中，47.76% 的老年人是与子女一起居住，44.31% 的老年人与老伴一起居住，8.74% 的老年人是独立居住，只有 1.63% 老年人安顿于养老机构。由此可见，居家养老是老年人养老的首选方式。与家人一起居住，能够减少老年人的孤独感，更有利于老年人的身心健康。
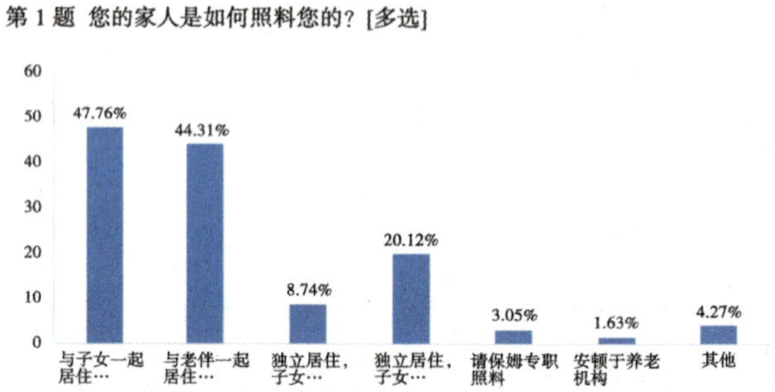
</td></tr>
<tr><td colspan="5">观察数据发现，超过 50% 的老年人存在失落感、孤独感、怀旧心理、衰老感、敏感多疑等负面情绪。其中，怀旧心理达到 28.86%，占比最高。其次，孤独感占 25.81%。说明老年人缺少陪伴，老年生活不够丰富。
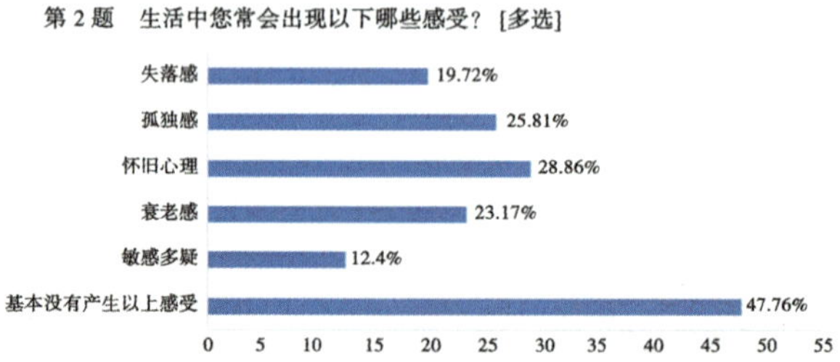
</td></tr>
<tr><td colspan="5">数据显示，只有 15.24% 的老年人比较关注心理健康评估。因此，应加强对老年人心理健康状况的关注。
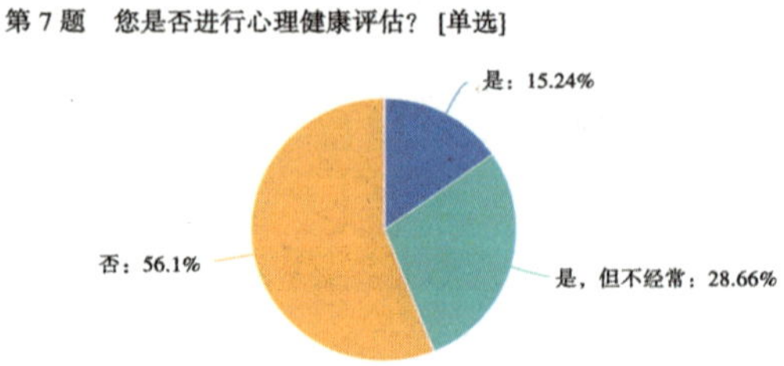
</td></tr>
<tr><td>建议</td><td colspan="5">1. 多与老年人沟通、交流，多陪伴；2. 老年人多外出走动，融入社会大家庭中；3. 培养老年人的兴趣爱好；4. 社区定期开展心理健康讲座和心理健康评估活动。</td></tr>
</table>

《时差中的数学奥秘——融合有理数加减运算的教学实践》学生小论文

《时差中的数学奥秘》后记

七（3）班　赵丹妮

通过该项目的学习，我学会了将地理与数学知识结合，打破学习盲区，做到知其然知其所以然。利用跨学科项目化学习，以地理知识为基础，数学中“数轴”知识作为工具，更好地理解了时区的划分和时差的计算方法，打破“时区与区时”知识的学习盲区，实现了地理和数学知识的融会贯通。

我们在通过互联网和图书馆查找时差的影响、倒时差的过程中，不仅加深了对地理知识的学习，而且学会了如何在面对难题时利用多途径分析问题、解决问题，这为我们日后的学习提供了又一个方法。

在以后的出行中，如果遇到倒时差，我知道如何正确倒时差，保证身体的健康，同时还能够及时准备相应的物品，保证旅途的顺利。在活动中，我们六个人一小组，小伙伴之间互帮互助，同心协力，砥砺前行，最终促成了各项任务的完成，增进了我们之间的友谊，同时也增强了我们的合作能力，让我明白了个人的力量是有限的，但集体的力量是无限的。

总之，此次活动让我受益匪浅，在以后的学习中希望老师可以多组织这样的活动，让我们能最大限度地参与进来，体验学习的乐趣。

《时差中的数学奥秘》后记

七（4）班　李泽元

此次项目化学习，我和我们小组通过查阅资料、询问教师、小组互探等方式，不仅学会了将各学科的知识进行整合，拓宽知识深度，而且学会了知识的探究方法，同时增强了我们之间的友谊。

在画时差数轴环节，又进一步体会了数形结合思想、转化思想，提醒着我在以后的学习中，要多用数学思想思考和分析问题；在查找北京和巴黎两地的生活差异时，又体现了数学常用方法，找同与不同，然后总结规律、方法，更好地应用于学习中；在填写2024年巴黎奥运会之旅时，将我们小组分为2人一小组，第一小组负责1，第二小组负责2，第三小组负责3、4，我们分工明确、良性竞争，是班级第一个完成任务的小组，充分说明了分工合作的重要性；在看到中国运动健儿为国夺冠时，心中那份自豪感油然而生，我也期待以后能为国争光，为中华民族的崛起奉献自己的力量。

此次活动，虽然很辛苦、很累，有时也想过敷衍了事，但同学们之间互相鼓励和项目的趣味性让我坚持了下来，最终收获了老师们的好评，坚持就是胜利，永远不放弃。

参考文献：

[1] 郭衎，曹一鸣．综合与实践：从主题学习到项目学习 [J]. 数学教育学报，2022，31（5）：5.

[2] 夏雪梅．项目化学习设计：学习素养视角下的国际与本土实践 [M]. 北京：教育科学出版社，2021：105.

[3] 夏雪梅．项目化学习设计：学习素养视角下的国际与本土实践 [M]. 北京：教育科学出版社，2021：106.

鲍聪晓　杨　丽

◆ 成果 1 ◆

《日历中的奥秘——融合整式加减运算的教学实践》成果展示

成果概述：《日历中的奥秘——融合整式加减运算的教学实践》这一主题学习活动，同学们将借助信息技术查阅并了解日历中的年月日、天干地支纪年法、二十四节气、数九、中国传统节日等内容，制作精美的手抄报，探究日历中存在的数学规律，引导学生探寻历史的足迹，感受历史的意义和价值，传承中华优秀传统文化，落实立德树人根本任务。本次主题学习共有2项成果，分别是手抄报和创意日历。丰富多样的活动成果，提高了学生的动手实践能力，发展了学生的创新意识和应用意识，培养了学生的艺术审美能力，提升了学生的综合素质。

项目成果 1——手抄报

作品名称：日历中的奥秘

作品名称：二十四节气

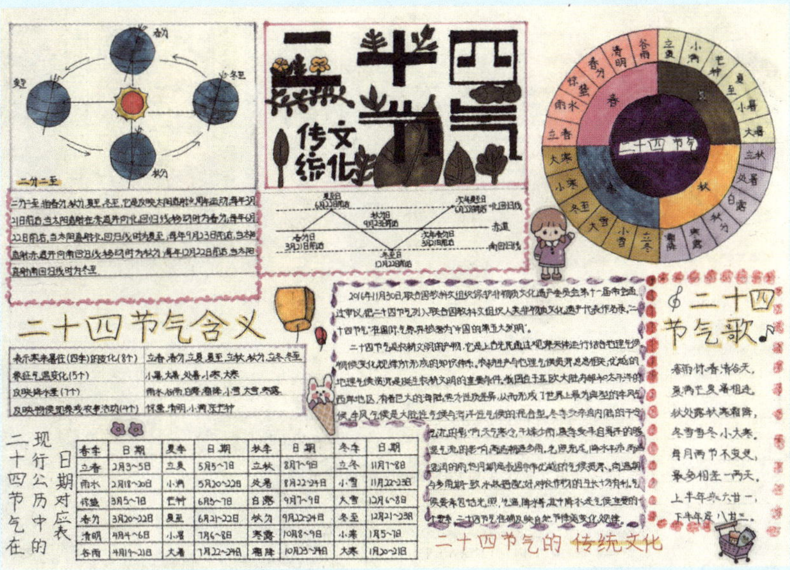

作品名称：中国传统节日

作品名称：数九

成果简介：

学生们以小组为单位，通过网络、电视、咨询家长或者走进图书馆等方式，寻找生活中常见的日历，确定探究主题，对收集到的资料进行整理和归纳，最后制作成精美的手抄报。

成果意义：

引导学生用数学的眼光观察世界，培养学生发现问题、提出问题的能力，提高学生收集、整理资料的能力，落实美育教育，发展学生的创新意识。

项目成果 2——创意日历

作品名称：创意日历

成果简介：

学生在前面探究日历奥秘的基础上，尝试利用数学中的几何图形，利用生活中常见的卡纸、麻绳、纸皮等材料，充分发挥想象，制作出创意日历。

成果意义：

通过制作 2025 年的日历，掌握日历的一般制作方法和注意点，提高动手设计制作的能力，培养学生的创新意识。

设计与执教者：杨　丽

刘阳阳（三门峡市第二中学）

修改与点评者：鲍聪晓

◆ 成果 2 ◆

《彩陶模型的制作——融合图形变化和视图的教学实践》成果展示

成果概述：《彩陶模型的制作——融合图形变化和视图的教学实践》这一项目活动，通过了解庙底沟彩陶文化的相关知识，运用轴对称、平移、旋转、三视图等数学知识，结合历史、艺术、信息科技等多学科知识，经历设计和制作彩陶模型的过程，体会古代劳动人民的智慧，增强民族自信心和自豪感。在经历完整的项目过程中，形成知识树、设计方案、彩陶模型、手工艺品、小论文等成果，从而增强学生学习数学的自信心，感受数学的学科价值。

项目成果 1——知识树

作品名称：知识树

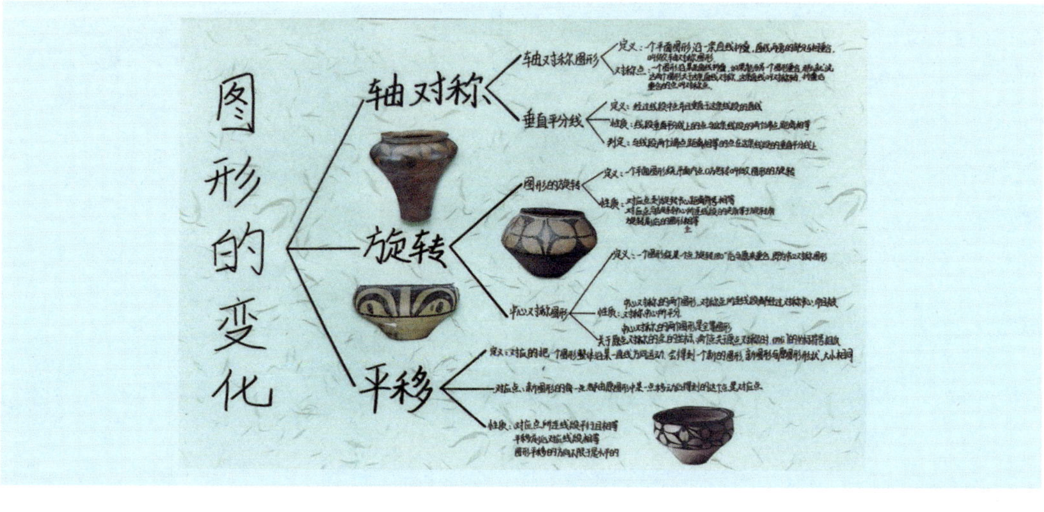

成果简介：

在项目中期“梳理知识，设计方案”的活动 1 中，小组通过观察、讨论彩陶模型上的纹样，梳理出轴对称、平移、旋转等图形变化的相关数学知识，并用思维导图或知识树等方式进行展示交流。

成果意义：

关于图形变化的知识分布在不同的章节，知识碎片化，鼓励学生将涉及的知识以知识树或思维导图的形式呈现出来，有利于形成结构化、系统化的知识体系，并为项目后期设计彩陶纹样奠定理论基础，从而发展学生用数学的眼光观察彩陶，培养学生的抽象思维。

项目成果 2——设计方案

作品名称：彩陶模型设计方案

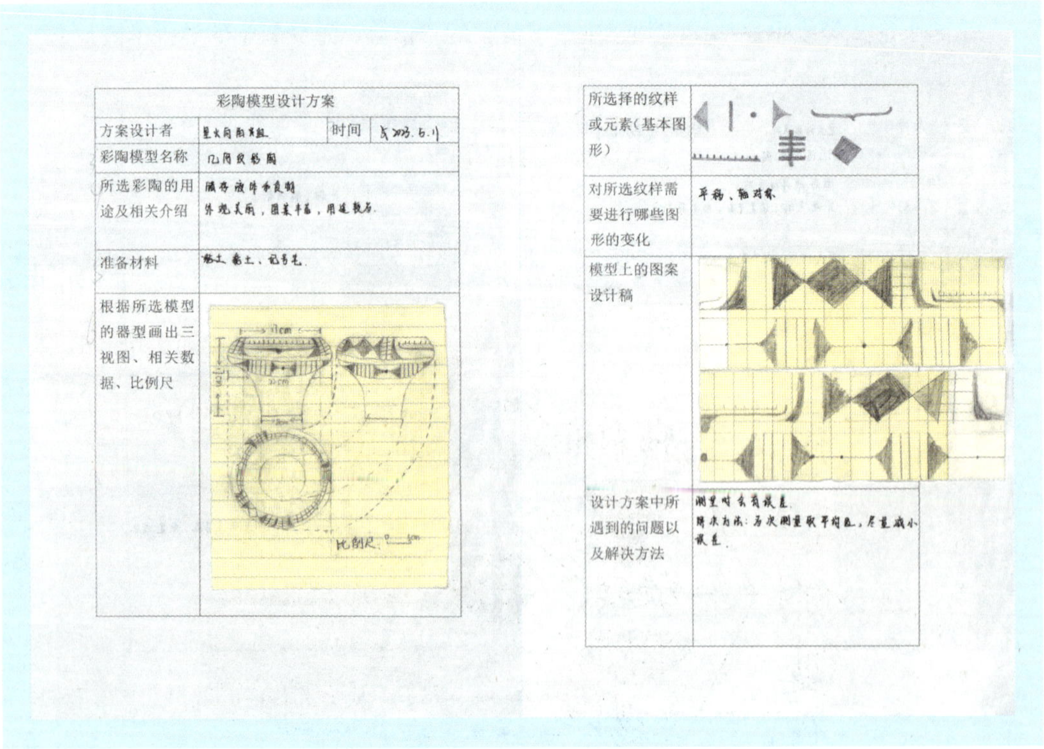

彩陶模型设计方案			
方案设计者	星火向陶小组	时间	2023.5.1
彩陶模型名称	几何纹彩陶		
所选彩陶的用途及相关介绍	储存液体和食物 外观美丽，图案丰富，用途较多。		
准备材料	黏土、陶土、记号笔。		
根据所选模型的器型画出三视图、相关数据、比例尺	比例尺		

所选择的纹样或元素（基本图形）	
对所选纹样需要进行哪些图形的变化	平移、轴对称
模型上的图案设计稿	
设计方案中所遇到的问题以及解决方法	测量时会有误差。 解决方法：多次测量取平均值，尽量减小误差。

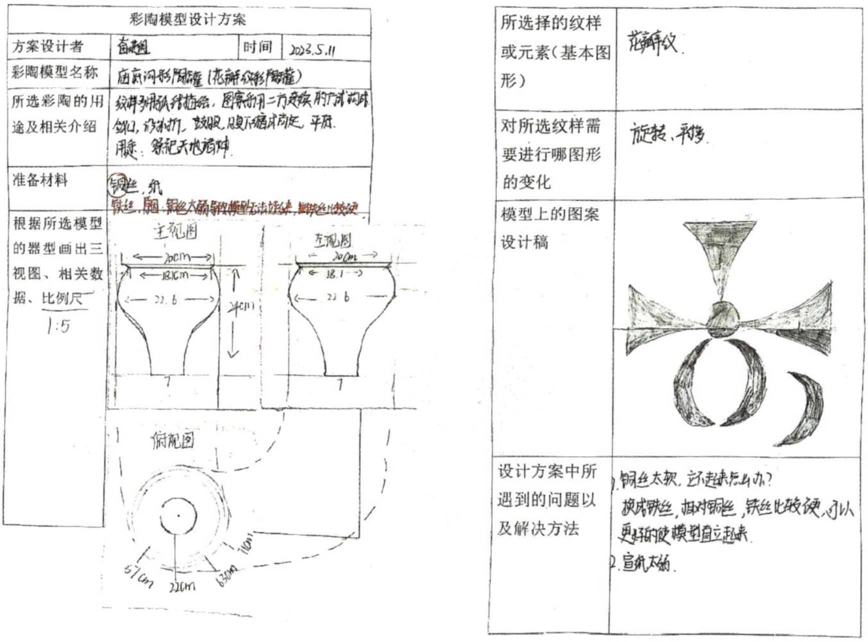

成果简介：

在项目中期“梳理知识，设计方案”中，学生综合运用数学、历史、艺术、信息科技等多学科知识，通过计算，确定比例尺、画出模型三视图、设计纹样等，完成彩陶模型设计方案。

成果意义：

在方案设计中，学生需要通过反复计算、画图完成该成果，发展运算能力、几何直观、数学抽象等数学素养；通过运用多学科的知识设计方案，培养学生跨学科解决问题的思维，为项目后期制作模型打下基础。

项目成果 3——制作彩陶模型

作品名称：彩陶模型

1. 花瓣纹彩陶罐

2. 人头形器口彩陶瓶

3. 彩陶双连壶

4. 几何纹彩陶罐

修正前

修正后

5. 月牙纹彩陶碗

6. 花瓣纹彩陶碗

7. 花瓣纹彩陶罐

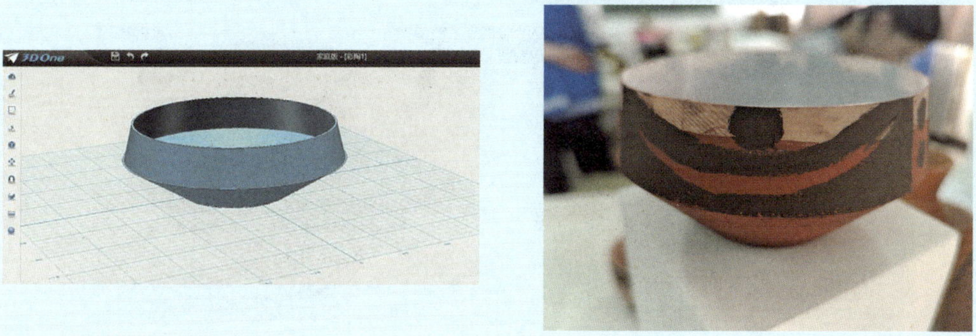

成果简介：

该项目第 3 课时任务“应用创新，制作模型”，采用开放式教学，每个小组通过选用不同的材料、方式，根据每个组的方案设计表进行模型制作，激发学生的创造性。

成果意义：

在模型制作过程中，每个组都随身携带测量工具进行测量、计算，以确保所制作的模型符合设计的比例尺。很多组在制作模型时经历了失败、反思、修改、再尝试的过程，最终形成作品。学生体会到中国古代劳动人民的智慧，培养学生不畏艰难、勇于探索的精神，发展学生的数学运算、几何直观、空间观念等数学素养。

项目成果 4——具有庙底沟彩陶元素的手工艺品

作品名称：手工艺品

利用装修废弃木料制作

利用包装硬纸板制作

剪纸艺术

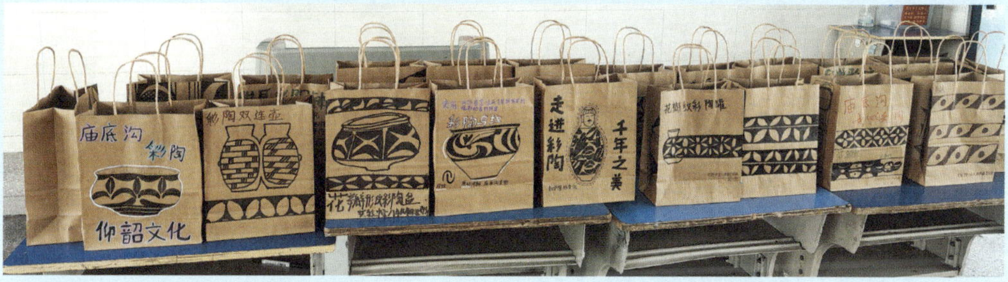

手工购物袋

成果简介：

在项目的课后实践作业中，学生把庙底沟彩陶文化和校园文化节相结合，通过创造性地使用身边已有材料，应用数学中图形的变化相关知识制作出具有庙底沟彩陶文化特色的手工艺品。

成果意义：

在课后实践作业中，学生融合了数学的图形变化之美、美术的艺术法则之美、历史的灿烂文化之美，学会了用数学及多学科的语言表达世界，提高了综合与实践能力，传承和弘扬了庙底沟彩陶文化。

项目成果 5——项目反思之学生小论文

作品类型：小论文

制作彩陶模型总结

三门峡市实验中学 八（12）班 张嘉璐

这次我们小组制作了一个彩陶模型，现在我来总结一下。

首先我们想到的方法是用铜丝制作，在把铜丝编好之后，制作基本模型时，我们发现铜丝太软导致模型没有办法稳定立起来，于是我们换了另一种方法：用铁丝来制作基本模型，因为铁丝要比铜丝硬，可以更好地立起来。在制作模型之前，我们量好了彩陶的尺寸，把铁丝剪成小段围成一个圆，用铜丝来封住铁丝的接口处。圆弄好之后再用铁丝把圆连接起来，最后做出彩陶的形状。

基本的框架做好之后要往框架上糊纸，因为大部分纸都是硬的，所以我们选取了比较软的宣纸。首先要用硬纸在框架上糊好第一层，接着把宣纸裁成一段一段后糊到第一层的硬纸上面，糊好之后要调色、上色，彩陶的颜色里面包括红色、褐色和黑色，一共要上两遍底色。

在底色上好之后要画出纹饰，先用铅笔在彩陶模型上勾勒出形状，再用黑色的颜料把形状填满。

在制作过程中，我们遇到了一些困难：1. 如何测量彩陶底部圆的直径？对于这个问题，我们多次测量了彩陶底部圆中的弦长，用所学的“在圆中，直径是最长的弦”知识，选取了最大值。2. 在框架做出来左右不对称怎么办？刚做出来时框架的左右不协调，我们会对着原彩陶反复进行调整，一直到最后看着协调。

总体来说，我们制作模型的过程经历了一些困难和挑战，但在小组成员齐心协力、坚持不懈的努力下最后成功做出模型。可想而知，古人在资源匮乏的条件下做出这么精美的彩陶，可以看出中国古代劳动人民是具有智慧的，他们勤于动手思考，才能做出这么精美的彩陶！

成果简介：
在项目后期“自我反思，总结提高”中，学生通过写小论文对本次项目活动进行反思，从而形成新的活动经验。
成果意义：
在整个项目反思过程中，学生深刻地感受到中华民族的文化源远流长，博大精深，更激发了社会责任感。

设计与执教者：郑楠楠（三门峡市实验中学）

杨　丽

修改与点评者：鲍聪晓

◆ 成果 3 ◆

《美丽的黄金分割——融合几何图形、一元二次方程和相似的教学实践》成果展示

成果概述：《美丽的黄金分割——融合几何图形、一元二次方程和相似的教学实践》这一跨学科主题活动，让学生通过了解黄金分割的相关知识及应用，结合艺术、生物学、地理等多学科知识，经历发现美、探索美、创造美的过程，体会黄金分割的应用价值和美学价值，培养学生的动手能力、审美能力和应用能力，发展学生的创新意识和跨学科素养，提升综合素养。在主题活动中，形成了丰富多样的成果。如：学生的绘画、摄影、书法作品，制作的动植物标本、简易乐器模型以及撰写的数学小论文等。

项目成果 1——绘画作品

作品类型：油画、素描

作品名称：花瓶　作者：李强

作品名称：画画的男人　作者：李强

成果简介：

在第 3 课时任务 2 中，学生应用黄金分割进行绘画创作。第一幅油画作品将主要凸显的对象花瓶放在了黄金分割点上。第二幅素描作品以黄金分割线为界，将画面分为左右两部分，凸显画面主体。

成果意义：

学生选择自己感兴趣或者擅长的领域，运用黄金分割比进行创作，有助于增强自信心，有利于创作出更具美感的画作，既巩固知识又提升综合素养。

项目成果 2——摄影作品

作品类型：摄影作品

作者：李秉智

成果简介：

在第 3 课时任务 2 中，学生应用黄金分割进行摄影创作。第一幅作品将主要凸显的对象蝴蝶放在黄金分割点上。第二幅作品以黄金分割线为界，将画面分为上下天地两部分，凸显画面主体。

成果意义：

学生选择自己感兴趣或者擅长的领域运用黄金分割比进行创作，有助于增强自信心，有利于创作出更具美感的照片，既巩固知识又提升审美素养。

项目成果 3——书法作品

作品类型：书法作品

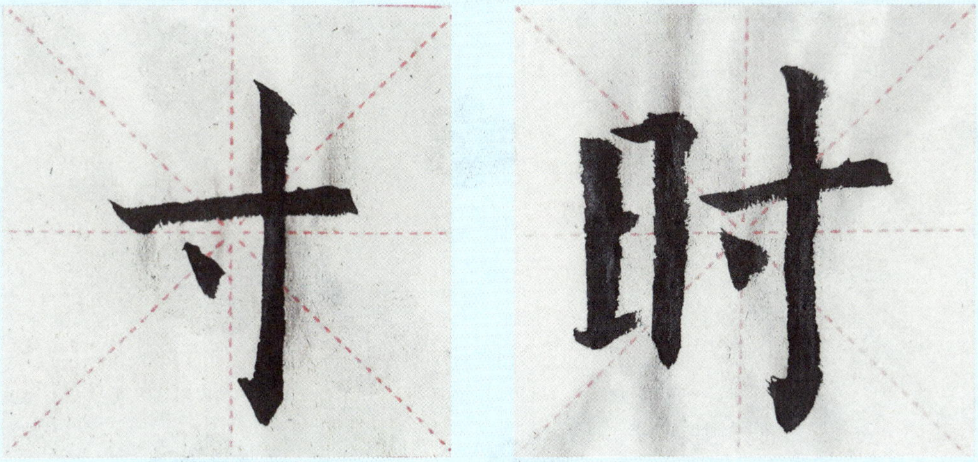

作者：荆添儒

成果简介：

在第 3 课时任务 2 中，学生应用黄金分割进行书法练习。第一幅作品将主要凸显的对象“寸”放在黄金分割点上。第二幅作品以黄金分割线为界，将作品分为左右两部分，凸显左右结构以“寸”为主体。

成果意义：

学生选择自己感兴趣或者擅长的领域运用黄金分割比进行创作，有助于增强自信心，有利于书写出更具美感的汉字，呈现更具结构美感的书法作品。既巩固了黄金分割知识，又提升对字体结构的掌握能力。

项目成果 4——动植物标本

作品类型：标本

灰绒麝凤蝶标本　作者：李擎宇

三叶草　作者：高朋　张素娟

成果简介：

在第 3 课时任务 2 中，学生走进大自然，搜集符合黄金比的动植物，制作成标本。通过软化→固定→展翅→干燥四个流程制作蝴蝶标本。通过采集植物→修剪整理→夹在纸中→压实干燥→固定在台纸上五个流程制作三叶草标本。

成果意义：

学生通过真实地捕捉与采集，观察动物身体结构和植物比例，测量计算蝴蝶身体的长度与它展开的双翅长度之比、三叶草叶片与叶片间的夹角，判断是否接近黄金比，制作动植物标本等过程，真切感受黄金分割在大自然中的广泛应用；学生选择自己喜欢的领域更有利于展开持续深入研究，既培养兴趣又能进一步发展跨学科素养。

项目成果5——数学小论文

作品类型：小论文

黄金分割在植物生长与动物身体结构中的作用

三门峡市外国语中学 九（11）班 张丽聪

黄金分割是数学和美学中的一个重要概念。它是指将一个整体分成两部分，使较小的部分与较大的部分之比与较大的部分与整体之比相同。这个比例被认为是最美的比例，也被广泛应用到艺术、建筑、动植物学等领域。在本次学习活动中，我对黄金分割在植物生长和动物身体结构中的作用进行了深入研究。

一、植物生长中的黄金分割

在植物的生长过程中，黄金分割定律起着至关重要的作用。植物的叶子、花朵和果实等结构，都是通过黄金分割的比例来达到最佳的视觉效果和功能效果的。例如，植物的叶子通常是宽长比约为0.618的矩形或椭圆形，这样的形状既能够最大限度地吸收阳光，又能够有效地进行光合作用。此外，植物的茎干和根系也遵循着黄金分割比，使得植物能够更好地适应环境，保持平衡和稳定。

二、动物身体结构中的黄金分割

黄金分割不仅在植物的生长过程中起着重要作用，也在动物的身体结构中起着至关重要的作用。从昆虫的翅膀到鸟类的身体，再到人类的身体，黄金分割的比例都得到了广泛的应用。例如，鸟类的翅膀和身体的长宽比通常也是0.618，这样的比例使得鸟类能够更好地在空中飞行。人类的身体结构也遵循着黄金分割的比例，例如，肚脐到脚底的长度与身高的比值约为0.618的人，通常具有更好的平衡性和灵活性。

三、应用案例分析

以蜜蜂为例，我们可以看到黄金分割在蜜蜂的身体结构中的重要作用。蜜蜂的翅膀是黄金分割比例的典型应用，其翅膀的长宽比与黄金分割比例非常接近。这使得蜜蜂能够以最小的能量消耗在空中飞行。此外，蜜蜂的身体结构也遵循着黄金分割的比例，使得它们能够在花丛中快速穿梭，寻找花蜜和传播花粉。

四、结论

黄金分割在植物生长和动物身体结构中起着至关重要的作用。它不仅影响了植物和动物的结构和功能，也影响了它们的生存和繁衍。通过研究黄金分割在自然界中的应用，我们可以更好地理解生物的适应性和进化过程，同时也为人类的设计和建筑提供了重要的参考。在以后的生活中，我们可以通过更多的研究和实践，将黄金分割的理论应用到更多的领域，为人类的发展做出更大的贡献。

地球的黄金地带是否适合人类居住

三门峡市外国语中学 九（11）班 王曼琪

黄金分割与地理是密不可分的。地球表面的纬度范围是 0°—90°，对其进行黄金分割，则 34.38°—55.62° 正是地球的黄金地带。是否适合人类居住，主要关注三个方面的因素：角度位置、海陆位置和地形。处于 30°—60° 的中纬度区域，沿海地区，平原地区，无论从平均气温、年日照时数、年降水量、相对湿度等方面都是适合人类生活的最佳区域。说来也巧，这一地区几乎囊括了世界上所有发达国家。

都说大自然是最神奇的造物者。在这颗蓝色星球上，有一个神奇的存在，它就是秦岭—淮河一线，大约是北纬 32°—34°。那么，秦岭—淮河一线对于人类有怎样的地理意义呢？它是 800mm 年等降水量线、一月份 0℃等温线、暖温带与亚热带分界线、湿润地区与半湿润地区的分界线、温带季风气候与亚热带季风气候分界线、华北平原与长江中下游平原分界线、黄土高原与四川盆地分界线……秦岭—淮河一线夏无酷暑，冬无严寒，气候温和，它得天独厚的地理环境毋庸置疑。

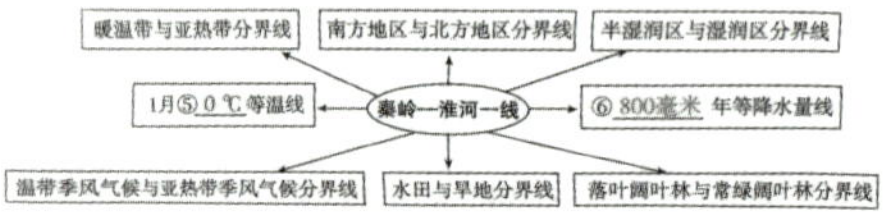

秦岭—淮河一线的地理意义

地球的北纬 34.38°—55.62° 地带是否是适合人类居住的绝佳地区，我们需要考虑到多个因素：

首先，这个地区覆盖了中纬度的温带和部分亚热带地区，这是地球上大多数生物的适宜生存区域。这个纬度带的气候相对温和，夏季不太热，冬季不太冷，为人类提供了舒适的居住环境。

其次，这个地区有充足的阳光和水分。尽管这些纬度可能受到不同程度的降水和温度变化的影响，但大部分地区都拥有适合植物生长的雨量，能够支持丰富的农业生产和多样的生态环境。

再次，这个地区还拥有多样化的地形和自然资源。从森林、草原、沙漠到高山和海洋，这个纬度带包含了地球上各种不同的生态系统，为人类提供了丰富的食物来源和多样的生存方式。

此外，这个地区的社会和文化因素也对人类居住条件产生了重要影响。不同地区的文化传统、生活方式和科技发展水平为人类提供了多样化的居住环境和生存方式。同时，这些地区还拥有丰富的历史文化遗产和独特的文化景观，为人类提供了丰富多彩的文化体验。

综上所述，地球的北纬 34.38°—55.62° 之所以是适合人类居住的最佳地区，是因为它包含了适宜生存的温带和部分亚热带地区，拥有充足的阳光和水分，多样化的地形和自然资源，以及丰富多样的社会和文化因素。这些因素共同为人类提供了适宜的居住环境，使其成为地球上最适合人类居住的地区之一。

成果简介：
在第 3 课时任务 2 中，学生选择自己感兴趣的生物、地理领域进一步选定主题开展研究，并撰写数学小论文。
成果意义：
通过深入探究，深刻感受黄金分割在生物学、地理中的部分应用，感受学科间的联系；培养学生的探究能力、论证能力以及写作能力。

项目成果 6——简易乐器模型制作

作品类型：乐器模型

作品名称：尤克里里　作者：李晓颖

成果简介：

在第 3 课时任务 2 中，利用黄金比例制作简易乐器尤克里里，不仅从外观上呈现美感，更重要的是能够演奏出美妙动听的琴声。

成果意义：

体会黄金分割在乐器设计上的应用，巩固知识的同时提升艺术素养。

设计与执教者：曹　婧（三门峡市外国语中学）

杨　丽

修改与点评者：鲍聪晓

◆ 成果 4 ◆

《地砖铺设与平面镶嵌——融合多边形内角和的教学实践》成果展示

成果概述：《地砖铺设与平面镶嵌——融合多边形内角和的教学实践》这一项目围绕学校数学功能室改造任务开展学习活动，学生在经历设计地砖铺设样式的过程中，理解平面镶嵌的定义及条件，通过综合运用平面镶嵌、图形的变化等数学知识，经历模拟地砖铺设、制作数学功能室模型等活动，在实地测量、收集信息和小组交流、设计并修正方案的过程中形成了系列成果，从而发展应用意识和创新意识，增强了在参与学校建设过程中的责任意识。

项目成果 1——各类活动表格

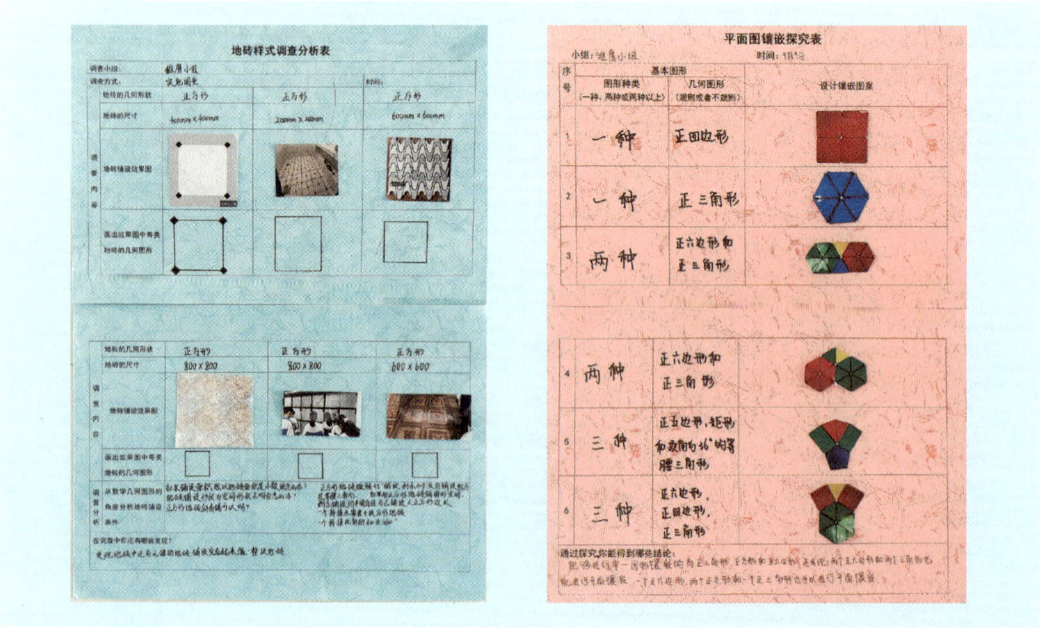

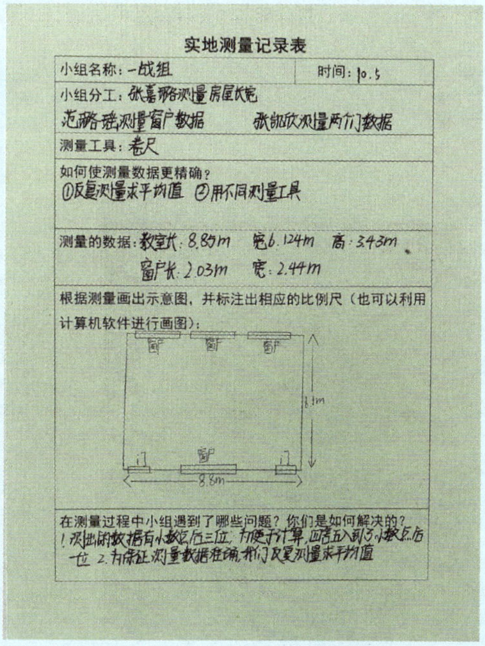

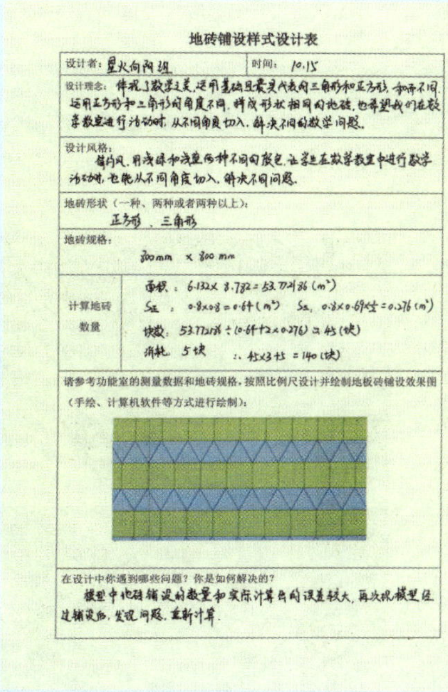

成果简介：
在整个项目中，学生完成前期调查分析表、设计出镶嵌图案、测量活动室、绘制地砖装修效果图等一系列的实践操作活动，探究出平面镶嵌的定义、条件，并综合运用所学知识完成地砖样式的设计。
成果意义：
学生通过动手操作和推理论证，自主探究与平面镶嵌相关的数学结论，发现其内在规律，将感性认识上升为理性认识，在实践的过程中学会用数学的眼光观察现实世界、用数学的思维思考现实世界、用数学的语言表达现实世界。

项目成果 2——数学功能室模型

作品名称：数学功能室模型

成果简介：

以小组为单位，按比例进行数学功能室模型搭建，可以采用硬纸板、泡沫板等材料制作，选择合适的材料进行室内地砖模拟铺设，并设计和装饰模型。

成果意义：

学生在制作数学功能室模型的过程中加深对平面镶嵌的理解和应用，并综合运用其他学科知识完成模型的制作，培养学生的空间观念，提升学生的审美能力。

设计与执教者：杨　丽

郑楠楠（三门峡市实验中学）

修改与点评者：鲍聪晓

◆ 成果 5 ◆

《穿越北京中轴线——融合用平面直角坐标系表示地理位置的教学实践》成果展示

成果概述： 本项目活动在学生研究了北京中轴线、故宫和北京城的平面布局的基础上，以小组为单位，自选了假期旅游目的地，围绕“如何制定合理的旅游路线及攻略”这一驱动性问题，开展了“绘制目的地地图”“制作目的地简介 PPT”“制作旅游攻略视频”等系列活动。形成了北京中轴线平面示意图、旅游目的地手绘地图、简介课件、旅游攻略视频以及项目心得体会等成果。成果展示不仅增强了学生学习数学的自信心，让学生感受到数学的学科价值，也增强了学生的爱国热情和民族自豪感。

项目成果 1——手绘地图

作品名称：手绘地图

成果简介：

在项目第 5 课时“任务 2：绘制目的地手绘地图”中，各小组对选定区域中的代表性建筑所在位置进行研究。学生借助地理信息技术寻找底图，用铅笔勾勒底图轮廓；借助各景点建筑高清图片，进行各景点绘制，并调整完善细节；确定线稿后开始上色；标注图例，突出主题，统一色调。用坐标纸或电子绘图软件进行地图绘制。

成果意义：

学生在手绘地图过程中，建立适当的平面直角坐标系描述地理位置，培养了动手操作能力；通过小组交流，感受团队合作的重要性，培养合作意识和探索精神。

项目成果 2——旅游攻略视频

西域风情——青甘大环线

河南三门峡——卢氏印象

成果简介：

在项目第 5 课时“任务 4：旅游攻略视频剪辑及配音”中，学生收集网络视频或到景点进行现场拍摄，选取有效部分进行剪辑；配合画面内容及时长书写解说词，进行配音、配乐，并添加字幕，完成旅游攻略视频的制作。

成果意义：

学生使用网络资源收集各类资料，综合各类信息完成攻略规划。通过成果展示，学生获得表现机会，增强合作意识，锻炼表达能力。学生在实际操作中，熟练运用剪辑、配乐、配音、配字幕等技能，提升信息技术应用能力，培养学习兴趣。

项目成果 3——项目反思之学生心得体会

作品名称：心得体会

主题学习心得体会

三门峡新时代精英学校　七（3）班　王子怡

在这次项目中，我组主要对云南腾冲进行研究。我主要负责电子绘图和手绘坐标系，以下是我对此次项目的心得。

在不断调查资料中，我了解了众多有关云南腾冲的知识，这让我更加热爱祖国的大好河山，让我更加想要将项目做好，希望有更多的人认识了解它。但随着项目的不断推进，在第一次会议结束后，我发现组里人的进度都不一样，我意识到对于画图，一个人搜集资料就可以完成，但对于其他内容来说，例如 PPT 的制作，一个人完成是困难的，所以我将大家聚集在一起，建议大家将搜集的资料共享。一个人的力量是微弱的，像是茫茫黑夜里的一颗渺小闪着微光的星星，但一群星星在一起就可以照亮整个夜空。

之后我们制订了详细的计划，将每个人具体负责的内容确定了下来。这次项目我们从收集到的资料中了解到了云南的地理位置和常住人口等，我们知道了云南腾冲“极边天然氧吧”和“彩云之南”的美称，它拥有非常丰富的文化遗产、独特的人文地理和美丽壮观的自然风光，是一处宛如人间仙境、世外桃源一般让人流连忘返的地方。在对云南的历史、人文、美食、荣誉等多方面了解后，我们绘制手绘地图。项目过程组织和商议并不算十分顺利，大家各有各的想法，但最终根据多数人的选择做出了这项决定。

在项目过程中大家都在积极完成自己负责的内容，我们会时不时分享自己的进度，一起商议景点的选择，组内制作视频和配音的同学也会一起沟通。正如董老师所说的，这个项目是大家的，看见大家互帮互助，我也非常开心。我认为在项目中大家都很认真，其中最认真的是姚佳宜，她提供了很多资料，我和她沟通最多。

在绘图过程中，我认为最大的问题是地图是分为几个部分的，这就导致了负责每个部分的人所画的颜色都不同，加大了将它们拼贴起来的难度。对于这方面的问题，我只能尽力根据其他人所画地图的颜色和整体风格修改我的绘图。前前后后我一共修改了三个版本，虽然很累，但结果是不错的，这其中也多亏了董老师的帮助，她将我们组织在一起，告诉我们怎么画和画后要怎么做装饰，从中我也明白不管是什么事都要全力以赴，但当遇到自己解决不了的问题，作为未成年人的我们也要向大人寻求帮助。

PPT 方面最大的问题是电脑上坐标系的绘制，董老师在小组进度汇报时关注到了这个问题，并且及时找到了信息科技老师教我们怎么用电脑绘制坐标系，在老师的帮助下这个问题成功解决了，这也算是我们在信息科技上的一个小收获了。另一个问题是做 PPT 的同学告诉我说用电脑插入的视频总是播放不了，我想可以用平板试试看，在插入后竟然意外地可以播放了，再将处理完的 PPT 发给他后，他对我表示了感谢，我也表示这是我应该做的。

另外出现的问题还有视频配音上的，他们说配音说话前吸气的声音会影响配音的效果，对于这个问题我给出的建议是配音的同学调整说话语速，尽量让声音平稳，降低吸气声音，但结果是不行的，吸气的声音仍然会有影响，于是我们采用了最笨的方法，将吸气的声音尽量剪掉，最后的视频结果还是不错的。

在后续过程中，我与负责各个内容的同学都在互相监督互相沟通，这让我的人际交往能力有了很大的提高。在几个星期后，大家陆陆续续完成了内容，在看到整个成果后，我的内心是激动的，是不可置信的，激动在大家为这次项目付出的心血有了结果，不可置信在几个星期前宛如一片空地的项目现在建起了高楼大厦。可让我更开心的是所有人在过程中都没有说累，没有人放弃，我们都坚持了下来，这让我彻底认识到，在事情没有结果前，只要大家全力以赴，结果不会差的，就算结果不好，我们也已经努力过了，也不会后悔。

这次项目让我明白了很多，历史和文化我们不能忘记，同时也让我了解了更多的知识和技能，这些收获让我对历史和地理等学科也有了很大的学习热情。此外我还明白了许多道理，有坚持不懈的意义，还有团结就是力量的含义，我的组织能力也有了很大提升，我相信这些收获在我日后的学习中对我会有很大的好处，我想这就是此次活动开展的真正意义。

主题学习心得体会

三门峡新时代精英学校 七（4）班 薛宇萱

这次我们小组做了绘制目的地地图、制作目的地简易 PPT 等系列活动，下面我将阐述本次活动的经历和体会。

我们小组负责的旅游区域是我国西北部的青海、甘肃、新疆地区。这些地方都是我曾经去过的，但通过这次的活动，我发现当时自己对这些地方的探索并不够深入，也决定以后出门旅游时，要提前在网络上熟悉当地的人文美景。

这个活动主要的任务为手绘地图、PPT 制作和视频制作。首先我们找到各区域的地图和著名游玩景点，在地图上以平面直角坐标系的方式标记出游玩景点。其次小组内进行了明确的分工，大家都很主动去承担任务，最后由两名同学手绘地图，一名同学寻找风景美图和当地的人文历史，一名同学进行视频制作，我来制作 PPT。

由于大家都很积极地反馈自己的任务进程，到我手上的内容也就足够开始制作 PPT 了，于是我便打开电脑进行制作。可由于对一些内容不清楚，我在制作时犯了几个错误。例如：没有将标准的幻灯片大小 4 : 3 改为宽屏的 16 : 9，导致在放映时露白很多。每次做好一页过 20 分钟再看，都觉得有些许不合适。有时没有保存，或者在手机和电脑共同工作时，其中一个内容覆盖掉了另外一个。与此同时，其他方面也出现了一些困难。在视频制作方面：剪辑视频和材料搜索比较困难；视频的声音与画面没有对上；换了几次的音乐都觉得适配度不高；对配乐及配音等制作方法不熟练。在手绘地图方面：因为制作区域面积过大，考虑比例尺为多少时才能确定合适的范围较难；等比例缩小在纸上的尝试次数太多；确定主要的几个点时，尺子的长度不够等问题。我们小组对这些问题进行了探讨，最终在老师的带领下，所有问题都得到了优解。我想这就是团队合作的重要性。

在 PPT 制作时了解到了不同的文化，我深刻感受到了文化的多样性。我不仅学到了知识，还拓宽了视野，更加珍惜不同文化之间的差异，也更愿意去了解和尊重他人的文化背景。看到那些美丽的图片时，我理解了古人对西域风景的喜爱，如：“羌笛何须怨杨柳，春风不度玉门关”“边墙近处掀髯望，山似英雄水美人”。这些景色，即使只是在图片上，也让我想去欣赏一番，观祖国山河雄伟辽阔，见中国民风淳朴厚重，悟中国情谊浓浓深重，诉我心中之语：“我爱你，中国！”

总结一下，这次活动我们小组遇到了不少的困难，但由于大家团结协助，最终也取得了圆满成功。绘制的地图虽然不是特别精细，但大致位置和精美程度都足够。视频清晰，制作精美，且大家都按时高质量地完成任务。大家的团队协作能力和沟通能力也得到了提升，最满意的就是当 PPT 做完的那一刻，小组成员给予的赞许。看一下完成的结果，短短的 18 页 PPT，一张手绘地图和一个相关视频的制作花费了我们小组一周的心血，但我们都觉得十分值得。

通过这次实践活动，我更加扎实地掌握了建立适当的平面直角坐标系描述地理位置的方法，并感受到各学科知识在实际生活中的融合与应用。同时，我也认识到了自己在某些方面的不足，未来我将继续努力，不断提升自己各方面的能力。

成果简介：

在项目第 6 课时任务 2 中，同学们书写了个人的心得体会，思考知识学习、社交经验、能力提升等方面的收获。组内交流讨论后，每组组长整合本组成员在项目实施过程中的收获，上台做总结性发言。每组选取一个代表发言，全班交流讨论。

成果意义：

在书写心得体会的过程中，学生认真回顾了参与整个项目的过程，总结了自己在项目中的收获，反思了每个阶段中存在的问题，记录了如何解决问题，也提出了今后要改善的地方，锻炼了逻辑思维和书写能力，培养了善于总结和反思的习惯。

设计与执教者：董昱洁（三门峡新时代精英学校）
修改与点评者：鲍聪晓

◆ 成果 6 ◆

《探秘刹车距离与车速的关系——融合函数主题的教学实践》成果展示

成果概述：《探秘刹车距离与车速的关系——融合函数主题的教学实践》这一项目活动，让学生在关注社会及身边问题的过程中，以珍爱生命为思考起点，有“数”可据，有“理”可循，运用数学、物理、信息科技等多学科知识，从安全视角到数学模型的建立，逐步分解与突破困难，最终获得问题的解决。在项目后期，完成了倡议书、小论文，进行了交通安全主题的黑板报、手抄报展示，设计了“安全知识记心间”宣传彩页，举办了“文明交通 · 你我同行”知识竞赛、优秀摄影展等，形成了一系列成果，提升了学生团队协作能力、科学探究能力以及交通安全意识。

项目成果 1——倡议书

作品名称：倡议书

此处略。（具体内容见第 133 页）

成果简介： 项目后期，学生通过研究数据提出了校园内与校园周边汽车车速的限速值，进一步强化交通安全意识。
成果意义： 倡议书经过了三次修改，在不断完善的过程中，学生的语言组织能力和语言表达能力得以提升，同时，倡议书的形成也增强了学生的社会责任感和学习热情。

项目成果 2——知识竞赛

作品名称：知识竞赛

"文明交通·你我同行"知识竞赛题目

（共 40 题，总 100 分）

一、单选题

1. 小明乘坐公交车去奶奶家过节，乘车时可以（　）（2 分）
A：携带鞭炮、礼花　B：接打电话　C：与驾驶人交谈
正确答案：B

2. 周强雨天骑自行车去看足球比赛，他穿（　）的雨衣是最安全的。（2 分）
A：灰色　B：绿色　C：黄色
正确答案：C

3. 乘车人下公交车，准备横过无交通信号的道路时，您认为最安全应（　）横穿。（2 分）
A：从公交车头　B：从公交车尾　C：等公交车驶离，确认安全后
正确答案：C

4. 小李乘坐客车外出时客车意外失火，车门无法打开，小李应（　），尽快逃生。（2 分）
A：砸碎前风窗玻璃　B：砸碎侧风窗玻璃　C：撬开车门
正确答案：B

5. 在车辆没有停稳之前（　）（2 分）
A：可以开车门不准上下人　B：不准开车门和上下人　C：可以上下人
正确答案：B

6. 交通信号灯黄灯表示（　）（2 分）
A：禁止通行　B：准许通行　C：警示
正确答案：C

7. 在道路上骑自行车（　）（2 分）
A：不准扶肩并行　B：可以相互追逐或者曲折行驶　C：可以并肩行驶
正确答案：A

8. 遇有交通信号灯、交通标志或交通标线与交通警察的指挥不一致时，（　）（2 分）
A：服从信号灯　B：服从交通警察指挥　C：服从交通标志、标线
正确答案：B

9. 行人（　）才算安全。（2 分）
A：只要看没有汽车开过来，就可以跑过马路
B：绿灯闪烁时就可以进入人行横道过马路
C：绿灯亮时进入人行横道过马路
正确答案：C

10. 在设有交通隔离设施的路段，小芳过街时应当（　）（2 分）
A：直接跨越　B：确认安全后跨越
C：无车辆通行时跨越　D：经人行横道或过街设施通过
正确答案：D

11. 行人在横过道路时，应注意观察道路上通行的车辆。您认为在横过道路时，错误的行为是（　）（2 分）
A：既不左看，也不右看　B：左看、右看、再左看
C：左右观察，确定安全　D：一站、二看、三通过
正确答案：A

12. 当亲友在你家聚餐，喝完酒后亲友要开车回家，你应（　）（2 分）
A：告诉他小心驾驶　B：坚决阻止他驾车　C：提醒他系好安全带
正确答案：B

13. 行人在大风天气在农村公路边行走，遇到车辆驶来时，为了躲避扬尘，（　）是最危险的。（2 分）
A：尽量靠公路边走　B：横过公路
C：在路边停下来躲避　D：戴眼镜和口罩
正确答案：B

14. 骑自行车经过一个有交通信号灯控制的路口时，遇红灯亮，骑车人正确的行为是（　）（2 分）
A：将自行车依次停在路口停车线以外
B：可以进入路口，停在路口内，但不能直行通过
C：将自行车停在路口停车线上，车头探出停车线不影响安全
D：骑自行车进入路口，伺机安全通过
正确答案：A

15. 小明上高中了，学校离家较近，他想节约路上时间，可以使用（　）作为道路交通工具。（2 分）
A：滑板　B：旱冰鞋　C：自行车　D：独轮自行车
正确答案：C

16. 明明在晚自习课后骑自行车回家途中，迎面遇到一辆驶来的汽车，灯光非常耀眼，为了安全，明明应该（）（2 分）
A：用手遮挡灯光　B：闭目缓慢行驶
C：下车靠边避让　D：迎着灯光行驶
正确答案：C

17. 老张骑电动车上下班，行驶在划分车道的道路上，他应当在（　）行驶。（2 分）
A：机动车道　B：非机动车道　C：人行道　D：随便哪条车道
正确答案：B

18. 小强在未设停放点的地方停放自行车时，应在（　）停放。（2 分）
A：不妨碍通行的地点　B：不经常使用的盲道
C：草坪绿地　D：任意地点
正确答案：A

19. 李明今年 9 岁，李明的表姐今年 13 岁，姐弟俩想骑自行车上道路行驶，正确的做法是（　）（2 分）
A：李明可以骑自行车　B：李明的表姐可以骑自行车
C：李明和表姐都不可以骑自行车　D：李明的表姐可以骑车带李明上路
正确答案：B

20. 大伟骑自行车到学校后，一看表快到上课时间了，急忙锁车去上课。你认为他应该将自行车（　）（2 分）
A：随手放在路边　B：顺便放到教学楼门口
C：放到教学楼楼道内　D：停放在指定的位置
正确答案：D

二、多选题

21. 遇有（ ）等严重影响交通安全的情形，采取其他措施难以保证交通安全时，公安机关交通管理部门可以实行交通管制。（4分）
A：交通严重滞留堵塞　　B：自然灾害
C：恶劣气象条件　　D：交通事故
正确答案：ABCD

22. 在道路上驾驶自行车、电动自行车应当遵守下列规定（ ）（4分）
A：不得牵引、攀扶车辆或者被其他车辆牵引
B：不得双手离把但可以手中持物
C：不得扶身并行、互相追逐或者曲折竞驶
D：不得在道路上骑独轮自行车或者2人以上骑行的自行车
正确答案：ACD

23. 下列哪几项属于交通信号（ ）（4分）
A：交通信号灯　　B：交通标志、交通标线
C：交通宣传广告　　D：交通警察的指挥
正确答案：ABCD

24. 乘坐机动车应当遵守下列规定（ ）（4分）
A：乘坐两轮摩托车可以侧向骑坐
B：不得在机动车道上拦乘机动车
C：在机动车道上不得从机动车左侧上下车
D：开关车门不得妨碍其他车辆和行人通行
正确答案：BCD

25. 行人不得有下列哪些行为（ ）（4分）
A：跨越、倚坐道路隔离设施　　B：扒车、强行拦车
C：实施妨碍道路交通安全的其他行为　D：在人行道左侧行走
正确答案：ABC

26. 驾驶非机动车，必须遵守哪些规定？（ ）（4分）
A：醉酒的人不准驾驶
B：丧失正常驾驶能力的残疾人不准驾驶（残疾人专用车除外）
C：未满十六岁的人，不准在道路上赶畜力车
D：未满十二岁的儿童，不准在道路上骑自行车、三轮车和推、拉人力车
正确答案：ABCD

27.（ ）门前的道路没有行人过街设施的，应当施划人行横道线，设置提示标志。（4分）
A：学校　　B：幼儿园　　C：医院　　D：养老院
正确答案：ABCD

28. 警车、消防车、救护车、工程救险车执行紧急任务时，可以使用警报器、标志灯具；在确保安全的前提下，不受（ ）的限制，其他车辆和行人应当让行。（4分）
A：行驶路线　B：行驶方向　C：行驶速度　D：信号灯
正确答案：ABCD

29. 对道路交通安全违法行为的处罚种类包括（ ）（4分）
A：警告　B：罚款　C：暂扣或者吊销机动车驾驶证　D：拘留
正确答案：ABCD

30. 非机动车是指下列哪些车辆（ ）（4分）
A：摩托车　B：电动自行车　C：自行车　D：轻便摩托车
正确答案：BC

三、判断题

31. 行人横过道路时，遇有道路隔离设施可以跨越通过。（2分）
A：对　B：错　正确答案：B

32. 在道路上可以倚坐在隔离设施上休息。（2分）
A：对　B：错　正确答案：B

33. 在乘坐公共汽车时不得向车外抛洒物品。（2分）
A：对　B：错　正确答案：A

34. 可以在道路上进行锻炼。（2分）
A：对　B：错　正确答案：B

35. 红灯表示禁止通行，绿灯表示准许通行，黄灯表示警示。（2分）
A：对　B：错　正确答案：A

36. 没有划分机动车道、非机动车道和人行道的，机动车在道路中间通行，非机动车、行人在道路两侧通行。（2分）
A：对　B：错　正确答案：A

37. 非机动车应当在非机动车道内行驶。（2分）
A：对　B：错　正确答案：A

38. 行人应当在人行道内行走，没有人行道的靠路边行走。（2分）
A：对　B：错　正确答案：A

39. 行人通过路口或者横过道路应当走人行横道或者过街设施。（2分）
A：对　B：错　正确答案：A

40. 非机动车、行人不需要遵守交通信号灯的指示。（2分）
A：对　B：错　正确答案：B

成果简介：

项目后期，学生进行交通安全主题的黑板报、手抄报展示，进行“文明交通·你我同行”知识竞赛，进行文明交通的校内多样化宣传。

成果意义：

通过生动形象的黑板报与手抄报展示，以及交通安全知识竞赛，同学们在视觉与语言的双重传达中，在一系列精彩的比拼中，一起学习交通规则、提升交通安全意识，对交通安全有了更深入的理解，切实提高了自我保护能力。同学们纷纷表示，文明交通，人人有责，大家会从自己做起、从小事做起，共同营造一个更安全、更文明的校园周边交通环境。

项目成果 3——“安全知识记心间”宣传彩页

作品名称：“安全知识记心间”宣传彩页

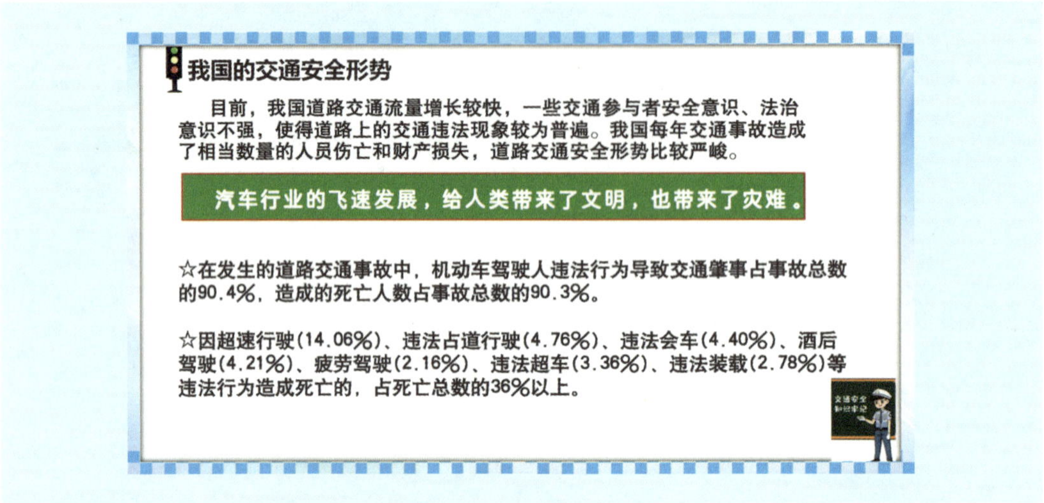

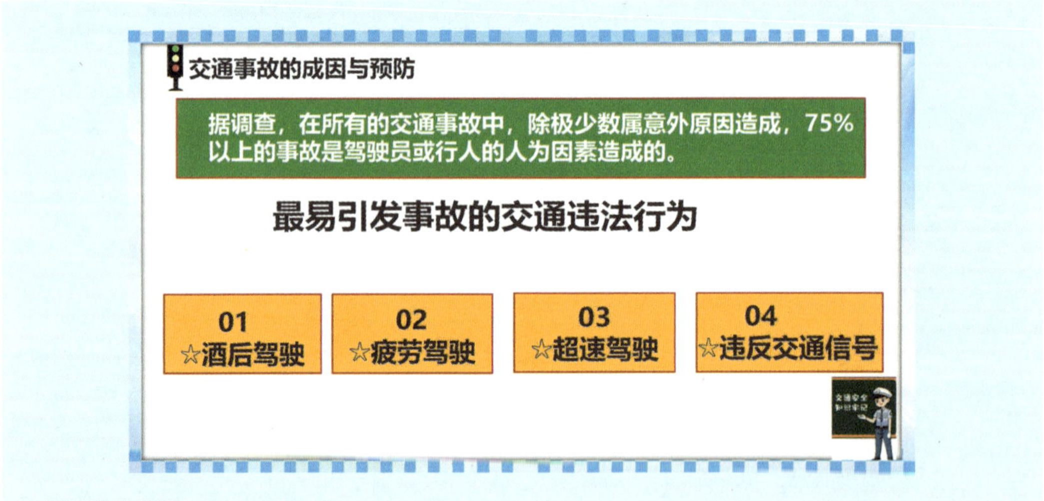

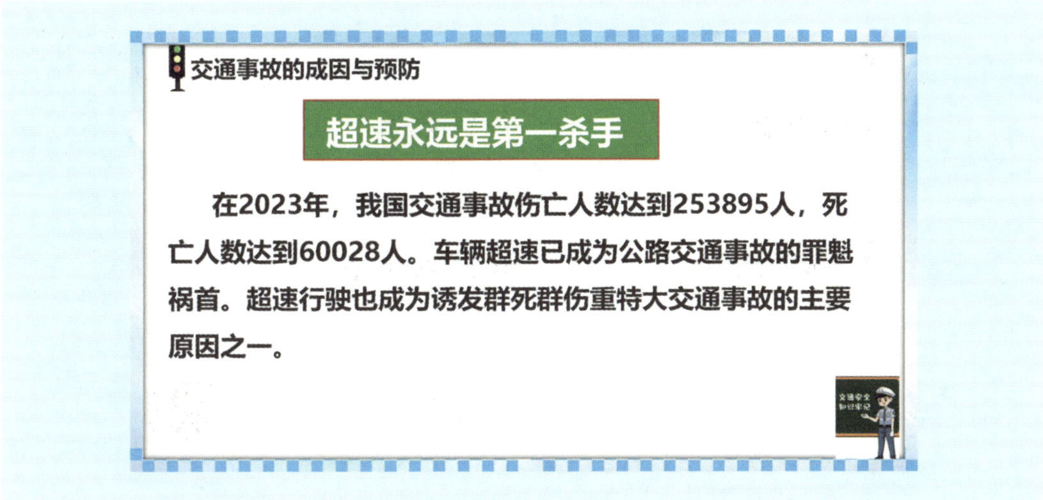
交通事故的成因与预防
超速永远是第一杀手
在2023年，我国交通事故伤亡人数达到253895人，死亡人数达到60028人。车辆超速已成为公路交通事故的罪魁祸首。超速行驶也成为诱发群死群伤重特大交通事故的主要原因之一。

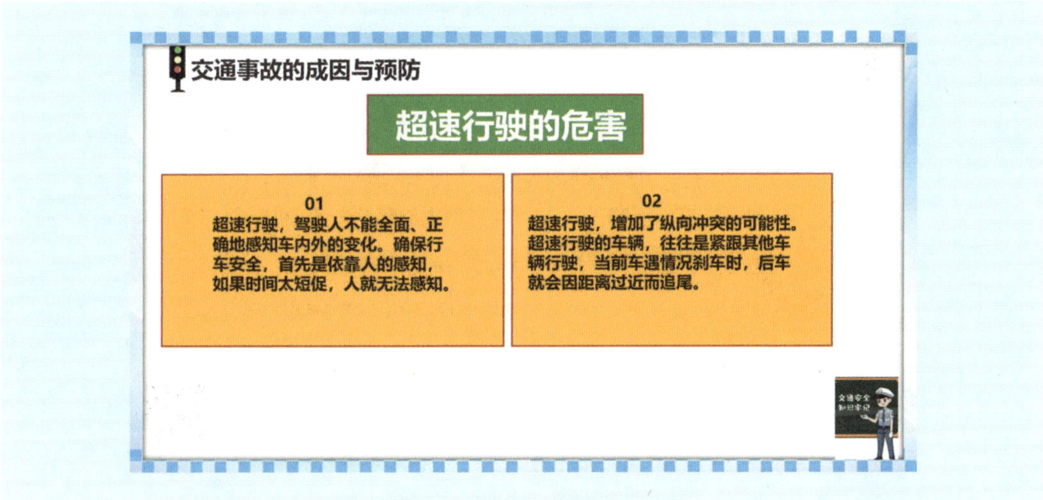
交通事故的成因与预防
超速行驶的危害
01
超速行驶，驾驶人不能全面、正确地感知车内外的变化。确保行车安全，首先是依靠人的感知，如果时间太短促，人就无法感知。
02
超速行驶，增加了纵向冲突的可能性。超速行驶的车辆，往往是紧跟其他车辆行驶，当前车遇情况刹车时，后车就会因距离过近而追尾。

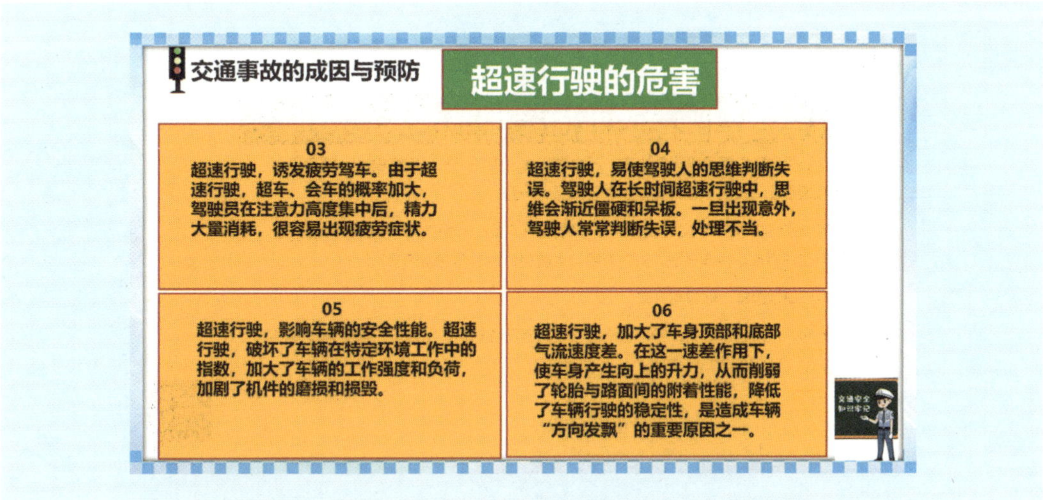
交通事故的成因与预防
超速行驶的危害
03
超速行驶，诱发疲劳驾车。由于超速行驶，超车、会车的概率加大，驾驶员在注意力高度集中后，精力大量消耗，很容易出现疲劳症状。
04
超速行驶，易使驾驶人的思维判断失误。驾驶人在长时间超速行驶中，思维会渐近僵硬和呆板。一旦出现意外，驾驶人常常判断失误，处理不当。
05
超速行驶，影响车辆的安全性能。超速行驶，破坏了车辆在特定环境工作中的指数，加大了车辆的工作强度和负荷，加剧了机件的磨损和损毁。
06
超速行驶，加大了车身顶部和底部气流速度差。在这一速差作用下，使车身产生向上的升力，从而削弱了轮胎与路面间的附着性能，降低了车辆行驶的稳定性，是造成车辆“方向发飘”的重要原因之一。

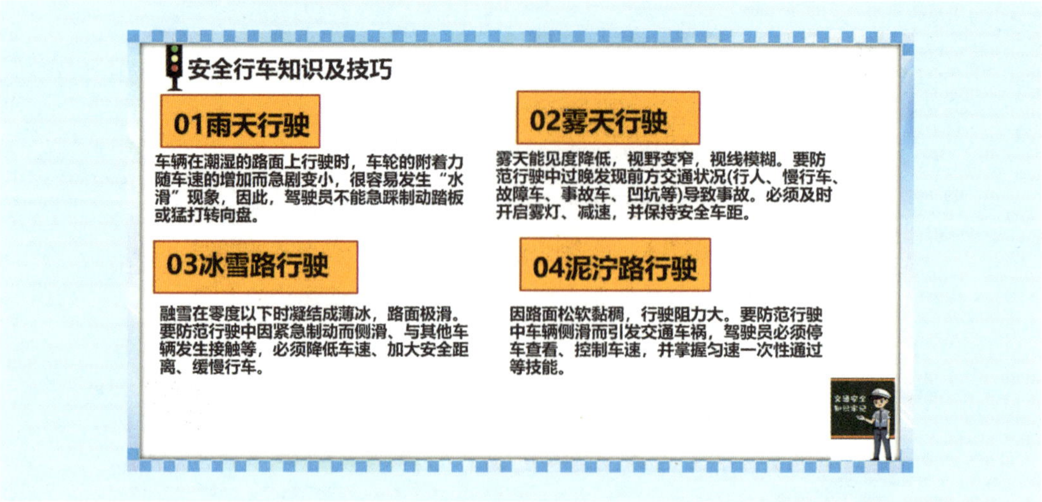

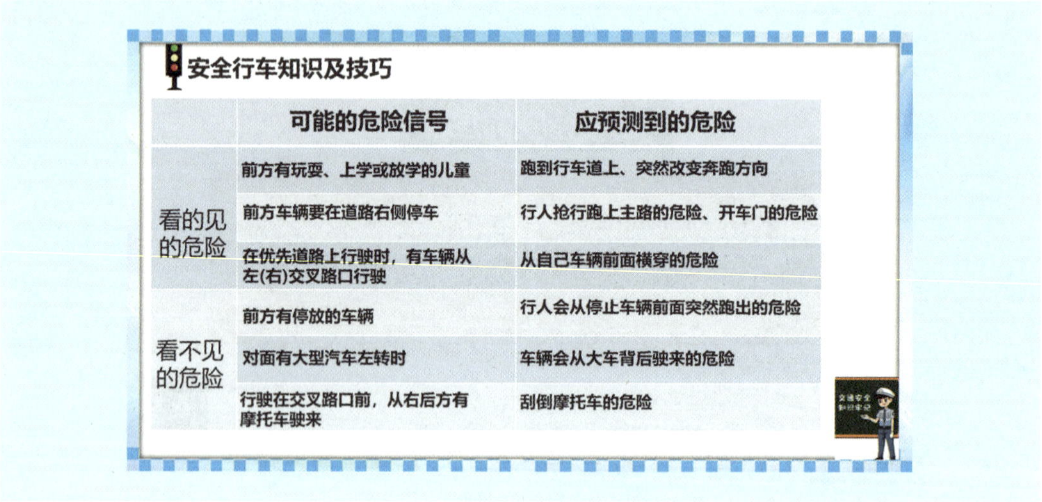

	可能的危险信号	应预测到的危险
看的见的危险	前方有玩耍、上学或放学的儿童	跑到行车道上、突然改变奔跑方向
	前方车辆要在道路右侧停车	行人抢行跑上主路的危险、开车门的危险
	在优先道路上行驶时，有车辆从左(右)交叉路口行驶	从自己车辆前面横穿的危险
看不见的危险	前方有停放的车辆	行人会从停止车辆前面突然跑出的危险
	对面有大型汽车左转时	车辆会从大车背后驶来的危险
	行驶在交叉路口前，从右后方有摩托车驶来	刮倒摩托车的危险

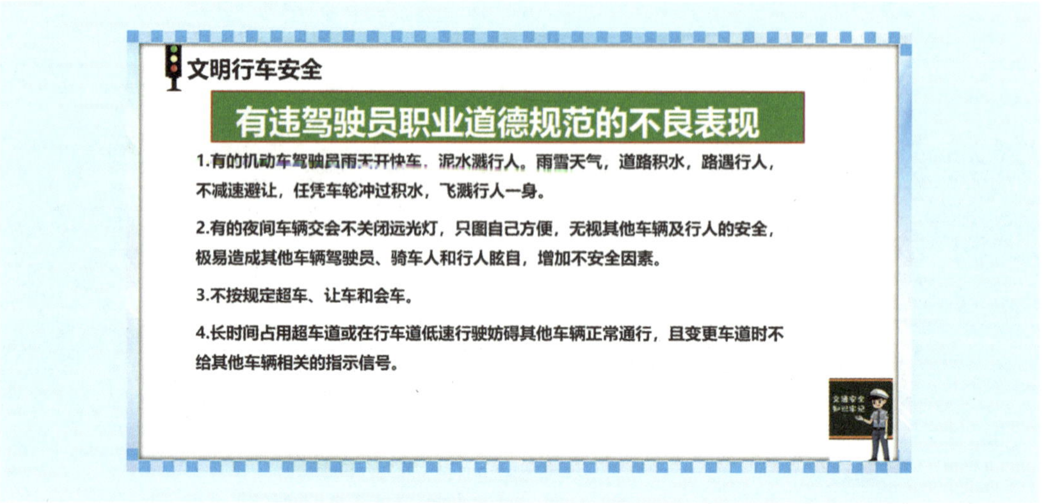

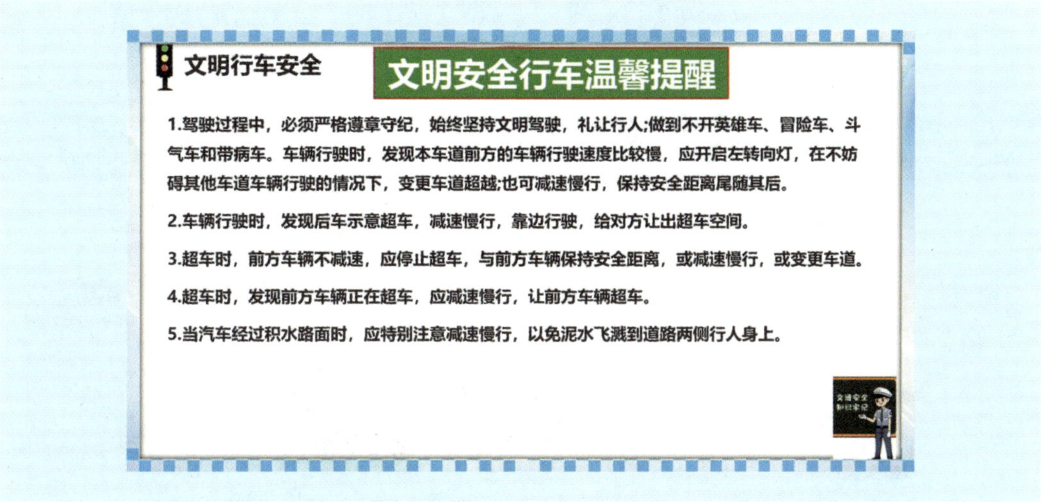

成果简介：

项目后期，学生设计了“安全知识记心间”宣传彩页，包含以下内容：①倡议书；②我国的交通安全形势；③交通事故的成因与预防；④安全行车知识及技巧；⑤文明行车安全。

成果意义：

将交通事故发生原因、交通安全规则、交通安全警示语等安全知识制成彩页，为后续走上街头进行宣传提供了有效载体。不断完善、不断修订的彩页制作过程，也增强了学生的社会责任感以及团队协作精神。

项目成果 4——“安全知识记心间——文明交通你我同行”优秀摄影作品展

作品名称：“安全知识记心间——文明交通你我同行”优秀摄影作品展

成果简介： 学生或在校园内对其他学生、教职工进行宣传，或走上街头，在校外进行交通安全知识的多样化宣传，拍照并集结成优秀摄影作品展。
成果意义： 生命只有一次，交通事故没有彩排。通过校内外的大力宣传，不仅增强了所有人在道路交通中的“我要安全、我懂安全、事事安全、人人安全”的意识，而且爱在校园，安全先行，学生以身作则，发挥交通安全宣传员的作用，积极发挥“小手拉大手”作用，带动身边人，起到“教育一个孩子，带动一个家庭，影响整个社会”的宣教效果。

项目成果 5——项目反思之学生小论文

作品名称：小论文

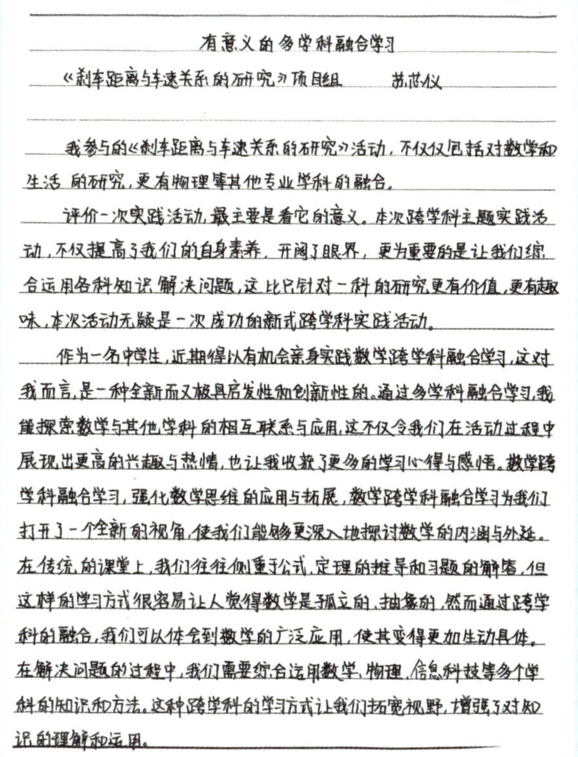

有意义的多学科融合学习

《刹车距离与车速关系的研究》项目组 苏芯仪

我参与的《刹车距离与车速关系的研究》活动，不仅仅包括对数学和生活的研究，更有物理等其他专业学科的融合。

评价一次实践活动，最主要是看它的意义。本次跨学科主题实践活动，不仅提高了我们的自身素养，开阔了眼界，更为重要的是让我们综合运用各科知识解决问题，这比只针对一科的研究更有价值，更有趣味，本次活动无疑是一次成功的新式跨学科实践活动。

作为一名中学生，近期得以有机会亲身实践数学跨学科融合学习，这对我而言，是一种全新而又极具启发性和创新性的。通过多学科融合学习，我能探索数学与其他学科的相互联系与应用，这不仅令我们在活动过程中展现出更高的兴趣与热情，也让我收获了更多的学习心得与感悟。数学跨学科融合学习，强化数学思维的应用与拓展，数学跨学科融合学习为我们打开了一个全新的视角，使我们能够更深入地探讨数学的内涵与外延。在传统的课堂上，我们往往侧重于公式、定理的推导和习题的解答，但这样的学习方式很容易让人觉得数学是孤立的、抽象的，然而通过跨学科的融合，我们可以体会到数学的广泛应用，使其变得更加生动具体。在解决问题的过程中，我们需要综合运用数学、物理、信息科技等多个学科的知识和方法。这种跨学科的学习方式让我们拓宽视野，增强了对知识的理解和运用。

成果简介：

学生将自己在本次研究中的所思、所想、所感、所悟，付诸笔端，以小论文的形式呈现出来。

成果意义：

学生通过写小论文对本次项目活动进行反思，从而将体验与经验纳入自己的知识体系，为后续更多跨学科研究的顺利实施赋能。

设计与执教者：单晓霞（三门峡市第三中学）

鲍聪晓

修改与点评者：杨 丽

◆ 成果 7 ◆

《探秘音乐之声——融合函数和视图的教学实践》成果展示

成果概述：《探秘音乐之声——融合函数和视图的教学实践》这一主题学习，学生综合运用统计、三视图、函数等数学知识，以及物理、艺术、信息科技等其他学科知识完成乐器的设计与制作，经历从实物中抽象出几何图形，通过测量计算画出乐器图纸，借助物理知识，建立数学函数模型探究乐器发声原理，再加上特色创意完成乐器的手工制作。在项目完成过程中，形成项目计划书、实验报告、手工乐器等成果，从而积累数学活动经验，提升科学思维和审美能力，培养学生的实践能力和创新意识。

项目成果1——项目计划书

作品名称：项目计划书

＿八弦琴＿制作项目计划书

项目名称	八弦琴
团队成员	成员1,成员2,成员3,成员4
乐器制作材料	同样大小的木板（2块）、宽度相同的泡沫条（2条）、16个大小长短一致的钉子、琴弦（8根）、颜料、热熔胶
制作原理和方法	制作原理：琴弦振动产生声音，利用数学知识探究琴弦长度和声音频率的关系，并利用计算机软件拟合函数，测算琴弦长度。 制作方法：先将木板切割调整到合适的大小，将木板打磨光滑，再将两块木板叠起来固定，将钉子固定在泡沫板上，然后用颜料将木板刷上颜色，最后安装琴弦。
项目创新点	1.用身边的材料制作乐器，节约环保。 2.利用数学函数模型和信息技术手段测算出琴弦长度。
成员分工	成员1（组长）：1.收集与古琴相关的资料，组内学习交流，完成计划书，组织协调各个成员的分工，制作汇报课件； 成员2：探究琴弦的发声原理，测算不同音符对应的琴弦长度，完成调音实验报告； 成员3：设计乐器模型，准备材料，项目摄影制作视频； 成员4：准备乐器制作材料，组装乐器。
项目进度规划	5月1日--5月7日完成乐器发声数学原理的实验报告； 5月8日--5月13日完成乐器的设计图和准备绘画材料； 5月14日--5月19日准备制作乐器的相关材料； 5月19日--5月22日制作乐器。
项目预期成果	单根琴弦能够弹出不同的音调，八根琴弦可以弹奏出一首完整的乐曲。

成果简介： 项目研究中，学生经过必要的技能培训，对制作乐器加深了认识，以小组为单位，在组长的带领下从制作乐器的材料、制作原理和方法、项目创新点、成员分工、项目进度规划、项目预期成果等方面进行细致有序的规划，完成项目计划书。
成果意义： 在制作项目计划书的过程中，学生可以进一步明确团队的研究目标、研究内容、研究进度。团队成员的能力搭配，不仅可以为项目的顺利开展打下基础，还培养了科研能力和团队协作能力，更能激发研究的动力，树立解决问题的信心。

项目成果 2——自制乐器实验报告

作品名称：自制八弦琴调音实验报告

此处略。（具体内容见第 150 页至第 152 页）

成果简介： 学生自主开展探究琴弦长度与声音振动频率关系的实验，综合运用物理、数学、信息科技的相关知识完成自制八弦琴的调音实验报告。
成果意义： 在撰写实验报告的过程中，学生可以进一步了解乐器的调音原理，学会用多学科知识解决现实问题，掌握实验探究的基本方法和流程，培养学生的科学思维和跨学科解决问题的能力。

项目成果3——手工乐器

作品名称：八弦琴 自制吉他

自制八弦琴视频

自制吉他视频

成果简介：
1. 八弦琴的外观在借鉴我国民族乐器琵琶的基础上进行改良，绘制花朵、绿草、蝴蝶，整个色彩的搭配突出春天的气息。制作中，学生充分利用身边的材料，用旧木板做琴架，螺丝钉固定琴弦，通过裁剪、切割、绘画、安装琴弦等过程完成了乐器的制作。 2. 吉他的外观造型类似于我国民族乐器——中阮，学生用饼干盒当琴箱，木板当支架，用铅笔当下琴码，小木棍当品丝，网购了琴弦和旋钮。将材料组装起来，整个色彩的搭配以黑色和金色为主，沉静中透着低调的奢华。
成果意义： 学生通过查阅资料了解现实乐器，利用自己的想象力和创造力设计乐器模型，并选用身边的材料制作乐器，提升了学生的动手实践能力和审美创造能力。

设计与执教者：孟　霄（三门峡市第三中学）

鲍聪晓

修改与点评者：杨　丽

◆ 成果 8 ◆

《从校园平面示意图到立体模型的搭建——融合平面直角坐标系和三视图的教学实践》成果展示

成果概述：《从校园平面示意图到立体模型的搭建——融合平面直角坐标系和三视图的教学实践》这一项目活动，综合运用平面直角坐标系的知识，结合艺术、科学、信息科技等多学科知识，经历测量校园建筑物的相关数据、设计校园平面示意图和搭建校园立体模型的活动过程，体会数学知识在现实生活中的应用，激发了学生的学习积极性和实践操作的热情，在整个项目中，形成了校园平面示意图、校园建筑三视图和校园立体模型等成果，增强学生的几何直观和模型观念，让学生感受数学的应用价值。

项目成果 1——校园平面示意图

作品名称：校园平面示意图

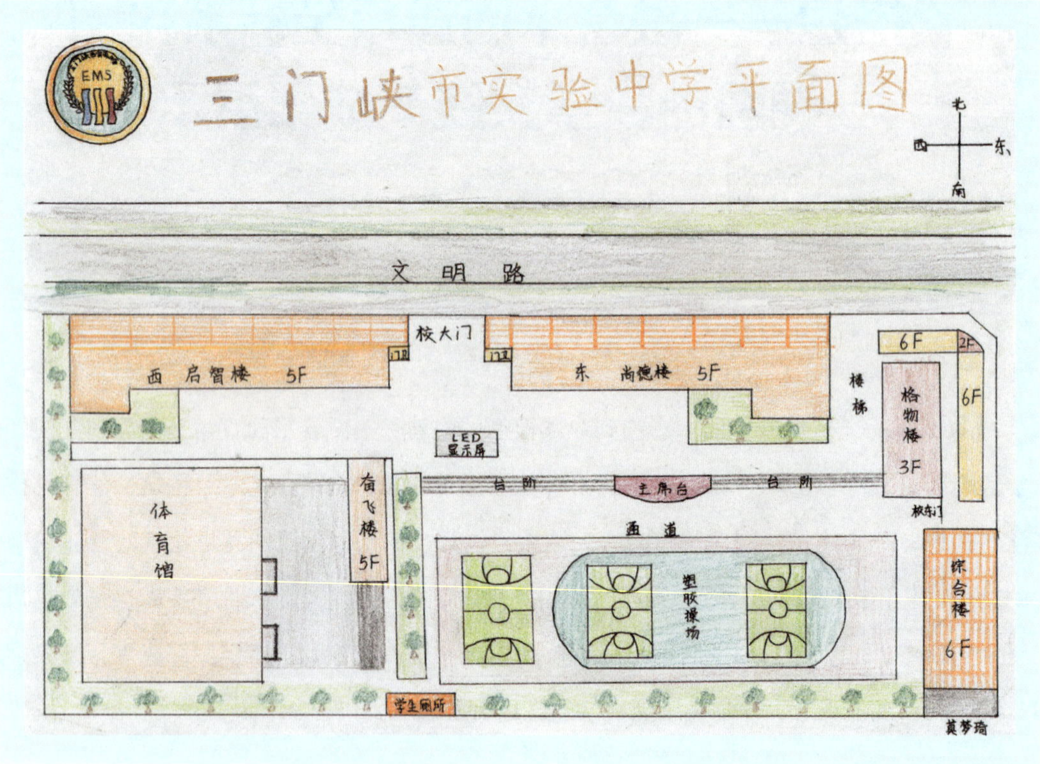

成果简介：

在第 2 课时任务 3 中，学生应用比例尺知识将实际距离转换为图上距离，应用平面直角坐标系对校园各个建筑物进行定位，最终呈现了校园平面示意图的成果。

成果意义：

在绘制校园平面示意图中，学生经过多次计算，选择合适的比例尺进行换算，锻炼了运算能力；在绘制的过程中，学生运用美术知识，对校园平面示意图进行了色彩渲染，更加直观地展现了校园中各个建筑物的位置和外观轮廓。

项目成果 2——校园建筑三视图

作品名称：校园建筑三视图

校园建筑实物图

综合楼

校园建筑三视图

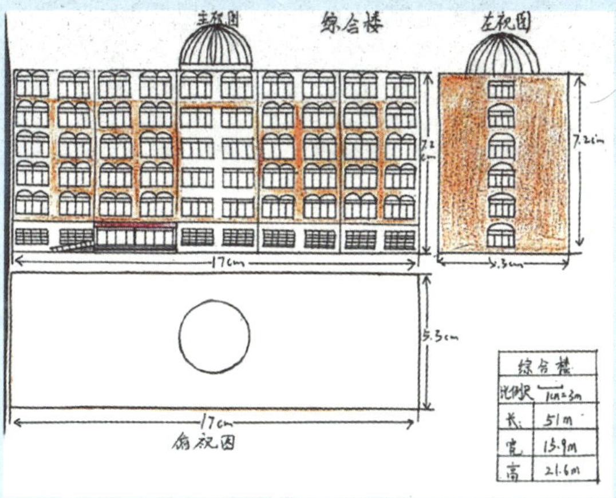

成果简介：

在第 3 课时任务 2 中，学生通过对校园建筑物的仔细观察、实地测量、收集整理数据、确定合适的比例，绘制出建筑物的三视图。

成果意义：

在绘制校园建筑物三视图中，学生综合应用数学、艺术、信息科技等学科知识，提升了对建筑物的外观构造的认识。根据主视图、左视图和俯视图的几何形状，学生对搭建立体模型所需的板材进行裁切和准备，发展几何直观、数据意识和实践能力。

项目成果 3——校园立体模型

作品名称：校园立体模型

成果简介：

在第 3 课时的任务 3 中，学生依据每栋建筑物的三视图，裁切好模型所需的板材，学生根据比例搭建校园立体模型。

成果意义：

学生在校园立体模型搭建的过程中，应用多学科知识综合解决遇到的困难，培养学生的问题意识，提高学生的实践能力，增强学生的合作意识、几何直观和模型观念。

设计与执教者：张婉君（三门峡市实验中学）

鲍聪晓

修改与点评者：杨　丽

◆ 成果 9 ◆

《关注人口老龄化——融合数据的收集与整理的教学实践》成果展示

成果概述：《关注人口老龄化——融合数据的收集与整理的教学实践》这一主题学习活动的第 6 课时是通过开展各种活动，调动学生及周围人积极践行“爱老敬老”，形成倡议书、提案、海报、宣传页、摄影展等成果，带动各单位、各类人群共同参与“关注人口老龄化　构建老年人友好世界”的公益活动，提高学生的实践能力，发展学生的创新意识和应用意识，培养学生的艺术审美能力，提升学生的综合素质。

项目成果 1——演讲稿、倡议书

成果名称：演讲稿、倡议书

关注人口老龄化　构建老年人友好世界

大家好，今天我演讲的主题是“关注人口老龄化，构建老年人友好世界”。

随着人们生活质量的提高和医疗技术的进步，许多国家的出生率和死亡率都逐渐下降，导致这些国家步入了老龄化社会。中国现在也加入了这一行列，而且老龄化的速度十分迅猛。

人口老龄化是指人口中老年人比重日益上升的现象，尤其是指在已经达到老年状态的人口中，老年人口比重继续提高的过程。按照联合国关于老龄化的划分标准，根据一个国家或地区 60 岁或 65 岁以上人口占总人口的比重可分为轻度老龄化社会、中度老龄化社会和重度老龄化社会。人口老龄化这一问题不仅事关个人生活质量，还对社会经济和公共服务带来了巨大影响，因此我们非常有必要去关注这个问题。

上周我们班到统计局、民政局、茅津社区等单位调查走访，了解到截至 2022 年年底，三门峡市常住人口 203.7 万人，与 2021 年比总量有所减少，人口自然增长率出现了自建市以来首次负增长，其中 60 岁以上老人 41.7 万人，占全市总人口的 20.47%，已进入中度老龄化社会，生活不能自理的老年人和空巢老人越来越多，养老服务需求不断增加。

老年人作为社会的一部分，他们的生活状况和幸福感对整个社会的稳定与和谐有重要的影响。通过关注人口老龄化问题，我们还可以加强对老年人的关爱和支持，提高他们的生活质量和幸福感，增进社会的凝聚力，促进社会和谐发展。

对此，我们班还开展了对于老年人的入户访谈活动，了解到大多数老年人都对自己如今的老年生活感到满意，但也有不足的地方。有一位爷爷便带着我们看了他所在小区的老旧小区改造成果。从爷爷的话里可知，这个小区里的住户大多都是一些已经退休的老人，而老旧小区改造之后，小区里的种种设施反而不便于他们活动。如小区以前的树木花草改造后变成了水泥地以及上面的健身器材。然而水泥地面不平导致像现在秋雨连绵的时候，健身器材下面都是一片一片水洼，甚至许多健身器材都已经出现故障无法使用。还有他们曾经围着谈笑下棋的桌子，翻新后椅子都被固定在地面上，还和桌子距离过近，老年人腿脚不方便起身坐下十分困难……诸如此类的问题久久得不到解决，可见对于提升老年人生活质量的问题还需要不小的改善。

“花有重开日，人无再少年。”每个人都终有老去的一天，老年人是社会中的宝贵群体，他们为社会做出了巨大的贡献。作为初中生，让我们关注老年人的日常需求，献出我们全部的爱心和孝心，在此，我想发出如下倡议：

我们要做尊老、敬老、爱老、助老的倡导者。从自身做起，通过在校内开展关爱老年人的主题班会、黑板报、手抄报、摄影展，到校外发宣传页、张贴海报、设立宣传版面等方式，大力弘扬中华民族尊老、敬老、爱老、助老的传统美德，传播孝道文化，弘扬文明新风，营造关爱老年人的浓厚氛围。

我们要孝敬长辈，履行孝老责任，做尊老、敬老、爱老、助老的践行者。与爷爷奶奶同住的，做好日常关爱，如给爷爷奶奶揉揉肩、捏捏腿；长辈独住的，自己或与父母一起，做到及时、多次探望，身体不好的我们可以提醒爸爸妈妈定期陪同体检。

我们要参与助老实践，处处关爱老人，做尊老、敬老、爱老、助老的志愿者。如：陪小区的爷爷奶奶聊聊天、下下棋，定期到三门峡市康养中心参与“助餐、助洁、助乐”活动，结合老年人爱好和需求开展“学生讲堂”，为老年人做学习培训等。

关注人口老龄化，构建老年人友好世界，从我做起，从小事做起，让世界处处阳光灿烂！

我的演讲到此结束，谢谢大家。

“关注人口老龄化　构建老年人友好世界”倡议书

亲爱的老师、同学：

你们好！

随着人们生活质量的提高和医疗技术的进步，许多国家的出生率和死亡率都逐渐下降，导致这些国家步入了老龄化社会。中国现在加入了这一行列，而且老龄化的速度十分迅猛。人口老龄化这一问题不仅事关个人生活质量，还对社会经济和公共服务带来了巨大影响，所以特向广大师生发出如下倡议：

一、做尊老、敬老、爱老、助老的倡导者。从自身做起，通过在校内开展关爱老年人的主题班会、黑板报、手抄报、摄影展，到校外发宣传页、张贴海报、设立宣传版面等方式，大力弘扬中华民族尊老、敬老、爱老、助老的传统美德，传播孝道文化，弘扬文明新风，营造关爱老年人的浓厚氛围。

二、做尊老、敬老、爱老、助老的践行者。与爷爷奶奶同住的，做好日常关爱，如：给爷爷奶奶揉揉肩、捏捏腿；长辈独住的，自己或与父母一起，做到及时、多次探望，身体不好的我们可以提醒爸爸妈妈定期陪同体检。

三、做尊老、敬老、爱老、助老的志愿者。如：陪小区的爷爷奶奶聊聊天、下下棋，定期到三门峡市康养中心参与“助餐、助洁、助乐”活动，结合老年人爱好和需求开展“学生讲堂”，为老年人做学习培训等。

关注人口老龄化，构建老年人友好世界，从自我做起，从小事做起，让世界处处阳光灿烂！

《关注人口老龄化》项目组

2023年10月

成果简介：

在校内和校际间，通过“国旗下演讲”宣读倡议书，呼吁更多学生从身边小事做起，关心关爱老年人，为老年人献出自己的爱心和孝心。

成果意义：

学生通过收集人口老龄化相关资料，调查、走访身边老年人生活状况，意识到人口老龄化对社会经济和公共服务带来的影响，作为初中生，也应该关注老年人的日常需求，献出爱心和孝心。

项目成果 2——提案

成果名称：给政府的提案

关于改善三门峡城区老年人生活质量的若干建议

人口老龄化是指 60 岁及以上人口占总人口的比例不断增加的现象。根据联合国的标准，60 岁及以上人口占总人口比例超过 10% 即为轻度老龄化社会，超过 20% 即为中度老龄化社会，超过 30% 即为重度老龄化社会。

据央视网，国家卫生健康委 2022 年 9 月 20 日上午召开新闻发布会，预计“十四五”时期，60 岁及以上老年人口总量将突破 3 亿，占比将超过 20%，进入中度老龄化阶段。2035 年左右，60 岁及以上老年人口将突破 4 亿，在总人口中的占比将超过 30%，进入重度老龄化阶段。

党和国家高度重视人口老龄化问题。习近平总书记对老龄工作作出重要指示，强调各级党委和政府要高度重视并切实做好老龄工作，贯彻落实积极应对人口老龄化国家战略，把积极老龄观、健康老龄化理念融入经济社会发展全过程，加大制度创新、政策供给、财政投入力度，健全完善老龄工作体系，强化基层力量配备，加快健全社会保障体系、养老服务体系、健康支撑体系。要大力弘扬孝亲敬老传统美德，落实好老年优待政策，维护好老年人合法权益，发挥好老年人积极作用，让老年人共享改革发展成果、安享幸福晚年。

一、现状与问题

由三门峡市教育局教学研究室组织，三门峡市实验中学、外国语中学、新时代精英学校、第二中学、第三中学等五校共同参与的“关注人口老龄化”项目组，在对市统计局提供的数据分析中了解到，到 2022 年年底，三门峡市 60 岁以上人口占总人口的比例达到 20.5%，预计到 2050 年，将达到 24.1%。这意味着未来三门峡将面临更加严峻的老龄化挑战。

在入户调查和市场调研中了解到，老年人普遍反映以下问题：冬天暖气不热，小区缺少健身器材或者损坏无人维修；部分社区从未开展过针对老年人的义诊、心理咨询、辅助购物、文化娱乐和健康生活指导，退休老人缺少集体生活、有孤独失落感，身体健康的老年人再就业困难；独居且没有养老补助的老人生活困难，子女外地工作的老人缺少陪伴、生病无人照顾；农村老人看病困难、无力承担高额的医疗费用，部分农村老人从未做过体检等等。

随着人口老龄化的加剧，社会将面临许多挑战。首先是养老问题。老年人口增加，养老需求增加，但养老体系建设滞后，养老服务不足。其次是医疗问题。老年人群容易患上各种慢性病，医疗资源不足，医疗费用高昂。还有就业问题，随着年龄增长，老年人就业机会减少，退休后收入来源单一。

人口老龄化对经济发展也会产生重要影响。首先是劳动力供给减少。随着年龄增长，劳动力减少，生产力下降。其次是消费结构变化。老年人群消费需求不同于年轻人群，消费结构将发生变化。此外，老年人群医疗、养老等方面的消费需求也将增加。

二、意见及建议

1. 完善老年人养老保障体系。政府应该加大对养老保障的投入，完善社会养老服务体系，尤其是农村养老服务体系，提供全面、多样化的养老服务，满足老年人的各种需求。

2. 加强老年人医疗服务建设。随着年龄的增长，老年人健康问题逐渐增多，政府应该加大对老年人医疗保健服务的投入，扩大医保覆盖面，完善老年人医疗保健服务体系，提供全面、优质的医疗服务。

3. 改善老年人生活居住环境。在城镇建设规划中，充分考虑人口老龄化趋势，合理规划社区蓝图，使老年人能就近得到咨询、购物、清扫、陪伴、护理、紧急救护等各种服务。

4. 健全老年人精神文化生活。为老年人学习、文体、康乐、交往等社会活动的需求提供条件，逐步建成适合城乡不同特点、多层次、多功能、多项目的社区老年人服务体系。加快数字服务适老化改造，让老年人也可以用数字化智能软件生活缴费、观看视频、聊天交友等。

5. 促进“9073”养老模式的落实。以家庭养老为基础，社区养老服务网络为辅助，机构养老手段为补充。鼓励家庭养老，加大对家庭照顾老年人的支持力度，提高家庭照顾能力，使绝大多数老年人生活在自己的家庭里，形成具有尊老敬老传统的家庭养老体系。

6. 推进老龄产业的发展进程。制定老龄产业行业发展规划，颁布实施国家对老龄产业的扶持保护政策，建立老龄产业发展管理体制。立足城乡社区发展养老服务业，培育老年服务中介组织，培养专业化的为老年人服务的队伍。同时，大力研究开发老年消费品，培育老年人用品市场。

7. 给老年人提供再就业的机会。实施弹性退休制度，鼓励老年人就业，鼓励老年人参与志愿活动，兴办社会公益事业等。开设老年大学或老年社团，依托基层社区中心开展培训活动，为有工作能力的老年人提供就业培训，挖掘老年人的潜力，增加其为社会创造价值的机会和岗位。

成果简介：

学生通过了解三门峡市人口老龄化的现状与问题，了解身边老年人生活状况，针对发现的问题，给政府相关部门递交《关于改善三门峡城区老年人生活质量的若干建议》的提案。

成果意义：

通过给政府有关部门提交建议或提案，提高学生的思想站位、树立社会责任感。

项目成果 3——海报、宣传页、摄影展

作品名称：海报

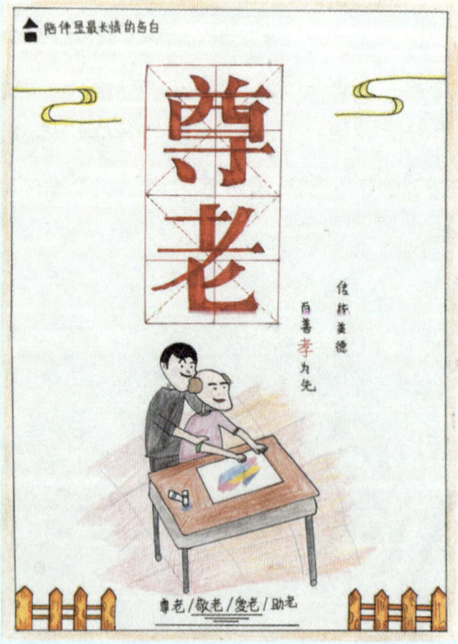

爱老

助老

作品名称：宣传页

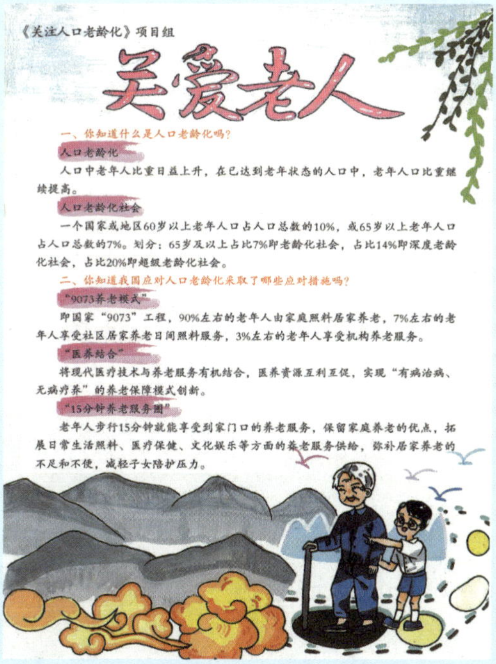
《关注人口老龄化》项目组
关爱老人
一、你知道什么是人口老龄化吗？
人口老龄化
人口中老年人比重日益上升，在已达到老年状态的人口中，老年人口比重继续提高。
人口老龄化社会
一个国家或地区60岁以上老年人口占人口总数的10%，或65岁以上老年人口占人口总数的7%。划分：65岁及以上占比7%即老龄化社会，占比14%即深度老龄化社会，占比20%即超级老龄化社会。
二、你知道我国应对人口老龄化采取了哪些应对措施吗？
“9073养老模式”
即国家“9073”工程，90%左右的老年人由家庭照料居家养老，7%左右的老年人享受社区居家养老日间照料服务，3%左右的老年人享受机构养老服务。
“医养结合”
将现代医疗技术与养老服务有机结合，医养资源互利互促，实现“有病治病、无病疗养”的养老保障模式创新。
“15分钟养老服务圈”
老年人步行15分钟就能享受到家门口的养老服务，保留家庭养老的优点，拓展日常生活照料、医疗保健、文化娱乐等方面的养老服务供给，弥补居家养老的不足和不便，减轻子女陪护压力。

关爱老年人
三、三门峡市应对人口老龄化采取的措施有哪些呢？
1.积极完善养老设施
县级中心敬老院7个，街道综合养老服务中心12个，社区老年人日间照料中心167个；城市社区养老服务场所总建成面积13万余平方米，养老床位1.7万余张。城市实现县（市、区）、街道、社区三级全覆盖，农村实现县、乡两级全覆盖，“15分钟养老服务圈”基本形成。
2.高起点谋划、高标准推进
养老服务体系建设写入《政府工作报告》；市、县、乡、村“四级书记”抓养老工作；完善“1+N”政策制度标准体系；出台《关于推进养老服务发展的实施意见》；编制《三门峡市“十四五”养老服务体系和康养产业发展规划》；联合印发《加快养老服务体系建设“三个清单”》等7个文件。
3.夯实工作基础，创新服务模式
87个新旧小区中统筹建设社区养老设施；人均养老服务设施用地面积标准提高至0.2平方米；养老服务企业10余家：规范化管理、连锁化运营、品牌化打造；新业态：医康养结合、“文旅+养老”、“家政+养老”；“政事企”协同推进：正科级事业单位养老服务中心指导孵化培育养老服务企业。
4.叫响“颐养三门峡”健康养老服务品牌
开展“城市居住区配建养老服务设施”专项治理；提升城市养老质效，补齐农村养老短板；运营模式：国企运营、公建民营、民办公助等；加大要素投入力度，提升社会参与度；保障老年人老有所养、病有所医、难有所助。
四、我们应该怎么做？
1.常常打电话与家里老人聊天，缓解老人的孤独感。
2.常回家看看，既避免他们过于牵挂，也会让他们高兴。
3.学会关心尊重身边的老人。
4.常关注老人身体状况，及时帮助其解决健康问题。
5.鼓励老人多参与社会活动，防止与社会脱节。
6.关注老人的心理健康，鼓励老人学习新知识，给予老人更多耐心和陪伴。

作品名称：摄影展

成果简介：

为带动各单位、各类人群共同参与"关注人口老龄化　构建老年人友好世界"的公益活动，学生设计和绘制了海报、宣传页和宣传版面等。

成果意义：

为学校和社区制作"尊老、敬老、爱老、助老"主题的海报、宣传页和宣传版面，提高人们对人口老龄化的关注，提升人们为解决人口老龄化问题提出建议和做出贡献的积极性，发展学生的创新意识和应用意识，培养学生的艺术审美能力，提升学生的综合素质。

项目成果 4——公益演出活动

成果名称：三门峡市康养中心公益演出活动

"关注人口老龄化 构建老年人友好世界"公益活动节目单

《关注人口老龄化》项目组 2023 年 9 月 30 日

类型	序号	节目	节目名称	表演者所在单位
表演类	1	舞蹈	加油鸭	外国语中学七年级学生
	2		当你老了	实验中学八年级学生
	3	武术	中国功夫	外国语中学七年级学生
	4	唱歌	歌唱祖国	第二中学八年级学生
	5		东方红	新时代精英学校九年级学生
	6	吉他	百花香	新时代精英学校九年级学生
	7	葫芦丝	山丹丹花开红艳艳	外国语中学七年级学生
	8	笛子	敢问路在何方	实验中学八年级学生
	9	古筝表演	高山流水	第二中学八年级学生
	10	脱口秀	开心果	新时代精英学校九年级学生
	11	朗诵	月光下的中国	第二中学八年级学生
书法手工类	1	画画		外国语中学七年级学生
	2	书法		新时代精英学校九年级学生
	3	手工		实验中学八年级学生
棋类	1	象棋		外国语中学七年级学生
	2	围棋		实验中学八年级学生
	3	围棋		第二中学八年级学生
	4	象棋		新时代精英学校九年级学生
其他	1	听故事 陪聊天		第二中学八年级学生
				新时代精英学校九年级学生
				实验中学八年级学生

吉他：《百花香》

葫芦丝独奏：《山丹丹花开红艳艳》

武术：《中国功夫》

朗诵：《月光下的中国》

舞蹈：《加油鸭》

舞蹈：《当你老了》

陪老人下棋

给老人弹奏吉他曲《莫斯科郊外的晚上》

成果简介： 中秋国庆期间，三门峡市实验中学、外国语中学、市二中、新时代精英学校项目组的老师们，带领参与项目活动的学生到三门峡市康养中心为老年人表演节目；开展“助餐、助洁、助乐”“小小培训师”等活动。
成果意义： 在参与社区“助餐、助洁、助乐”“小小培训师”活动，参加公益演出，为老年人送温暖等活动中，感受与老人相处的快乐，弘扬中华民族尊敬老人、关爱老人的传统美德。

设计与执教者：马　盼（三门峡市实验中学）
杨　丽
姚娇娇（三门峡市实验中学）
修改与点评者：鲍聪晓

◆ 成果 10 ◆

《杆秤中的数学——融合一元一次方程的教学实践》成果展示

成果概述：《杆秤中的数学——融合一元一次方程的教学实践》这一主题学习活动，成果 1 是导学案，成果 2 是制作杆秤。成果展示促进了学生在主题学习活动中的沟通和合作，提供了反馈与评价的平台，增强了自信心和动力，提升了项目的可见性，并推动了知识的分享与学习，提升了学生的综合素养。

项目成果 1——导学案

作品名称：导学案

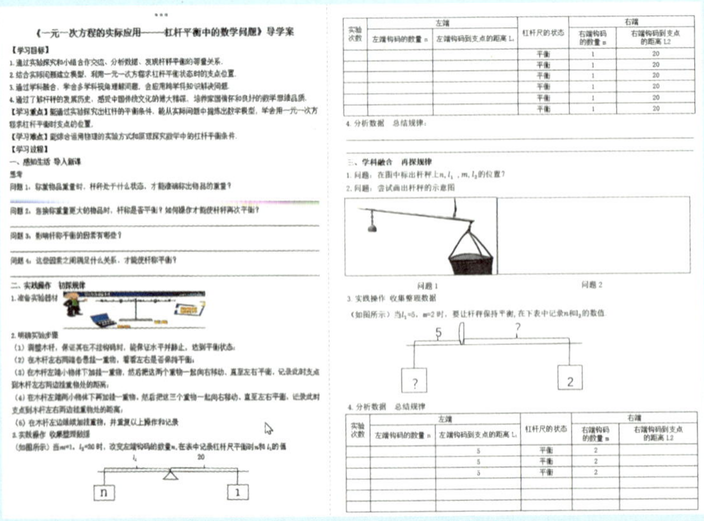

《一元一次方程的实际应用——杠杆平衡中的数学问题》导学案

【学习目标】

1. 通过实验探究和小组合作交流、分析数据、发现杆秤平衡的等量关系.
2. 结合实际问题建立模型，利用一元一次方程求杠杆平衡状态时的支点位置.
3. 通过学科融合，学会多学科视角理解问题，会应用跨学科知识解决问题.
4. 通过了解杆秤的发展历史，感受中国传统文化的博大精深，培养家国情怀和良好的数学思维品质.

【学习重点】能通过实验探究出杠杆的平衡条件，能从实际问题中提炼出数学模型，学会用一元一次方程求杠杆平衡时支点的位置.

【学习难点】能综合运用物理的实验方式和原理探究数学中的杠杆平衡条件.

【学习过程】

一、感知生活 导入新课

思考

问题 1：称重物品重量时，杆秤处于什么状态，才能准确称出物品的重量？

问题 2：当换称重量更大的物品时，杆秤是否平衡？如何操作才能使杆秤再次平衡？

问题 3：影响杆秤平衡的因素有哪些？

问题 4：这些因素之间满足什么关系，才能使杆秤平衡？

二、实践操作 初探规律

1. 准备实验器材

2. 明确实验步骤

（1）调整木杆，保证其在不挂钩码时，能保证水平并静止，达到平衡状态.

（2）在木杆左右两端各悬挂一重物，看看左右是否保持平衡.

（3）在木杆左端小物体下加挂一重物，然后把这两个重物一起向右移动，直至左右平衡，记录此时支点到木杆左右两边挂重物处的距离.

（4）在木杆左端两小物体下再加挂一重物，然后把这三个重物一起向右移动，直至左右平衡，记录此时支点到木杆左右两边挂重物处的距离.

（5）在木杆左边继续加挂重物，并重复以上操作和记录

3. 实践操作 收集整理数据

（如图所示）当 $m=1$，$l_2=20$ 时，改变左端钩码的数量 n，在表中记录杠杆尺平衡时 n 和 l_1 的值

实验次数	左端		杠杆尺的状态	右端	
	左端钩码的数量 n	左端钩码到支点的距离 L1		右端钩码的数量 m	右端钩码到支点的距离 L2
			平衡	1	20
			平衡	1	20
			平衡	1	20
			平衡	1	20
			平衡	1	20
			平衡	1	20

4. 分析数据 总结规律：

三、学科融合 再探规律

1. 问题：在图中标出杆秤上 n, l_1, m, l_2 的位置？
2. 问题：尝试画出杆秤的示意图

问题 1　　问题 2

3. 实践操作 收集整理数据

（如图所示）当 $l_1=5$，$m=2$ 时，要让杆秤保持平衡，在下表中记录 n 和 l_2 的数值

4. 分析数据 总结规律

实验次数	左端		杠杆尺的状态	右端	
	左端钩码的数量 n	左端钩码到支点的距离 L1		右端钩码的数量 m	右端钩码到支点的距离 L2
		5	平衡	2	
		5	平衡	2	
		5	平衡	2	

规律：________________

符号表达：________________

四、运用规律　解决问题

练习一：求平衡状态下，图中 x 的值

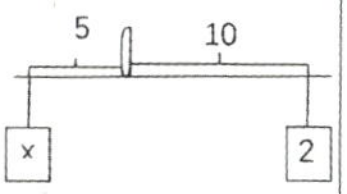

练习二：

小明用杆秤刚刚撑起六个钩码，在杆秤保持平衡的一瞬间，提绳断了，右端的秤砣相当于两个钩码，如图其所示. 小明赶紧拿直尺量出左端秤盘所在挂绳和右端秤砣所在挂绳之间的距离为 24 厘米，你能帮小明把提绳安放到原来的位置上吗？

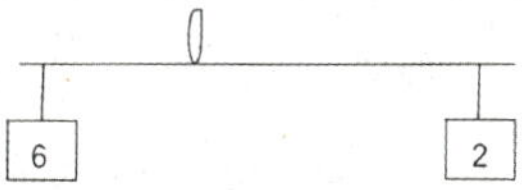

五、堂清检测

如图：在木杆右端挂一重物，支点左边挂 n 个重物，并使左右平衡，设木杆长为 lcm，支点在木杆中点处，支点到木杆左边挂重物处的距离为 xcm，把 n，l 作为已知数，

要求：（1）找出题目中的已知量和未知量

（2）写出题目中的相等关系

（3）列出关于 x 的一元一次方程。

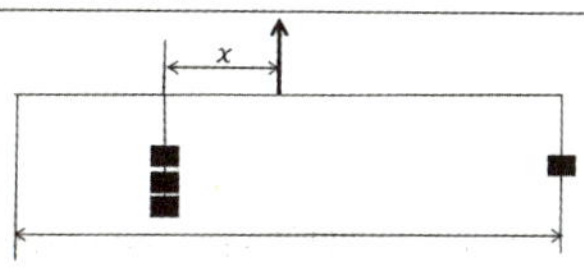

成果简介：

该成果的形式为导学案，让学生明确学习的目标和学习的过程，通过感知生活、实践操作、学科融合、问题解决等一系列活动，引导学生理解并应用一元一次方程的知识，体验数学的趣味性和实用性，从而提高学习数学的积极性。

成果意义：

通过探究学案的编写与使用，学生可以学习到如何通过实验操作和数据分析来验证结论，促进深度学习。探究学案还能够促进学生之间的合作与沟通，提高学习效率，培养学生的自主学习能力和创造性思维。

项目成果 2——杆秤

作品名称：杆秤

成果简介：

学生设计图纸，精选材料，充分利用筷子、木棍、盘子、盒子、积木、螺丝钉等日常物品，反复研究，打磨，标刻度，调试，做成成品，最后优化产品。

成果意义：

通过制作杆秤的活动，加深对杠杆平衡原理的理解，利用一元一次方程求杠杆平衡状态时的支点位置，同时了解杆秤在日常生活中所扮演的角色及含义，并了解学习古人在杆秤中赋予的道德要求。整个制作过程，体现精益求精的工匠精神。

设计与执教者：鲍聪晓

周永丽（三门峡市实验中学）

修改与点评者：杨　丽

◆ 成果 11 ◆

《时差中的数学奥秘——融合有理数加减运算的教学实践》成果展示

成果概述：《时差中的数学奥秘——融合有理数加减运算的教学实践》这一主题学习活动共有 3 个课时，第 1 课时的成果是任务清单；第 2 课时的成果是任务清单、时差数轴；第 3 课时的成果是巴黎奥运会准备清单以及学生写的活动小论文。学生在丰富多样的活动中，提高了动手实践能力、语言表达能力，发展了创新意识和应用意识，提升了综合素质。

项目成果 1——任务清单

作品名称：时差产生的原因清单

时差产生的原因清单

姓名	李佳蓁	班级	七(4)班		
日期		收集资料方式		向老师请教，去图书馆	
地球的自转		地球的公转		人为的时间调整	
因为地球是一个不规则球体，在自转过程中不同经度位置的日出时间不同，所以产生了时刻的差异简称时差		地球绕太阳公转的轨道是一个椭圆，且地轴轨迹不完全垂直于公转平面，导致不同地区在不同的时间面对太阳，从而产生时差		世界上有人为划分的多个时区，当跨越时区时，时间产生变化，从而有了时差	

时差产生的原因清单

姓名	吴佳悦	班级	七(4)班		
日期		收集资料方式		在图书馆查阅相关书籍	
地球的自转		地球的公转		人为的时间调整	
因为地球是一个球体，自转时，不同经度的日出时间有差异，因此就形成了时差。		地球绕太阳公转轨道是椭圆形，且地轴不完全垂直于公转平面，导致不同地区的日照时间不同，日出日落时间也有差异，从而形成了时差。		在世界上划分许多不同的时区，每个时区的时间都不相同，当我们跨时区时，时间改变产生时差。	

成果简介：

在第 1 课时中，学生们以小组为单位，通过网络查询、咨询教师、走进图书馆等方式，查找北京和其他城市的生活差异，引出时差，确定探究主题，对收集到的资料进行整理和归纳，最终以任务清单的形式呈现出来。

续表

成果意义： 引导学生用数学的眼光观察世界，培养学生分析问题、提出问题的能力，提高学生收集、归纳、整理资料的能力。

项目成果 2——时差任务清单、数轴

作品名称：时差数轴

作品名称：时差的影响与倒时差

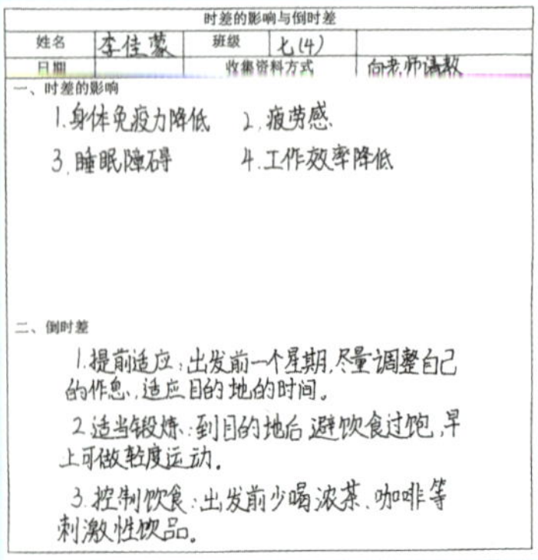

时差的影响与倒时差				
姓名	李佳蓥	班级	七(4)	
日期		收集资料方式		向老师请教

一、时差的影响

1.身体免疫力降低　2.疲劳感

3.睡眠障碍　4.工作效率降低

二、倒时差

1.提前适应：出发前一个星期，尽量调整自己的作息，适应目的地的时间。

2.适当锻炼：到目的地后避饮食过饱，早上可做轻度运动。

3.控制饮食：出发前少喝浓茶、咖啡等刺激性饮品。

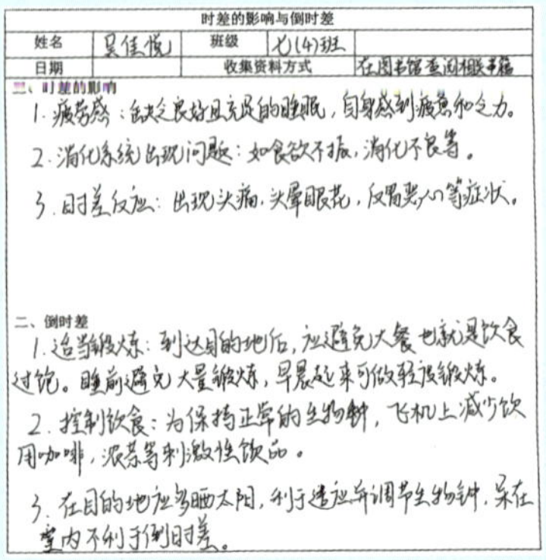

时差的影响与倒时差				
姓名	吴佳悦	班级	七(4)班	
日期		收集资料方式		在图书馆查阅相关书籍

一、时差的影响

1.疲劳感：缺乏良好且充足的睡眠，自身感到疲惫和乏力。

2.消化系统出现问题：如食欲不振，消化不良等。

3.时差反应：出现头痛，头晕眼花，反胃恶心等症状。

二、倒时差

1.适当锻炼：到达目的地后，应避免大餐也就是饮食过饱。睡前避免大量锻炼，早晨起来可做轻度锻炼。

2.控制饮食：为保持正常的生物钟，飞机上减少饮用咖啡，浓茶等刺激性饮品。

3.在目的地应多晒太阳，利于适应并调节生物钟，呆在室内不利于倒时差。

成果简介：

在第 2 课时中，学生通过观察教师展示时区划分的图片、地理教师演示地球自转、教师设置问题串等环节呈现本课时探究问题，并在已有知识基础上探究时差问题，在“数学—地理”学科背景下，将时差在数轴上表示出来，并将数轴改成“圆形”时差数轴，便于学生观察和理解，然后通过有理数的加减计算时差。

成果意义：

查找资料整理如何倒时差，引导学生用数学的思维思考现实世界，进一步提升学生的模型意识、运算能力、美育教育，提升学生的生命观念，培养学生尊重自然、顺应自然的观念。

项目成果 3——奥运清单、小论文

作品名称：2024 年巴黎奥运会之旅

2024 年巴黎奥运会之旅

班级	七(6)班	姓名	罗萌	时间	

1.请你计算北京和巴黎两地时差，并准备出发前的相关物品。

巴黎实行夏令时时，两地的时差：夏季：8-2=6

巴黎实行冬令时时，两地的时差：冬季：8-1=7

准备的相关物品：必要的衣物、药物、钱

2.请你根据巴黎奥运会开幕时间，选择合适的航班

（1）出发时间：7月24日 23:00　（2）选择航班：北京一巴黎 法国航空 AF201

（3）到达时间：05:55　（4）到达地点：戴高乐机场

（5）到巴黎如何调整时差：①服用褪黑激素，在目的地睡前至2小时服用3mg，②避免午睡，出国后白天容易疲劳，应避免午睡 ③适当锻炼，早上可做轻度锻炼

2024 年巴黎奥运会之旅

班级	七(3)	姓名	秦史杰	时间	

1.请你计算北京和巴黎两地时差，并准备出发前的相关物品。

巴黎实行夏令时时，两地的时差：~~冬季：8-1=7~~ 夏季：8-2=6

巴黎实行冬令时时，两地的时差：冬季：8-1=7

准备的相关物品：换洗衣服、雨伞、常用药、钱、零食、手机等

2.请你根据巴黎奥运会开幕时间，选择合适的航班

（1）出发时间：7月23日 13:30　（2）选择航班：中国国航CA993

（3）到达时间：18:40　（4）到达地点：戴高乐机场

（6）到巴黎如何调整时差①在飞机上休息；②到巴黎后，多晒太阳，轻度运动来提高自己的精神状态；③控制饮食，避免刺激性的食物。

作品名称：小论文

《时差中的数学奥秘》后记

七（3）班　赵丹妮

通过该项目的学习，我学会了将地理与数学知识结合，打破学习盲区，做到知其然知其所以然。利用跨学科项目化学习，以地理知识为基础，数学中“数轴”知识作为工具，更好地理解了时区的划分和时差的计算方法，打破“时区与区时”知识的学习盲区，实现了地理和数学知识的融会贯通。

我们在通过互联网和图书馆查找时差的影响、倒时差的过程中，不仅加深了对地理知识的学习，而且学会了如何在面对难题时利用多途径分析问题、解决问题，这为我们日后的学习提供了又一个方法。

在以后的出行中，如果遇到倒时差，我知道如何正确倒时差，保证身体的健康，同时还能够及时准备相应的物品，保证旅途的顺利。在活动中，我们六个人一小组，小伙伴之间互帮互助，同心协力，砥砺前行，最终促成了各项任务的完成，增进了我们之间的友谊，同时也增强了我们的合作能力，让我明白了个人的力量是有限的，但集体的力量是无限的。

总之，此次活动让我受益匪浅，在以后的学习中希望老师可以多组织这样的活动，让我们能最大限度地参与进来，体验学习的乐趣。

《时差中的数学奥秘》后记

七（4）班　李泽元

此次项目化学习，我和我们小组通过查阅资料、询问教师、小组互探等方式，不仅学会了将各学科的知识进行整合，拓宽知识深度，而且学会了知识的探究方法，同时增强了我们之间的友谊。

在画时差数轴环节，又进一步体会了数形结合思想、转化思想，提醒着我在以后的学习中，要多用数学思想思考和分析问题；在查找北京和巴黎两地的生活差异时，又体现了数学常用方法，找同与不同，然后总结规律、方法，更好地应用于学习中；在填写 2024 年巴黎奥运会之旅时，将我们小组分为 2 人一小组，第一小组负责 1，第二小组负责 2，第三小组负责 3、4，我们分工明确、良性竟争，是班级第一个完成任务的小组，充分说明了分工合作的重要性；在看到中国运动健儿为国夺冠时，心中那份自豪感油然而生，我也期待以后能为国争光，为中华民族的崛起奉献自己的力量。

此次活动，虽然很辛苦、很累，有时也想过敷衍了事，但同学们之间互相鼓励和项目的趣味性让我坚持了下来，最终收获了老师们的好评，坚持就是胜利，永远不放弃。

成果简介：

学生通过查资料，小组合作的形式完成巴黎奥运会准备清单，并写出参加此次学习的心得体会。

成果意义：

培养学生跨学科学习的方法，提升学生对奥运会的认知，引导学生在生活中能够科学健康地生活，同时培养学生的应用意识。

设计与执教者：呼泽明（卢氏县创新实验学校）
杨　丽
张　聚（卢氏县创新实验学校）
修改与点评者：鲍聪晓

◆ 成果 12 ◆

《设计跑道——融合弧长和圆心角计算的教学实践》成果展示

成果概述：本主题学习活动以“学校计划重新修建一个 400 米的跑道”为背景，学生经过思考，探究出跑道起点设计中蕴含的数学道理，等比例绘制（制作）新操场 400 米跑道图，提高学生动手能力和解决问题的能力，培养了应用意识和迁移思维，同时学生感受参与学校建设的自豪感，体会数学的应用价值。

项目成果——绘制 400 米跑道

作品名称：计算机软件绘制 400 米跑道

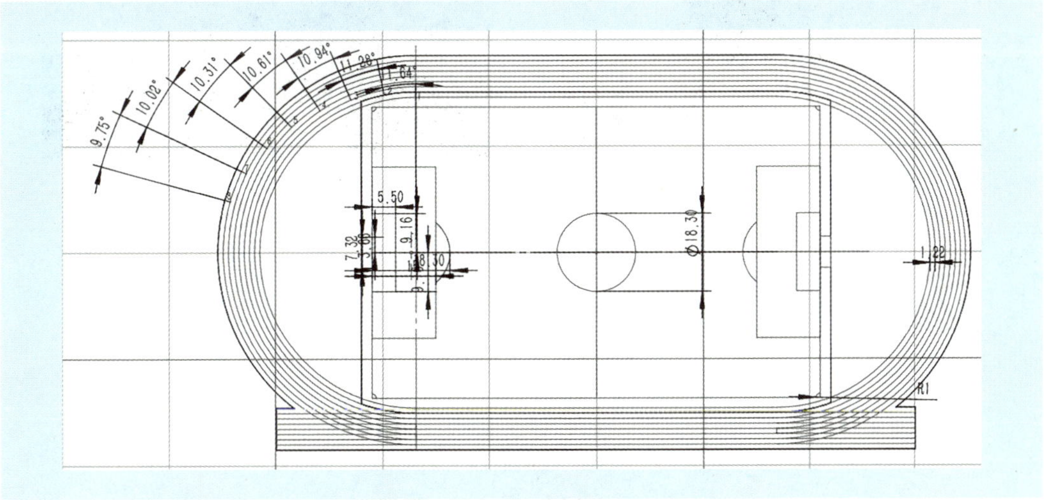

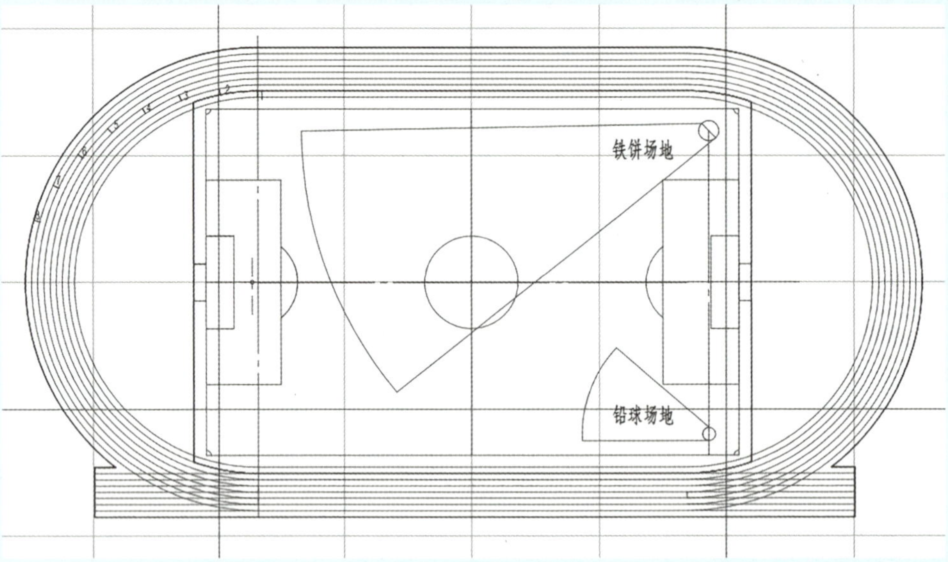

作品名称：等比例制作 400 米跑道模型

确定比例

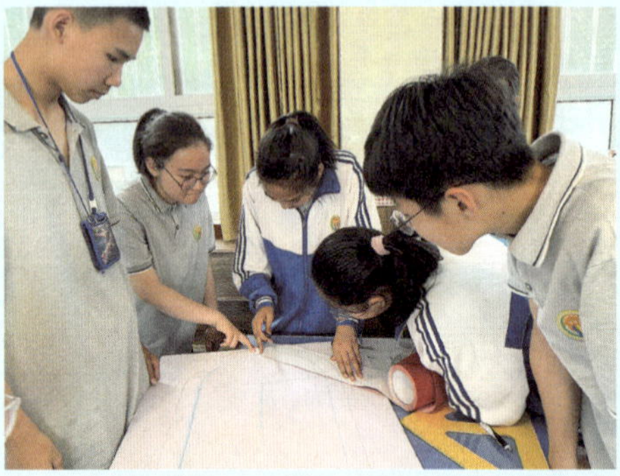

定起跑线

整体效果图

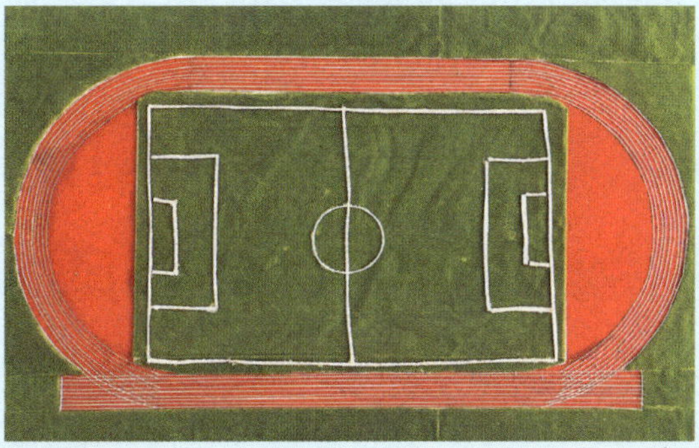

局部效果图

成果简介：

学生利用所学知识，选择两种方式绘制新操场（400 米）示意图：计算机软件绘制和手工制作。以上成果均是学生根据 400 米跑道标准数据，按照一定比例设计的。学生通过测量、计算、确定这 8 条跑道的超前起跑点。

成果意义：

通过绘制 400 米跑道，提高学生动手能力和解决问题的能力，渗透应用意识和迁移思维，引发学生对设计的兴趣和爱好，体会设计过程中的创造性和挑战性。同时感受公平、公正的体育精神，培养科学严谨的数学品质。

设计与执教者：马　盼（三门峡市实验中学）

鲍聪晓

修改与点评者：杨　丽

◆ 成果 13 ◆

《“滴水之漏”中的函数奥秘——融合一次函数的教学实践》成果展示

成果概述：《“滴水之漏”中的函数奥秘——融合一次函数的教学实践》主题活动以“探究一个没有拧紧的水龙头一天、一个月、一年能漏多少水”为背景，让学生运用一次函数等数学知识，结合化学、信息科技、地理、道德与法治等多学科知识，经历设计方案、收集数据、分析数据、应用模型等探究过程，体会到滴水之漏，浪费巨大，树立节约用水的意识，并把节水的知识方法宣传到校园、家庭、社区，为建设资源节约型、环境友好型社会贡献自己的一份力量。在活动中形成了节水宣传、节水歌谣、活动宣传视频、学生感悟等成果，同学们增强了对周围世界的探究兴趣，提升了创新思维和解决问题的能力。

项目成果 1——节水宣传

作品名称：节水签字活动

作品名称：手抄报

节约用水
企业如何节水???
二.达标排水
节约用水名言
1、珍惜点滴,珍惜生命之源
2、世界缺水,中国缺水,城市缺水
5.节约水资源,责任人人有
7、节约用水是珍惜生命

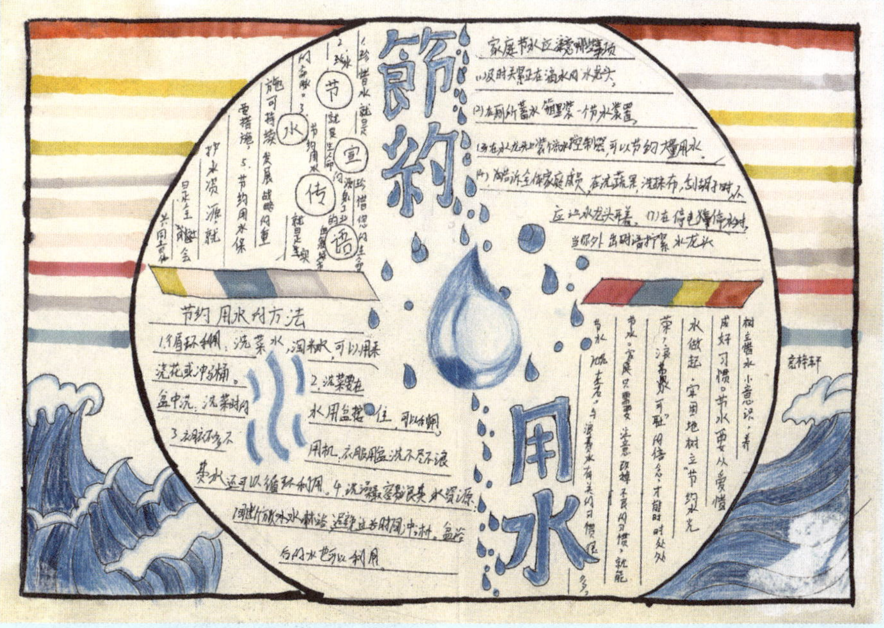
節約用水
家庭节水注意事项
节约用水的方法
节水宣传语

作品名称：节水倡议书

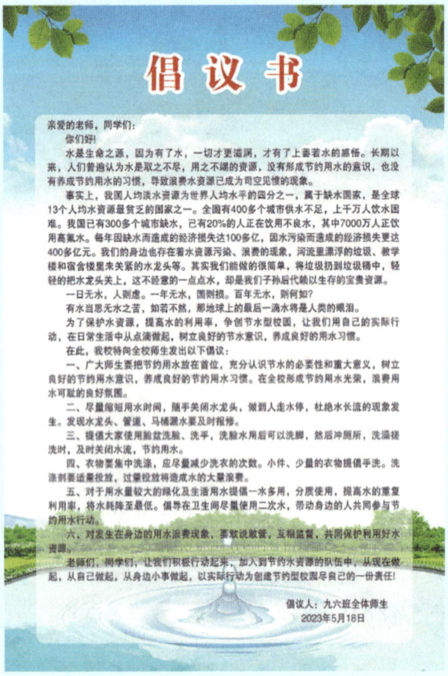

倡议书

亲爱的老师，同学们：

你们好!

水是生命之源，因为有了水，一切才更滋润，才有了上善若水的感悟。长期以来，人们普遍认为水是取之不尽，用之不竭的资源，没有形成节约用水的意识，也没有养成节约用水的习惯，导致浪费水资源已成为司空见惯的现象。

事实上，我国人均淡水资源为世界人均水平的四分之一，属于缺水国家，是全球13个人均水资源最贫乏的国家之一。全国有400多个城市供水不足，上千万人饮水困难。我国已有300多个城市缺水，已有20%的人正在饮用不良水，其中7000万人正饮用高氟水。每年因缺水而造成的经济损失达100多亿，因水污染而造成的经济损失更达400多亿元。我们的身边也存在着水资源污染、浪费的现象，河流里漂浮的垃圾、教学楼和宿舍楼里未关紧的水龙头等。其实我们能做的很简单，将垃圾扔到垃圾桶中，轻轻的把水龙头关上，这不经意的一点点水，却是我们子孙后代赖以生存的宝贵资源。

一日无水，人则虚。一年无水，国则损。百年无水，则何如?

有水当思无水之苦，如若不然，那地球上的最后一滴水将是人类的眼泪。

为了保护水资源，提高水的利用率，争创节水型校园，让我们用自己的实际行动，在日常生活中从点滴做起，树立良好的节水意识，养成良好的用水习惯。

在此，我校特向全校师生发出以下倡议：

一、广大师生要把节约用水放在首位，充分认识节水的必要性和重大意义，树立良好的节约用水意识，养成良好的节约用水习惯。在全校形成节约用水光荣，浪费用水可耻的良好氛围。

二、尽量缩短用水时间，随手关闭水龙头，做到人走水停，杜绝水长流的现象发生。发现水龙头、管道、马桶漏水要及时报修。

三、提倡大家使用脸盆洗脸、洗手，洗脸水用后可以洗脚，然后冲厕所，洗澡搓洗时，及时关闭水流，节约用水。

四、衣物要集中洗涤，应尽量减少洗衣的次数。小件、少量的衣物提倡手洗。洗涤剂要适量投放，过量投放将造成水的大量浪费。

五、对于用水量较大的绿化及生活用水提倡一水多用，分质使用，提高水的重复利用率，将水耗降至最低。倡导在卫生间尽量使用二次水，带动身边的人共同参与节约用水行动。

六、对发生在身边的用水浪费现象，要敢说敢管，互相监督，共同保护利用好水资源。

老师们，同学们，让我们积极行动起来，加入到节约水资源的队伍中，从现在做起，从自己做起，从身边小事做起，以实际行动为创建节约型校园尽自己的一份责任!

倡议人：九六班全体师生

2023年5月18日

作品名称：社区节水宣传

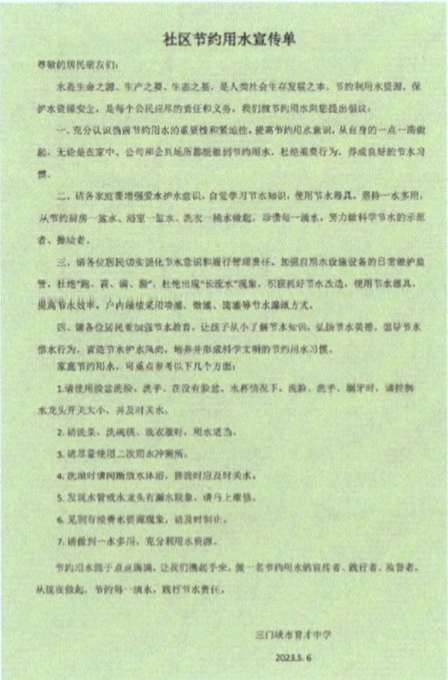

社区节约用水宣传单

尊敬的居民朋友们：

水是生命之源、生产之要、生态之基，是人类社会生存发展之本。节约利用水资源，保护水资源安全，是每个公民应尽的责任和义务，我们就节约用水向您提出倡议：

一、充分认识当前节约用水的重要性和紧迫性，提高节约用水意识，从自身的一点一滴做起，无论是在家中、公司和公共场所都能做到节约用水，杜绝浪费行为，养成良好的节水习惯。

二、请各家庭要增强爱水护水意识，自觉学习节水知识，使用节水器具，坚持一水多用，从节约厨房一盆水、浴室一缸水、洗衣一桶水做起，珍惜每一滴水，努力做科学节水的示范者、推动者。

三、请各位居民切实强化节水意识和履行管理责任，加强自用水设施设备的日常维护监管，杜绝"跑、冒、滴、漏"，杜绝出现"长流水"现象，积极抓好节水改造，使用节水器具，提高节水效率，户内绿植采用喷灌、微灌、滴灌等节水灌溉方式。

四、请各位居民要加强节水教育，让孩子从小了解节水知识，弘扬节水美德，倡导节水惜水行为，营造节水护水风尚，培养并形成科学文明的节约用水习惯。

家庭节约用水，可重点参考以下几个方面：

1.请使用脸盆洗脸、洗手，在没有脸盆、水杯情况下，洗脸、洗手、刷牙时，请控制水龙头开关大小，并及时关水。

2.请洗菜、洗碗筷、洗衣服时，用水适当。

3.请尽量使用二次用水冲厕所。

4.洗澡时请间断放水淋浴，搓洗时应及时关水。

5.发现水管或水龙头有漏水现象，请马上维修。

6.见到有浪费水资源现象，请及时制止。

7.请做到一水多用，充分利用水资源。

节约用水就于点点滴滴，让我们携起手来，做一名节约用水的宣传者、践行者、监督者，从现在做起，节约每一滴水，践行节水责任。

三门峡市育才中学

2023.5.6

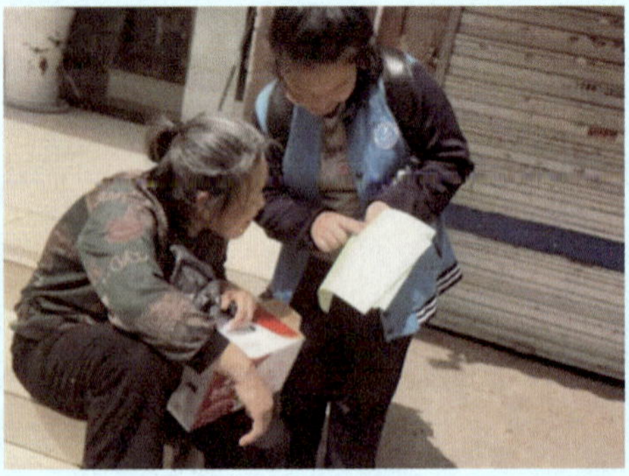

成果简介：

学生将收集到的水资源的相关知识制作成手抄报；在全校发起“节约用水”倡议；设计“人人节约一滴水，汇成清泉润世界”宣传条幅签字活动；并以小组为单位走进社区进行节水宣传等。

成果意义：

没有拧紧的水龙头，浪费巨大，节约用水，刻不容缓。通过手抄报展览、校园节水签字活动、社区节水宣传活动，学生们把节水观念、节水方法宣传到整个学校、家庭、社区，带动更多的人树立节约用水的意识，提高水的利用率，珍惜每一滴水。

项目成果 2——节水歌谣

作品名称：节水歌谣

视频二维码

成果简介：

学生进行角色扮演，录制节水歌谣小视频，利用学校的广播系统在全校进行播放。同时通过网络社交平台，把节水小妙招推广到千家万户。

成果意义：

通过录制节水歌谣，学生们在多次尝试中学会了编辑视频软件，提升了信息意识和数字化学习与创新能力。节水歌谣的推广也带动了更多人参与到节水的实际行动中。

项目成果 3——项目反思之学生感悟

作品名称：学生感悟

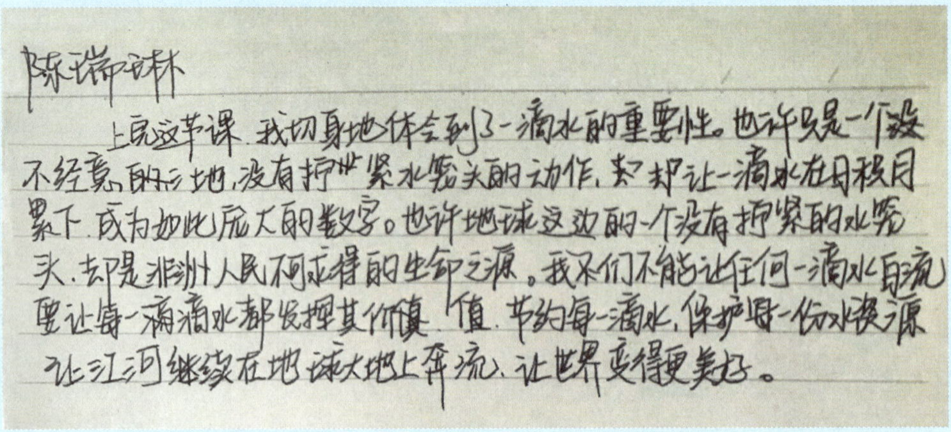
陈瑞琳

上完这节课，我切身地体会到了一滴水的重要性。也许只是一个不经意的小小地，没有拧紧水龙头的动作，却让一滴水在日积月累下，成为如此庞大的数字。也许地球这边的一个没有拧紧的水龙头，却是非洲人民何求得的生命之源。我们不能让任何一滴水白流，要让每一滴滴水都发挥其价值。节约每一滴水，保护每一份水资源，让江河继续在地球大地上奔流，让世界变得更美好。

成果简介：

在项目总结阶段，学生以小论文或者随笔的形式对数据收集过程中存在的问题，以及通过数据分析得到的结论等进行总结和反思，用数据说话，体现样本估计总体的重要性。

成果意义：

在反思、交流中，学生们思维碰撞，提升了认识，树立了节约用水、节约资源的责任意识。

设计与执教者：赵冬丽（三门峡市育才中学）
鲍聪晓
修改与点评者：杨　丽

◆ 成果 14 ◆

《如何选择采光好的楼层——融合锐角三角函数的教学实践》成果展示

成果概述：《如何选择采光好的楼层——融合锐角三角函数的教学实践》这一主题学习活动，成果 1 是 3D 实验教具——楼房，测高仪器——自制测角仪；成果 2 是遮阳棚模型和小区规划立体模型。丰富多样的活动成果，不仅提升了学生的实践能力和问题解决能力，还促进了他们的团队协作和创新思维的培养。同时也拓展了学生的知识领域、加深了理论理解、增强了学习兴趣，培养了学生的数学核心素养。

项目成果 1——实验教具

作品名称：3D 实验教具——楼房实物模型

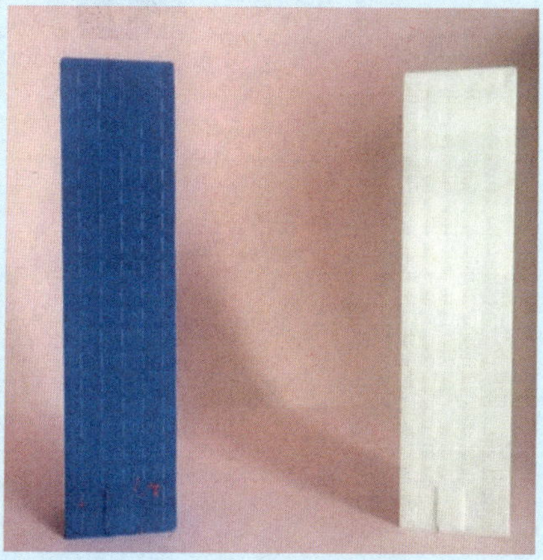

成果简介：

3D 楼房教具实物模型采用 3D 打印技术制作，使用可塑性和耐用性较好的塑料，通过数字模型指导材料的层层叠加，从而快速且精准地构建出楼房的模型，这种技术，使得 3D 楼房教具实物模型能够以极高的精度还原真实建筑的外形结构。

成果意义：

通过制作 3D 楼房教具，让学生感受科技的力量，感受数字建模的过程，并利用教具开展“太阳高度角随季节变化的规律”的实验探究，理解太阳高度角对楼房采光的影响。在此基础上，进一步剖析影响采光的关键元素之间的数量关系，引导学生通过画图，构建数学问题的直观模型，寻求问题解决的数学方法，形成数形结合思想，发展几何直观素养。

作品名称：测高仪器——自制的测角仪

成果简介：

自制测角仪是一种简易的高度测量工具，它的基本原理是利用一个简单的量角器，通过测量观察者与目标物体之间的角度以及已知的观察者到目标物的距离，来估算物体高度。

成果意义：

通过亲手制作测角仪并应用于实际测量中，学生能够感受到数学的实用性和趣味性，激发学习数学的兴趣，培养实践能力和创新精神，增强团队的合作意识，促进核心素养的发展。

项目成果 2——小区规划立体模型、遮阳棚

成果名称：小区规划立体模型、遮阳棚

模型展示

设计理念

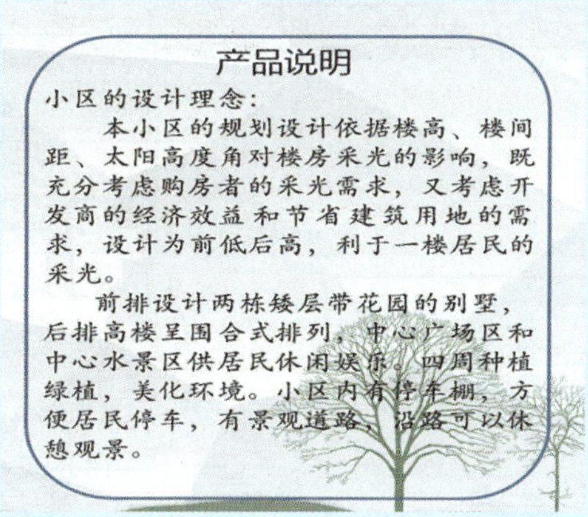

成果简介：

本设计是让学生结合楼房采光和节省建筑用地的要求，设计出符合要求的小区规划模型。学生首先确定出各个功能区域的面积及基础设施的放置位置，根据采光要求，小区进门设计两栋带院子的别墅，另外设计四栋小高层呈围合式分布，中间为绿化和活动区域，学生利用废纸箱制作楼房，按比例做出各个面并组合，用丙烯颜料美化外墙，用蜡笔绘制道路，用橡皮泥做花草，用牙签将他们固定在泡沫板上，最后在地面撒上花草，小区模型就完成了。

成果意义：

学生设计制作符合采光要求的小区规划模型不仅是对数学知识的应用，更是一次对建筑设计和空间布局的学习，有助于锻炼他们的空间观念；在搭建中需要遵循一定的设计顺序，锻炼了他们的逻辑思维能力；在设计中也遇到了各种挑战，通过不断地修正和尝试，学生逐步提高了解决问题的能力，形成了独立思考的习惯，是一项非常有意义的学习活动。

模型展示

设计理念

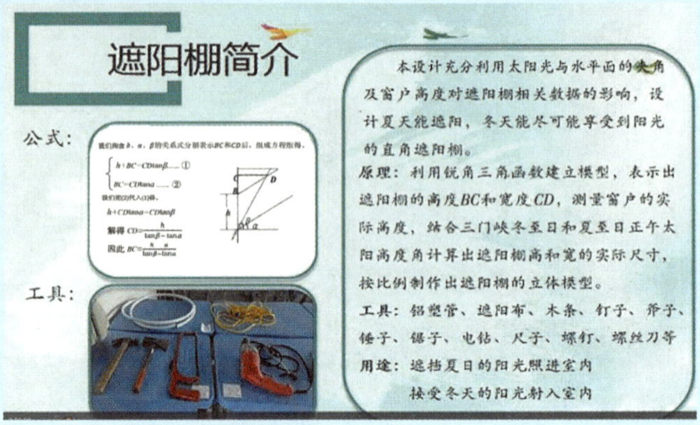

成果简介：

本设计是通过测量太阳光与水平面的夹角及窗户高度，利用锐角三角函数建立模型，得出遮阳棚的实际尺寸，然后按一定比例设计的夏天能遮阳冬天能尽可能享受到阳光的遮阳棚。该模型使用的材料是铝塑管，通过测量、切割、组合搭建框架，用遮阳布缝制遮阳棚的外套，最后套在框架上，一个直角遮阳棚就做好了。

成果意义：

学生动手制作遮阳棚的过程不仅是一次实践的机会，而且通过这一活动，学生能将所学到的数学知识应用于实践，获得知识和技能等多方面的收获。在项目实施的过程中，学生需要讨论、规划、选材，培养了团队协作的技能，并且在搭建的过程中会遇到很多的困难，锻炼了他们解决问题的能力，对学生的全面发展起到积极的作用。

设计与执教者：周永丽（三门峡市实验中学）

杨　丽

修改与点评者：鲍聪晓

◆ 成果 15 ◆

《用经纬度表示地理位置——融合平面直角坐标系的教学实践》成果展示

成果概述：《用经纬度表示地理位置——融合平面直角坐标系的教学实践》这一跨学科主题活动，让学生通过数学视角了解经纬度的相关知识及应用，结合数学、地理、语文、艺术、信息科技、历史等多学科知识，经历“自主学习”“应用探究”“拓展延续”等过程，开阔视野、拓展知识面，提升阅读理解能力、思维表达能力和空间想象能力，发展学生的创新意识和跨学科素养。在主题活动中，形成了丰富多样的成果。如：学生制作的演说 PPT、撰写的研究报告、活动总结等。

项目成果 1——演说 PPT

作品名称：经纬度的应用——导航定位

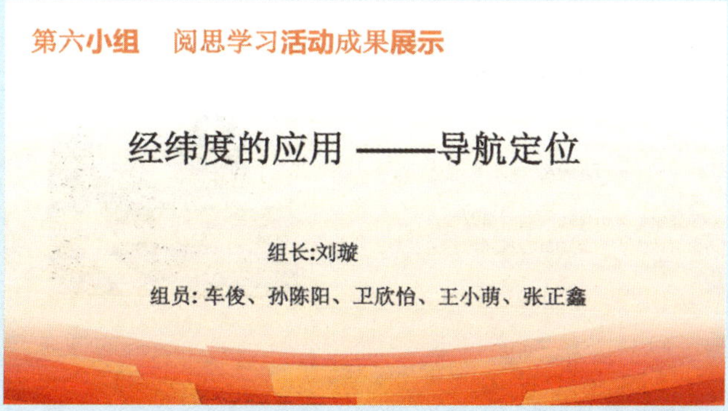

目录

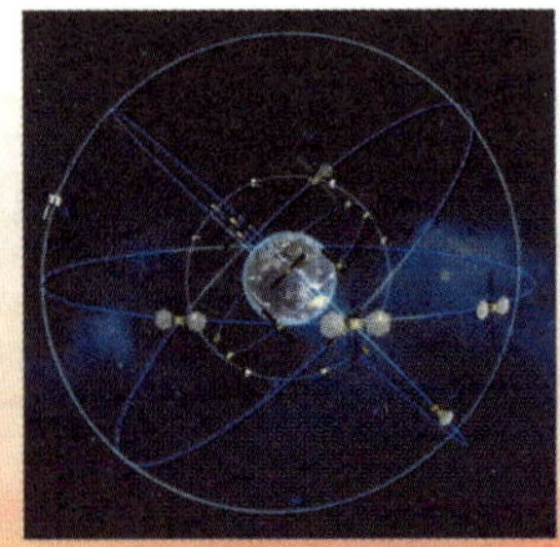

01 活动介绍

亲爱的小伙伴们！我们第六小组的超级探险又开始了！这次，在“经纬度的应用知多少”的大航海图里，我作为船长和我们组勇敢的船员们：车俊、孙陈阳、卫欣怡、王小萌、张正鑫一起驾驶“导航定位号”，深入探索经纬度的神秘世界，特别是它们如何在我们的日常生活中给我们指引方向。想象一下，我们能亲手揭开那些高科技导航背后的数学魔法，是不是超酷的？准备好了吗？让我们一起扬帆起航，开启这场充满乐趣与挑战的数学之旅吧！

02 小组分工

组长刘璇：负责整体策划、协调进度及汇报总结。

车俊：负责收集导航定位的基础知识及历史发展资料，准备自主学习材料。

孙陈阳：协助车俊收集学习材料，主要是视频资源。

卫欣怡：探索BDS导航原理，包括卫星定位技术简介。

王小萌：设计并实施基于经纬度的模拟导航实验，准备实验材料。

张正鑫：负责记录活动过程，小组成员的总结反思汇总

03 活动实施

1. 自主学习

学习内容：

①北斗卫星导航系统（BDS）的基本原理及发展历程。

②导航定位中经纬度的应用案例。

学习方式：小组成员各自阅读相关资料，小组讨论分享。

BDS

定位系统是以确定空间位置为目标而构成的相互关联的一个集合体或装置（部件）。这个系统可以保证在任意时刻，地球上任意一点都可以同时观测到至少4颗卫星，以保证卫星可以采集到该观测点的经纬度和高度，以便实现导航、定位、授时等功能。

北斗卫星导航系统（Beidou Navigation Satellite System，简称：BDS）是中国自行研制的全球卫星导航系统。它由空间段、地面段和用户段三部分组成。已广泛应用在交通运输、农林渔业、水文监测、气象测报、通信系统、电力调度、救灾减灾、公共安全等领域。

BDS系统的核心原理和工作流程

北斗卫星导航系统（BDS）的基本原理基于时间同步和三角测量。

1.卫星星座:BDS由多颗卫星组成，分布在不同的轨道上，包括地球静止轨道(GEO)、倾斜地球同步轨道(IGSO)和中地球轨道(MEO)。

2. 时间同步:每颗卫星都携带高精度的原子钟（目前最精准的计时工具），以确保时间信号的精确性。这些卫星不断地发送包含它们位置和时间信息的信号。

3.信号传输:卫星信号包括导航信息和时间戳，这些信息以无线电波的形式传输到地球表面。

4.接收器接收:地面的接收器(如车载导航系统、智能手机等)接收来自至少四颗卫星的信号。

空间冷原子钟　3000万年差1秒
中国科学院上海光学精密机械研究所

5. 位置计算:接收器使用至少四颗卫星的距离信息进行三角测量，从而确定接收器在地球上的精确位置(纬度、经度和高度)。

6. 时间校准:接收器需要知道准确的时间以计算距离，因此接收器的时间需要与卫星的时间同步。

7. 定位服务:一旦接收器计算出其位置，就可以提供导航和定位服务，

8. 短报文通信:BDS的一个独特功能是其短报文通信能力，允许用户在没有其他通信基础设施的情况下发送和接收文本信息。

9. 地面控制:BDS的地面控制站监测卫星的健康状况，并向卫星发送必要的校正信息，以确保系统的准确性和可靠性。

10. 增强系统:BDS还包括地面增强系统，如地基增强系统(GBAS)和卫星增强系统(SBAS)，进一步提高定位精度。

BDS的设计使其能够提供全球覆盖，同时在亚洲地区提供更高精度的服务。随着技术的发展，BDS已经成为国际上重要的卫星导航系统之一。

接下来，我将用通俗易懂的方式给大家讲解前面那些抽象陌生的知识。

BDS就像是天空中的一个个小灯塔，它们分布在不同的位置上，给地面上的我们指引方向。这些小灯塔就是北斗卫星，它们绕着地球转，帮助我们知道自己在哪里。

定位原理

1. 卫星信号传输：

北斗卫星会不停地向地面发送信号，就像我们在黑暗中用手电筒照向远方一样。我们的手机或者北斗定位器（我们称之为“用户终端”）会接收到这些来自卫星的信号。

2. 距离测量：

当用户终端接收到卫星信号时，它会记录下信号传输的时间。因为信号传播的速度是固定的（和光在真空中传播的速度一样快），所以我们可以通过时间来计算出信号走了多远，也就是用户终端到卫星的距离。为了得到更准确的位置，我们的设备通常会同时接收来自至少四颗卫星的信号，并分别计算出到每颗卫星的距离。

3. 几何定位：

想象一下，你有三个朋友分别站在不同的地方，他们每个人都告诉你他们到你的距离。那么，你就有可能确定自己大概在哪里，因为你是这三个距离的共同交点。在BDS系统中，四颗卫星就像那三个朋友，而我们知道每颗卫星的精确位置（因为它们是按照特定的轨道绕着地球转的）。所以，通过测量到四颗卫星的距离，并知道它们的精确位置，我们就可以用数学方法（比如画圆相交）来确定自己在地球上的精确位置。这里需要用到我们以后要学习的数学知识。

4. 显示位置：

最后，用户终端会把计算出来的位置信息（经度、纬度）显示在屏幕上，我们就可以看到自己在地图上的位置了。

所以，BDS系统的定位原理其实就是通过接收卫星信号，测量距离，然后用数学方法计算出自己的位置。这就像我们在玩游戏时，通过看屏幕上的方向指示和距离信息，找到隐藏的宝藏一样。

发展历程

中国高度重视北斗系统建设发展，自20世纪80年代就开始探索适合国情的卫星导航系统发展道路，形成了“三步走”发展战略：2000年年底，建成北斗一号系统，向中国提供服务；2012年年底，建成北斗二号系统，向亚太地区提供服务；2020年，建成北斗三号系统，向全球提供服务。截至2024年，BDS系统已全面建成，具备全球服务能力，能够为用户提供连续、稳定的导航定位服务。

经过多年发展，北斗系统已成为面向全球用户提供全天候、全天时、高精度定位、导航与授时服务的重要新型基础设施。北斗系统定位导航授时服务，通过30颗卫星，免费向全球用户提供服务，全球范围水平定位精度优于9米、垂直定位精度优于10米，测速精度优于0.2米/秒、授时精度优于20纳秒。

可登录北斗卫星导航系统官方网站了解更多内容（文字、图片、视频等资源）

导航定位中经纬度的应用举例

随着电子商务和物流行业的快速发展，三门峡市的物流需求日益增长，对物流服务的精准性和效率提出了更高要求。

我们通过查询，了解到三门峡市某物流公司，拥有超过150辆运输车辆，服务于全市及周边地区的货物配送。为提升物流效率和服务质量，该公司于近年引入了基于经纬度的物流管理系统。

数据对比

1.车辆追踪效率提升

引入系统前，物流公司管理人员需要每天通过电话或短信询问司机位置，平均每天需要花费2小时进行人工跟踪。

引入系统后，通过定位技术结合车辆的经纬度信息，管理人员可以实时在地图上查看所有车辆的位置，平均每天跟踪时间缩短至10分钟，效率提升了93.3%。

2. 配送路线优化

引入系统前，物流公司的配送路线主要依靠司机经验制定，存在路线复杂、效率低下的问题，系统上线后，通过对不同物流网点经纬度的算法分析，系统自动规划出最优配送路线。据统计，相比引入前，平均配送距离缩短了15%，配送时间减少了20%，运输成本降低了10%。

3. 客户满意度提升

引入系统前，由于配送时间的不确定性，客户投诉率较高，客户满意度客户可以实时查看货物位置和预计到达时间，仅为75%。通过提供基于经纬度的货物追踪服务，大大提高了配送的透明度和准时性。引入系统后，客户满意度提升至92%，投诉率下降了50%。

4. 紧急情况下的快速响应

在一次突发的暴雨天气中，系统迅速定位到一辆受困车辆的位置，并通知了最近的相关负责人员。救援人员在30分钟内到达现场，成功将被困车辆和货物安全转移，避免了更大的损失。

我们认为，通过引入基于经纬度的物流管理系统，三门峡市某物流公司不仅实现了车辆追踪效率的显著提升，还优化了配送路线，降低了运输成本，并显著提高了客户满意度。这些数据充分证明了经纬度在物流行业中的重要性和应用价值。

03 活动实施

2. 实践操作

实践活动一：地图与经纬度的转换

步骤：孙陈阳讲解地图坐标系统，小组成员使用虚拟地图软件，尝试将指定地点的名称转换为经纬度坐标，并反向操作。

实践活动二：

模拟BDS导航

准备：王小萌设计模拟导航场景，准备模拟BDS设备或手机APP。

实施：使用模拟设备设定起点和终点，记录并解释BDS显示的经纬度变化，讨论路径选择对经纬度变化的影响。

模拟导航场景方式展示

方式一　手绘地图和路线

在一张纸上，简单画出起点、终点以及途中的关键地点，然后用线条描绘出可能的行进路线。可以使用不同颜色的笔来区分不同的道路类型或方向。

方式二　利用地图软件的演示功能

许多地图软件都有导航演示功能。您可以在软件中输入起点和终点，然后选择导航模式，观察软件展示的路线、转向提示和距离等信息。比如，打开在线地图，输入“从家到学校”，然后点击导航，地图会显示出驾车、步行、公交等多种导航路线和相关提示。

举例

假设游客计划前往三门峡虢国博物馆（经纬度坐标需根据实际情况获取），他可以使用智能手机上的导航应用进行导航定位。

1. 输入目的地：

游客在导航应用中输入“三门峡虢国博物馆”作为目的地，系统会根据输入的关键词进行搜索并返回相关的地点信息。

2. 规划路径：

系统会根据游客的当前位置（通过定位系统获取经纬度坐标）和目的地的位置（通过搜索获取的经纬度坐标），规划出最优的行驶路径。

3. 实时导航：

在导航过程中，系统会实时更新游客的位置并在地图上显示。同时，系统还会通过语音或屏幕提示的方式告知游客下一个路口的转向信息。

4. 到达目的地：

当游客接近目的地时，系统会提前发出提示并显示目的地的具体位置。游客可以根据提示信息找到并到达虢国博物馆。

通过这个应用案例可以看出，经纬度在导航定位中发挥着至关重要的作用。它不仅是实现精确定位和导航的基础数据之一，还是连接不同数据源并实现多源数据融合的关键要素。

可使用软件现场演示

方式三　编程模拟

使用 Python 图形库绘制简单直线导航路线的示例代码

04 总结反思

组织活动方面

这次活动，我作为组长，努力协调了每个环节的进行，从活动筹备到具体实施，再到最后的总结汇报，我都尽力确保每个人都能参与其中，感受到团队的力量。我通过设置明确的分工和任务时间节点，帮助大家保持了高效的合作节奏。不过，我也意识到在活动初期，部分环节的安排过于紧凑，导致大家有些手忙脚乱，这是下次需要改进的地方。

组长发言

大家的表现都超乎我的预料！每个人都非常积极，对自己的任务充满热情。车俊搜集的资料详尽而有趣，为我们的自主学习打下了坚实的基础；孙陈阳在导航定位应用举例的讲解中，展现了出色的逻辑思维能力；卫欣怡对BDS原理的讲解清晰易懂，让我们对现代科技有了更深的理解；王小萌设计的模拟导航实验既有趣又富有教育意义，让大家在动手中学会了知识；张正鑫的记录工作一丝不苟，为我们留下了宝贵的活动记录。

小组成员表现

04 总结反思

活动中遇到的困难

最大的挑战是如何将复杂的经纬度知识转化为易于理解和操作的活动内容。我们通过多次讨论和试错，最终找到了适合我们的学习和实践方式。另外，实践操作中设备的使用也遇到了一些小插曲，但大家都能迅速调整，共同解决问题。

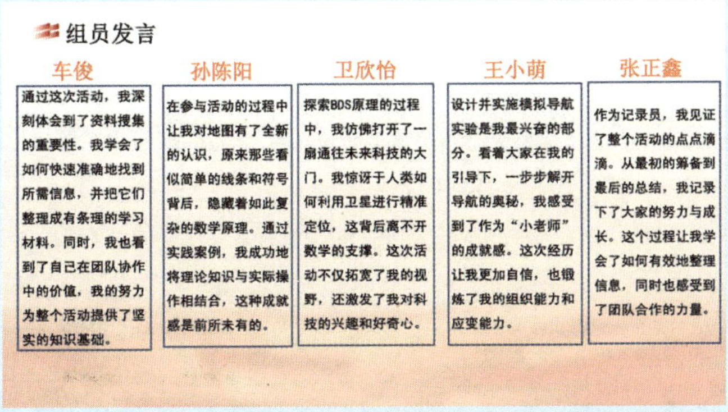

成果简介：

在第 3 课时任务 1 中，学生通过网络资料查询、学习、整理、制作等环节，深入探究经纬度的应用，形成成果展示 PPT。

成果意义：

巩固“阅思六步法”的应用，拓展与主题有关的课外知识，增强学生的自主学习、团队协作、梳理归纳以及信息技术能力，感受所学知识在生活中的应用，提升输出能力。

项目成果 2——研究报告

作品名称：经纬度的应用——导航定位 研究报告

经纬度的应用——导航定位 研究报告

三门峡市外国语中学 七（9）班

第六组

刘璇、车俊、孙陈阳、卫欣怡、王小萌、张正鑫

一、引言

在信息化高速发展的今天，经纬度作为地理定位的基础，广泛应用于地图绘制、导航定位、地理信息系统(GIS)等多个领域。为了深入了解经纬度的实际应用，特别是其在导航定位中的重要作用，我们第六小组开展了一系列探索与实践活动。下面总结本次活动的成果，分享我们的学习体会与收获。

二、活动背景与目的

本次小组活动以“经纬度的应用知多少”为主题，聚焦于“经纬度的应用--导航定位”。通过自主学习、实践操作和总结反思，我们想要达到的目标是:

1.深入理解经纬度在导航定位系统中的应用。

2.掌握北斗卫星导航系统的基本原理及其在导航定位中的实际应用。

3.提升数学应用能力、团队合作精神和解决实际问题的能力。

三、活动内容与实施

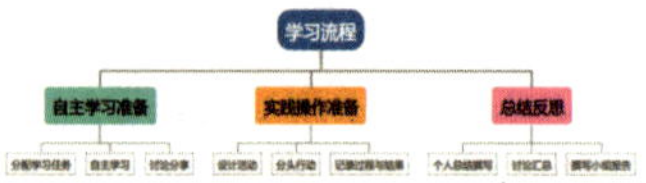

1. 自主学习

在自主学习阶段，我们分头搜集了导航定位的相关资料。车俊负责整理导航定位的基本概念和历史发展资料，孙陈阳负责研究经纬度在导航定位中的具体应用案例，卫欣怡负责北斗系统的原理介绍，每个人的任务都非常明确、具体。以卫欣怡负责的任务安排为例。

BDS 系统基本原理

任务：深入研究 BDS 系统的基本原理。

学习内容：

卫星网络：了解 BDS 系统由多少颗卫星组成，它们在地球轨道上的分布及功能。

信号接收与时间测量：掌握 BDS 接收器如何接收卫星信号，并通过时间测量计算信号传播时延。

距离计算与三维定位：理解如何通过伪距计算接收器与卫星之间的距离，如何利用至少四颗卫星的信号进行三维定位。

误差修正：了解影响定位精度的主要因素（如大气折射、接收器时钟误差等）及相应的误差修正方法。

学习过程中，我们发现有些知识有些枯燥也不好理解，我们就商讨了一个通俗易懂的方式给同学们讲解。

通过阅读和讨论，我们初步建立了对经纬度和 BDS 系统的认识框架，还进行了小组内分享。每位组员分享自己的学习成果，包括经纬度的基础知识、BDS 系统原理的理解以及在学习过程中遇到的问题和解决方法。通过分享交流，加深全体组员对经纬度和 BDS 系统的理解，为后续的实践操作打下了坚实基础。

2. 实践操作

实践活动一：地图与经纬度的转换

孙陈阳作为主讲人，通过虚拟地图软件，在组内展示了如何将地名转换为经纬度坐标，并进行了反向操作。我们分组进行实践，尝试在地图上找到特定地点的经纬度坐标，并据此在地图上定位该地点。这一过程中，我们不仅加深了对经纬度概念的理解，还学会了如何在地图上使用经纬度进行精确定位。

实践活动二：模拟 BDS 导航

王小萌设计了模拟 BDS 导航实验，我们使用模拟设备或手机 APP 设定起点和终点，观察并记录 BDS 显示的经纬度变化。通过模拟导航过程，我们亲身体验了 BDS 系统如何根据卫星信号进行定位，并讨论了路径选择对经纬度变化的影响。这一实践不仅让我们对 BDS 系统有了更直观的认识，还激发了我们对科技的研究兴趣。

3. 总结反思

在活动结束后，我们在组内进行了总结反思。首先组长刘璇先对整个活动的组织情况进行了总结，肯定了大家的积极表现，并指出了活动中存在的不足和改进方向。接着，每位组员结合自身分配的任务内容进行了个人总结反思。大家纷纷表示，通过这次活动不仅学到了知识，还提升了团队协作能力和解决实际问题的能力。

四、研究成果

通过本次活动，我们取得的主要成果：

1. 知识掌握：深入理解了经纬度的基本概念、表示方法及其在导航定位中的应用，掌握了 BDS 系统的基本原理和实际操作方法。

2. 能力提升：通过自主学习和实践操作，我们的数学应用能力、团队合作能力和解决实际问题的能力得到了提升。

3. 兴趣激发：活动激发了我们对数学和科技的兴趣，促使我们更加关注身边的科技现象并主动探索其背后的数学原理。

本次活动不仅让我们学到了宝贵的知识，还为我们提供了一个展示自我、锻炼能力的平台。相信在未来的学习和生活中，我们小组的成员也会更加自信地面对各种挑战并努力取得更大的进步。

成果简介：

在第 3 课时任务 1 中，学生选择自己感兴趣的“导航定位”主题进一步开展研究，并撰写活动研究报告。

成果意义：

通过深入查阅、交流、实践，深刻感受经纬度在导航定位方面的应用，拓展学生的知识面；培养学生的自主学习能力、探究能力、论证能力以及写作能力，丰富数学活动经验。

项目成果 3——活动总结

作品名称：《用经纬度表示地理位置——融合平面直角坐标系的教学实践》活动总结

活动总结

三门峡市外国语中学　　赵一诺

在参与这次"用经纬网表示地理位置"综合性学习活动中，我收获了很多：

①我发现数学、地理和历史之间的联系，我不仅知道并学习了有序数对，了解到了三门峡的历史文化并且从中用经纬度表示其地理位置。

②通过数学老师讲的"阅思六步法"，我明白怎么去更深入地阅读文章：

1.材料"三看"（看标题，看首尾段，看中心句）明确学习主题。

2.标注段落序号，理清层次结构。

3.圈画关键想内容，标注并深入思考理解。

4.写出联想内容，标注疑惑点。

5.概括段落大意，说明材料主旨。

6.总结阅思收获，梳理阅思疑惑。

③我也发现了数学与实际生活之间的联系，在日常生活中，发现数学并用数学解决问题。

④地理老师走进数学课堂，这样的方式让我感到很新鲜，很喜欢，这可以使我们更好地、更深刻地理解学科知识之间的联系。

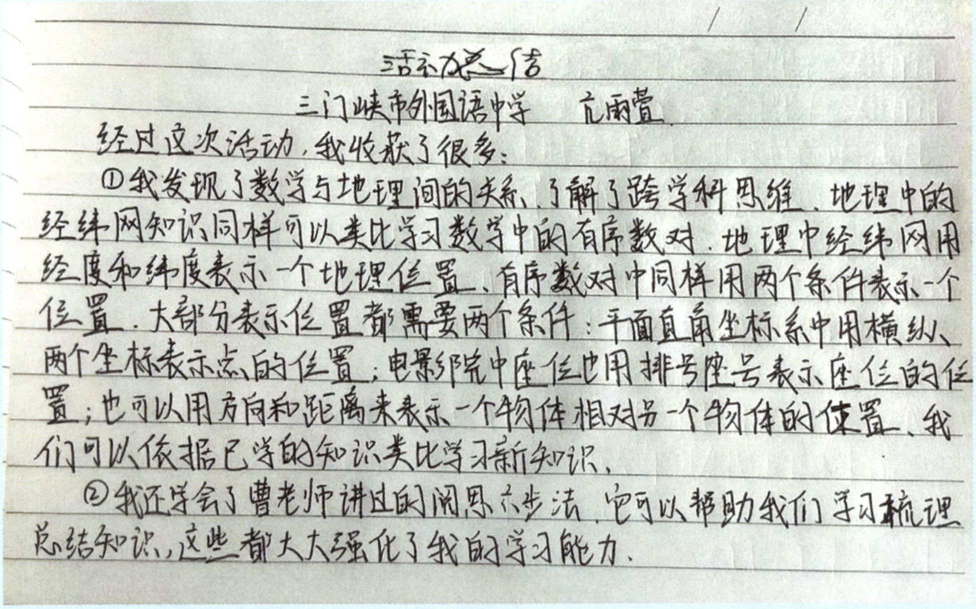

活动总结

三门峡市外国语中学 亢雨萱

经过这次活动，我收获了很多：

①我发现了数学与地理间的关系，了解了跨学科思维。地理中的经纬网知识同样可以类比学习数学中的有序数对。地理中经纬网用经度和纬度表示一个地理位置，有序数对中同样用两个条件表示一个位置。大部分表示位置都需要两个条件：平面直角坐标系中用横纵两个坐标表示点的位置；电影院中座位也用排号座号表示座位的位置；也可以用方向和距离来表示一个物体相对另一个物体的位置。我们可以依据已学的知识类比学习新知识。

②我还学会了曹老师讲过的闻思六步法，它可以帮助我们学习梳理总结知识，这些都大大强化了我的学习能力。

成果简介：

在第 3 课时任务 3 中，学生撰写活动总结，梳理自己的活动感想。

成果意义：

引导学生形成总结反思的习惯，也是一种自评的方式。

设计与执教者：曹　婧（三门峡市外国语中学）

鲍聪晓

修改与点评者：杨　丽